# 유토리 일본어 능력시험

## N1

## 독해 · 청해

이장우 저

# 변화!

변화는 누군가에게는 신선함으로 다가오지만, 누군가에게는 귀찮음으로 다가오기도 한다. 때로 갑작스러운 변화에 사람은 당황하기 쉽고 허둥대기 마련이다. 하지만 아무리 갑작스러운 변화라고 해도 미리 준비되어 있는 사람은 충분히 이 변화에 적응해 갈 수 있을 것이다.

일본어 능력시험이 변했다. 물론, 능력시험위원회에서 2010년 시험이 있기 1년 전에 고지하였으므로 갑작스러운 변화는 아니라고 하는 분도 계실 것이다. 그러나, 기존의 일본어 능력시험의 유형을 알고 있는 분 중에서 적어도 2010년도의 상반기 시험을 치른 분이라면, 갑작스러운 변화라고 말할 것이다. 구 시험보다 난이도는 쉬웠을지 모르지만, 어휘나 문법에서는 당황스럽게 하는 문제가 다소 있었다.

2010년도 상반기 시험 대비용 교재가 많은 출판사에서 나왔다. 적어도 필자가 아는 한에서는 어휘나 문법 문제 유형을 정확하게 예측한 교재는 없었던 것 같다. 필자 역시 이 부류에 속해 시험이 끝난 후 필자의 카페나 블로그에 수강생이나 본인의 교재로 공부한 분들에게 깊이 있는 반성문을 썼다. 그리고 2010년 하반기 시험부터는 이러한 오류를 범하지 않겠다고 결심했다.

2010년도의 상반기 시험은 현장에서의 강의나 교재 집필에 조금은 매너리즘에 빠질 것 같았던 필자에게 상당한 충격과 동시에 더욱 분발하도록 하는 계기와 전환점이 되었다. 본인 나름대로 최선을 다해서 교육현장에 종사해 왔다고 자부했지만, 아직도 많이 부족하다는 것을 알게 해 주었다.

필자도 어느 정도 나이를 먹었기에 새로운 변화를 그다지 즐기는 편이 아니다. 다만, 아이돌 가수를 좋아하는 것은 나이답지 않지만……. 이번 시험을 계기로 필자도 많은 변화를 겪었다. 강사로서 겸손함을 배웠고, 저자로서 부족함도 배웠다. 그래서 이번 시험은 필자에게 새로운 인생의 길을 알게 해 준 셈이다. 강의나 교재 집필을 천직으로 생각하는 필자에게 새로운 활력소를 제공하고, 또 학습자분들에게 좋은 교재를 만들게끔 자극을 준 新일본어능력시험에 감사한다.^^

앞으로 필자가 집필한 교재가 학습자분들에게 조금이나마 도움이 될 수 있도록 끊임없이 노력하겠다. 여러분에게 긍정적인 변화가 생기기를 항상 기도하며…….

변화를 즐기는 저자 이장우

# New 일본어능력시험 이렇게 달라졌다!

## 1 New '일본어능력시험'에 대해

 세계 각지에서 일본어(日本語)를 배우는 학습자 수가 급속히 증가하고 있고 더욱이 해외에 있는 일본어 학습자가 그 어학력을 실제로 활용할 수 있는 기회가 점점 늘어나고 있다. 또한 습득한 일본어능력(日本語能力)을 객관적으로 측정하여 공식적으로 인정받는 제도를 요청하는 목소리가 일본어 학습지들 사이에 높아져 왔다. 국제교류기금(國際交流基金) 및 일본국제교육지원협회(日本國際敎育支援協會)는 이러한 요망에 부응하기 위하여 1984년부터 일본 국내 및 해외에서 일본어를 모국어로 하지 않는 사람을 대상으로 일본어능력을 측정하고 인정함을 목적으로 하는 일본어능력시험을 실시하고 있다. 다양화된 수험자와 수험목적의 변화에 발맞춰 2005년 '일본어능력시험 개선에 관한 검토회'를 설치하고 많은 전문가의 협력을 얻어 2010년 새로운 〈일본어능력시험〉을 실시하게 되었다.

실시횟수: 매년 7월 첫 번째 일요일과 12월 첫 번째 일요일 2회 실시한다.

## 2 개정 포인트

**(1) 과제 수행을 위한 언어 소통 능력을 측정한다.**

 일본어에 관한 지식과 함께 실제 운용 가능한 일본어 능력을 중시한다. 따라서 문자 · 어휘 · 문법 등의 언어지식과 그 언어지식을 이용한 소통상의 과제를 수행하는 능력을 측정한다.

 ※해답은 선택지에 의한 마크시트 방식으로 이루어진다. 또한 말하기, 쓰기 능력을 직접 측정하는 시험 과목은 없다.

**(2) 레벨을 4단계에서 5단계로 늘렸다.**

| | |
|---|---|
| N1 | 구 시험 1급보다 다소 높은 레벨까지 측정한다. |
| N2 | 구 시험 2급과 거의 같은 레벨이다. |
| N3 | 구 시험 2급과 3급 사이에 해당하는 레벨이다. (신설) |
| N4 | 구 시험 3급과 거의 같은 레벨이다. |
| N5 | 구 시험 4급과 거의 같은 레벨이다. |

**(3) 득점을 상대평가 방식으로 변경하였다.**

 서로 다른 시기에 실시되는 시험에서는 출제되는 문제가 다르므로 아무리 신중하게 출제를 해도 매회 시험의 난이도가 다소 변동할 수밖에 없다. 따라서 새로운 시험에서는 '등화(等化)'라는 상대평가를 통해 시험 득점이 난이도의 영향을 받는 일이 없도록 형평성을 유지할 수 있게 한다.

**(4) '일본어능력시험 Can-do 리스트' (가칭)를 제공한다.**

 각 레벨의 합격자가 일본어를 사용하여 실제로 어떠한 일이 가능하다고 생각하는지를 조사한 '일본어능력시험 Can-do 리스트'(가칭)를 제공하는데 현재 작성 중이다.

 예) 듣기 – 학교나 직장 공공장소에서 안내방송을 듣고 대략의 내용을 이해할 수 있다.

## 3 인정 기준

| 레벨 | 인정 기준 |
|---|---|
| N1 | **폭넓은 장면에서 사용되는 일본어를 이해할 수 있다.**<br>[읽기] · 폭넓은 화제에 대해 쓰인 신문 논설, 평론 등, 논리적으로 다소 복잡한 문장과 추상도 높은 문장 등을 읽고 문장 구성과 내용을 이해할 수 있다.<br>· 다양한 화제 내용에 깊이 있는 글을 읽고 이야기 흐름과 상세한 의도를 이해할 수 있다.<br>[듣기] · 폭넓은 장면에서 자연스러운 속도의 체계적 내용의 회화, 뉴스, 강의를 듣고 이야기 흐름과 등장인물의 관계, 내용의 논리구성 등을 상세하게 이해하고 요지를 파악할 수 있다. |
| N2 | **일상적인 장면에서 사용되는 일본어 이해와 더불어, 보다 폭넓은 장면에서 사용되는 일본어를 어느 정도 이해할 수 있다.**<br>[읽기] · 폭넓은 화제에 대해 쓰인 신문이나 잡지 기사 · 해설, 평이한 평론 등, 논지가 명쾌한 문장을 읽고 문장 내용을 이해할 수 있다.<br>· 일반적인 화제에 관한 글을 읽고 이야기 흐름과 표현의도를 이해할 수 있다.<br>[듣기] · 일상적인 장면과 더불어 폭넓은 장면에서 자연스러운 속도의 체계적 내용의 회화, 뉴스를 듣고 이야기 흐름과 등장인물의 관계를 이해하고 요지를 파악할 수 있다. |
| N3 | **일상적인 장면에서 사용되는 일본어를 어느 정도 이해할 수 있다.**<br>[읽기] · 일상적인 화제에 대해 쓰인 구체적인 내용을 나타낸 문장을 읽고 이해할 수 있다.<br>· 신문 기사 제목 등을 통해 정보의 개요를 파악할 수 있다.<br>· 일상적인 장면에서 접하는 범위의 난이도가 다소 높은 문장은 유의 표현이 제시되면 요지를 이해할 수 있다.<br>[듣기] · 일상적인 장면에서 다소 자연스러운 속도에 가까운 체계적 내용의 회화를 듣고 이야기의 구체적인 내용을 등장인물의 관계 등과 더불어 거의 이해할 수 있다. |
| N4 | **기본적인 일본어를 이해할 수 있다.**<br>[읽기] · 기본적인 어휘나 한자로 쓰인 일상생활 속에서도 가까운 화제에 대한 글을 읽고 이해할 수 있다.<br>[듣기] · 일상적인 장면에서 조금 느린 속도의 회화라면 내용을 거의 이해할 수 있다. |
| N5 | **기본적인 일본어를 어느 정도 이해할 수 있다.**<br>[읽기] · 히라가나, 가타카나, 일상생활에서 사용되는 기본적인 한자로 쓰인 정형적인 어구, 문장, 글을 읽고 이해할 수 있다.<br>[듣기] · 교실이나 주변 등 일상생활 속에서도 자주 접하는 장면에서 느리고 짧은 회화로부터 필요한 정보를 얻어낼 수 있다. |

## (1) 시험 결과의 표시

| 레벨 | 득점 구분 | 득점 범위 |
|---|---|---|
| N1 | 언어지식(문자·어휘 / 문법) | 0~60 |
|  | 독해 | 0~60 |
|  | 청해 | 0~60 |
|  | 종합 득점 | 0~180 |
| N2 | 언어지식(문자·어휘 / 문법) | 0~60 |
|  | 독해 | 0~60 |
|  | 청해 | 0~60 |
|  | 종합 득점 | 0~180 |
| N3 | 언어지식(문자·어휘 / 문법) | 0~60 |
|  | 독해 | 0~60 |
|  | 청해 | 0~60 |
|  | 종합 득점 | 0~180 |
| N4 | 언어지식(문자·어휘 / 문법)·독해 | 0~120 |
|  | 청해 | 0~60 |
|  | 종합 득점 | 0~180 |
| N5 | 언어지식(문자·어휘 / 문법)·독해 | 0~120 |
|  | 청해 | 0~60 |
|  | 종합 득점 | 0~180 |

## (2) 합격/불합격 판정

종합 득점과 각 득점 구분의 기준점, 이 두 가지로 합격/불합격 판정을 내린다. 기준점이란 각 득점 구분에서 '적어도 이 이상은 필요한' 득점을 말한다. 득점 구분의 득점이 하나라도 기준점에 달하지 못한 경우는 종합 득점이 아무리 높아도 불합격으로 처리된다. 각 득점 구분에 기준점을 설정한 것은 학습자의 일본어능력을 종합적으로 평가하기 위해서이다.

## (3) 시험 결과의 통지

다음 예와 같이 ①'득점 구분별 득점'과 득점 구분별 득점을 합계한 ②'종합 득점', 앞으로의 일본어 학습을 위한 ③'참고 정보'를 통지한다. ③'참고 정보'는 합격/불합격 판정 대상이 아니다.

예: N3을 수험한 Y씨의 '합격/불합격 통지서'의 일부 (실제 서식은 변경될 수 있다.)

| ①득점 구분별 점수 | | | ②종합 득점 |
|---|---|---|---|
| 언어지식(문자·어휘 / 문법) | 독해 | 청해 | |
| **50**/60 | **30**/60 | **40**/60 | **120**/180 |

| ③참고 정보※ | |
|---|---|
| 문자·어휘 | 문법 |
| A | C |

A 매우 잘했음 (정답률 67% 이상)
B 잘했음 (정답률 34%이상 67% 미만)
C 그다지 잘하지 못했음 (정답률 34% 미만)

※ '언어지식(문자·어휘 / 문법)에 대한 참고 정보를 살펴 보면 '문자·어휘'는 A(정답률 67% 이상)이므로 '매우 잘했음', '문법'은 C(정답률 34% 미만)이므로 '그다지 잘하지 못했음'임을 알 수 있다.

## 5 N1 문제 유형 한눈에 보기

| 시험 과목 (시험 시간) | | | 문제의 구성 | | |
|---|---|---|---|---|---|
| | | | 문제 유형 | 변형 정도 | 문항 수 | 목표 |

<table>
<tr><th rowspan="2">시험 과목<br>(시험 시간)</th><th colspan="5">문제의 구성</th></tr>
<tr><th>문제 유형</th><th>변형<br>정도</th><th>문항<br>수</th><th>목표</th></tr>
<tr><td rowspan="13">언어<br>지식<br>·<br>독해<br>(110분)</td><td rowspan="4">문<br>자<br>·<br>어<br>휘</td></tr>
</table>

| 시험 과목 (시험 시간) | | 번호 | 문제 유형 | 변형 정도 | 문항 수 | 목표 |
|---|---|---|---|---|---|---|
| 언어 지식 · 독해 (110분) | 문자 · 어휘 | 1 | 한자 읽기 | ◇ | 6 | 한자로 쓰인 어휘의 읽는 법을 고르는 문제 |
| | | 2 | 문맥 규정 | ○ | 7 | 문장의 문맥에 맞게 빈칸에 들어갈 가장 알맞은 어휘를 고르는 문제 |
| | | 3 | 유의어(대체) | ○ | 6 | 제시된 말이나 표현과 의미상 가까운 말이나 표현을 고르는 문제 |
| | | 4 | 용법 | ○ | 6 | 제시된 어휘가 문장에서 가장 알맞게 쓰인 문장을 찾는 문제 |
| | 문법 | 5 | 문법 형식 판단 | ○ | 10 | 문장 내용에 맞는 문법형식인가를 판단할 수 있는가를 묻는 문제(괄호 안에 들어갈 가장 알맞은 문법 기능어를 찾아 문장을 완성하는 문제) |
| | | 6 | 문장 만들기 | ◆ | 5 | 통어적으로 바르고 의미가 통하는 문장을 만드는 문제(보기 4개를 나열하여 문장을 완성하고 ★에 들어갈 표현을 찾는 문제) |
| | | 7 | 문장의 문법 | ◆ | 5 | 문장의 흐름에 맞는 문장인가를 판단할 수 있는가를 묻는 문제(장문의 지문에서 공란에 들어갈 어구를 보기에서 고르는 문제) |
| | 독해 | 8 | 단문 독해 (내용 이해) | ○ | 4 | 생활, 일 등 여러 화제를 포함한 설명문이나 지시문을 읽고 내용을 이해했는가를 묻는 문제 |
| | | 9 | 중문 독해 (내용 이해) | ○ | 9 | 평론, 해설, 에세이 등을 읽고, 인과관계나 이유, 개요, 필자의 생각을 묻는 문제 |
| | | 10 | 장문 독해 (내용 이해) | ○ | 4 | 해설, 에세이, 소설 등 1,000자 정도의 글을 읽고 개요나 저자의 생각 등을 이해하는가를 묻는 문제 |
| | | 11 | 종합 이해 | ◆ | 3 | 주장하는 복수의 글을 서로 비교하여 읽고 비교나 종합적인 이해를 묻는 문제 |
| | | 12 | 주장 이해 (장문 독해) | ◇ | 4 | 평론이나 시사성 있는 지문을 읽고, 저자가 의도하는 내용이나 주장, 의견 등을 파악하는 문제 |
| | | 13 | 정보 검색 | ◆ | 2 | 광고, 팸플릿, 정보지, 비즈니스 문서 등의 글에서 필요한 정보를 찾아내는 문제 |
| 청해 (60분) | | 1 | 과제 이해 | ◇ | 6 | 구체적인 과제 해결에 필요한 정보를 듣고 내용을 이해하는가를 묻는 문제 |
| | | 2 | 포인트 이해 | ◇ | 7 | 내용을 듣고 포인트를 파악하는 문제 |
| | | 3 | 개요 이해 | ◇ | 6 | 내용을 듣고 전체적인 화자의 의도나 주장 등을 이해하는가를 묻는 문제 |
| | | 4 | 즉시 응답 | ◆ | 14 | 질문 등의 짧은 발화를 듣고 적절한 응답을 선택할 수 있는가를 묻는 문제 |
| | | 5 | 종합 이해 | ◇ | 4 | 장문의 내용을 듣고 복수의 정보를 비교·종합하여 이해하는가를 묻는 문제 |

◆ : 구 시험에서는 출제되지 않았던 새로운 문제 형식
◇ : 구 시험의 문제 형식을 유지하나 형식이 부분적으로 변경됨
○ : 구 시험에서도 출제된 문제 형식

※ 시험 시간은 변경될 수도 있다. 또한 '청해'는 시험 문제의 녹음 시간 길이에 따라 시험 시간이 다소 변경된다.

# 합격을 위한 이 책의 알찬 구성

이 책은 2010년부터 새롭게 개정된 일본어능력시험 N1를 완벽하게 준비할 수 있도록 출제경향을 철저히 분석하고 그에 대한 대책을 세밀하게 마련하였다.
전체 구성은 크게 〈언어지식〉, 〈독해/청해〉의 2권으로 나뉘는데, 이 책은 그 중의 2권인 〈독해/청해〉이다.

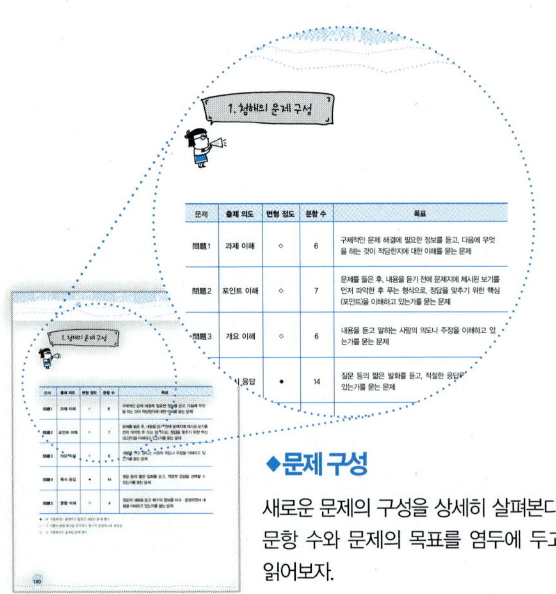

## ◆문제 구성

새로운 문제의 구성을 상세히 살펴본다. 문항 수와 문제의 목표를 염두에 두고 읽어보자.

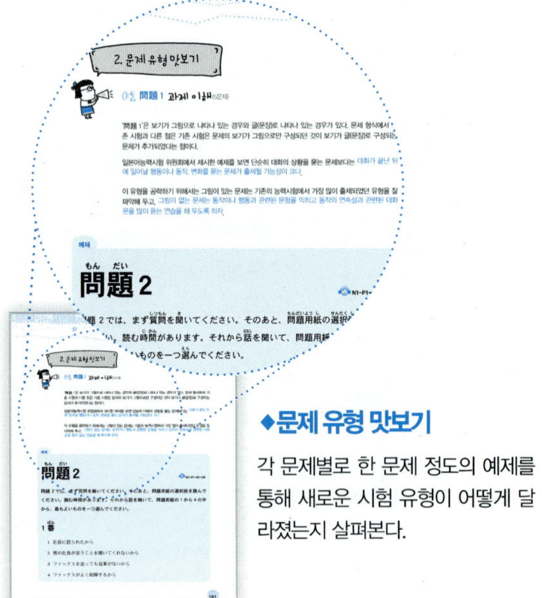

## ◆문제 유형 맛보기

각 문제별로 한 문제 정도의 예제를 통해 새로운 시험 유형이 어떻게 달라졌는지 살펴본다.

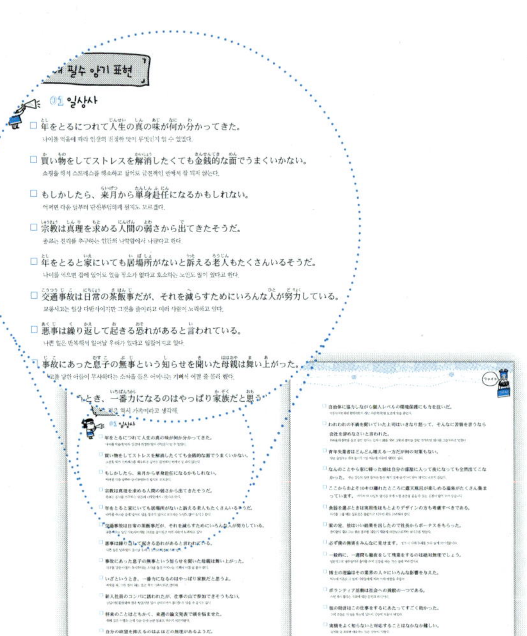

## ◆합격을 위한 필수 암기 표현

실제 시험 유형의 문제를 풀기 전에 반드시 알아둘 학습 내용을 담았다. 독해 · 청해에 자주 나오는 표현만을 짚어 정리한 필수 암기 표현과 필수 암기 어휘를 통해 독해 · 청해 밑거름을 탄탄히 하도록 하였다.

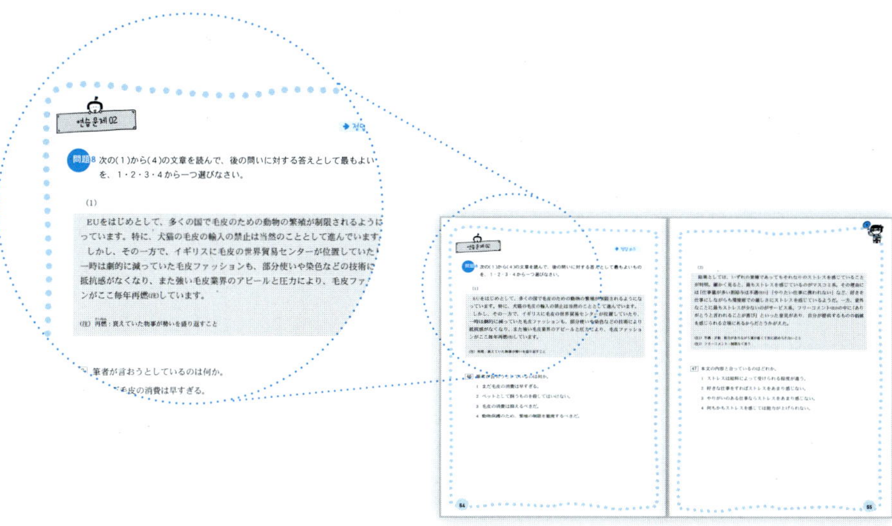

### ◆실전 대비 집중 훈련

새로운 시험에 적응하여, 실전에서 긴장하지 않도록 새로운
유형에 맞춰 연습문제를 집중적으로 풀어보도록 하였다.

### ◆실전 모의고사

실제 시험과 가장 유사한 문제 형태로, 시험 직전
대비용으로 마무리 점검을 할 수 있도록 실전 모의
고사 문제를 수록하였다.

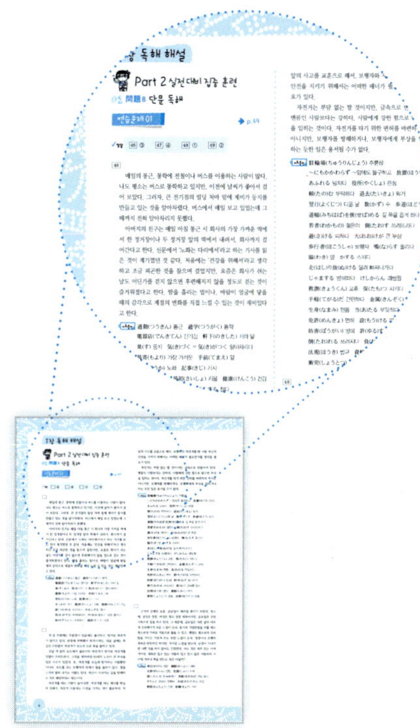

### ◆길잡이 해설서

정답 및 해석 외에도 상세한 설명과 문제풀이 비법 등으로
문제를 스스로 해결할 수 있도록 길잡이 역할을 하고 있다.

# 차례 Contents


New 일본어능력시험 이렇게 달라졌다! ....................................................... 4
합격을 위한 이 책의 알찬 구성 ............................................................... 8


## 1장 독해

### Part 1 분석 및 대책


1. 독해의 문제 구성 .......................................................... 14
2. 독해 필수 암기 표현 ...................................................... 16

  01 일상사
  02 논리
  03 이야기
  04 IT 관련
  05 비즈니스
  06 과학
  07 상식
  08 매너
  09 일본 관련
  10 편지문
  11 정보 검색

### Part 2 실전 대비 집중 훈련


1. 問題8 단문 독해(내용 이해) ............................................. 46
2. 問題9 중문 독해(내용 이해) ............................................. 62
3. 問題10 장문 독해(내용 이해) ........................................... 85
4. 問題11 종합 이해 ........................................................ 100
5. 問題12 주장 이해(장문 독해) ........................................... 110
6. 問題13 정보 검색 ........................................................ 125


### Part 3 독해 실전 모의고사


Part 3 독해 실전 모의고사 ................................................. 135

## 2장 청해

### Part 1 분석 및 대책

1. 청해의 문제 구성 · 180
2. 문제 유형 맛보기 · 181
3. 청해 워밍업 · 203

### Part 2 실전 대비 집중 훈련

1. 問題1 과제 이해 · 220
2. 問題2 포인트 이해 · 235
3. 問題3 개요 이해 · 253
4. 問題4 즉시 응답 · 277
5. 問題5 종합 이해 · 302

### Part 3 청해 실전 모의고사 · 312

# 1장 독해

# Part 1
# 분석 및 대책

1. 독해의 문제 구성
2. 독해 필수 암기 표현

기존의 일본어능력시험 1급 독해는 총 23~24문제가 출제되었고, 문제의 구성은 장문독해(7~8문제), 중문독해(지문 3개에 10문제 내외), 단문독해(지문 5개에 5문제 내외)였다.

배점은 문법과 합쳐 200점 만점에 1문제당 5점 정도의 비중을 차지했었다. 신일본어능력시험 독해는 총 26문제에 60점 만점이다. 기존 문제는 장문 독해 → 중문 독해 → 단문 독해의 순서로 출제되었으나, 신유형은

01 단문 독해 → 02 중문 독해 → 03 장문 독해 → 04 종합 이해 → 05 주장 이해(장문 독해) → 06 정보 검색

순으로 출제된다. 아래에서 파트별 문제의 구성과 특징을 상세히 알아보자.

### 01 단문 독해-내용 이해(4문제)

기존의 일본어능력시험과 같은 형식으로 출제되는데, 큰 차이점은 그래프와 관련된 문제가 없다. 주로 생활·일상사 직업 등 여러 가지 화제를 중심으로 설명문이나 지시문 등 200자 정도(A4용지의 1/4정도)의 지문을 읽고 그것을 이해하는가에 대한 문제가 출제된다. 지문은 4개이며, 각 지문당 문제는 1문제이다.

### 02 중문 독해-내용 이해(9문제)

총 3개의 지문으로 구성되어 있고, 각 지문당 3문제가 출제된다. 독해의 내용은 평론, 해설, 에세이 등 500자 정도(A4용지의 1/2정도)의 지문을 읽고, 인과관계나 이유, 필자의 생각, 밑줄 선의 내용 등을 이해하는가에 대한 문제가 출제된다.

### 03 장문 독해-내용 이해(4문제)

기존 문제와의 가장 큰 차이점은 문제의 수와 지문의 내용이다. 기존의 장문 독해는 평론, 에세이, 일상사 등 다양한 지문이 출제되었고, 한 지문에서 총 7~8문제가 출제되었다. 그리고 문제의 구성에서도 공란 메우기(접속사나 문형)도 출제되었다. 신 시험에서는 평론이나 시사에 관련된 문제만 한정되어 출제될 가능성이 크므로, 문제를 풀 때 지문을 이해하는데 상당한 시간이 소요될 것이다.

문항 수는 4문제이고, 1000자 정도(A4용지 1장)의 지문을 읽고, 전체적으로 필자가 전하려고 하는 내용이나 개요, 주장, 의견 등을 이해하는가에 대한 문제가 출제된다.

### 종합 이해(3문제)

04 새롭게 추가된 형태인데, 능력시험위원회에서 예제로서 제시한 내용은 어떤 현상이나 사실, 사회적인 이유에 대해서 A신문사와 B신문사의 칼럼을 읽고, **공통적으로 취급하고 있는 내용/A신문사와 B신문사가 제각각 주장하고 있는 내용/공통적인 결론**을 묻는 문제가 예시로 나왔다.

### 05 주장 이해-장문 독해(4문제)

3번 장문 독해와 크게 다른 점은 내용이 주관적이라는 것이다. 객관적인 사실을 바탕으로 하여 필자가 생각하는 것과 신문사설이나 평론, 개인의 주장이나 생각 등의 내용을 읽고 전체적으로 전하려고 하는 것이 무엇인가를 묻는 문제가 출제된다. 장문 독해와 같은 방법으로 문제를 풀면 되지만, 출제 예상되는 지문으로는 현재 일본에서 화제나 이슈가 되고 있는 것이다. 인터넷을 통해 일본신문의 사설을 꾸준히 읽고 독해 연습을 하면 독해력과 어휘력이 증가할 것이다.

### 06 정보 검색(2문제)

새롭게 추가된 형태로서 광고, 팸플릿, 정보지, 비즈니스 문서 등의 정보 소재 중에서 필요한 정보를 찾아내는 문제인데, 일상적인 일본 생활에서 전단지나 알림문 등이 무엇을 말하고 있는가에 대해서 묻는 문제이다. 광고, 팸플릿, 정보지, 비즈니스 문서 등은 모든 사람에게 전해야 하는 것이므로 비교적 평이한 문장으로 구성된 경우가 많다.

| 문제 | 출제 의도 | 변형 정도 | 문항 수 | 목표 |
|---|---|---|---|---|
| 問題8 | 단문 독해 (내용 이해) | ○ | 4 | 생활 · 직업 등 여러 가지 화제를 포함하여 설명문이나 지시문 등의 지문을 읽고 내용을 이해하는가를 묻는 문제 |
| 問題9 | 중문 독해 (내용 이해) | ○ | 9 | 평론, 해설, 에세이 등의 지문을 읽고 인과관계나 이유 등을 이해하는가를 묻는 문제 |
| 問題10 | 장문 독해 (내용 이해) | ○ | 4 | 해설, 에세이, 소설 등을 읽고 개요나 필자의 생각 등을 이해하는가를 묻는 문제 |
| 問題11 | 종합 이해 | ◆ | 3 | 복수의 지문을 서로 비교하면서 읽은 후, 2개의 지문을 비교 · 통합하면서 이해 능력을 묻는 문제 |
| 問題12 | 주장 이해 (장문 독해) | ◇ | 4 | 사설, 평론 등 추상적 · 논리성이 있는 지문을 읽고 전체로서 전하려고 하는 주장이나 의견을 파악하는가를 묻는 문제 |
| 問題13 | 정보 검색 | ◆ | 2 | 광고, 팸플릿, 정보지, 비즈니스 문서 등의 정보 검색을 통해 필요한 정보를 정확히 찾아 이해하는가를 묻는 문제 |

◆ : 구 시험에서는 출제되지 않았던 새로운 문제 형식

◇ : 구 시험의 문제 형식을 유지하나 형식이 부분적으로 변경됨

○ : 구 시험에서도 출제된 문제 형식

## 01 일상사

□ 年をとるにつれて人生の真の味が何か分かってきた。

나이를 먹음에 따라 인생의 진정한 맛이 무엇인지 알 수 있었다.

□ 買い物をしてストレスを解消したくても金銭的な面でうまくいかない。

쇼핑을 해서 스트레스를 해소하고 싶어도 금전적인 면에서 잘 되지 않는다.

□ もしかしたら、来月から単身赴任になるかもしれない。

어쩌면 다음 달부터 단신부임하게 될지도 모르겠다.

□ 宗教は真理を求める人間の弱さから出てきたそうだ。

종교는 진리를 추구하는 인간의 나약함에서 나왔다고 한다.

□ 年をとると家にいても居場所がないと訴える老人もたくさんいるそうだ。

나이를 먹으면 집에 있어도 있을 장소가 없다고 호소하는 노인도 많이 있다고 한다.

□ 交通事故は日常の茶飯事だが、それを減らすためにいろんな人が努力している。

교통사고는 일상 다반사이지만 그것을 줄이려고 여러 사람이 노력하고 있다.

□ 悪事は繰り返して起きる恐れがあると言われている。

나쁜 일은 반복해서 일어날 우려가 있다고 일컬어지고 있다.

□ 事故にあった息子の無事という知らせを聞いた母親は舞い上がった。

사고를 당한 아들이 무사하다는 소식을 들은 어머니는 기뻐서 어쩔 줄 몰라 했다.

□ いざというとき、一番力になるのはやっぱり家族だと思うよ。

여차할 때, 가장 힘이 되는 것은 역시 가족이라고 생각해.

□ 新入社員のコンパに誘われたが、仕事の山で参加できそうもない。

신입사원 환영회에 권유 받았지만 일이 산더미여서 참가할 수 있을 것 같지도 않다.

□ 将来のことはともかく、来週の論文発表で頭を悩ませた。

장래 일은 어쨌든 간에 다음 주의 논문 발표로 머리가 지끈거린다.

□ 自分の欲望を抑えるのはよほどの無理があるようだ。

자신의 욕망을 억제하는 것은 상당히 무리가 있는 것 같다.

☐ 自治体に協力しながら個人レベルの環境保護にも力を注いだ。
지방자치단체에 협력하면서 개인 수준의 환경 보호에 힘을 쏟았다.

☐ われわれの不満を聞いていた上司はいきなり怒って、そんなに苦情を言うなら
会社を辞めなさいと言われた。
우리들의 불만을 듣고 있던 상사는 갑자기 화를 내며 그렇게 불만을 말할 것이라면 회사를 그만두라고 말했다.

☐ 青年失業者はどんどん増える一方だが何の対策もない。
청년 실업자는 계속 늘어가기만 하는데 아무런 대책도 없다.

☐ なんのことやら家に帰った娘は自分の部屋に入って夜になっても全然出てこな
かった。　무슨 일인지 집에 돌아온 딸은 자기 방에 들어가서 밤이 되어도 나오지 않았다.

☐ ここからおよそ10キロ離れたところに露天風呂が楽しめる温泉がたくさん集ま
っています。　여기서 약 10킬로 떨어진 곳에 노천 온천을 즐길 수 있는 온천이 많이 모여 있습니다.

☐ 食器を選ぶときは実用性はもとよりデザインの方も考慮すべきである。
식기를 고를 때는 실용성은 물론이고 디자인 쪽도 고려해야 한다.

☐ 案の定、彼はいい結果を出したので社長からボーナスをもらった。
생각했던 대로 그는 좋은 결과를 내었기 때문에 사장님으로부터 보너스를 받았다.

☐ 必ず僕の無実をみんなに見せます。　반드시 나의 무죄를 모두 앞에 보이겠습니다.

☐ 一般的に、一週間も徹夜をして残業をするのは絶対無理でしょう。
일반적으로 일주일이나 철야를 하여 잔업을 하는 것은 절대 무리겠지요.

☐ 博士の理論はその業界の人々にいろんな影響を与えた。
박사의 이론은 그 업계 사람들에게 여러 가지 영향을 주었다.

☐ ボランティア活動は社会への貢献の一つである。
자원 봉사 활동은 사회에 대한 공헌의 하나이다.

☐ 彼の助言はこの仕事をするにあたってすごく助かった。
그의 조언은 이 일을 하는데 있어서 상당히 도움이 되었다.

☐ 実情をよく知らないと対応することはなかなか難しい。
실정을 잘 모르면 대응하는 것은 상당히 어렵다.

□ 外国の習慣も尊重するべきではないでしょうか。 　외국의 습관도 존중해야 하지 않을까요?

□ 目撃者の証言をもとにして、容疑者のだいたいの顔を思い浮かべた。

목격자의 증언을 바탕으로 해서 용의자의 대체적인 얼굴을 마음 속에 그렸다.

□ 現実と離れた理想は実現しがたいのではないだろうか。

현실과 동떨어진 이상은 실현하기 어려운 것은 아닐까?

□ この地方だけ集中的に雨が降って被害が大きかった。

이 지방만 집중적으로 비가 내려서 피해가 컸다.

□ 商品の仕入れを担当する者は岡本さんです。 　상품의 매입을 담당하는 사람은 오카모토 씨입니다.

□ 花見の幹事は野口さんがすることになった。 　꽃놀이의 간사는 노구치 씨가 하게 되었다.

□ いいことでもあったのか、友達は張り切って仕事にかかった。

좋은 일이라도 있었는지 친구는 의욕이 충만하여 일에 임했다.

□ 誰もやろうとしなかったので、仕方なく私が引き受けることにしました。

아무도 하려고 하지 않았기 때문에, 어쩔 수 없이 내가 받아들이기로 했습니다.

□ 家に大事な書類を置いてきたのを今気がついた。

집에 중요한 서류를 두고 온 것을 지금 알아차렸다.

□ 昨日どうして遅くなったのか聞いてみたが、息子はごまかしている。

어제 왜 늦었는지 물어 보았지만 아들은 얼버무리고 있다.

□ 何気なく人の悪口を言う人はなるべく避けた方がいい。

아무렇지도 않게 다른 사람의 욕을 하는 사람은 가능한 한 피하는 편이 좋다.

□ 定年退職してひとりっきり全国を一周することにした。

정년 퇴직을 하여 혼자서 전국을 일주하기로 했다.

□ 人見知りがひどいので、知り合いといってもたかだか２、３人ぐらいだ。

낯가림이 심해서 아는 사람이라고 해도 기껏해야 2, 3명 정도이다.

□ 今回の成果をめぐってみんなで議論があった。 　이번의 성과를 둘러싸고 다 같이 토론이 있었다.

□ 一昔と比べると地下水も大分汚染してしまった。

10년 전과 비교하면 지하수도 상당히 오염되어 버렸다.

## 02 논리

□ 三次元の空間を実現するのは映画でしかできない。
3차원의 공간을 실현하는 것은 영화에서밖에 불가능하다.

□ 次元の異なる話だから高校生が聞いても分からないだろう。
차원이 다른 이야기이니까 고등학생이 들어도 모를 것이다.

□ 講師は反論を抑えるためにいろんな例を挙げたが、かえって逆効果をもたらした。
강사는 반론을 억제하기 위해 여러 가지 예를 들었지만, 오히려 역효과를 초래했다.

□ 科学はあり得ないことをあえて証明しようとする学問でもある。
과학은 있을 수 없는 일을 굳이 증명하려고 하는 학문이기도 하다.

□ 博士の論文は今までの学説をひっくり返した。 박사의 논문은 지금까지의 학설을 뒤집었다.

□ 文章を論理的に書くのは骨を削る練習がないとなかなか難しい。
문장을 논리적으로 쓰는 것은 뼈를 깎는 연습이 없으면 상당히 어렵다.

□ 何もない台に針を垂直に立てるのは絶対無理でしょう。
아무 것도 없는 받침대에 바늘을 수직으로 세우는 것은 절대 무리겠죠.

□ 秋空から穏やかな海が浮かぶのは自分だけなのか。
가을 하늘에서 온화한 바다가 떠오르는 것은 나뿐일까?

□ 人間の平均的な価値観を計るのは出来るわけがない。
인간의 평균적인 가치관을 재는 것은 불가능한 일이다.

□ 実験を二通りに分けてやってみたが、全部失敗してしまった。
실험을 두 가지 방법을 나누어서 해 보았지만 전부 실패해 버렸다.

□ 主力販売先が不渡りでなくなってしまった。 주력 판매처가 부도로 없어져 버렸다.

□ 公務員は割合に簡単な説明で住民たちを説得させようとした。
공무원은 비교적 간단한 설명으로 주민들을 설득시키려고 했다.

□ あんなに多かった料理があっという間になくなってしまった。
그렇게 많았던 요리가 눈 깜짝할 사이에 없어져 버렸다.

□ 希少性は価値を決めるのに重要な要素となる。 희소성은 가치를 정하는 데 중요한 요소가 된다.

- 奇妙な発想が世界を変えることもある。　기묘한 발상이 세상을 바꾸는 경우도 있다.

- いきなり貯蔵しておいた資料がコンピューターからまるごと飛んでしまった。
  갑자기 저장해 두었던 자료가 컴퓨터에서 통째로 날아가 버렸다.

- 問題の根底にあるのは彼の黒人に対する人種的な偏見だった。
  문제의 밑바닥에 있는 것은 그의 흑인에 대한 인종적 편견이었다.

- 空気は人間が生きていく上で不可欠な要素である。
  공기는 인간이 살아가는 데 있어서 불가결한 요소이다.

- 川のへりに住んでいるからよく洪水の被害を受けている。
  강가에 살고 있기 때문에 자주 홍수의 피해를 받고 있다.

- 大事な場面をとらえるため、一週間もここでカメラを構えて待っていた。
  중요한 장면을 포착하기 위해 일주일이나 여기서 카메라를 갖추고 기다리고 있었다.

- 型通りの自己紹介では相手に印象を残すのは無理である。
  판에 박은 듯한 자기소개로는 상대방에게 인상을 남기는 것은 무리다.

- 科学技術は長年の政府の支援なしには成り立たない。
  과학 기술은 오랜 세월의 정부 지원 없이는 성립되지 않는다.

- 自分が考えることを、具体的な例をあげて概念化した。
  자신이 생각하는 것을 구체적인 예를 들어 개념화했다.

- 科学の進歩と共に、人間の生活は潤沢になった。　과학의 진보와 함께 인간의 생활은 윤택해졌다.

- 言いたいことははっきり言え。さもなければ誤解されるよ。
  말하고 싶은 것은 확실히 말해. 그렇지 않으면 오해 받아.

- 新作が来年の上半期からつぎつぎ登場する。　새로운 작품이 내년 상반기부터 잇달아 등장한다.

- 成人というのは普通二十歳以上の人だと定義します。
  성인이라는 것은 보통 20세 이상의 사람이라고 정의합니다.

- 奪われた領土を取り戻すにはいろんなことが必要となる。
  빼앗긴 영토를 되찾는 데에는 여러 가지 것을 필요로 한다.

- 知らず知らずのうちに仕事に慣れてきた。　알게 모르게 일에 적응해 왔다.

□ 実際やってみたら僕みたいな凡人にできるものではなかった。

실제로 해보니 나같은 평범한 사람이 할 수 있는 일은 아니었다.

□ この本には宇宙の原理を、徹底した証拠や根拠をとって述べている。

이 책에는 우주의 원리를 철저한 증거와 근거를 가지고 서술하고 있다.

□ 両国の間には経済的に顕著な差はない。　양국 사이에는 경제적으로 현저한 차이는 없다.

□ 批判されても自分の思ったことは、とりあえず言ってみるべきだ。

비판받아도 자신이 생각한 것은 우선 말해 보아야 한다.

□ 陳述を間違えて検事から誤解された。　진술을 잘못하여 검사로부터 오해 받았다.

□ 決定的な証拠が出たら容疑者は自分の罪を認めた。

결정적인 증거가 나오자 용의자는 자신의 죄를 인정했다.

□ 教授の言ってることには何の根拠がなかった。　교수님이 말하는 것에는 아무런 근거가 없었다.

□ 地球の大爆発はこれから500年以内にはあり得ないという学説がある。

지구의 대폭발은 앞으로 500년 이내에는 있을 수 없다는 학설이 있다.

□ 一昔前と比べると、環境汚染はものすごく悪くなった。

10년 전과 비교하면 환경 오염은 엄청나게 나빠졌다.

□ 国家間の貿易摩擦はたまに起きることもある。　국가 간의 무역 마찰은 가끔 일어나는 일도 있다.

□ 君の話を認めないことはないが、何か物足りなさを感じてたまらない。

너의 이야기를 인정 못하는 것은 아니지만 뭔가 미흡한 것이 느껴져 견딜 수 없다.

□ もしも明日地球が滅亡したらあなたは何をしますか。

만일 내일 지구가 멸망한다면 당신은 무엇을 하겠습니까?


## 03 이야기

□ ある日、見知らぬ人が訪ねてきた。　어느 날, 생면부지인 사람이 방문해 왔다.

□ 突然空から天使が下りてきた。　갑자기 하늘에서 천사가 내려 왔다.

□ 動物たちは争うように王子にゴマをした。　동물들은 경쟁하듯이 왕자에게 아부를 했다.

- [ ] 自分のいる場所が天国にもなるし、地獄にもなる。
  자신이 있는 장소가 천국이 되기도 하고, 지옥이 되기도 한다.

- [ ] 若い夫婦は近所の人と仲良く暮らしながら毎日病気の娘のため、お祈りをした。
  젊은 부부는 이웃 사람과 사이좋게 지내면서 매일 병든 딸을 위해 기도를 했다.

- [ ] 鬼は恐ろしいものばかりいるのではなく、たまに優しい顔をして人前に現れたり
  する。　도깨비는 무서운 것만 있는 것은 아니고, 가끔은 부드러운 표정을 짓고 사람 앞에 나타나기도 한다.

- [ ] 双子が生まれてからというもの、家族の間で愛が芽生えた。
  쌍둥이가 태어나고 나서부터 가족 사이에 사랑이 싹텄다.

- [ ] きこりは偶然、逃げているシカを見つけては隠してやった。
  나무꾼은 우연히 도망가고 있는 사슴을 발견하고서는 숨겨 주었다.

- [ ] 姫は王子が来る日を心待ちしていた。　공주는 왕자가 올 날을 마음 속으로 기다리고 있었다.

- [ ] 自分達を育ててくれたおじいさんが亡くなって、ウサギたちは何も食べずにそ
  の日その日を過ごしていた。
  자신들을 키워 주던 할아버지가 죽고 나서 토끼들은 아무 것도 먹지 않고 하루하루를 보내고 있었다.

- [ ] 見知らぬ人が訪ねてきて、一晩泊まらせてくれと言った。
  생면부지인 사람이 찾아 와서 하룻밤을 묵게 해 달라고 말했다.

- [ ] 棒に打たれて倒れたが、気付いたら、誰もいなかった。
  몽둥이에 맞아서 쓰러졌지만 정신을 차리니 아무도 없었다.

- [ ] 人々の間で、お互い信じられないという出来事があった。
  사람들 사이에서 서로 믿을 수 없다는 사건이 있었다.

- [ ] 老人は遺言で自分の全ての財産を社会に寄付することを明らかにした。
  노인은 유언에서 자신의 모든 재산을 사회에 기부할 것을 분명히 했다.

- [ ] 親族だと言っても、近所の人より親しくない人もいる。
  친척이라고 해도 이웃보다 친하지 않은 사람도 있다.

- [ ] もうすぐ隣国で戦争が起きるといううわさが広がった。
  이제 곧 이웃국가에서 전쟁이 일어날 것이라는 소문이 퍼졌다.

□ 雷は怖くはないけど、その音がすごく恐ろしい。　천둥은 무섭지는 않지만 그 소리가 엄청 두렵다.

□ きこりとたぬきは日本の昔話によく登場する。
나무꾼과 너구리는 일본의 옛날 이야기에 자주 등장한다.

□ 生まれながら気立てのよい子でした。　선천적으로 마음씨가 좋은 아이였습니다.

□ みんなに疑われて、夜もろくに寝られない状態が何日も続きました。
모두에게 의심받아, 밤에도 제대로 잘 수 없는 상태가 며칠이나 계속되었습니다.

□ 不思議なことに、海が二股に分かれる事件がありました。
불가사의하게도 바다가 두 갈래로 나뉘는 사건이 있었습니다.

□ この国でいろんな体験ができて、とても役に立つだろうと思っています。
이 나라에서 여러 체험을 할 수 있어서, 매우 도움이 될 것이라고 생각하고 있습니다.

□ それを語る祖父から年月の跡を見ることができた。
그것을 이야기하는 할아버지로부터 세월의 흔적을 볼 수가 있었다.

□ 祖父の額には深いしわがありました。　할아버지의 이마에는 깊은 주름이 있었습니다.

□ 空気の澄んだ田舎に老夫婦が犬と一緒に暮らしていました。
공기가 맑은 시골에 노부부가 개와 함께 살고 있었습니다.

□ おじいさんはたばこを吸いながら、自分の若いころを顧みながら、口を開きました。　할아버지는 담배를 피우면서 자신의 젊은 시절을 회고하면서 입을 열었습니다.

□ 母親は涙ながらに息子の無実を訴えた。　어머니는 울면서 아들의 무죄를 호소했다.

□ 悲しい話だと聞いたが、その中にはたくさんの笑いもあった。
슬픈 이야기라고 들었지만, 그 중에는 많은 웃음도 있었다.

□ この寺にまつわる物語は数えきれないほど多いそうだ。
이 절에 얽힌 이야기는 셀 수 없을 만큼 많다고 한다.

□ 不幸中幸いとでも言うか、みんな無事でよかった。
불행 중 다행이라고나 할까 모두 무사해서 다행이었다.

□ 数年前、占い師が予言したことが起きて、住民たちは恐ろしさに体を震えた。
수년 전 점쟁이가 예언한 일이 일어나서 주민들은 두려움에 몸을 떨었다.

☐ 大声で叫んでいる少女に何事があったのかと聞いてみた。
큰 소리로 소리지르고 있는 소녀에게 무슨 일이 있었는지 물어 보았다.

☐ 空が暗くなった瞬間、見たことのない大きな形をしたものが下りてきた。
하늘이 어두워진 순간, 본 적도 없는 큰 형상을 한 것이 내려 왔다.

☐ 祖父の遺言が必ず実行するように家族は頼んだ。
할아버지의 유언이 반드시 실행되도록 가족은 부탁했다.

☐ 古伝の面白さは読んでみないと分かるはずがない。
고전의 재미는 읽어 보지 않으면 절대 알 리가 없다.

☐ この宝物に関していろんな伝説が今も伝えられている。
이 보물에 관해서 여러 가지 전설이 지금도 전해지고 있다.

☐ それは幻にすぎない。早く現実に戻りなさい。　그것은 환상에 불과하다. 빨리 현실로 돌아와라.

☐ 自ずから扉が開いたので、みんなその中に入ってみた。
저절로 문이 열렸기 때문에 모두 그 안에 들어가 보았다.

☐ 幸いに、足を折った鳥は子供の治療のおかげで、無事に巣に戻ることができた。
다행스럽게도 다리를 다친 새는 아이의 치료 덕분에 무사히 둥지로 돌아갈 수 있었다.

☐ 敵は案外無防備の状態であった。　적은 의외로 무방비 상태였다.


# ⓪④ IT 관련

☐ ネット上のコミュニケーションの能力を現実と錯覚している人が増えつつある。
인터넷 상의 커뮤니케이션 능력을 현실과 착각하는 사람이 늘고 있다.

☐ インターネットは空間の制約がないので、だれでも自分の領域を構築することが
できる。　인터넷은 공간의 제약이 없기 때문에 누구라도 자신의 영역을 구축할 수가 있다.

☐ 人に干渉されることがないから、引きこもりになりがちです。
다른 사람에게 간섭받을 일이 없기 때문에 은둔형 외톨이가 되기 쉽습니다.

☐ 人間の貯蔵能力よりはるかに優れている技術を持っている。
인간의 저장 능력보다 훨씬 뛰어난 기술을 가지고 있다.

□ 新規産業の発展に伴って、情報能力がもっと大事となった。
신규 산업이 발전함에 따라 정보 능력이 더욱 중요하게 되었다.

□ 既存の人間能力と言えば、記憶力つまり貯蔵能力でした。
기존의 인간 능력이라고 하면, 기억력 즉 저장 능력이었습니다.

□ 通信技術の発展は人に電磁波という被害を与えた。
통신 기술의 발전은 사람에게 전자파라는 피해를 주었다.

□ 在宅勤務が増えるにつれて対人関係に悩むことが少なくなりました。
재택 근무가 늘어남에 따라 대인 관계로 고민하는 일이 적어졌습니다.

□ 接続不良でインターネットができなくなった。　접속 불량으로 인터넷을 할 수 없게 되었다.

□ 発信と受信装置が壊れてテレビがよく映らない。
발신과 수신 장치가 고장 나서 텔레비전이 잘 나오지 않는다.

□ コンピューター産業は人々を個別化させた。　컴퓨터 산업은 사람들을 개별화시켰다.

□ 若年層の間で、新作の製品の購入が競争的なブームとなっている。
젊은 층 사이에서, 신제품의 구입이 경쟁적으로 붐이 되었다.

□ 中高年はだいたい携帯を通話機能だけに限って使う傾向がある。
중·장년층은 대체로 휴대전화를 통화 기능으로만 한정해서 사용하는 경향이 있다.

□ 共稼ぎが一般的になったこの頃はオンラインショッピングは欠かせないものと

なっている。　맞벌이가 일반화된 요즘은 온라인 쇼핑은 뺄 수 없는 것이 되었다.

□ ビールスによる被害が産業にどれくらい影響を及ぼしているかについて研究し

ている。　바이러스에 의한 피해가 산업에 어느 정도 영향을 미치고 있는지에 대해서 연구하고 있다.

□ ハードウェアは内臓しているのでアップグレードはできません。
하드웨어는 내장되어 있기 때문에 업그레이드는 불가능합니다.

□ 無線のマウスは操作が便利だけどよく故障を起こす。
무선 마우스는 조작이 편리하지만 자주 고장을 일으킨다.

□ 現在位置を示すためGPSという装置を使う。　현재 위치를 나타내기 위해 GPS라는 장치를 사용한다.

□ 情報提供者を守るため、警察官はいろんな便宜装置を設けた。
정보 제공자를 지키기 위해 경찰관은 여러 가지 편의 장치를 마련했다.

□ 文字化けで取引先からのメールが読み取れない。
글자가 깨져서 거래처로부터의 메일을 읽을 수가 없다.

□ コンピューターを操作して個人情報を取り出して犯罪に使う人が多くなった。
컴퓨터를 조작해서 개인정보를 빼내어 범죄에 사용하는 사람이 많아졌다.

□ 文書の作成をするとき、データはみんなが分かりやすいように、図でしてください。
문서를 작성할 때, 데이터는 모두가 알기 쉽도록 그림으로 해 주세요.

□ コンピューターのビールスは定期的に検査しないと致命的な結果をもたらす。
컴퓨터의 바이러스는 정기적으로 검사하지 않으면 치명적인 결과를 가져온다.

□ テレワークのメリットといえば場所にこだわらないということです。
텔레워크의 장점이라고 하면 장소에 구애받지 않는다는 것입니다.

□ 人と同じく、機械もストレスが溜ったら使えなくなる。
사람과 마찬가지로 기계도 스트레스가 쌓이면 사용할 수 없게 된다.

□ ずっと机の前に座って仕事をすると、肩凝りがひどくなる。
계속 책상 앞에 앉아서 일을 하면 어깨 결림이 심해진다.

□ ゲーム産業に従事する人達はほとんどフルタイムで仕事をするケースが多いという。
게임 산업에 종사하는 사람들은 거의 풀타임으로 일을 하는 경우가 많다고 한다.

□ これからアジアを拠点に事業を広げていくつもりです。
앞으로 아시아를 거점으로 사업을 넓혀 갈 생각입니다.

□ 長年にわたって独自のシステムを開発したが、買ってくれる企業は一つもなかった。
오랜 세월에 걸쳐 독자의 시스템을 개발했지만 사 주는 기업은 한 군데도 없었다.

□ 事業の拡大のため、世界のあちこちに営業店を設けた。
사업의 확대를 위해, 세계의 여기저기에 영업점을 마련했다.

□ 無人警備システムを開発するため、予算の拡大を推進した。
무인경비시스템을 개발하기 위해 예산의 확대를 추진했다.

□ 政府は、宇宙工学に取り組むため、大学へ研究者を要請した。
정부는 우주 공학에 몰두하기 위해 대학에 연구자를 요청했다.

□ このプログラムを設置すると文字サイズなどの表示設定を行うことができます。
이 프로그램을 설치하면 문자 크기 등의 표시 설정을 행할 수가 있습니다.

□ コンピューター整備資格を取るため、毎日コンピューターを分解している。
컴퓨터 정비 자격을 따기 위해 매일 컴퓨터를 분해하고 있다.

□ ネットの速度が遅くなった場合は、コンピューターのハードを調べる必要がある。
인터넷 속도가 늦어졌을 경우에는, 컴퓨터의 하드를 조사할 필요가 있다.

□ 新しいネットワークを構築するため、たくさんの人が工夫を絞っている。
새로운 네트워크를 구축하기 위해 많은 사람이 아이디어를 짜내고 있다.

## 05 비즈니스

□ 両国間の貿易摩擦で国際紛争が起きた。　양국 간의 무역 마찰로 국제 분쟁이 일어났다.

□ 去年に続いて国際収支は今年も赤字となった。　작년에 이어서 국제 수지는 올해도 적자가 되었다.

□ 財政を黒字にするため、政府は経費を節減することにした。
재정을 흑자로 하기 위해 정부는 경비를 절감하기로 했다.

□ 品物の購買はインターネットを通してやっている。　물건의 구매는 인터넷을 통해서 하고 있다.

□ 資金調達のため、銀行へ貸出を申し込んだが断られた。
자금 조달을 위해 은행에 대출을 신청했지만 거절당했다.

□ 株式も証券だから、その価値がゼロになる可能性がある。
주식도 증권이기 때문에 그 가치가 제로가 될 가능성이 있다.

□ 電話の対応もろくにできないくせに、いつも会社に対して文句ばかり言う。
전화 대응도 제대로 못하는 주제에 항상 회사에 대해서 불만만 말한다.

□ 経営者の慎重さもいいが、それより判断力がもっと大事である。
경영자의 신중함도 좋지만 그것보다 판단력이 더욱 중요하다.

☐ 代表取締役として今回のことは全て責任を持ちます。
대표이사로서 이번 일은 모두 책임을 지겠습니다.

☐ 会社の不渡りを防ぐために、四方八方努力走っていたが結局無理だった。
회사의 부도를 막기 위해 사방팔방 뛰었지만 결국 무리였다.

☐ 手形をむやみに発行したらたちまち倒産するだろう。
어음을 무턱대고 발행하면 바로 도산할 것이다.

☐ 小切手でのお支払いは受け付けておりませんので気をつけてください。
수표로의 지불은 받지 않으므로 주의해 주세요.

☐ 会社の破産危機をよく乗り越えたので、社長からボーナスが出た。
회사의 파산 위기를 잘 극복했기 때문에 사장님으로부터 보너스가 나왔다.

☐ 契約書には支払条件まで明記すべきである。　계약서에는 지불 조건까지 명기해야 한다.

☐ 経営革新のため人事異動があったが、たくさんの人がリストラされた。
경영 혁신을 위해 인사 이동이 있었지만 많은 사람이 정리해고 되었다.

☐ 従業員の福祉向上のためのいろんなアイデアが出た。
종업원의 복지 향상을 위한 여러 가지 아이디어가 나왔다.

☐ 最近の大手企業は利益の社会還元のため、いろんなことをやっているそうだ。
최근의 대기업은 이익의 사회 환원을 위해서 여러 가지 일을 하고 있다고 한다.

☐ 納品するものはきちんと品質管理をして9月の15日までお願い致します。
납품하는 것은 반드시 품질 관리를 해서 9월 15일까지 부탁드리겠습니다.

☐ 加工貿易はだいたい資源の不足な国でよく行われている。
가공 무역은 대체로 자원이 부족한 국가에서 자주 행해지고 있다.

☐ 債権の価値が落ちるときは、お金は株式の方に集まってくる。
채권의 가치가 떨어질 때는 돈은 주식 쪽으로 모여 온다.

☐ 債務はもうないが、これからの収入がないので、まだどうなるか分からない。
채무는 이제 없지만 앞으로의 수입이 없기 때문에 아직 어떻게 될 지 모르겠다.

☐ 期日まで契約の商品を納めることができなかったので、損害賠償をしなければ

ならなかった。　기일까지 계약한 상품을 납품할 수 없었기 때문에 손해배상을 해야 했다.

□ 販売は順調だったが、製品の質の向上にもっと力を入れるつもりです。
판매는 순조롭지만, 제품의 질의 향상에 더욱 힘을 쏟을 생각입니다.

□ 株主の権利はどれくらいの株を持っているかによってその軽重が決められる。
주주의 권리는 어느 정도의 주식을 가지고 있는가에 의해서 그 경중이 정해진다.

□ 資金繰りに苦労したのは今年がはじめてだった。　자금 조달에 고생했던 것은 올해가 처음이었다.

□ 小売店で売る物は消費者としては値段がちょっと高い感じがするが仕方がない

ことであろう。　소매점에서 파는 물건은 소비자로서는 가격이 조금 비싼 느낌이 들지만 어쩔 수 없는 일일 것이다.

□ 物を大量に購入するならば卸売で買った方がいい。
물건을 대량으로 구입한다면 도매로 사는 편이 좋다.

□ 現地に法人を作ることは国際的な流れです。
현지에 법인을 만드는 것은 국제적인 흐름입니다.

□ 貨物の輸送は飛行機でするか船でするかによって運賃の幅は広い。
화물의 우송은 비행기로 할지 배로 할지에 따라서 운임의 폭은 크다.

□ 企業としては規制を強めるより弱めた方がいいでしょう。
기업으로서는 규제를 강화하는 것보다 약하게 하는 편이 좋겠죠.

□ 税関を通過するときは必ず銀行の保証書がないとだめなんです。
세관을 통과할 때는 반드시 은행의 보증서가 없으면 안 됩니다.

□ 工事代金を現金で払うように頼まれた。　공사 대금을 현금으로 지불하도록 부탁 받았다.

□ 来年まで自動車を10万台供給するという契約を結んだ。
내년까지 자동차를 10만 대 공급한다고 하는 계약을 맺었다.

□ 収益のことを考えると、少ない人員でたくさんの利益を上げたいものだ。
수익을 생각하면 적은 인원수로 많은 이익을 올리고 싶은 것이다.

□ 採算性に合わなかったので、その提案を断りました。
채산성이 맞지 않기 때문에 그 제안을 거절했습니다.

□ 信頼度を高めるためには、納品の期日はちゃんと守ることである。
신뢰도를 높이기 위해서는 납품 기일은 반드시 지키는 것이 중요하다.

□ 見積書は細部の計算が終わり次第すぐにお送り致します。
견적서는 세세한 부분의 계산이 끝나는 대로 바로 보내드리겠습니다.

□ 商品の売買は品質だけでなく、店員の親切さも大事である。
상품의 매매는 품질뿐만 아니라 점원의 친절함도 중요하다.

□ 問い合わせのある方は管理部に申し込んでください。 문의가 있는 분은 관리부에 신청해 주세요.

□ オファーは当社の書式に合わせてください。 주문은 당사의 서식에 맞춰 주세요.

□ 期限を一ヶ月オーバーした場合は二倍の賠償を請求します。
기한을 한 달 오버했을 경우에는 두 배의 배상을 청구하겠습니다.

## 06 과학

□ 銀河を見るには天体望遠鏡が必要である。 은하를 보려면 천체망원경이 필요하다.

□ 天文学者はいつも夜空を見て、新しい星を見つけようとしている。
천문학자는 항상 밤하늘을 보고, 새로운 별을 찾으려고 하고 있다.

□ 顕微鏡で細胞を観察したが、どういう動物のものなのかがさっぱり知らなかった。
현미경으로 세포를 관찰했지만, 어떤 동물의 것인지 전혀 모르겠다.

□ 死体の腐敗状態が激しいため、今回の殺人事件は永久の未解決事件になりそうだ。
사체의 부패 상태가 심하기 때문에 이번 살인사건은 영구의 미해결사건이 될 것 같다.

□ 地球より明るい星を観測ため、晴れる日に天文台へ行くつもりである。
지구보다 밝은 별을 관측하기 위해 맑은 날에 천문대에 갈 생각이다.

□ 全ての星には一定した軌道があるのは確かである。
모든 별에는 일정한 궤도가 있는 것은 확실하다.

□ いくら小さい微生物でも排泄器官はある。 아무리 작은 미생물이라도 배설기관은 있다.

□ 病気だからといって薬に頼りすぎると、免疫力が顕著に落ちる恐れがある。
병에 걸렸다고 해서 약에만 지나치게 의존하면 면역력이 현저히 떨어질 우려가 있다.

□ 太陽熱で動く探査機を発明して月に送ることにした。
태양열로 움직이는 탐사기를 발명해서 달에 보내기로 했다.

□ ウイルスでも人間に役に立つものもけっこうある。
바이러스라도 인간에게 도움이 되는 것도 상당히 있다.

□ 企業は省エネの家電製品の開発に力を注いでいる。
기업은 절전형 가전 제품의 개발에 힘을 쏟고 있다.

□ 太陽電池で動く自動車の実用化はまだまだです。
태양 전지로 움직이는 자동차의 실용화는 아직 멀었습니다.

□ 風力は無限のエネルギーのため、世界はいろんな技術を使ってそれを実用化しようとしている。　풍력은 무한한 에너지이기 때문에 세계는 여러 기술을 사용해서 그것을 실용화하려고 하고 있다.

□ 水質汚染が人間にもたらす影響は考えたくないほどである。
수질 오염이 인간에게 초래할 영향은 생각하고 싶지 않을 정도이다.

□ 遺伝子操作の食品の安全性はまだはっきりしていない。
유전자 조작 식품의 안전성은 아직 확실하지 않다.

□ 活火山は人間にとって危ない存在の一つに違いない。
활화산은 인간에게 있어서 위험한 존재의 하나임에 틀림없다.

□ 技術革新は企業を発展させるには欠かせないものの一つであろう。
기술 혁신은 기업을 발전시키려면 빠뜨릴 수 없는 것의 하나일 것이다.

□ 大気中の空気は人間の努力によってきれいになることもある。
대기 중의 공기는 인간의 노력에 의해서 깨끗해지는 경우도 있다.

□ 放射能が流出されたら大変なことが起こるから、住民は原子力発電所の設立を反対しているのだ。
방사능이 유출되면 엄청난 일이 일어나기 때문에 주민은 원자력 발전소의 설립을 반대하고 있는 것이다.

□ 半導体はこれからわが国を引っ張っていく大事な輸出品目である。
반도체는 앞으로 우리나라를 끌고 갈 중요한 수출 품목이다.

□ 原子力の力は人間の想像以上の力を持っている。
원자력의 힘은 인간의 상상 이상의 힘을 가지고 있다.

□ 先端技術といえども、人間の生活に役立たないと、実用化されにくい。
첨단 기술이라고 해도 인간의 생활에 도움이 되지 않으면 실용화되기 어렵다.

☐ 核融合の技術は長年にわたった研究がないとなかなか得られないものだそうだ。
핵융합 기술은 오랜 세월에 걸친 연구가 없으면 좀처럼 얻을 수 없는 것이라고 한다.

☐ 教授の仮説は理論的には可能だったが、実際実験してみたら間違いだらけであった。　教수의 가설은 이론적으로는 가능했지만, 실제로 실험해 보았더니 틀린 것 투성이였다.

☐ 地球の滅亡を予言する文献が見つけられた。　지구 멸망을 예언하는 문헌이 발견되었다.

☐ 理工系の学生だからといって、人文学を勉強せずにはいられないだろう。
이공계 학생이라고 해서, 인문학을 공부하지 않고서는 있을 수 없을 것이다.

☐ 知的好奇心は人を成功させるものになるが、他人を面倒がらせるものでもある。
지적 호기심은 사람을 성공시키는 것이 되지만, 다른 사람을 성가시게 하는 것이기도 한다.

☐ 細胞には人間の構成原理が隠れているようだ。　세포에는 인간의 구성 원리가 숨겨져 있는 것 같다.

☐ 血液に鉄分が少ないと、貧血になりやすい。　혈액에 철분이 적으면 빈혈이 되기 쉽다.

☐ 博士は動物のDNA分野で新しい理論を切り開いた。
박사는 동물의 DNA 분야에서 새로운 이론을 개척했다.

☐ 自分の実験結果について解明しようとしたが、みんなは非難ばかりした。
자신의 실험 결과에 대해서 해명하려고 했지만, 모두는 비난만 했다.

☐ この石を分析してみると、この墓は500年前のものということが分かります。
이 돌을 분석해 보면, 이 무덤은 500년 전의 것이라는 것을 알 수 있습니다.

☐ 政府からの新エネルギー開発のための支援があった。
정부로부터 신에너지 개발을 위한 지원이 있었다.

☐ 毒性のあるものを少ない量でもしきりに食べてしまうと、いつかは死んでしまう。
독성이 있는 것을 적은 양이라도 끊임없이 먹어 버리면 언젠가는 죽어 버린다.

☐ たくさんのミイラが発見されて、昔の人の人体構造に対する謎を解いた。
많은 미라가 발견되어 옛날 사람의 인체 구조에 대한 수수께끼를 풀었다.

☐ 卵が先か、鶏が先かという疑問が生じた。　계란이 먼저인지, 닭이 먼저인지 라는 의문이 생겼다.

☐ 恐竜の滅亡は雲石と火山の爆発によるそうだ。
공룡의 멸망은 운석과 화산의 폭발에 의한 것이라고 한다.

□ 海洋生物は人間が保護しないとすぐに絶滅するでしょう。

　　해양 생물은 인간이 보호하지 않으면 곧 멸종되겠지요.

□ 鉱物資源は世界のどこでも豊富にあるわけではない。

　　광물 자원은 세계 어디에서나 풍부하게 있는 것은 아니다.

□ 深海生物には人間の常識では考えられない機能がたくさんある。

　　심해 생물에는 인간의 상식으로는 생각할 수 없는 기능이 많이 있다.

□ 核燃料を得るために、世界は目に見えない競争をしている。

　　핵연료를 얻기 위해서 세계는 눈에 보이지 않는 경쟁을 하고 있다.


## 07 상식

□ 子供じゃあるまいし、そんなことは言わなくても当たり前なことだろう。

　　애도 아니고, 그런 것은 말하지 않아도 당연한 일일 것이다.

□ 自分の価値観を人に押し付けようとしてはいけない。

　　자신의 가치관을 다른 사람에게 강요하려고 해서는 안 된다.

□ 危機があったが、社長の鋭い判断力のおかげで乗り越えることができた。

　　위기가 있었지만, 사장님의 날카로운 판단력 덕분에 극복할 수 있었다.

□ お互いに立場が違っても一歩ずつ譲り合いましょう。

　　서로 입장이 달라도 한 걸음씩 서로 양보합시다.

□ 世の中の人間関係はだいたい、助け合うか戦い合うかどちらかだ。

　　세상의 인간 관계는 대체로 서로 도울 것인가, 서로 싸울 것인가 어느 쪽인가이다.

□ この町の人々は昔からの日本の様々な文化を引き継いできた。

　　이 마을 사람들은 옛날부터 전해오는 일본의 다양한 문화를 계승해 왔다.

□ 法律を守らない人はそれに応じて罰せられます。

　　법률을 지키지 않은 사람은 그것에 상응하는 처벌을 받습니다.

□ 偏見というものは、自分の努力によって直せることもある。

　　편견이라는 것은 자신의 노력에 의해서 고칠 수 있는 것도 있다.

☐ 大衆の心理をつかむのはごく難しい事である。

대중의 심리를 잡는 것은 극히 어려운 일이다.

☐ 先祖の名言を肝に銘じて暮らしている。　선조의 명언을 마음에 새기고 생활하고 있다.

☐ 物事に対する認識を変えない限り、成長はあり得ない。

모든 일에 대한 인식을 바꾸지 않는 한, 성장은 있을 수 없다.

☐ 独りぼっちになっても、コンピューターゲームがあるかぎり全然寂しくない。

외톨이가 되어도 컴퓨터 게임이 있는 한 전혀 외롭지 않다.

☐ 構成員の全ての意見をこのプロジェクトに取り入れるのは無理だから、多数決

にしよう。　구성원 모두의 의견을 이 프로젝트에 도입하는 것은 무리이기 때문에 다수결로 하자.

☐ 著作権を違反したため、罰金と損害賠償をした。

저작권을 위반했기 때문에 벌금과 손해 배상을 했다.

☐ 健全な遊びこそ大人の生活を潤沢にさせるに違いない。

건전한 놀이야말로 어른의 생활을 윤택하게 만드는 것임에 틀림없다.

☐ たまの休みと余暇活動は生活に潤滑油になるだろう。

가끔의 휴식과 여가 활동은 생활에 윤활유가 될 것이다.

☐ 経営者の役割は利益を上げることも大事だが、従業員の福祉をよくすることが

もっと大事だろう。

경영자의 역할은 이익을 올리는 것도 중요하지만, 종업원의 복지를 좋게 하는 것이 더욱 중요할 것이다.

☐ 相手の考えに共感することからうまい人間関係が成り立つ。

상대방의 생각에 공감하는 것에서부터 좋은 인간 관계가 성립된다.

☐ 豊かな生活は人々の健全な考え方からできると思う。

풍족한 생활은 사람들의 건전한 사고방식으로부터 생긴다고 생각한다.

☐ みんなの協力があったからこそ、売上を2倍も伸ばすことができたと思います。

모두의 협력이 있었기 때문이야말로 매상을 두 배나 올릴 수 있었다고 생각합니다.

☐ 彼のとんでもない行動のため危険をもたらしたのだ。

그의 터무니 없는 행동 때문에 위험을 초래한 것이다.

□ 一部のファンの粗暴な振る舞いから大暴動が起きた。
일부 팬의 거친 행동에서 대폭동이 일어났다.

□ 国際情勢をうまく理解するにはやっぱりある程度の英語力を備えないといけな

いですね。　국제 정세를 잘 이해하려면 역시 어느 정도 영어 실력을 갖추지 않으면 안 되겠네요.

□ 人をうまく動かす能力は、組織はもちろん、人間関係をうまくするにも通用する。
사람을 잘 움직이게 하는 능력은 조직은 물론, 인간 관계를 잘 하는 것에도 통용된다.

□ 古い消火器は破裂の恐れがあるので使ってはいけません。
오래된 소화기는 파열의 우려가 있기 때문에 사용해서는 안 됩니다.

□ 案の定、あのチームは決勝戦まですんなりといった。
생각했던 대로, 저 팀은 결승전까지 순조롭게 갔다.

□ あいまいさの回避のために、いろんな文献から引用した。
애매함의 회피를 위해 여러 가지 문헌에서 인용했다.

□ 文化の多様化は、その国が生きていることを証明するものです。
문화의 다양화는 그 나라가 살아 있다는 것을 증명하는 것입니다.

□ はっきりとした証拠がないと罪を認められません。
분명한 증거가 없으면 죄를 인정할 수 없습니다.

□ 彼が飲酒運転をしたのは明らかなのに、本人は否定している。
그가 음주 운전을 한 것은 분명한데, 본인은 부정하고 있다.

□ 沖縄の海は確かにきれいだが、手にすくいあげた水すらこんなにきれいだとは。
오키나와의 바다는 확실히 깨끗하지만, 손으로 퍼올린 물조차 이렇게 깨끗하리라고는.

□ 高血圧のため、常に食物に注意している。　고혈압이기 때문에 늘 음식물에 주의하고 있다.

□ 根本的な原理の説明ができないと、だれも納得しないでしょう。
근본적인 원리의 설명을 할 수 없으면 아무도 납득하지 않을 것입니다.

□ この本は間違いだらけで何を言おうとしているのかさっぱり分からない。
이 책은 틀린 것 투성이로 무엇을 말하려고 하는지 전혀 모르겠다.

□ 頻繁に起きる頭痛をどうしたらいいのでしょうか。
빈번히 일어나는 두통을 어떻게 하면 좋을까요?

□ テキスト内の特定の範囲を選択して、それについての自分の考えを書きなさい。
텍스트 내의 특정 범위를 선택해서 그것에 대한 자신의 생각을 쓰세요.

□ 何度も仕事を失敗したので自ら会社を辞めた。
몇 번이나 일을 실패했기 때문에 스스로 회사를 그만두었다.

□ 新しい組織を作ったため、それに合う新たな枠が必要だった。
새로운 조직을 만들었기 때문에 그것에 맞는 새로운 틀이 필요했다.

□ 心理学は統計学と密接な関係を持っている。　심리학은 통계학과 밀접한 관계를 갖고 있다.

□ 誤った説明をした場合はすぐに謝ったほうがいいでしょう。
잘못된 설명을 했을 경우에는 바로 사과하는 편이 좋겠지요.

□ 原理を知らない人には例を挙げて説明したほうが無難だろう。
원리를 모르는 사람에게는 예를 들어서 설명하는 편이 무난할 것이다.


## 08 애너

□ 人の家に訪問するときは手土産を持っていったほうがいい。
남의 집에 방문할 때는 간단한 선물을 가지고 가는 편이 좋다.

□ 何のおもてなしもできませんで、申し訳ございません。
아무런 대접도 못 해드려서 죄송합니다.

□ 誰にでもおごられたらちゃんとお礼を言うようにしましょう。
누구에게라도 얻어먹었을 때는 반드시 감사의 말을 하도록 합시다.

□ 今日は昇進したことで、私がごちそうします。　오늘은 승진한 것으로 제가 한턱 내겠습니다.

□ 罪を犯した彼に対するみんなの優しい心遣いに犯人は感動させられた。
죄를 범한 그에 대한 모두의 상냥한 마음 씀씀이에 범인은 감동받았다.

□ 和菓子を作る老舗はだんだん無くなりつつあります。
일본전통과자를 만드는 대를 이어서 하는 가게는 점점 없어지고 있는 중입니다.

□ 取引先から郵便で贈られてきた創立記念祝いを受け取った。
거래처에서 우편으로 보내 온 창립 기념 선물을 받았다.

□ 初対面の人に、結婚の有無や年齢などを聞くのは失礼である。
첫 대면인 사람에게 결혼의 유무나 연령 등을 묻는 것은 실례다.

□ 子供を連れて訪問するときは、子供が迷惑をかけないようにあらかじめ注意し

ておきましょう。　아이를 데리고 방문할 때는 아이가 민폐를 끼치지 않도록 미리 주의해 둡시다.

□ 日本ではひざまずいて座るのが正座だそうだ。　일본에서는 무릎 꿇고 앉는 것이 정좌라고 한다.

□ 取引先にメールやファックスを送るときは、形式にそってやるべきです。
거래처에 메일이나 팩스를 보낼 때는 형식에 따라서 해야 합니다.

□ 受付の方はなるべくスーツを着るようにしましょう。
접수처에 계시는 분은 가능한 한 정장을 입도록 합시다.

□ 会社で何度も会う上司には、会うたびに丁寧にあいさつするよりお辞儀でいい

でしょう。　회사에서 몇 번이나 만나는 상사에게는 만날 때마다 정중히 인사하는 것보다 목례가 좋겠지요.

□ 第一印象はいつまでも頭に残るから、服装や言葉遣いに気をつけましょう。
첫인상은 언제까지나 머리에 남기 때문에 복장이나 말투에 주의합시다.

□ 相手に対する思いやりの心こそが、最も大切なビジネスマナーの心得といえる

でしょう。　상대방에 대한 배려하는 마음이야말로, 가장 중요한 비즈니스 매너의 마음가짐이라고 할 수 있겠죠.

□ 面接に行くときは、濃すぎない化粧をするように心がけてください。
면접에 갈 때는 너무 진하지 않은 화장을 유의해 주세요.

□ 日本の伝統的なお茶の間はそれなりの粋がある。
일본의 전통적인 거실은 그 나름대로의 운치가 있다.

□ 事務職や受付の女性社員は来客を迎えることが毎日のようにある。
사무직이나 접수처의 여성 사원은 내객을 맞이하는 일이 매일처럼 있다.

□ お客様の立場に立って、トータルに心配りしていくことが大切なのです。
손님의 입장에 서서, 종합적인 배려를 해 가는 것이 중요합니다.

□ 女性から見て初対面の男性に会った時、その人の服装や靴などは大事な印象の
ポイントになる。 여성의 입장에서 첫 대면인 남성을 만날 때 그 사람의 복장이나 신발 등은 중요한 인상의 포인트가
된다.

□ 施設利用のご案内は分かりやすい言葉でしなければならない。
시설 이용 안내는 이해하기 쉬운 말로 해야 한다.

□ 電話応対は、会社の評判を左右するといっても過言ではない。
전화 응대는 회사의 평판을 좌우한다고 해도 과언이 아니다.

□ 接客にも要領があるから関連の本を読んで勉強してください。
접객에도 요령이 있으니 관련 책을 읽고 공부해 주세요.

□ 建築祝いに行くときは、プレゼントはみんなで話し合って決めたほうが無難で
しょう。 집들이에 갈 때는 선물은 다 같이 이야기하고 나서 정하는 편이 무난하겠죠.

□ お祝い金があまりにも高すぎると相手に負担をかけます。
축하금이 너무 많으면 상대방에게 부담을 줍니다.

□ 身なりを整えるということは、他者の目を意識することにもつながる。
옷차림을 갖춘다고 하는 것은 다른 사람의 눈을 의식하는 것에도 연결된다.

□ 人の家に入るときは、靴を払って入るのがマナーです。
남의 집에 들어갈 때는 신발을 털고 들어가는 것이 매너입니다.

□ 何かプレゼントをもらったらお返しするのが日本の慣習です。
뭔가 선물을 받으면 답례를 하는 것이 일본의 관습입니다.

□ お客さんのお話をよく聞くのが礼儀正しく見える。
손님의 이야기를 잘 듣는 것이 예의 바르게 보인다.

□ ネクタイをしめなくてもいい場所でも、ジーンズを穿いて行くのはやめましょう。
넥타이를 매지 않아도 되는 장소라도, 청바지를 입고 가는 것은 그만둡시다.

□ お客を見送るときは、そのお客の姿が見えなくなるまで、玄関の前で立ってい
るべきです。 손님을 배웅할 때는 그 손님의 모습이 보이지 않을 때까지 현관 앞에서 서 있어야 합니다.

□ 一気のみは悪いイメージを与えるので、先方が勧めない限り、しないほうがいい。
술을 단숨에 마시는 것은 나쁜 이미지를 주기 때문에, 상대방이 권하지 않는 한 하지 않는 편이 좋다.

## 09 일본 관련

☐ 島国 섬나라

☐ 四つの島 4개의 섬 (北海道・本州・四国・九州)

☐ 海岸線 해안선 　　　　　☐ 自治体 지방자치단체

☐ 都道府県 도도부현(일본의 행정단위) 　　☐ 選挙権 선거권

☐ 市役所 시청 　　　　　☐ 区役所 구청

☐ 集合住宅 집합 주택 　　　　　☐ 気候 기후

☐ 冷帯 냉대 　　　　　☐ 温暖湿潤 온난습윤

☐ 列島 열도 　　　　　☐ 太平洋側 태평양측

☐ 季節風 계절풍 　　　　　☐ 湿気 습기

☐ 寒気 한기 　　　　　☐ 梅雨(ばいう) 장마

☐ 台風 태풍 　　　　　☐ 伴う 동반하다

☐ 習慣 습관, 관습 　　　　　☐ 迷惑をかける 폐를 끼치다

☐ おせち料理 설날 음식 　　　　　☐ お正月 설날

☐ 元旦 1월 1일 　　　　　☐ 飾りつけ 장식함, 장식품

☐ 神棚 집안의 신령을 모신 곳 　　　　　☐ 門松 설날에 문 앞에 세우는 장식용 소나무

☐ 鏡餅 설날에 거실, 신불 앞에 차려놓는 크고 작은 두 개의 둥글납작한 떡

☐ 注連縄 금줄, 인줄(정초에 악귀를 막기 위해 치는 줄)

☐ 大晦日 12월 31일 　　　　　☐ 新年 신년, 새해

☐ 紅白歌合戦 홍백전(NHK에서 매년 1월 1일에 개최하는 프로그램)

☐ 除夜 제야 　　　　　☐ 鐘 종

☐ 年越しそば 장수를 기원하며 12월 31일에 먹는 메밀국수

☐ 歳暮 세모, 연말 　　　　　☐ お盆 일본의 추석

☐ 仏教 불교 　　　　　☐ 儀式 의식

□ 祖先 선조

□ 墓参り 성묘

□ 盂蘭盆 백중맞이(음력 7월 15일)

□ 盆踊り 백중맞이 밤에 많은 남녀들이 모여서 추는 춤

□ 中元 백중(음력 7월 15일인데 일본에서는 양력으로 7월 15일을 가리킨다)

□ 長寿 장수

□ 縁起 운, 재수

□ にぎわう 북적거리다

□ 振袖 긴 소매의 기모노

□ 華やかだ 화려하다

□ 重箱 찬합

□ おみこし 가마

□ 魂 영

□ 実家 생가, 친정

□ 祈る 기원하다, 기도하다

□ 屋台 포장마차, 노점

□ 着物 일본의 전통 의상

□ 行事 행사

□ コタツ 일본 실내 난방 장치

□ 引っ越しそば 이사 왔다는 인사로 이웃에 돌리는 국수

□ 成人式 성인식

# 10 편지문

□ お知らせ 알림

□ 郵便番号 우편번호

□ 書留 등기

□ 招待状 초대장

□ 年賀状 연하장

□ 差出人 발신인, 발송인

□ お礼 인사

□ 転勤 전근

□ 栄転 승진

□ 指導 지도

□ 便り 소식, 편지

□ 電報 전보

□ 小包 소포

□ 絵葉書 그림엽서

□ 受取人 수취인

□ 宛先 수신처

□ お詫び 사과

□ 感謝 감사

□ 賜る 받다

□ 安否 안부

- □ あいさつ 인사
- □ 出産 출산
- □ ご返事 답변, 답장
- □ 光栄 영광
- □ 時候のあいさつ 계절 인사
- □ 配慮 배려
- □ お喜び 기쁨
- □ ご無礼 무례
- □ 貴社 귀사
- □ 暑中 더운 여름 날씨 속
- □ 私どもは 저희들은
- □ ご容赦 용서
- □ 拝啓 삼가 아룁니다(편지의 시작)
- □ 心より 마음으로부터
- □ 突然 갑자기
- □ 追伸 추신
- □ その後は 그 후는
- □ 誠に 진심으로
- □ ますます 점점 더
- □ ちなみに 덧붙여 말하면
- □ ご丁寧に 친절하시게도
- □ 恐縮です 죄송합니다
- □ 用件のみ 용건만
- □ いかがお過ごしでしょうか 어떻게 지내십니까?
- □ お変わりございませんか 별고 없으십니까?

- □ 引っ越し 이사
- □ お祝い 축하
- □ 祝賀 축하
- □ お許し 용서
- □ 毎度 매번
- □ 拝見する 見る의 겸양어
- □ 隆盛＝繁栄＝清祥 번영, 번성
- □ 乱筆 대충 씀
- □ 弊社 자기 회사를 낮춘 표현
- □ お見舞い 문안
- □ 日ごろ 평소
- □ 残暑 늦더위
- □ 敬具 삼가 아룁니다(편지의 끝말)
- □ 厚情 두터운 정
- □ お忙しいところ 바쁘신 중에
- □ この度は 이번에는
- □ 今後とも 앞으로도
- □ かしこ 이만 줄이겠습니다(여성 용어)
- □ 取り急ぎ 급한 대로
- □ 心ならずも 본의 아니게
- □ 相変わらず 변함 없이
- □ 謹んで 삼가, 정중하게

| | |
|---|---|
| ☐ 学費減免 <sub>がくひげんめん</sub> 학비감면 | ☐ 学術振興 학술진흥 |
| ☐ 産学連携 산학제휴 | ☐ 全額免除 전액면제 |
| ☐ 奨学金 장학금 | ☐ 若干名 약간 명 |
| ☐ 国内外 국내외 | ☐ 参考文献 참고문헌 |
| ☐ 学術団体 학술단체 | ☐ 地域別 지역별 |
| ☐ 企業調査 기업조사 | ☐ データベース 데이터베이스 |
| ☐ 株主構成 주주구성 | ☐ 重要キーワード 중요키워드 |
| ☐ 能力測定 능력측정 | ☐ 保有不動産 보유부동산 |
| ☐ 雇用関連 고용관련 | ☐ 国会図書館 국회도서관 |
| ☐ 感染防止 감염방지 | ☐ 新型インフルエンザ 신종플루 |
| ☐ 閲覧室 열람실 | ☐ 入場無料 입장무료 |
| ☐ 手続きなし 수속이 필요 없음 | ☐ 整理業務 정리업무 |
| ☐ 採用条件 채용조건 | ☐ 非常勤職員 비상근 직원 |
| ☐ 展示物 전시물 | ☐ 歴史博物館 역사박물관 |
| ☐ 人員限定 인원한정 | ☐ 追加募集 추가모집 |
| ☐ 臨時開館 임시개관 | ☐ 収蔵品検索 수장품 검색 |
| ☐ 休館日 휴관일 | ☐ 団体観覧 단체관람 |
| ☐ 陶器製作 도자기 제작 | ☐ 特別展示会 특별전시회 |
| ☐ 新人教育 신인교육 | ☐ 電話応対 전화응대 |
| ☐ 部品マニュアル 부품설명서 | ☐ 製作支援 제작지원 |
| ☐ 作業工程 작업공정 | ☐ 取扱説明書 취급설명서 |
| ☐ 検索装置 검색장치 | ☐ 掲載順位 게재순위 |
| ☐ 条件付き 조건부 | ☐ ネット広告 인터넷광고 |

- ☐ 収益向上 수익향상
- ☐ 動画サービス 동영상 서비스
- ☐ 最寄りの駅 가장 가까운 역
- ☐ 敷金なし 보증금 없음
- ☐ リーズナブルな料金 적당한 요금
- ☐ 土日祝 토·일·경축일
- ☐ シフト制 교체근무제
- ☐ 派遣勤務 파견근무
- ☐ 堪能者 능통자
- ☐ そば打ち 메밀국수 반죽
- ☐ クルメ 식도락, 맛기행, 맛집

- ☐ 機能追加 기능추가
- ☐ 売買物件 매매물건
- ☐ 六畳一間 다다미 6장 크기의 방
- ☐ 一戸建て 단독건물
- ☐ 5 階建ての 2 階 5층 건물의 2층
- ☐ 週休二日制 주5일제
- ☐ 年俸制 연봉제
- ☐ 単身赴任 단신부임
- ☐ 調理補助 조리보조
- ☐ 激安 가격파괴
- ☐ 食べ放題 시간제 뷔페

# Part 2
# 실전 대비 집중 훈련

01 問題8 단문 독해 (내용 이해)

02 問題9 중문 독해 (내용 이해)

03 問題10 장문 독해 (내용 이해)

04 問題11 종합 이해

05 問題12 주장 이해 (장문 독해)

06 問題13 정보 검색

 問題 8 **단문 독해** (내용 이해 – 4문제)

단문 독해는 다른 독해에 비해 문장의 길이가 현저히 짧으므로, 문장 해석 능력을 잘 갖추면 큰 어려움 없이 정답을 찾을 수 있다. 단문 독해에서 출제되는 문제 유형은 다음과 같다.

① 필자의 생각
② 결론이나 요지
③ 필자가 말하고자 하는 바
④ 문장에서 언급한 한 단어가 본문에서 쓰인 의미
⑤ 팩스나 E메일의 내용

먼저 ①~③의 유형에 대해 살펴 보면, 대체적으로 필자는 본인의 생각이나 말하고자 하는 바를 뒷받침하기 위해서 구체적인 예나 본인의 경험을 말한다. 그러나 이러한 예나 경험이 보기로 나온 경우, 그것은 정답이 될 수 없다. 왜냐하면 이것은 저자의 생각을 뒷받침하기 위한 예에 불과하기 때문이다. 그리고, 또 다른 오답으로 필자의 생각과는 관계없는 학습자 자신의 생각이 들어간 보기나, 상식적이고 지극히 바람직한 문장으로 구성된 보기를 정답으로 오인하곤 하는데, 이는 시험 문제를 풀어본 경험이 적은 학습자들이 자주 범하는 오류이니, 본 교재에 나와 있는 다양한 문제들을 접하면서 이를 점차 줄여가길 바란다.

한편 ④의 유형은 어떤 단어에 대한 필자의 생각을 묻는 것인데, 문장이 길지 않으므로 문제 자체는 그리 어렵지 않다. 다만, 본문에 있는 단어나 문장을, 정답이 되는 보기에서는 다른 어휘를 사용해서 구성해 놓기 때문에 다소 헷갈릴 수 있다. 예를 들어, 본문에서 「日本人の生き方 (일본인의 생활방식)」에 대한 내용이 언급되어 있으면 보기에는 「日本人の生きていく様子 (일본인이 살아가는 모습)」이나 「日本人の暮らしぶり (일본인의 생활 모습)」 등으로 나와 있는 것이다. 따라서 이 유형은 보기의 내용을 정확하게 해석할 수 있는가가 중요하다. 이 역시 본 교재로 충분히 연습할 수 있도록 많은 문제들을 실어 놓았으니 적극 활용하기 바란다.

⑤의 유형은 팩스나 E메일의 전체적인 내용에 대해서 묻는 것인데, 본문의 내용을 40%가량만 이해해도 정답을 찾을 수 있을 것이다.

**問題8** 次の（1）から（4）の文章を読んで、後の問いに対する答えとして最もよいものを、1・2・3・4から一つ選びなさい。

（1）

　何千年もの間、多くの異なった文化で人々はたこを揚げてきた。中国がたこが揚げられた最初の国だと信じられている。それからたこの新しい形ややり方が発達した。けれども、間違いなくたこ揚げについてもっとも面白いことは、今や世界中でコンテストが開かれる、人気のあるスポーツになったということだ。

46　文章によると、たこ揚げについて最も興味深いことは何か。

　　1　たこがどのように発明されたかの話

　　2　それの他の国への広まり方

　　3　中国の歴史におけるそれの重要性

　　4　スポーツとしてのそれの現在の人気

✓ 4

〰 숫자+〜もの 〜이상　異(こと)なる 다르다　たこ 문어　揚(あ)げる 튀기다　信(しん)じる 믿다
　　形(かたち) 형태　発達(はったつ) 발달　間違(まちが)いなく 틀림없이　もっとも 가장
　　今(いま)や 바야흐로　世界中(せかいじゅう) 세계 모든 나라　開(ひら)く 열다

**문제8) 다음 문장을 읽고 뒤의 질문에 대한 대답으로 가장 알맞은 것을 1·2·3·4에서 하나 고르시오.**

　몇 천 년 이상 동안 많은 다른 문화에서 사람들은 문어를 튀겨왔다. 중국이 문어가 튀겨진 최초의 국가라고 믿어지고 있다. 그리고 나서 문어의 새로운 형태나 방법이 발달되었다. 하지만, 틀림없이 문어튀김에 대해서 가장 재미있는 것은 지금은 세계 모든 곳에서 콘테스트가 열리는, 인기 있는 스포츠가 되었다는 것이다.

46　**문장에 의하면 문어튀김에 대해서 가장 흥미 깊은 것은 무엇인가?**
　　1　문어가 어떻게 발명되었는가의 이야기
　　2　그것의 다른 나라로의 전개 방법
　　3　중국 역사에서의 그것의 중요성
　　4　스포츠로서의 그것의 현재의 인기

**Tip** 문제를 먼저 정확하게 이해해야 한다. 필자가 문어튀김에 대해서 가장 흥미 깊게 느낀 것에 대한 것인데, 본문의 마지막 부분에 있는 「もっとも面白いことは、今や世界中でコンテストが開かれる、人気のあるスポーツになったということだ」에서 알 수 있다. 이처럼 필자의 구체적인 생각을 나타낼 때는 주로 부사로 많이 나타내는데, 이 본문에서는 「もっとも(가장)」가 사용되었다.

(2)

　今までに見つかった最古の靴は９千年前のものだが、人類は実はさらにはるか以前から靴を履き始めたと信じている専門家もいる。エリック・トリンカウスという名の科学者は、それは約３万年前だったと信じている。彼は初期の人類の足の骨を研究し、その頃からの人の足の指の骨が弱くなり始めたことを発見したのだ。自分の足を支える靴を得たので、人の足の指はもうそれほど強い必要が無くなったのだと、トリンカウスは言う。

47　なぜエリック・トリンカウスは、人が最初に靴を履いたのは３万年前だと考えているのか。

1　その頃の靴が発見されたから

2　その頃、人間の足の指の骨が変化したから

3　その頃、足の指が増えてきたから

4　その頃、人々はしばしば長距離を移動したから

✓2

〜 最古(さいこ) 가장 오래됨　靴(くつ) 신발　人類(じんるい) 인류　さらに 더더욱　はるか 훨씬
　履(は)く (구두 등을) 신다　専門家(せんもんか) 전문가　名(な) 이름　科学者(かがくしゃ) 과학자　骨(ほね) 뼈
　研究(けんきゅう) 연구　その頃(ころ) 그 무렵　足(あし)の指(ゆび) 발가락　支(ささ)える 지탱하다
　得(え)る 얻다　無(な)くなる 없어지다

　지금까지 발견된 가장 오래된 신발은 9천 년 전의 것이지만, 인류는 실은 훨씬 이전부터 신발을 신기 시작했다고 믿는 전문가도 있다. 에릭·트린카우스라고 하는 이름의 과학자는 그것은 약 3만 년 전이었다고 믿는다. 그는 초기 인류의 발의 뼈를 연구해서, 그 무렵부터 사람 발가락의 뼈가 약해지기 시작한 것을 발견한 것이다. 자신의 발을 지탱하는 신발을 얻었기 때문에, 사람의 발가락은 이제 그다지 강할 필요가 없어졌던 것이라고 트린카우스는 말한다.

47 왜 에릭·트린카우스는 사람이 최초에 신발을 신은 것은 3만 년 전이라고 생각하는 것인가?
1 그 무렵의 신발이 발견되었기 때문에
2 그 무렵 인간의 발가락 뼈가 변화했기 때문에
3 그 무렵 발가락이 늘어났기 때문에
4 그 무렵 사람들은 가끔 장거리를 이동했기 때문에

Tip　필자가 내린 결론에 대한 이유를 묻는 문제이다. 문제의 내용과 겹치는 본문에서의 내용은 「エリック・トリンカウスという名の科学者は、それは約３万年前だったと信じている」에 있다. 그 다음에 이어지는 문장에서 구체적인 이유를 설명하고 있는데, 「人の足の指の骨が弱くなり始めたことを発見したのだ」에서 신발을 신기 시작하면서부터 발가락 뼈가 약해졌기 때문에 트린카우스는 인류가 신발을 신기 시작한 것은 3만 년 전이라고 생각하는 것이다.

➜ 정답 p.4

**問題8** 次の（1）から（4）の文章を読んで、後の問いに対する答えとして最もよいものを、1・2・3・4から一つ選びなさい。

（1）

　毎日の通勤、通学に電車やバスを利用する人が多い。私もいつもはバスで通学しているが、この間、天気がよかったので歩いてみた。すると、大きな電器店のビルの軒下にツバメが巣を作っているのに気づいた。バスから毎日見ていたのにそれまで全然気がつかなかった。

　父の友人は、毎朝、通勤のときに、会社の最寄の駅よりひとつかふたつ手前の駅を降りて、会社まで歩くそうだ。新聞で、「老化は足から」という記事を読んだのがきっかけだったらしい。最初は「健康のため」と考えて、少し疲れるのをがまんして歩いていたが、このごろは会社が休みの日もどこかを歩かなければ気がすまないというほど、歩くことが楽しくなったそうだ。汗のかきかたや、風が顔にあたるときの感覚で、季節の変化を直接感じられるのがおもしろいという。

46　筆者がここで最も言いたいことは何か。

　1　珍しいものを見つけるためには歩いたほうがいい。

　2　歩く速度はできるだけゆっくりしたほうがいい。

　3　歩くことは健康にいいだけではなく、新しい発見ができていい。

　4　車やバスは健康によくないから、歩いたほうがいい。

（2）

　駅前周辺には駐輪場があるにもかかわらず、放置自転車があふれている。役所に頼んで撤去してもらっても、翌日には同じ数だけの自転車が歩道の道幅を狭めている。

　先日、駅前の歩道で若者の自転車が、放置自転車をつぎつぎに倒し、それを避けようとした八十歳のお年寄りが大けがをしたという事故があった。また、自転車を歩道に放置する人だけでなく、歩道を歩く歩行者の後ろからベルを鳴らさずに、脇をかすって走り抜けていく人もいる。自分の通る道をじゃまするのはけしからん(注)という態度である。

　自転車に乗る人が増えると、自転車に乗るマナーをはっきり決め、自転車の利用者はこれを守ることが必要になる。駅前の事故を教訓とし、歩行者と、自転車に乗る人自身の安全を保つためにはどのようなマナーが必要かを考える必要がある。

　自転車は、手軽な乗り物だが、金属でできている。生身の人間よりは強い。人に強い力で当たるとけがをさせてしまう。自転車に乗るための免許を設けろとまでは言わないが、歩行者を妨害したり、歩行者にけがをさせたりするようなことは許されるはずがない。

（注）けしからん：道理にはずれていて、はなはだよくない

47 本文の内容に合っているものはどれか。

1 駅前に放置された自転車が倒れて、お年寄りがけがをするという事故が起きた。自転車は、場合によっては歩行者にけがを負わせたりする危険な乗り物である。自転車に乗る人は、交通法規を常に守らなければならない。

2 自転車を道路に放置したり、歩行者の後ろから走り抜けたり、マナーの悪い人が多い。自転車が通るのを邪魔するのはけしからんという態度では、自転車を利用する資格などがないから、免許のようなものが必要になってくるだろう。

3 自転車は金属でできているから、生身の人間より強いが、ガードレールや電柱に衝突すれば、自転車に乗る人もけがをする。歩行者のためにも自転車に乗る人のためにも、法律やマナーが必要である。

4 自転車に乗る人のマナーが悪いために、歩行者にけがを負わせたり、歩行者を妨害したりしている。歩行者はもちろん、自転車に乗る人自身の安全を保つためにも、自転車に乗るマナーについて考えなければならない。

（3）


　近くの銀行は最近、金曜日がカジュアルデーになった。普段、男性は背広、女性はピンクのスーツの制服なのだが、金曜日は全員私服で仕事をしている。そのため、金曜日は他の日と違って親しみやすい感じがする。用紙の書き方が分からない時もいつもより気軽に聞けるし、行員(注)もいつもより親しみを持って教えてくれるような気がする。背広や銀行の制服は、きちんとしているけれど、冷たい感じを受ける。お巡りさんが通ると、悪いことをしなくても緊張する、というのはよくある話だ。制服は着ている人と着ていない人との間に、距離や壁を作るのではないだろうか。

(注) 行員：銀行員のこと

48　本文の内容に合っているものはどれか。

1　制服を着ると、着ていない人との間に距離ができる。

2　背広や制服はきちんとしていて、親しみやすい。

3　制服を着ていない銀行員は親しみにくい。

4　金曜日はどの銀行も私服で仕事をするべきだ。

(4)

近所のコンビニエンスストアへコピーをしに行ったとき、自動だと思って油断してボタンを押したら、前の人が設定した拡大版が出てきたという経験がある。また、精度(注1)がよく、機能の増えたコピー機の前に立つと、つい資料の縮小や拡大を試してみる。結局、使うのは一枚だけで後は不用紙になる。コピー機の横にあるゴミ箱には、失敗したり不用になったりした紙が大量に捨ててあるのを目にすることも多い。

身近になったコピー機を安易に使うと、必然的に紙をむだ遣いすることになる。また、新聞紙や、牛乳やジュースの紙パックなど再生できるものを、整理がめんどうで捨ててしまうこともある。これらを見直すことは、ほんの少しでも地球の森林を救うことにつながる。消費生活を見直すことにもなるのである。

企業のＯＡ(注2)化で紙の消費が減るといわれたが、実際にはコンピューターや複写機、ファクシミリなどの普及で紙の消費量はふえている。問題は、大量消費の流れが表面からは見えない部分と密接にからまって(注3)いることである。

紙の節約は、結局は、自然界の森林を不必要に伐採しないで人間の要求を満たすことだと考えると、その必要が理解されるはずだ。地球の現状に目覚めた個人レベルの消費抑制の行動が、ささやかな力であっても、環境を守ることではないだろうか。

(注1) 精度：測定する際や、また、器械などの正確さ・精密さ
(注2) ＯＡ(office automation)：会社の事務部門における能率向上のために行われる自動化
(注3) からまって：物事が複雑に結びついて

49 筆者の考えに合っているのはどれか。

1 企業のOA化を今より進めることは、紙の節約につながるはずだ。

2 個人のちょっとした紙の節約が、森林の保護にもつながるはずだ。

3 森林を救うためには、コンビニエンスストアなどを利用しないほうがいい。

4 森林を保護するためには、人間の要求は満たされなくてもよい。

→ 정답 p.5

**問題8** 次の（１）から（４）の文章を読んで、後の問いに対する答えとして最もよいもの
を、１・２・３・４から一つ選びなさい。

（1）

　EUをはじめとして、多くの国で毛皮のための動物の繁殖が制限されるようにな
っています。特に、犬猫の毛皮の輸入の禁止は当然のこととして進んでいます。
　しかし、その一方で、イギリスに毛皮の世界貿易センターが位置していたり、
一時は劇的に減っていた毛皮ファッションも、部分使いや染色などの技術により
抵抗感がなくなり、また強い毛皮業界のアピールと圧力により、毛皮ファッショ
ンがここ数年再燃(注)しています。

(注) 再燃：衰えていた物事が勢いを盛り返すこと

46 筆者が言おうとしているのは何か。

1　まだ毛皮の消費は早すぎる。

2　ペットとして飼うものを殺してはいけない。

3　毛皮の消費は抑えるべきだ。

4　動物保護のため、繁殖の制限を撤廃するべきだ。

(2)

　結果としては、いずれの業種であってもそれなりのストレスを感じていること
が判明。細かく見ると、最もストレスを感じているのがマスコミ系。その理由に
は「仕事量が多い割給与は不遇（注1）」「やりたい仕事に携われない」など、好きを
仕事にしながらも環境面での厳しさにストレスを感じているようだ。一方、意外
なことに最もストレスが少ないのがサービス系。フリーコメント（注2）の中に「あり
がとうと言われることが喜び」といった意見があり、自分が提供するものの価値
を感じられる立場にあるからだとうかがえた。


（注1）不遇：才能・能力がありながら運が悪くて世に認められないこと
（注2）フリーコメント：制限なく言う

47　本文の内容と合っているのはどれか。

　　1　ストレスは給料によって受けられる程度が違う。

　　2　好きな仕事をすればストレスをあまり感じない。

　　3　やりがいのある仕事ならストレスをあまり感じない。

　　4　何もかもストレスを感じては能力が上げられない。

（3）



　今の私たちの生活は交通機関の発達や廉価<sub>（注1）</sub>製品の普及によって便利で快適なものになっています。たとえば、昔の人が何日もかけて歩いた道のり<sub>（注2）</sub>を飛行機を利用してわずか数時間で移動したり冷房や暖房などのおかげでむしむしする夏の暑さや冬の厳しい寒さを気にせずに過ごすことができます。こうした便利さや快適さを追求することこそ、私たちが幸せに暮らしていける社会を作るためにもっとも重要なことだと思います。

（注1）廉価：値段が安いこと
（注2）道のり：ある地点から他の地点までの道の長さ

48　本文によると、幸福感が味わえるために何が必要なのか。

1　全国を一日で往復できるように高速道路を作ること

2　電気製品の改良と交通機関の整備

3　昔の人の知恵を現代に生かし、うまく利用すること

4　交通機関の便利さと生活面での快適さ

(4)

　昨日の暖かい雨、そして今日の春のような天気、先日までの寒さがウソのようです。家の模様替え(次男のためにこれまで私が使っていた部屋を明け渡しました(注1))を終えて、近所の公園に散歩に行きました。
　林縁(注2)にフユイチゴがたくさんありました。ためしに食べてみると思いの外、甘さが強く、びっくりしました。これまでの寒さが良かったのかもしれませんね。

(注1) 明け渡す：土地・建物・部屋などを、立ち退いて他人に渡す
(注2) 林縁：樹木のしげった庭園

49 「これまでの寒さが良かったのかもしれませんね」とあるが、なぜよかったと思うのか。

　1　次男に部屋の掃除をさせてもらうから

　2　季節と関係なくおいしいものが食べられるから

　3　公園に家族連れで散歩に行けるから

　4　天気の移り変わりを楽しんでいるから

→ 정답 p.6

**問題8** 次の（１）から（４）の文章を読んで、後の問いに対する答えとして最もよいもの
を、１・２・３・４から一つ選びなさい。

（1）

　せっかく、８日の土曜日に会社でお花見があったのですが、私たちは若手で準
備をしなくてはいけなかったので、午前中から集まっていろいろ準備をしていた
らなんだかお天気がよくないみたいで…。
　とにかく場所取りをして、ブルーシートをひこうと広げていたら、風がすごく
てすごくて広げても広げてもめちゃくちゃになり、大変でした。荷物などを重し
(注1)にして広げてきたのですが、あまりいい感じではありません。
　お昼の１時からの予定ではじめたのですが、本当にずっと風がきつくてバーベ
キューどころではありませんでした。３時くらいになってくると、お昼までは太
陽がでていたのにすっかり姿を見せなかったんです。
　強風で寒かったんですが、なんとかもうちょっとふんばり、５時くらいに撤収
(注2)しました。次の日の日曜日は、とっても穏やかないい日でした。まぁ、天気
のおかげでいつもならなかなか終わらない所、早く終わったのでよかった気もし
ますが。
　風のせいか分からないですが、いつもより疲れました。


(注1)　重し：物を押さえつけるために置くもの
(注2)　撤収：引き上げること

46　今の筆者の気持ちはどうなのか。

　　1　あまり遊べなくて悔しかった。

　　2　おろそかな準備ですまなかった。

　　3　迷惑をかけながらも楽しかった。

　　4　よかったと感じながらもばてた。

(2)

　私の車は屋根なしの月極め(注1)駐車場に置いてあります。この時期はいつも砂ぼこりやら泥やらで汚れまくり(注2)。洗車しても次の日にはいつも通りのほこりまみれになるのでガソリンスタンドの洗車機で水洗いなんですわ。でも、毎度水洗いってわけにはいかないので、タイヤ交換をするついでに洗っちゃいました。やっぱり手洗いだと隅々まで洗えてきれいになりますね。

　おかげで見違えるくらいきれいになりましたよ。あとはワックスをかけますけど、明日から天気が今ひとつみたいなので次回へ延期しようかと思いました。ま、ワックスもなかったってのもあるんだけどね。次はピカピカにしてやるか。

(注1)　月極め：一か月を単位として契約などをきめること
(注2)　汚れまくり：とても汚れている

47　本文は何を言おうとしているのか。

　　1　いつも洗車するのはお金がかかって大変だ。

　　2　車をきれいにし、今度はワックスまでかけたい。

　　3　洗車機では、車の隅々まではきれいにならない。

　　4　洗車はなんといっても手洗いに限る。

(3)



　私がいつも通り早朝の仕事に行ったときのこと。その日は朝からどしゃ降りの雨で、私が店に着いたときに店の軒下で雨宿りしている長身の男性がいました。たいして気にすることもなく、いつも通り仕事を始めたところ、程なくして雨宿りしていた男性が店に入ってきました。その男性は何も買わず店内をグルグルと回りはじめたんです。

　最初は不審に思ったんです。早朝5時頃から店を入ったり出たりを繰り返していたので怖すぎて声をかけるどころじゃありません。

　結局その男性は約4時間何も買わずも居続けていました。私たち従業員がいつも以上に疲れたのは言うまでもありません。できることなら二度とこないでほしいです。

48　男性はどうして店の中で入ったのか。

1　訳分からない。

2　店員を脅かすために

3　店員を疲れさせるために

4　店の中を調べるために

（4）



　小学１年の息子のことで相談します。今年の４月に離婚し、実家に戻ってきました。以前住んでいた所は田舎で小学校も１クラスしかなく、少ない人数の顔見知りばかりでした。新しい学校に行き始めると、友達からたたかれて帰ることが多く、やり返すこともなく泣いて帰ってきます。家の近所の子たちにもたたかれ、見かねた私が向こうの親に文句を言いにいきました。一人っ子で争いを好まず、一人で悩んでいるようです。本人には、「感情を出さないと相手には分からないよ」と言ってはいるのですが。このままいじめの標的にならないかと心配です。家が変わったこと、友達が変わったことなど、私のせいかと思うとどうしたらいいか分かりません。

49　お母さんの悩みは何か。

　　1　勉強になまけている子ども

　　2　いじめている自分の子ども

　　3　悩み多きの子ども

　　4　感情の変化のない子ども

능력시험위원회에서 제시한 중문 독해의 예제를 보면(한 지문에 3문제 제시), 전부 밑줄 관련 문제이다. 문장의 길이는 장문 독해의 절반에 못 미치는 양이고, 본문의 구성은 대체적으로 3~4단락으로 구성되어 있는데 각 단락별로 한 문제씩 출제되었다. 여기서 학습자가 알아둘 중요한 사실은 중문이나 장문의 독해는 한 단락에서 절대 2문제 이상은 출제되지 않는다는 것이다. 따라서 각 단락마다 밑줄 관련 문제가 나오면 그 단락에서 정답을 해결할 수 있다. 그 단락을 넘어서서 정답이 나오는 경우는 극히 드물다. 만일, 밑줄 친 부분의 단락을 넘어서서 정답을 찾는 문제라면 단락으로는 나뉘어 있지만, 그 내용은 연결되어 있을 것이다. 그럼, 능력시험위원회에서 제시한 예제와 2010년 기 출제문제를 바탕으로 출제된 유형과 출제될 가능성이 높은 문제 유형을 살펴보자.

### 능력시험위원회에서 제시한 예제
① 밑줄 친 부분에 대해 필자가 그렇게 생각하는 이유
② 밑줄 친 문장에 대한 필자의 본문에서의 생각
③ 밑줄 친 문장이 나타내는 본문에서의 의미

### 2010년 기 출제문제를 토대로 출제될 가능성이 있는 유형
① 각 단락에서 말하고자 하는 내용
② 각 단락에 있는 어휘가 본문에서 쓰인 의미
③ 밑줄 친 부분에 대한 이유나 원인

중문 독해에서는 거의 각 단락에 대한 구체적인 내용을 묻는 문제나 밑줄 관련 문제가 출제될 것으로 예상된다. 중문 독해는 단문 독해에 비해서 본문의 길이는 길지만, 해석을 하거나 본문을 이해하는 데 많은 시간이 걸리는 문장은 아니다. 또한 신시험은 전체적인 커뮤니케이션 능력을 묻는 문제이므로, 문장의 부분적인 해석이 불가능하거나 단어의 의미를 잘 모르더라도 문제를 푸는 데 큰 어려움은 없을 것으로 예상된다.

다음은 밑줄 관련 문제를 푸는 방법을 간략히 요약한 것이다.

**① 밑줄 전후 두 문장의 내용을 정확히 파악하자.**
**② 밑줄에 대한 내용을 증명하기 위해 언급한 예제 문장을 잘 살펴보자.**
**③ 보기 중 두 개는 본문의 내용과 전혀 관계없는 것으로 구성되어 있다.**
**④ 헷갈리는 보기는 학습자의 주관이나 긍정문과 부정문에 대한 해석의 오류로 인해 정답으로 여길 수 있다.**

問題9 次の（１）から（３）の文章を読んで、後の問いに対する答えとして最もよいものを、
　　　１・２・３・４から一つ選びなさい。

（1）

　近ごろは、紙で何でもふいてしまい、①ふきんや雑巾を使わない家庭が増えて
いると新聞に書いてあった。それによると、机の上の汚れや子供の口の回りはティッシュペーパーでふき、台所では紙タオルを使う。お皿もふきんを使わずに紙タオルでふく。紙の方が、使い捨てなので洗濯物が減って家事が楽になるそうだ。

　これは大変な紙のむだ遣いである。ティッシュペーパーやペーパータオルは安いので手軽に使ってしまう。しかし、紙の大量消費は森林を荒らすので地球温暖化を進めるもとになってしまう。

　また使い捨てはゴミを増やすことになる。机の上は台ふきん、子供の口の回りは布ナフキン、皿は食器ふきん、顔を洗ったらタオルというように、布を利用して紙の使用を減らしたい。ほんの15年前には②どこの家庭でもしてきたことだ。

　私が以前使っていた洗面タオルは、現在、風呂掃除用の雑巾になっていて、もう３年も使っている。布は洗えば何度でも使えるし、雑巾や汚れふきなどに形をかえて長い間使うことができる。このように③便利で資源に優しい布をもっと見直そう。

50　①ふきんや雑巾を使わない家庭が増えていると言っている理由は何か。

　　1　子供の衛生のことを考えると、やっぱりふきんや雑巾を使わないほうがいいと思っているから

　　2　今の台所での構造でふきんや雑巾を使ったらもっと汚れてしまうだろうと思っているから

　　3　紙は何度も繰り返して使えるのに対して、ふきんや雑巾は洗うのに楽だと思っているから

4 ふきんや雑巾を使ったら、洗わなくては使えなくなるので面倒だと思って
　　いるから

✓ 4

 행주나 걸레를 사용하지 않는 가정이 늘고 있는 이유는 「紙の方が、使い捨てなので洗濯物が減って家事が楽になるそうだ」
에 나와 있다. 보기를 보면 본문의 「洗濯物」 대신에 「洗う」라는 동사를 사용했고, 「紙の方が～楽になるそうだ」 대신에 「ふきん
や雑巾を使ったら～面倒だと思っているから」라고 표현하였다. 이처럼 중문이나 장문 독해에서는 정답이 되는 보기에 본문에
있는 내용을 다른 어휘나 문장으로 나타내는 것뿐이므로, 어휘력만 갖추고 있으면 정답을 찾을 수 있다.

51　②どこの家庭でもしてきたことだとはどういうことか。

　　1　日常生活で、特別な場合に限って布を布ナフキンのように使ってきたとい
　　　うこと

　　2　日常生活で、普通に布をふきんや雑巾のように使ってきたということ

　　3　日常生活だけでなく、子供の口の回りをふくときも、紙を使ってきたとい
　　　うこと

　　4　日常生活だけでなく、会社でも資源の使い捨てを防ぐため努力してきたと
　　　いうこと

✓ 2

 밑줄 친 문장의 의미를 묻는 문제인데, 정답은 밑줄의 앞부분이다. 앞의 내용은 여러 가지로 행주나 걸레를 사용해 왔던 구체적인
예를 든 것인데, 이 내용들은 전부 일상에서 일어나는 행위이다. 보기에서는 「日常生活」라는 표현으로 축약하여 나타낸 것이다.

[52] ③便利で資源に優しい布をもっと見直そうとあるが、筆者の考えに近いものはどれか。

1 紙は高いため、家計に負担になるから、何回も使える布を使った方が地球の環境にも優しいだろう。

2 紙は木から作られるものであって、紙の使いすぎは環境の破壊につながるものだから使用量を減らそう。

3 紙を使いすぎると、環境汚染につながり、結局は地球の温暖化になるから布をもっと使おう。

4 紙の方は使い捨てだし、資源の無駄づかいにもなるから、布を使った方が安くつくだろう。

✓ 3

**Tip** 각각의 보기 중에서 정답에 해당되지 않는 내용을 살펴보면,

1 종이의 가격이 비싸다는 내용은 본문에서 언급되어 있지 않았고, 가계에 부담이 된다는 내용도 없다.

2 종이가 나무에서 만들어진다는 내용은 맞지만 본문에서는 다루지 않았다.

4 천을 사용하는 편이 가격이 싸진다는 내용은 본문에 없다.

이처럼 오답을 찾는 근본적인 이유는, 학습자 본인의 생각이나 일반적으로 통용되는 사실만으로 정답을 찾는 데 있다. 정답은 필자의 생각, 본문에 있는 내용이라는 것을 반드시 명심하도록 하자.

近(ちか)ごろ 요즈음　ふく 닦다　ふきん 행주　雑巾(ぞうきん) 걸레　増(ふ)える 늘다
机(つくえ) 책상　汚(よご)れ 더러움　回(まわ)り 주변　台所(だいどころ) 부엌　お皿(さら) 접시
使(つか)い捨(す)て 일회용　洗濯物(せんたくもの) 빨래　減(へ)る 줄다　家事(かじ) 가사
楽(らく)だ 편하다　むだ遣(づか)い 낭비　手軽(てがる)だ 부담 없다　大量(たいりょう) 대량
消費(しょうひ) 소비　森林(しんりん) 삼림　荒(あ)らす 황폐화시키다　地球(ちきゅう) 지구
温暖化(おんだんか) 온난화　進(すす)める 진행하다(시키다)　増(ふ)やす 늘리다　台(だい) 받침대
食器(しょっき) 식기　布(ぬの) 천　ほん 불과　洗面(せんめん) 세면　風呂(ふろ) 목욕(탕)
掃除(そうじ) 청소　資源(しげん) 자원　優(やさ)しい 부드럽다　見直(みなお)す 재검토하다, 다시 보다

**문제9) 다음 문장을 읽고 뒤의 질문에 대한 답으로 가장 알맞은 것을 1·2·3·4 에서 하나 고르시오.**

　요즘은 종이로 뭐든지 닦아서 ①행주나 걸레를 사용하지 않는 가정이 늘고 있다고 신문에 적혀 있었다. 신문에 의하면 책상 위의 더러움이나 아이의 입 언저리는 티슈로 닦고 부엌에서는 종이 타월을 사용한다. 접시도 행주를 사용하지 않고 종이 타월로 닦는다. 종이는 일회용이기 때문에 빨래가 줄어서 집안 일이 편해진다고 한다.

　이것은 엄청난 종이의 낭비다. 티슈나 종이 타월은 싸기 때문에 부담 없이 사용해 버린다. 그러나, 종이의 대량소비는 삼림을 황폐화시켜 버리기 때문에 지구온난화를 진행시키는 원인이 되어 버린다.

　또 일회용은 쓰레기를 늘리게 된다. 책상 위는 받침대용 행주, 아이의 입 언저리는 천으로 된 행주, 접시는 식기 행주, 얼굴을 씻으면 타월이라는 식으로 천을 이용해서 종이의 사용을 줄이고 싶다. 불과 15년 전에는 ②모든 가정에서 해 왔던 일이다.

　내가 이전에 사용했던 세면 타월은 현재 목욕탕 청소용 걸레가 되어서, 이미 3년이나 사용하고 있다. 천은 세탁하면 몇 번이라도 사용할 수 있고, 걸레나 더러움을 닦는 용도 등으로 형태를 바꿔서 오랫동안 사용할 수가 있다. 이처럼 ③편리하고 자원에 도움을 주는 천을 더욱 더 되새겨 보도록 하자.

**50 ①행주나 걸레를 사용하지 않는 가정이 늘고 있다고 말하는 이유는 무엇인가?**
　　1 아이의 위생을 생각하면 역시 행주나 걸레를 사용하지 않는 편이 좋다고 생각하므로
　　2 지금의 부엌의 구조로 행주나 걸레를 사용하면 더 더러워질 것이라 생각하므로
　　3 종이는 몇 번이고 반복해서 쓸 수 있는데 비해 행주나 걸레는 씻는 데 편하다고 생각하므로
　　4 행주나 걸레를 쓰면 씻지 않고는 쓸 수 없으므로 귀찮다고 여기므로

**51 ②모든 가정에서 해 왔던 일이다는 어떤 것인가?**
　　1 일상생활에서 특별한 경우에 한해 천을 냅킨처럼 사용해 왔다는 것
　　2 일상생활에서 보통 천을 행주나 걸레처럼 사용해 왔다는 것
　　3 일상생활에서뿐만 아니라 아이의 입 언저리를 닦을 때도 종이를 사용해 왔다는 것
　　4 일상생활에서뿐만 아니라 회사에서도 자원의 일회 사용을 막기 위해 노력해 왔다는 것

**52 ③편리하고 자원에 도움을 주는 천을 더욱 더 되새겨 보도록 하자라고 하는데, 필자의 생각에 가까운 것은 어느 것인가?**
　　1 종이는 비싸서 가계에 부담이 되므로 몇 번이고 사용할 수 있는 천을 사용하는 쪽이 지구 환경에도 좋을 것이다.
　　2 종이는 나무로 만들어진 것이고 종이의 지나친 사용은 환경 파괴로 연결되므로 사용량을 줄이자.
　　3 종이를 너무 많이 쓰면 환경 오염으로 이어지고 결국 지구온난화가 되므로 천을 좀 더 사용하자.
　　4 종이는 일회용이고 자원의 낭비도 되므로 천을 사용하는 편이 싸게 들 것이다.

→ 정답 p.7

**問題9** 次の(1)から(3)の文章を読んで、後の問いに対する答えとして最もよいものを、1・2・3・4から一つ選びなさい。

(1)

　1995年の阪神・淡路大地震の際にはのべ(注1)142万人がボランティア活動に従事した。お互いさまという助け合いの精神で、少しでも余裕のある人がもっと困っている人を助けた。この年は日本の①ボランティア元年だと言われる。

　これからはボランティアの時代だ。私はだれもがもっと気軽にボランティアに参加するべきだと考える。医療や消火活動には高度な技術が必要である。だれにでもできる仕事ではない。

　しかし、高度な技術など必要としない仕事もたくさんある。たとえばトイレの掃除、食事の準備、高齢者の介助(注2)や買い物の代行などである。難しい仕事ではないが、毎日続けなければならない。人手はいくらあっても多すぎることはない。勇気を出して参加する意志を伝えれば、多くの先輩が温かく迎えてくれることだろう。

　②人間は社会的動物だ。意識する、しないにかかわらず助けたり助けられたりして暮らしている。それをもう少し意識し、できるだけ助ける側に回ろうとする人が増えれば温かい社会が生まれる。自分の生活を犠牲にしてまでのボランティアは長続きしないし、③必要もない。もっと気軽に、もっとわがままを言えるさまざまなボランティアの形ができ、だれもがそれに参加するようになれば世の中が変わると思う。

(注1) のべ：合計
(注2) 介助：病人や高齢者などの世話をする

50 ①ボランティア元年とあるが、どうしてか。

1　ボランティアという言葉ができた年だから

2　ボランティア精神が生まれた年だから

3　ボランティア活動が一般に行われるようになった年だから

4　筆者がボランティアに参加した一年目だから


51 ②人間は社会的動物だとあるが、著者が言いたいのは何か。

1　人間は社会的に行動する。

2　人間はひとりでは生きていけない。

3　人間は社会の中で自立する。

4　社会環境によって、人間の行動は決まる。


52 ③必要もないと筆者が考える理由は何か。

1　社会が変わったら自然にボランティア活動する人も増えてくるから

2　人間は社会的な動物なのでボランティア活動をせざるをえないから

3　世の中には、意外と助けや援助を必要とする人々が少ないから

4　無理なボランティア活動はすぐあきてしまうし、やってもすぐ止めてしまうから

(2)

　犬は犬かきで泳ぎます。でも猫が泳ぐのはあまり見ません。猫は泳げるのでしょうか。猫を飼ったことがある人はよく知っていると思いますが、寒がり屋(注1)の猫は、お風呂場によくやってきます。しかし、湯船(注2)には決して入ろうとしません。猫は水が嫌いなようです。

　犬の毛は油分(注3)が多く、外側に固い毛が生えているので水をよくはじきます。泳いで体がぬれても、①ぷるぷるっと体を振ると水がすぐに切れます。

　一方、猫は毛が柔らかく水を吸い込みやすいので、体を振ったくらいでは水が切れません。そのままでは体が冷えるので、毛が乾くまでよくなめる必要があります。猫が水を嫌いなのは②こういうわけなのです。

　しかし、ぬれるのが嫌いな猫も水に入ってしまえば犬かきと同じようなかっこうで泳ぎます。ほとんどの動物は生まれてからいちども水に入ったことがなくてもすぐに③泳ぐことができるのです。

(注1)　寒がり屋：寒さを嫌うもの
(注2)　湯船：浴槽
(注3)　油分：成分の中に含まれている油

53  なぜ犬は①ぷるぷるっと体を振るのか。

　　1　犬の毛は油分が多いから

　　2　体についた水分を取りたいから

　　3　体が濡れて、寒いから

　　4　体の水分が不足するから


54  ②こういうわけとあるが、どういうことか。

　　1　猫の毛は水を吸い込みやすくて、なかなか乾かないということ

　　2　犬の毛は油分が多く、水をよくはじくということ

　　3　猫は寒がり屋だということ

　　4　猫の毛は犬の毛より柔らかいということ


55  ③泳ぐことができるのですと筆者が言う根拠は何か。

　　1　すべての動物は本能的に犬かきができるように生まれたから

　　2　水に入ったら、すべての動物の体の構造が犬かきするようにできているから

　　3　この文章では、筆者の言っていることの根拠ははっきり出ていない

　　4　筆者がだいたいの動物を調べた結果、そのような結論にいたったから

(3)

　私が教える国際日本語学校から今年も8名が卒業していきました。全員、日本の大学、大学院に進みます。

　「あら、おかしいわ?」と①お気づきの方、「そうです。写真は6人しか写っていませんね」。このことはまたあとで『教室こぼれ話(注1)』のところで報告します。

　なお、国際日本語学校については次ページで紹介します。少数クラスで、きめこまかな教育がなされています。

　1年半ないしは2年の在校期間、いろいろなことがありますが、卒業生を送り出すとなるとやはり先生方も感無量(注2)であります。(②ひとつ肩の荷がおりたというほっとしたところもありますが)

　毎年、学生達はドライ(注3)になっていきますが、やはり卒業式となると感慨(注4)深げでこれだけはいつも③変わらぬ気持ちにさせるようです。

(注1) こぼれ話：のこった話。うらばなし
(注2) 感無量：感慨がはかり知れないほど大きいこと
(注3) ドライ：そっけないこと。感傷・人情などに動かされないで、合理的に割り切ること
(注4) 感慨：心に深く感じて、しみじみとした気持ちになること

56 ①お気づきの方とあるが、誰のことか。

　　1　国際日本語学校を卒業した生徒

　　2　国際日本語学校で教えている先生

　　3　日本の大学に進んだ人々

　　4　これを読んでいる人々


57 ②ひとつ肩の荷がおりたというほっとしたところもありますがとあるが、なぜ
ほっとしたのか。

　　1　少ないながらも外国の学生たちを教えて日本の上級学校に進ませたから

　　2　大変な生徒数を3年間教えて大学と大学院に進学させたから

　　3　態度の不良な外国の学生たちをちゃんと卒業させたから

　　4　難しい入試を終えてやっと一人だけのゆっくりした生活ができるから


58 ③変わらぬ気持ちとあるが、どんな気持ちなのか。

　　1　時代が変わっても卒業というものに対しては胸がいっぱいになる。

　　2　日本での生活は大変だったが、目的をかなえてうれしい。

　　3　先生に対しての感謝の気持ちや帰国できるという期待感

　　4　在校期間が長かったし、入試が大変だったので、ほっとした気持ち

→ 정답 p.8

**問題9** 次の(1)から(3)の文章を読んで、後の問いに対する答えとして最もよいもの を、1・2・3・4から一つ選びなさい。

(1)

　プロがつくったラーメンを「うまい」というのはまだしも「まずい」と言いきる のには勇気がいる。初めて入ったその日の味が、その店のベストの味であるとは 限らないからである。

　ただ、その日その日の1人1人の客との真剣勝負(注1)と考えれば(なんか漫画的な 表現だが)、その日まずいと感じさせるのはラーメン店の負けであろう。少なくと も、近くにいて「あそこのラーメンでも食べていこう」と言う人はまた来ても、 遠くから「あそこのラーメンを食べに行こう」と言う人を①増やすことはできまい (それでもいいと店側が思うなら、それも②立派な経営方針であるが)。「③客が客 を呼ぶ」というように、その日のその客が満足すれば、何十人もの客を連れてく ることもありうると思うべきである。スープも麺も、タレ(注2)もその他の具も、 その仕込み・研究に素人ではわからない手間がかかっている事は十分に予想でき る。だからラーメンづくりに対する思い入れ(注3)と、研究熱心さがあれば旨いラ ーメンをつくることはいつかできるだろう。問題はそれをいかにして維持するか である。それが「旨い店」であり続ける条件であろう。どんなに旨いスープとタ レと麺を準備しても、その日そのラーメンをつくる人(主人であれ、弟子であれ) にやる気がなければとうてい旨いラーメンにならないのである。ましてや、将来 ラーメン店なんてやる気もなさそうなバイトの子がつくったラーメンなんて、④ 有名店でも食べたくない。結局「旨いラーメン店」とは、『店主のラーメンに対 する思い入れと研究熱心さがいつも感じることができる店』であると私は思う。

(注1) 真剣勝負：本気で勝ち負けを争うこと。また、本気で事に当たること
(注2) タレ：煮物や焼き物の、調味用のしる
(注3) 思い入れ：深く思いを寄せること。また、その思い

50 ①増やすことはできまいとあるが、それはなぜか。

　　1　弟子がラーメンとスープを作ったから

　　2　真剣にラーメンを作ってないから

　　3　一日一日の味をおろそかにしたから

　　4　ラーメンの味に対するうわさが広がったから


51 ②立派な経営方針とあるが、なぜそう思うのか。

　　1　店側がそう思ったら仕方ないから

　　2　今までの経験から出てきたものだから

　　3　店主の考えは変わらないと思うから

　　4　それが普通にやっている方法だから


52 ③客が客を呼ぶとあるが、何の意味か。

　　1　遠くから来た客には一般の客よりいいサービスをする。

　　2　店に来た客が他の客を連れてくると安くしてくれる。

　　3　味がよければ店に来た客がまた他の客を連れてくる。

　　4　客は客を呼ぶ権利があって、いろんなサービスを要求する。


53 ④有名店でも食べたくないとあるが、食べたくない理由として正しいのはどれか。

　　1　いくら腕前がよくても将来性のある店員が作ったのは食べたくない。

　　2　熱心さが欠如し、味と客への思いやりがないから食べたくない。

　　3　評判だけでは信じられないところがたくさんあるから食べたくない。

　　4　有名な店なのに値段ばかり高いのであまり食べたくない。

(2)

　ある日、ＪＲの駅のホームで吸っていたら後ろからひじをトンと突く者があり、振り返ると三十代の女性であった。「ここでは吸わないでください」と怖い顔でにらみつける。「いや失礼」と言うと、　勝ち誇った顔で去っていった。

　今は喫煙者の受難の時代で、どこでも喫煙者は嫌われる。いくら嫌われてもたばこはやめない。うまいからである。わたしがたばこを吸う理由は、この一語に尽きる。味を知らない人には、いくら言っても分からないだろう。うまい、まずいの感覚は、理論ではなくて現実である。他人からみると①不愉快に見えよう。しかし、食物や嗜好品について他人の自由を認めないのは、よくない。たとえば、生の魚である刺身を食べる日本人がへんだとか、タコを食べない民族があるとも聞いたことがあるが、そんなことは各自の勝手でいい。

　もっとも、そうは言っても喫煙が健康に害があることは認める。また、公共の場所での喫煙は吸わない人への迷惑となるから、上手に場所をみつけて吸う必要もあると思う。ところが、ちかごろの非喫煙者のあの尊大(注1)な態度はどうだ。喫煙者の失礼さよりも、非喫煙者の失礼さは遥かにひどい。公共の場かどうかの別なく、世論を背景に愛煙家を攻撃する。あれが癪(注2)で、わたしの②禁煙しない理由も一つ増えたのである。


(注1)　尊大：いばって、他人を見下げるような態度をとること
(注2)　癪：不愉快で腹が立つ様子

54 何が①<u>不愉快に見えよう</u>のか。

1　タコを食べること

2　刺身を食べること

3　愛煙家を攻めること

4　たばこを吸うこと

55 ②<u>禁煙しない理由も一つ増えた</u>とあるが、それはなぜか。

1　嗜好品については各自の勝手にしていいから

2　非喫煙者の喫煙者に対する態度がひどいから

3　公共の場での自由は認められるべきだから

4　どんなに嫌われても、たばこはとてもうまいものだから

(3)

　「A:この写真は若い頃の私です」「B:そうですか」というやりとりで、Bの文末
(注)イントネーションを下げると、相手の言ったことを①そのまま受け入れること
になりますが、文末を上げると、「とても信じられない」という疑いを含んだ意
味になります。「A:私なんか全然だめです」「B:そうですか。そんなことはありま
せんよ」でも、相手の言ったことを打ち消すため、Bは「そうですか」の文末イン
トネーションを上げる必要があります。また、「A:遠慮なく召し上がってくださ
い」「②B:そうですか」のようにAが申し出をし、Bがそれを受け入れるような場
合、Bの文末イントネーションは上がります。これは「本当にその申し出を受けて
いいのか」という疑問の形で、了解したことを示しているのだと思います。「そ
うですか」のイントネーションについては、もっと色々な場合について考えてみ
ると面白いと思います。「そうですかね」は、「A:これ、おいしいですよ」「B:そ
うですかね」のように、自分が本心では了解できない場合に使うことが多いよう
です。

(注)　文末：文・文章の終わりの部分

56　①そのまま受け入れることになりますとあるが、どんな言い回しなのか。

　　1　今がずっと若いですよ。

　　2　そんなに若くないですね。

　　3　若い時の写真ですね。

　　4　若いときがもっとよかったですね。

57　②B:そうですかの文末のイントネーションを上げると、次はどの文章が入れられるか。

　　1　どうぞ。

　　2　遠慮します。

　　3　もうたくさんです。

　　4　いただきます。

58　本文は何を言おうとしているのか。

　　1　同じ文章でも言い方によって意味が違う。

　　2　日本人は建前と本音が全然違う。

　　3　同じ日本人でも分からない言葉がある。

　　4　同じ文章でも人によって言い方が違う。

➜ 정답 p.9

**問題9** 次の(1)から(3)の文章を読んで、後の問いに対する答えとして最もよいもの
を、1・2・3・4から一つ選びなさい。

（1）

　宇宙飛行士は、重力のない世界でしばらくの間生活する。そのために筋肉の力が
弱るおそれがある。そこで、筋肉を保つための毎日の運動が欠かせない。宇宙飛
行士には、地球に戻ったときに歩けずに担架で運ばれたり松葉杖(注1)に頼って歩い
たりする姿よりも、さっそう(注2)と手を振りながら歩く姿が似つかわしいだろう(注3)。

　①「寝たきり老人」という言葉がある。ずっと寝たままの状態でいると、筋肉の
力が弱り、歩く意欲も失われてしまう。体を動かさない状態が長く続けば、記憶
力や判断力なども失われてしまい、ついには自分の子供の顔さえわからなくなっ
てしまうこともある。老人にはやはり寝たきりの姿より、永く生きてきた知恵を
たたえた(注4)、落ち着いた様子で座っている姿が似つかわしい。

　老人が、まわりの人々から寝たきりの状態にさせられないためには、老人にな
りかけたときから、意欲を持って取り組むことができる何かを持つことが必要で
ある。大きな筋力を必要としないボランティアの仕事をする、税金の申告や家計
の管理など家庭内の事務を担当する、近所の幼児を集めて物語を読んで聞かせる
などである。

　高齢者が意欲を持って生き生きと取り組むことができるような環境作りをする
ためには、だれにでもできることがある。それは、「おじいさん」「おばあさん」
という言葉で②高齢者を区別することをやめることである。これによって自分に
対する老いの意識が大きく変わってくるはずである。

(注1) 松葉杖：足の不自由な人が体を支えるために使うつえ
(注2) さっそう：人の姿・態度・行動がきりっとしていて気持ちのよいさま
(注3) 似つかわしい：ちょうどあてはまる様子
(注4) たたえる：ほめて言う。ほめる

50 ①「寝たきり老人」にさせないためにできることが書いてあるが、ふさわしくな
いものはどれか。

1　意欲を持って取り組む何かを持つことが必要である。

2　大きな筋力を必要としないボランティアの仕事をする。

3　筋力が弱くならないように毎日休まず運動する。

4　まわりの人が「おじいさん」「おばあさん」と言って老人扱いしない。


51 ②高齢者を区別することをやめることであると筆者が考える理由は何か。

1　お年寄りの方でも「おじいさん」「おばあさん」と呼ばれると気持ちが悪くなるから

2　自分の「おじいさん」「おばあさん」ではないのに、そう呼ぶのは失礼だから

3　はっきりとした基準もないのに、人のことを「おじいさん」「おばあさん」と呼ぶ
のは失礼だから

4　「おじいさん」「おばあさん」と呼ばれるとその対象の人々が自分はもう年を取っ
ていると感じてしまうから


52 筆者が最も言いたいことはどれか。

1　高齢者を豊かな知識をもった先輩として尊敬すべきだ。

2　高齢者を言葉で差別してはいけない。

3　高齢者には意欲を持って取り組めるものが必要だ。

4　高齢者が寝たきりの状態になるのはしかたがない。

(2)

　私は、小さいころからバイオリンを習い、スイミングスクールに通っている。最初は、親に勧められて始めたのだが、そのうち、将来はバイオリニストになりたいと思うようになった。バイオリニストになるには、多くの時間を厳しい練習にあたらなければならなかった。スイミングスクールに通っている時間はなかった。しかし、私は水泳も捨てられなかった。かなりいいタイムが出せたこともあって、水泳の代表選手になりたい気持ちもあったのである。どちらもやめられないままに続けた結果、結局バイオリニストにもなれなかったし、水泳の代表選手にもなれなかった。

　趣味として、①ほどほどのところを目指すなら、多趣味であってよいだろう。しかし、その世界で一流になることを目指すならば、欲張って二つのことを求めてはいけないと思う。これはどんな世界でも言えることだと思う。

　モノであれ技術であれ、それを自分のものにしようとするのには努力が必要である。努力なしになんでも自分のものにできるほど、世の中は甘くない。その努力が中途半端であれば、当然、結果も中途半端になるだろう。したがって、集中して努力をするためにも、②目標は一つにしぼることが必要なのである。

53 ①ほどほどのところとあるが、どういう意味か。

1 他の人の足元にも及ばないレベル

2 みんなと同じぐらいの標準レベル

3 だれにも負けず、劣らないトップレベル

4 頂点を極め、だれもよせつけないレベル

54 ②目標は一つにしぼることとあるが、どうしろと言うのか。

1 いろんな人と相談して目標を一つにしたほうがいい。

2 意見の食い違いを一つにまとめてほしい。

3 何もかも一つに決めなければならない。

4 自分の適性に合うことを決めて一生懸命すべきだ。

55 この文章の内容と合ってないものはどれか。

1 中途半端な努力は中途半端な結果しか生まないだろう。

2 二つのことを求めず、目標を一つにしぼるべきである。

3 モノであれ技術であれ一流のものを目指した方がよい。

4 何事も自分のものにするには努力を集中する必要がある。

（3）

　あるスーパーでレジに並んでいたとき、私の前でお勘定をしていた外国人の女性は代金を支払うと、片言の日本語で「袋は要りません。」と言って店員に袋を返して、自分の持ってきたデイパック(注1)に商品を入れて店を出ていった。私はいつものように袋に入れてもらって家に帰った。家で買ってきた物を全部片づけると、あとにはかなりの量の包装紙やジャムのビンにまいてくれた発泡スチロール(注2)のクッション、ビニール袋が残った。

　先日、息子の学校では、焼却炉(注3)が使えなくなった。その理由は、ゴミを燃やす温度が低く、ダイオキシンが発生しやすいからだそうだ。ダイオキシンは、もともと地球にはなかったもので、物質と物質が合わさってできたものだ。人間には有害で、健康への影響が懸念されている。ゴミは焼いて処理するのが一番よい方法のように思われてきたが、ダイオキシンの八九割はゴミの焼却から発生していることがわかってきている。

　ダイオキシンの発生を少しでも防ぎ、地球環境を守るためには、まず私たち一人一人がなるべくゴミを出さないようにしたり、ゴミを正しく出したりすることを心がけるべきだ。以後、私もなるべく、包装紙や袋はもらわないようにしている。

(注1)　デイパック：日帰りハイキングなどに用いる小型のリュックサック
(注2)　発泡スチロール：こまかな気泡を無数に含んだポリスチレン。保護容器などに用いられる
(注3)　焼却炉：消してなくすもの

56 なぜダイオキシンが発生するのか。

1　ごみが多すぎるから

2　ごみを低い温度で焼くから

3　スーパーのごみ袋を焼くから

4　ごみの種類が多いから

57 スーパーで外国人の女性はなぜ袋はいらないと言ったのか。

1　デイパックを持ってきたから

2　買ったものが少なかったから

3　袋をたくさん持ってきたから

4　女性の国では、もらわないのがあたりまえだから

58 筆者はゴミをどうすべきかと言っているのか。

1　焼いてしまうより埋めるべきだ。

2　ダイオキシンがあるものは捨ててはいけない。

3　袋に入れて捨てなければならない。

4　分別処理をすべきだ。

## ⑬ 問題 10 장문 독해 <sub></sub>(내용 이해 – 4문제)

〈問題10〉에서는 일상사와 관련된 필자의 주장과 관련된 장문 독해가 출제되는데, 〈問題12 주장 이해〉와 마찬가지로 외국어로 된 긴 문장을 한국어로 해석한 후 문제를 풀어야 하니, 학습자에게 가장 크게 부담되는 문제일 것이다. 장시간 문제를 푸는 데 지쳐 집중력이 떨어지게 되고, 그러다 보면 대충 문제를 푸는 경우도 많아진다. 그러므로 다른 파트보다 더욱 출제 유형과 문제에 접근하는 방법을 잘 알아두어야 한다.

장문 독해는 중문 독해와 마찬가지로 공란 메우기 문제는 출제되지 않을 것으로 예상된다. 주로 출제될 것으로 예상되는 문제의 유형은 아래의 총 4가지이다.

① 밑줄 친 부분이 나타내는 것
② 밑줄 친 부분에 대한 이유(저자의 생각에 대한 이유)
③「これ」,「それ」등과 같은 지시어가 가리키는 것
④ 필자의 주장에 대한 이해

이 중 ①~③까지는 아주 쉬운 방법으로 정답을 찾을 수 있다고 확신한다. 그럼 각각의 유형에 있어서 정답을 찾는 방법에 대해 설명해 보도록 하겠다.

### ① 밑줄 친 부분이 나타내는 것

밑줄 관련 문제의 정답은 밑줄이 있는 그 단락에 항상 정답이 있다. 이는 구 일본어능력시험에서도 공통적으로 적용된 출제 방식으로서 능력시험위원회에서 밝힌 예제도 그랬고, 2010년부터의 신 시험에서도 변하지 않았다. 따라서 학습자 분들은 그 다음 단락에서 정답을 찾으려고 해서는 안 된다. 밑줄이 있는 단락의 다음에 나오는 단락의 내용이나 문장, 어휘가 4개의 보기 중에서 2개 정도 있는데, 괜히 정답과 관련 없는 단락을 읽고 문제를 풀면 헷갈리기 쉽다. 밑줄 관련 문제의 정답은 항상 그 단락에 있다는 것을 반드시 명심하자.

### ② 밑줄 친 부분에 대한 이유(저자의 생각에 대한 이유)

이 문제 역시 밑줄과 관련된 문제이므로 위와 같은 방식으로 풀면 된다. 즉, 밑줄이 있는 그 단락에서 정답을 찾으면 된다. 밑줄이 단락의 앞에 있는 경우와, 밑줄이 단락의 뒤에 있는 경우가 있다. 밑줄이 단락의 앞에 있을 때 정답과 관련된 내용은 그 다음에 오는 두 문장에 있고, 밑줄이 단락의 뒤에 있을 때 정답과 관련된 내용은 밑줄 앞의 두 문장에 있다. 중간에 오는 경우는 그 전후 두 문장을 살펴보면 정답을 찾을 수 있다. 독해 관련 문제를 출제하는 사람들은 대부분 이러한 규칙을 토대로 지문을 구성한다. 밑줄의 이유에 관련된 문제는 반드시 전후 두 문장을 살피면 정답이 보인다는 것을 새겨두자.

### ③「これ」,「それ」등과 같은 지시어가 가리키는 것

장문 독해 중 가장 쉬운 문제이다. 밑줄 친 지시어가 가리키는 것을 찾는 문제는 밑줄 앞의 예가 되는 문장이나, 설명을 하고 있는 문장이 정답이 된다. 난이도를 조금 어렵게 한 문제는 지시어와 관련된 문장을 다른 말로 표현하는 정도로 출제된다. 그리고 오답 보기는 학습자들을 혼동시키기 위해 본문에 있는 문장을 단순하게 열거한 것이므로, 조금만 신경 써서 해석하면 정답과는 관계가 없다는 것을 알 수 있다.

④ 필자의 주장에 대한 이해

이 문제는 전체적으로 본문을 이해하고 있어야만 문제를 풀 수 있다는 점에서는 상당히 많은 시간이 소요된다. 하지만, 앞의 ①~③까지의 문제를 푸는 과정에서 필자의 생각이나 주장을 저절로 알 수 있으므로 어느 정도는 정답을 찾는 데 어려움은 없을 것이다. 그리고, 일반적으로 문제 출제자들이 문장을 전개할 때는

    ⓐ 나는 A라고 생각한다. 왜냐하면 B → C → D 라는 이유에서

    ⓑ 나는 A → B → C 라는 이유에서 → D라고 생각한다.

이 두 가지 형식으로 구성하는데, 연역법(ⓐ)으로 문장을 전개할 때는 A의 첫 두 문장에, 귀납법(ⓑ)으로 문장을 전개할 때는 D의 마지막 두 문장에 필자의 주장이나 결론이 있다.

본문은 대부분 필자가 자신의 주장을 일관적으로 나타내는 내용이다. 예를 든 문장이나 필자의 경험, 다른 것으로부터의 인용 등도 모두 필자의 주장을 뒷받침하는 것이기에 본문을 해석할 수 있으면 정답을 찾는 것은 어렵지 않을 것이다.



**問題10** 次の文章を読んで、　後の問いに対する答えとして最もよいものを、１・２・３・４から一つ選びなさい。

　英国での研究によると、過去10年にわたり、英国内の街の危険度が大幅に低下したことが示唆された。それでも多くの人々は、犯罪の被害者になるのではないかといまだに心配している。人々がより安全であると感じられるように、そして正規の警察が深刻な犯罪に対処する時間をより多く持てるように、英国政府は最近、地域支援警官（CSO）として知られる新しいタイプの警察官を導入した。

　これらの新しい警官は正規の警察に似た制服を着用するものの、①彼らの責任はまったく異なっている。CSOの仕事の一つはゴミのポイ捨てのような軽犯罪を防ぐ手助けをすることである。CSOは人々を呼び止めて彼らに尋問をする権限を持っているが、逮捕することはできない。また、正規の警察は犯罪が起こっているのを目撃したらこれを阻止しなければならないのに対し、CSOにはこの責務がない。しかし、彼らは無線を携帯しており、必要であると判断したときには正規の警察を呼ぶことが可能である。

　CSOの主要な仕事の一つは、地域を巡回し、人々との交流を深め、何が起こっているのか情報を集めることである。こうすることで、例えば高齢者のような援助を必要としているかもしれない人々に気を配ることが可能になり、また、犯罪防止にも役立つ。この意味において、CSOは正規の警察と地域の間の②かけ橋として行動することができる。近ごろでは、正規の警察は犯罪と戦うだけではな

く、報告書を書いたり、裁判所に証拠を提出することでも忙しい。その結果、彼らは街を歩くのに多くの時間を費やすことができないのである。

　犯罪を減らすのにCSOがどれだけ効果的であり得るのか、疑っている人もいる。しかし、多くの一般人は、CSOの存在のおかげでより安全であると感じることができると言っている。

　CSOは成功であったと政府は確信している。実際、政府は彼らの数を現在の3.500人から、2012年までに30,000人まで増やすことを計画している。③これは政府が国民のためにやっている政策の中でとても気に入ることの一つである。

59　ここでの①彼らの責任とはどんなことだと考えられるか。

　　1　無線を使って犯罪の余地があるところを警察に知らせること

　　2　犯罪を犯す疑いのある人を自分の身分を言って捕まえること

　　3　青少年の犯罪の現場を見つけたらすぐに注意し、阻むこと

　　4　ゴミを捨てたりする軽犯罪を犯す人を捕まえて警察に連れていくこと

✓1

Tip　여기서 말하는 그들은 CSO를 지칭하는데, CSO의 책임은 밑줄 친 다음 부분에 있는 문장에서 알 수 있다. 정답을 제외한 각각의 보기가 정답이 되지 못하는 이유를 보면,

2「身分を言って捕まえること」는 신분을 말한다는 내용은 본문에 나와 있지 않고, CSO는 본문의 「逮捕することはできない」에서 체포할 권한이 없다.

3 청소년의 범죄에 대한 언급은 전혀 서술하지 않았다.

4 보기 2번과 마찬가지로 CSO는 체포할 권한이 없다.

밑줄 관련 문제의 정답은 항상 그 단락에 있다는 것을 반드시 염두에 두고, 정답이 되는 보기와 오답이 되는 보기는 본문의 내용을 조금씩 다른 문장이나 단어로 표현한 것뿐이므로 보기의 문장을 정확하게 해석하도록 하자.

60 ②<u>かけ橋として行動することができる</u>のはなぜか。

1 警察官の代わりに、裁判所に行ったり、報告書を書いたりする雑務を自ら
   しているから

2 警察官が犯罪と戦わなくてもいいように、警察の役割の一部をかわりにや
   っているから

3 いろんなことで忙しい警察のために、住民の安全や街の防犯のため努力し
   ているから

4 正規の警察として、街における犯罪の防止や人々の安全のため、常に努め
   ているから

✓3

 「かけ橋」라는 단어의 정확한 의미를 모르더라도「橋」라는 단어에서 '다리로서 행동할 수가 있다'고 해석해도 밑줄의 의미를 알 수
있다. 본문의「正規の警察は犯罪と戦うだけではなく、報告書を書いたり、裁判所に証拠を提出することでも忙しい」
에서 정식 경찰의 바쁜 업무에 대해 설명하고 있고, 그 결과 경찰들이 본연의 임무인 방범활동에 소홀히 되는 경향이 있다는 것을
그 뒤에서 언급하고 있다. 또 CSO가 하는 일이「犯罪防止にも役立つ」라고 하였으므로, 경찰의 역할을 어느 정도 대신하여 주민
들의 안전을 돕고 있다는 보기가 정답이다.

61 ③<u>これ</u>は何を指しているか。

1 犯罪の予防に努力すること

2 CSOの人員を増やすこと

3 正規の警察を増やすこと

4 CSOの成功を確信すること

✓2

 보통 지시어 관련 문제는 밑줄의 바로 앞 문장이 정답이 된다고 했으므로「政府は彼らの数を現在の3,500人から、2012年まで
に30,000人まで増やすことを計画している」에서 정부가 CSO의 인원을 증가시키려는 것이 정답이다.

62 この文章から分かるCSOの能力はどんなことか。

1　警察官の仕事を全部やっているから犯罪の予防にもなって、政府はこれか
　　らもっと人員数を増やしていくつもりである。

2　軽犯罪を防いだり犯人を捕まえたりするのはいいが、あまりにも権限が多
　　いため、住民とぶつかることはあまりよくない。

3　政府が作った団体だけあって、住民からの信頼感もあるし、警察官からも
　　歓迎されているが犯罪の防止のためには今一つである。

4　警察官の業務の一部をCSOがやっているので、地域住民の安全が守られる
　　し、犯罪の予防にも役立つ。

✔4

**Tip** 각각의 보기의 내용 중에서 CSO의 능력이 아닌 부분은,
1「警察官の仕事を全部やっているから」: 일부분만 담당하고 있다.
2「軽犯罪を防いだり犯人を捕まえたりするのはいいが」: 범인을 붙잡을 수는 없다.
　「住民とぶつかることはあまりよくない」: 주민과 부딪힌다는 내용에 대한 언급은 없다.
3「犯罪の防止のためには今一つである」: 범죄 방지에 도움이 된다는 언급은 있지만, 그것이 조금 부족함을 느낀다는 것은
　　　　　　　　　　　　　　　　　전혀 서술되어 있지 않다.

이처럼 필자가 설명하는 단어의 의미는 오답인 보기에서 본문의 내용과 조금씩 다르게 설명하고 있으므로, 보기의 내용을 정확히
해석하면 오답을 고를 확률을 많이 줄일 수 있을 것이다.

〜 過去(かこ) 과거　〜にわたり ~에 걸쳐　危険度(きけんど) 위험도　大幅(おおはば) 큰 폭
低下(ていか) 저하　示唆(しさ) 시사　犯罪(はんざい) 범죄　被害者(ひがいしゃ) 피해자
いまだに 여태껏　正規(せいき) 정규　警察(けいさつ) 경찰　深刻(しんこく) 심각
対処(たいしょ) 대처　政府(せいふ) 정부　地域(ちいき) 지역　支援(しえん) 지원
警官(けいかん) 경관　導入(どうにゅう) 도입　似(に)る 닮다　制服(せいふく) 제복
着用(ちゃくよう) 착용　責任(せきにん) 책임　異(こと)なる 다르다　ポイ捨(す)て 함부로 버림
軽犯罪(けいはんざい) 경범죄　手助(てだす)け 도움, 조력　呼(よ)び止(と)める 불러 세우다
尋問(じんもん) 신문　権限(けんげん) 권한　逮捕(たいほ) 체포　目撃(もくげき) 목격
阻止(そし) 저지　責務(せきむ) 책무　無線(むせん) 무선(무전기)　携帯(けいたい) 휴대
判断(はんだん) 판단　主要(しゅよう) 주요　巡回(じゅんかい) 순회　交流(こうりゅう) 교류
深(ふか)める 깊게 하다　高齢者(こうれいしゃ) 고령자　援助(えんじょ) 원조
気(き)を配(くば)る 신경 쓰다　防止(ぼうし) 방지　役立(やくだ)つ 도움이 되다　かけ橋(はし) 가교
戦(たたか)う 싸우다　報告書(ほうこくしょ) 보고서　裁判所(さいばんしょ) 재판소, 법원
証拠(しょうこ) 증거　提出(ていしゅつ) 제출　費(つい)やす 소비하다　減(へ)らす 줄이다
効果的(こうかてき) 효과적　あり得(う)る 있을 수 있다　疑(うたが)う 의심하다　数(かず) 수
増(ふ)やす 늘리다　政策(せいさく) 정책　気(き)に入(い)る 마음에 들다　余地(よち) 여지
犯(おか)す (법률, 규칙 등을) 어기다, 범하다　身分(みぶん) 신분　捕(つか)まえる 붙잡다

阻(はば)む 막다, 저지하다  雑務(ざつむ) 잡무  努(つと)める 노력하다  防(ふせ)ぐ 막다, 방지하다

ぶつかる 부딪히다  歓迎(かんげい) 환영

**문제10) 다음 문장을 읽고 뒤의 질문에 대한 답으로 가장 알맞은 것을 1·2·3·4 에서 하나 고르시오.**

영국에서의 연구에 의하면, 과거 10년에 걸쳐 영국 내의 거리의 위험도가 큰 폭으로 저하된 것이 시사되었다. 그래도 많은 사람들은 범죄의 피해자가 되는 것은 아닌가 라고 지금까지 걱정하고 있다. 사람들이 보다 안전하다고 느낄 수 있도록, 그리고 정규 경찰이 심각한 범죄에 대처하는 시간을 보다 많이 가질 수 있도록, 영국정부는 최근, 지역지원경관(CSO)으로서 알려져 있는 새로운 타입의 경찰관을 도입했다.

이들 새로운 경관은 정규 경찰과 닮은 제복을 착용하지만, ①그들의 책임은 전혀 다르다. CSO의 일의 하나는 쓰레기를 함부로 버리는 듯한 경범죄를 막는 도움을 주는 것이다. CSO는 사람들을 불러 세워서 그들에게 심문을 하는 권한을 가지고 있지만, 체포하는 것은 불가능하다. 또, 정규 경찰은 범죄가 일어나고 있는 것을 목격하면 이것을 저지해야 하는 것에 대해서, CSO에게는 이 책무가 없다. 그러나, 그들은 무선(무전기)을 휴대하고 있어서, 필요하다고 판단했을 때에는 정규 경찰을 부르는 것이 가능하다.

CSO의 주요한 일의 하나는 지역을 순회하고, 사람들과의 교류를 돈독히 하며, 무엇이 일어나고 있는지 정보를 모으는 것이다. 이렇게 함으로써 예를 들면, 고령자와 같은 원조를 필요로 하고 있을지도 모르는 사람들에게 신경을 쓰는 것이 가능하게 되고, 또 범죄 방지에도 도움이 된다. 이런 의미에서, CSO는 정규 경찰과 지역 사이에서 ②가교로서 행동할 수 있다. 요즘은, 정규 경찰은 범죄와 싸우는 것뿐만 아니라 보고서를 쓰거나, 법원에 증거를 제출하는 것으로도 바쁘다. 그 결과, 그들은 거리를 걷는데(방범 활동하는데) 많은 시간을 소비하는 것이 불가능하다.

범죄를 줄이는데, CSO가 얼마만큼 효과적으로 있을 수 있는지 의심하고 있는 사람도 있다. 그러나, 많은 일반인은 CSO의 존재 덕분에 보다 안전하다고 느낄 수 있다고 말하고 있다.

CSO는 성공이었다고 정부는 확신하고 있다. 실제, 정부는 그들의 수를 현재의 3,500명에서, 2012년까지 30,000명까지 늘릴 것을 계획하고 있다. ③이것은 정부가 국민을 위해서 하고 있는 정책 중에서 매우 마음에 든 것의 하나이다.

59 **여기에서의 ①그들의 책임이라는 것은 어떤 것이라고 생각되는가?**

    1 무전기를 사용해서 범죄의 여지가 있는 곳을 경찰에 알리는 것

    2 범죄를 일으킬 의심이 있는 사람을 자신의 신분을 말하고 붙잡는 것

    3 청소년의 범죄현장을 발견하면 바로 주의하고, 저지하는 것

    4 쓰레기를 버리거나 하는 경범죄를 범한 사람을 잡아서 경찰에 데리고 가는 것

60 **②가교로서 행동할 수 있다는 것은 왜일까?**

    1 경찰관 대신에 법원에 가거나 보고서를 쓰거나 하는 잡무를 스스로 하고 있기 때문에

    2 경찰관이 범죄와 싸우지 않아도 되도록 경찰의 역할의 일부를 대신 하고 있기 때문에

    3 여러 가지 일로 바쁜 경찰을 위해서, 주민의 안전이나 거리의 방범을 위해 노력하고 있기 때문에

    4 정규 경찰로서 거리에서의 범죄 방지나 사람들의 안전을 위해 늘 노력하고 있기 때문에

61 **③이것은 무엇을 가리키고 있는가?**

    1 범죄 예방에 노력하는 것

    2 CSO의 인원을 늘리는 것

    3 정규 경찰을 늘리는 것

    4 CSO의 성공을 확신하는 것

62 **이 문장에서 알 수 있는 CSO의 능력은 어떤 것인가?**

    1 경찰관의 일을 전부 하고 있기 때문에 범죄 예방도 되어 정부는 앞으로 더욱 인원수를 늘려 갈 생각이다.

    2 경범죄를 막거나 범인을 붙잡거나 하는 것은 좋지만, 너무 권한이 많기 때문에 주민과 부딪히는 것은 별로 좋지 않다.

    3 정부가 만든 단체인 만큼 주민으로부터의 신뢰감도 있고 경찰관으로부터도 환영받고 있지만, 범죄 방지를 위해서는 지금은 조금 미흡하다.

    4 경찰관의 업무의 일부를 CSO가 하고 있기 때문에 지역주민의 안전을 지킬 수 있고, 범죄예방에도 도움이 된다.

→ 정답 p.11

**問題10** 次の文章を読んで、後の問いに対する答えとして最もよいものを、1・2・3・4から一つ選びなさい。

　学校が終わったあと、公園に遊びに行く子どもに付き添う(注1)父母の中に、ほとんど毎日やってくる40代半ばと30代半ばくらいのふたりのお父さんがいた。

　40代半ばはフランス系アメリカ人のクリス、30代半ばはフィリピン系アメリカ人のリノ。息子と同じクラスの男の子のお父さんクリスは、9·11以前はアメリカの子ども向けテレビ局の宣伝部に勤めていたそうだ。あの事件以降のごたごた(注2)で、テレビ局も人員整理をするはめになり、彼は希望退職したのだという。

　「ま、長いこと勤めたしね、何か新しい仕事に就きたかったし、①ちょうどいいタイミングだったんだよ」ケラケラッと笑いながらクリスは言った。

　大学の専門は英語だったので、「ゆきの英語がおかしいときは正しく直してあげるね」と私の英語の先生を買って出てくれたのは彼だ。

　「何か次の仕事は考えているの？」と聞くと、「半年は息子とびっちり遊んで、その間に考えようと思っているんだよ」またケラケラッと②笑いながら言った。

　彼の奥さんは、雑誌や広告の仕事のほかに、大学の写真学科の教授でもある。クリスが無職の間は奥さんにしっかり働いてもらい、自分は子育てをしっかりやるのだという。

　同じく息子と同じクラスの女の子のお父さんリノは、奥さんが小児科のお医者さん。

　娘が生まれることになったとき、彼が子育てを引き受けることにし、同じく医療関係の仕事をしていたが退職。奥さんは産後2カ月ほどで職場復帰したそうだ。

　「うちは奥さんの両親と同居だから、彼らにお願いすることも考えたけど、両親はもう若くはないからね。それに僕たちの子どもだから、僕がちゃんと子育てをしようと思ったんだよ」

　娘の飲み物やおやつ、お手ふきなどをいっぱい詰め込んだバックパック(注3)を抱えながら、リノもにこやかに(注4)話してくれた。

　公園で遊ぶ子どもたちは、このお父さんたちが大好きの様子。母親たちの遊び方と比べると、ダイナミックなのだ。走るのも速いし、子どもたちとの鬼ごっこでも手を抜かない。思いっきり追いかけてくるから、キャーキャー言いながら子どもたちも必死で逃げる。お父さんたちの声は子どもたちと比べるとちょっと低いが、音量は負けない。ワーワー、キャーキャー、大人と子どもの声が入り交じり(注5)、公園の中はそりゃあにぎやかだ。

　半年後、高校の英語の教師を目指すといってクリスは大学院に通い始めた。自分にとっても興味のある仕事だし、息子の面倒をみる時間も、他の仕事と比べたら十分取れるだろうと思ってのことだという。

　4年後の現在、クリスは見事に高教教師の資格を取り、ニューヨークの公立高校の英語教師になった。そして今でも週3回は学校に息子を迎えにきて、帰りに公園で遊んでいく。リノのところには2年前に第2子(男の子)が生まれ、彼は引き続き子育て中。子育てにやる気満々のお父さんたちがそばにいると③楽しいものだ。

(注1)　付き添う：世話などをするためにそばについている
(注2)　ごたごた：あらそう。もめごと
(注3)　バックパック：アルミわくにコットン製の袋のついたリュックサック
(注4)　にこやかだ：ほほえみを浮かべるさま
(注5)　入り交じる：さまざまのものがまじり合う

59　クリスさんとリノさんの共通点は何か。

1　親と同居している。

2　最初から育児をやっていた。

3　筆者の子どもの友だちの親である。

4　妻と同じ仕事をしている。

60　①ちょうどいいタイミングとあるが、この「いいタイミング」とは何か。

　　1　ただのいいわけ

　　2　9・11以前

　　3　子どもが生まれたとき

　　4　仕事がなくなったとき

61　②笑いながら言ったとあるが、どうして笑ったのか。

　　1　新しい仕事を見つけたから

　　2　子育てを楽しんでいるから

　　3　子どもが生まれるから

　　4　親と同居できるから

62　③楽しいものだとあるが、筆者はどうしてそう思うのか。

　　1　何ごとも自分の考え次第で変えられるから

　　2　子どもが大きくなって自分の世話をしてくれるから

　　3　三世代家族は楽しいことがたくさんあるから

　　4　家事と仕事の両立はなかなかおもしろいことだから

→ 정답 p.12

**問題10** 次の文章を読んで、後の問いに対する答えとして最もよいものを、1・2・3・4から一つ選びなさい。

　小さい頃は、誰かの役に立ちたくて看護婦さんになりたいなあって思ってた。そんなことを思いながら大きくなって、今は歌とか歌ってたけど、それでも芸能界で何もスキルなく仕事するのは怖かった。売れなかったらどーすんの？と。

　事務所の社長とレッスンの先生の売り出し方針の食い違いが凄くて、見ていて苦しかったのもあるけど。だから私は、そういうものに巻き込まれたくない気持ちと、将来に対しての不安感を無くすために、看護婦の資格を取ろうと思ったわけだ。

　勉強して半年後にやっと看護婦の資格を取った。運もあったせいなのか18才になって、実際に病院で仕事をするようになった。だけど、医者や看護婦が怖いと思った。優しさの欠片(注1)もない人たちだった。患者さんには笑顔の看護婦。だけど看護婦へは嫌味(注2)しか言わない看護婦。学生いじめをする看護婦。学生を無視する医者。意地悪なことばかり言う病院スタッフ。それを毎日見てる入院患者さん。患者さんに「〇〇さんは怖いね」とか「〇〇さんにいじめられなかったかい？」とか心配してくれる患者さん。右も左もわからない学生時代、凄く病院が嫌いだった。患者さんと交流出来ることが唯一の安堵(注3)だったような記憶がある。

　病院での仕事はとても好きだったが、こういう人間関係の煩わしさで病院を何度も辞めようと思った。だが、小さい頃の夢もあったし、また患者さんたちの激励もあったので、すべてを我慢しながら仕事を続けた。

　私が準看(注4)を取って正看(注5)学校に更に就職進学した時、同期病棟入りしたのは5人。準看私1人で正看4人。勤務自体もいじめそのもの。日勤(注6)も夜勤も準夜勤もする私。でもいじめ校にも毎日行く私。休みが1日もない。一切ない。休みももらえない。欲しいというと「①新人のくせに」と更に過酷な仕事をさせる。徹底的にいじめられて、ストレスで倒れてしまう私。学校には通いたい、卒業したい。看護の勉強をしたい。でもどうしたらいいか分からなくて毎日涙で一日を過

ごすことが多かった。②こんな私の気持ちをものともせずに、看護婦の仲間や医者のいじめはますますひどくなっている。

　準看学校の時から必死に勉強してなんとか推薦で入れた正看学校なので辞めたくない。でも仕事が続けられない。学校の先生に泣きながら通いたいと訴えてたけど結局退学せざるを得なくなった。看護婦がさらに嫌いになってしまった。

　もし自分の周りで看護婦さんになりたいと思う人がいるなら絶対にやめさせたい。こんな私の経験や学校でのことを言って、絶対やめさせたい。もしかしたら自分に問題があるかもしれないけど、今もあの学校や病院を辞めている人々がいるのを見ていると、やっぱり私の考えは間違いないと思う。あんな病院、もうないほうがましだわ。

(注1)　欠片：ごくわずかなもののたとえ
(注2)　嫌味：人に不快な思いを与える言動
(注3)　安堵：気がかりなことが除かれ、安心すること
(注4)　準看：看護婦に次ぐものであること
(注5)　正看：正式の看護婦
(注6)　日勤：毎日出勤すること

59　筆者の病院での最初の印象は次のどれか。

　1　看護婦は患者にはある程度親切だが、仲間への思いやりがまったくない。

　2　看護婦や医者の実力はすごくいいが、患者に対しての治療はあんまりだ。

　3　スタッフはすごく親切だが、看護婦や医者に対しての教育がろくになってない。

　4　同僚とはすごく仲がいいが、患者への思いやりがあんまりないのでよくない。

60 ①新人のくせにと言ったのはなぜか。

　1　他の人は一生懸命やっているのにどうしてあなただけ休暇が必要かという気
　　　持ちから

　2　実力のない新人は休暇より、実力を磨くために努力しないといけないという
　　　気持ちから

　3　筆者が病院で、他の医者と看護婦から嫌われていることと、本当に新人だから

　4　病院の伝統は、病院に入ってからある程度期間がすぎないと休暇がもらえな
　　　いから


61 ②こんな私の気持ちはどんなことか。

　1　看護婦より医者になりたいという希望

　2　病院で仕事はやりたいけど、続けられない悔しさ

　3　早く学校を卒業したいという望み

　4　実際に患者を治療したくてたまらない切なさ


62 筆者が、看護婦がきらいになった理由ではないのは次のどれか。

　1　仕事がかなりきつい。

　2　自分の事を認めてもらえない環境

　3　耐えられない日程

　4　勉強の出来ないぐらいの施設

→ 정답 p.12

問題10 次の文章を読んで、後の問いに対する答えとして最もよいものを、1・2・3・4から一つ選びなさい。

　本日、私はまたひとつ年を重ねた。日本女性の平均寿命に個人的嗜好や既往症(注1)を加味すると、ここらへんが私の①人生の折り返し地点であろうと思われる。

　マラソンであればその言葉どおり見知った道を戻ればいいのだろうが、人生ではそうはいかない。この折り返し地点は単なる時間軸であって、これから歩んでいく「道」はすでにいくつかの岐路(注2)に分かれていて私の選択を待っている。

　誕生日というおめでたい日にあって、私は私を苦しめる記憶の整理をしようと思う。これまで封印してきた記憶を、この際なので公に書き残して手放してしまおうと思う。

　私が4、5才のころの出来事である。近所にA氏という男がいた。彼には私より1つ年上の息子と1つか2つ年下の娘がいて、彼らとは幼なじみの仲である。彼らを含め数人の同世代の幼なじみと集団で過ごすのが、当時の②このあたりの子供たちの日常であった。

　ある日、いつもと同じように私は数人の幼なじみと遊んでいた。休日だったのか平日だったのかは覚えていない。が、そこへA氏がやってきて、突然私を抱き上げた。驚いて抵抗する私に構わず、彼はそのまま私の頬にキスをし、「チューしちゃった」と悪びれずに(注3)言った。暴れて彼の手を逃れようとする私の足を、A氏の息子や娘や、その他の幼なじみたちが引っ張って逃してくれるまで、私は自分に何が起きたのかを理解することができなかった。③実の親からのキスも拒むようになる年齢の子供が、知っている人とはいえ大人から強引に、しかも遊び仲間の面前で受けた行為は、当時の私が知らない言葉で表現するのならば「凌辱(注4)」に等しかった。

　その数年後にA氏一家が引っ越してしまうまで、私は彼を避け続けた。姿が見えれば、幼なじみたちに「逃げろ」と号令を出した。とにかく私は、彼からなるべく遠ざかっていたかった。更にその数年後、もはやこのときの記憶も薄れ掛けた頃になって、A氏が再び我が町に姿を現したことがあった。私は学校に行っていたので会ってはいないが、母親から「A氏が近くの病院に診察に来たついでにあいさつをしに来た」と聞かされたのだ。私はその瞬間、過去の記憶をまざまざ(注5)と思い出した。おそらくあれから7、8年は経っていたと思われるが、それでもまだ④私を凍りつかせるほどの生々しさをその記憶は持っていた。そして私は思ったのだ。「二度と戻ってこられないよう、あいつがこの世からいなくなってしまえばいいのに」と。

　数日後、母と父は葬式に出かけて行った。A氏がかつてのご近所にあいさつをしたあとに向かった病院の待合室で、診察の順番を待たずに脳梗塞(注6)を起こして亡くなったからである。そのニュースは、私にいくつかの混乱した衝撃を与えた。「いなくなってしまえ」と念じた私の気持ちが、彼の死に影響を与えたのかどうかはわからない。しかし私がそう願ったことは紛れもない事実である。たまたま私がそう思った日にたまたま彼が死を迎えた、ただそれだけのことかもしれない。けれども、私はそれから長いこと、この死に対しての責任のようなものを感じることになった。彼が幼い私にしたこともまた、それからの私に性に対してのアレルギーのような陰を形成した。この二つの感情は未だ私の中で薄らぎながらも存在し、時々私を苦しめる。もはや表面的にはすっかり癒えた(注7)傷の後遺症のように、私を辱め(注8)、怒らせては混乱させるのである。


(注1)　既往症：過去においてかかったことのある病気
(注2)　岐路：将来が決まるような重大な場面
(注3)　悪びれずに：おどおどしたり、恥ずかしがったりしないで
(注4)　凌辱：相手を傷つけるような言動をして、恥をかかせること
(注5)　まざまざ：まるで目の前にあるかのようにはっきりとしているさま
(注6)　脳硬塞：病気の一種
(注7)　癒える：悲しみ・苦しみ・悩みなどが消える
(注8)　辱める：恥をかかせる


59　①人生の折り返し地点とあるが、地点とは何か。

　　1　今まで生きてきた自分の人生を顧みて、これからのことを考える年

　　2　死を目前にし、今までの自分の人生に対しての反省と後悔をする年

　　3　いろんな人に出会い、これからのことを相談したり悩んだりする年

　　4　かけがえのない自分の人生に対しての、これからの計画を立てる年

60 ②このあたりの子供たちとあるが、何を意味しているのか。

1　この近所に住んでいる子供たち

2　いたずらのひどい子供たち

3　遊び場が似ている子供たち

4　同じ年齢の子供たち

61 ③実の親からのキスも拒むようになる年齢の子供がとあるが、どうして親から
のキスを拒むのか。

1　子供の時の悪い記憶は、大きくなってからもよくないから

2　本当の親でないため、キスされるといやだから

3　幼い子供でも自分なりに、性に対して分かるようになったから

4　遊び仲間にいじめられて、一人ぼっちになりかねないから

62 ④私を凍りつかせるほどの生々しさをその記憶は持っていたとあるが、なぜか。

1　その時のあまりよくない記憶をたまに聞かせてくれる者がいるから

2　大人になってもその時のことがあまりにも怖かったし、いやだったから

3　その時の恥ずかしさを忘れられないためにノートに書いておいたから

4　大人になるにつれて、だんだんその時の記憶が思い出されたから

2010년부터 시행되는 일본어능력시험에 새롭게 추가된 문제 유형이다.

본문 내용은 주로 사회적인 현상이나 사건, 사실, 사회적인 이슈에 대한 것이다. 이러한 주제에 대해 A와 B의 입장에서 주장·서술하는 내용에 대해 묻는다. 논술이나 주장을 하는 A와 B는 다른 신문사나 개인(블로그나 트위터), 다른 단체가 될 수도 있다. 능력시험위원회에서 제시한 예제를 바탕으로 출제될 가능성이 있는 유형은 다음의 3가지이다.

① A와 B가 공통적으로 다룬 내용
② A와 B 각각의 입장이나 견해
③ 공통된 결론이나 주장

여기서 알아야 할 것은 A와 B는 한 주제에 대해서 완전히 다른 견해나 같은 견해를 갖는 것은 아니다. 공통되는 주장도 있고 서로 다른 의견도 같이 언급한다. 따라서 A와 B 각각의 본문을 읽으면서 공통적으로 언급한 부분과 견해가 엇갈리는 부분을 체크해 두어야만 짧은 시간 안에 문제를 풀 수 있다.

문제를 풀 때 시간을 단축시키려면 우선 A의 내용을 먼저 읽고 나서 첫 번째 문제와 두 번째 문제를 풀도록 하자. 정답을 찾는 것이 아니고, 4개의 보기 중에서 2개의 오답을 찾을 수 있을 것이다. 그리고 B의 글을 읽으면 나머지 보기 중 정답을 찾을 수 있을 것이다.

**예제**

**問題 11** 次のAとBの意見文を読んで後の問いに対する答えとして最もよいものを、１・２・３・４から一つ選びなさい。

A

日本人が一番好きな花といったら「桜」だろう。一言で桜といっても、実は六百種類以上もある。春に咲く、一番知られているソメイヨシノだけでなく、夏や秋に咲く桜もあり、一年中日本のどこかで桜が咲いている。

ソメイヨシノは、卒業・入学式、入社式などの時期と重なることが多いので、人生の節目と重なり、親しい人達との別れ、新しい出会いをそのきれいな花びらでさらに美しく飾ってくれる。それだけでなく、ぱっと咲いて、さっと散ってしまう出会いと別れがほぼ同時に訪れるこの時期とも合う。

六百種類もあるのだから一年中桜と共に思い出が作れるということだ。これからもっと桜のことを勉強すれば桜との思い出も増えていくだろう。

B

　桜は日本人が一番好きな花だ。女の子の名前の上位にサクラちゃんという名前がいつもあることからもそれがわかる。咲く季節が卒業や入学、就職などの人生の節目とも重なるので、多くの人にとっても忘れられない花になるのだろう。

　しかし、その桜についてはあまり知られていない。私たちが桜と呼んでいるものは、主にソメイヨシノという品種で春に咲いて、花が散った後、夏には休眠状態になる。一定期間、低温の中にいてから、気温が上がると成長を始め春が近づくにつれて花が咲く。

　しかし、温暖化の影響からか、寒い冬が短くなり十分に成長できないままのものが増えてきたそうだ。このままだと暖かい地方では桜が見られなくなるかもしれない。桜とは別れたくないものだ。

[63]　AとBのどちらの記事にも触れられている内容はどれか。

　1　日本人が桜好きの理由

　2　日本で桜の種類が多い理由

　3　桜に関する思い出

　4　桜と地球温暖化の関係

✓1

Tip　공통적으로 다룬 내용에 관한 문제인데, A에는 「人生の節目と重なり」라고 하며 벚꽃은 인생의 특정 시기와 겹쳐서 일본인과의 희로애락을 같이 했다는 내용이 있다. 마찬가지로 B도 「人生の節目とも重なるので」에서 A와 같은 견해를 얘기하므로 공통된 내용은 일본인이 벚꽃을 좋아하는 이유가 된다. 이 문제를 풀 때 A를 읽고 63번을 풀면, 보기 2번과 4번에 대한 언급이 전혀 없다는 것을 알 수 있다. 이처럼 A의 주장을 읽고 나서 반드시 63번을 풀어보아야 보기 4개 중 2개를 정답에서 지울 수 있다.

[64] 日本人の桜好きについて、Aの筆者とBの筆者はどのような立場で書いているか。

1　AもBも、好意的な立場だ。

2　AもBも、客観的な立場だ。

3　Aは客観的だが、Bは好意的だ。

4　Aは批判的だが、Bは客観的だ。

✓ 1

 Tip　A와 B의 입장을 묻는 문제인데, 여기서 객관적이라고 하는 것은 필자의 생각이 전혀 들어가지 않은 즉, 구체적인 실험이나 다른 문헌에서의 인용 등으로 구성된 문장을 말한다. 저자가 쓴 내용을 읽어보면, 실험이나 문헌에서의 인용이 전혀 없으므로 객관적인 서술을 했다고는 볼 수 없다. 필자는 각각 본인이 생각하는 벚꽃에 대한 것을 서술하였는데, A의 마지막 문장 「これからもっと桜のことを勉強すれば桜との思い出も増えていくだろう」과 B의 마지막 문장 「桜とは別れたくないものだ」에서도 필자의 개인적인 생각을 알 수 있다.

[65] 桜は日本人が一番好きな花である理由は何か。

1　日本には桜の品種が六百以上もあるから

2　サクラという名前が人気だから

3　咲く季節が人生の節目と重なり思い出深いから

4　ソメイヨシノという品種が有名だから

✓ 3

Tip　공통된 결론이나 주장과 관련된 문제인데. A와 B의 주장에서 겹치는 문장은 「人生の節目と重なり」이다. 따라서 이 문장의 전후 부분을 A와 B에서 해석해 보면 공통적으로 생각하는 것을 알 수 있다.

〰 一言(ひとこと) 한마디　種類(しゅるい) 종류　咲(さ)く 피다　入社式(にゅうしゃしき) 입사식
時期(じき) 시기　重(かさ)なる 겹치다　節目(ふしめ) 단락, 구분, 고비　花(はな)びら 꽃잎
さらに 한층 더　飾(かざ)る 장식하다　ぱっと 순식간에 일어나는 모양　さっと 동작·변화 등이 재빠른 모양
散(ち)る 지다　ほぼ 거의　訪(おとず)れる 방문하다　〜と共(とも)に 〜와 함께　品種(ひんしゅ) 품종
休眠(きゅうみん) 휴면　一定(いってい) 일정　低温(ていおん) 저온　近(ちか)づく 다가오다
温暖化(おんだんか) 온난화　影響(えいきょう) 영향　好意的(こういてき) 호의적
客観的(きゃっかんてき) 객관적　批判的(ひはんてき) 비판적

**문제11)** 다음 A와 B의 의견문을 읽고 뒤의 질문에 대한 답으로 가장 알맞은 것을 1 · 2 · 3 · 4에서 하나 고르시오.

**A**

일본인이 가장 좋아하는 꽃이라면 '벚꽃'일 것이다. 한마디로 벚꽃이라고 해도, 실은 6백 종류 이상이나 된다. 봄에 피는 가장 알려져 있는 소메이요시노뿐만 아니라 여름이나 가을에 피는 벚꽃도 있고, 1년 내도록 일본의 어딘가에서 벚꽃이 피고 있다.

소메이요시노는 졸업 · 입학식, 입사식 등의 시기와 겹치는 경우가 많기 때문에, 인생의 특정 시기와 겹쳐져, 친한 사람들과의 이별, 새로운 만남을 그 예쁜 꽃잎으로 한층 더 아름답게 장식해 준다. 그것뿐만 아니라, 일시에 확 피었다가 일시에 확 져버리는 만남과 이별이 거의 동시에 찾아오는 이 시기와도 맞다.

6백 종류나 있기 때문에 1년 내도록 벚꽃과 함께 추억을 만들 수 있다는 것이다. 앞으로 더욱 벚꽃을 공부하면 벚꽃과의 추억도 늘어갈 것이다.

**B**

벚꽃은 일본인이 가장 좋아하는 꽃이다. 여자아이의 이름의 상위에 사쿠라 짱이라는 이름이 항상 있는 것에서도 그것을 알 수 있다. 피는 계절이 졸업이나 입학, 취직 등의 인생의 특정 시기와 겹치기 때문에, 많은 사람에게 있어서도 잊을 수 없는 꽃이 될 것이다.

그러나 그 벚꽃에 대해서는 별로 알려져 있지 않다. 우리들이 벚꽃이라고 부르고 있는 것은 주로 소메이요시노라고 하는 품종으로 봄에 피고, 꽃이 진 후, 여름에는 휴면상태가 된다. 일정기간, 저온 상태에 있고 나서 기온이 올라가면 성장을 시작하여 봄이 다가옴에 따라 꽃이 핀다.

그러나 온난화의 영향인지, 추운 겨울이 짧아져서 충분히 성장하지 못한 것이 늘어났다고 한다. 이대로라면 따뜻한 지방에서는 벚꽃을 볼 수 없게 될지도 모른다. 벚꽃과는 헤어지고 싶지 않은 것이다.

63 **A와 B 기사 둘 다에 언급된 내용은 어느 것인가?**

   1 일본인이 벚꽃을 좋아하는 이유

   2 일본에서 벚꽃의 종류가 많은 이유

   3 벚꽃에 관한 추억

   4 벚꽃과 지구온난화의 관계

64 **일본인이 벚꽃을 좋아하는 것에 대해서 A의 필자와 B의 필자는 어떤 입장에서 쓰고 있는가?**

   1 A도 B도 호의적인 입장이다.

   2 A도 B도 객관적인 입장이다.

   3 A는 객관적이지만 B는 호의적이다.

   4 A는 비판적이지만 B는 객관적이다.

65 **벚꽃은 일본인이 가장 좋아하는 꽃이라는 이유는 무엇인가?**

   1 일본에는 벚꽃의 품종이 6백 종류 이상이나 있기 때문에

   2 사쿠라라는 이름이 인기이니까

   3 피는 계절이 인생의 특정 시기와 겹쳐서 추억이 깊기 때문에

   4 소메이요시노라는 품종이 유명하니까

→ 정답 p.14

**問題11** 次のAとBの意見文を読んで後の問いに対する答えとして最もよいものを、
1・2・3・4から一つ選びなさい。

A

　漢字能力検定協会は、毎年1年を表現する漢字を募集し、最も応募の多かった漢字を、「今年の漢字」として、京都の清水寺で発表しています。

　2008年度の漢字は「変」。応募者がこの漢字を選んだ主な理由は、日本の首相の交代、アメリカのオバマ大統領の「change（変革）」。世界的な金融情勢の変動、株価暴落や円高ドル安などの大幅変動。食の安全性に対する意識の変化、物価の上昇による生活の変化。世界的規模の気候異変による、地球温暖化問題の深刻化など、様々な「変」が感じられたためだそうです。

　さて今年はというと、漢字能力検定協会の前理事長らが、資産流用などの容疑で逮捕・起訴されるなど、世間を騒がせるようなニュースに上ったこともあり、開催が危ぶまれていたが、例年通り行われることとなったそうです。今年の漢字は一体どんな漢字になるのでしょうか。

B

　毎年12月になると発表される「今年の漢字」。その年を表現する言葉として、漢字1字で表現し、メディアでも大きく取り扱われています。

　しかし、今年は、それを発表している漢字能力検定協会の前理事長らが、協会の資産を私的に流用していたことなどが発覚し、逮捕・起訴され、協会の体質が問題視されました。また、「今年の漢字」を発表している京都の清水寺の貫主(注1)も漢字協会の理事を辞任しました。開催自体が危ぶまれていた「今年の漢字」ですが、新理事長らにより、今年も開催するということが発表されました。報道陣から今の気持ちを漢字で表すよう求められると、発表地である清水寺の貫主は「新」、新しい理事長は「謝」と答えたそうです。

　しかし、今までこの「今年の漢字」の発表自体が、日本漢字能力検定の儲け主義的(注2)な宣伝に使われてきたと言われても否定できません。漢字能力協会の「改」や「新」をアピールしたければ、今までの関係と「断」を見せなければならないのではないでしょうか。清水寺でなくても発表はできるのですから。

63 二つの記事の内容として、正しいものはどれか。

1 今年の漢字の予想

2 漢字能力検定協会の紹介

3 漢字能力検定協会が行う今年の漢字について

4 選ばれた今年の漢字の紹介

64 今年の漢字について、Aの筆者とBの筆者はどのような立場をとっているか。

1 AもBも、客観的な立場である。

2 AもBも、選ばれた今年の漢字を分析している。

3 Aは明確にしていないが、Bは明確に批判している。

4 Aは肯定的で、Bは客観的である。

65 「今年の漢字」に選ばれた漢字と、その理由として正しいものはどれか。

1 漢字能力検定協会の資産流用事件などによる、「金」

2 世界的な金融・経済危機による、「金」

3 世界的な金融・経済・気候などの変化による、「変」

4 新しく漢字能力検定協会が変わったため、「変」

→ 정답 p.14

**問題11** 次のAとBの意見文を読んで後の問いに対する答えとして最もよいものを、
1・2・3・4から一つ選びなさい。

A

　結婚後も希望すれば夫婦が互いの旧姓を名乗れる夫婦別姓。今後、この夫婦別姓が法改正により、夫婦が望めば選択できるようになる可能性が出てきた。

　あるアンケートによると、この制度に「とても賛成」または「どちらかというと賛成」とした人の割合は全体で55％だった。女性は「賛成派」が62％で、男性の49％を大きく上回った。また、未婚者では賛成派が58％に上ったのに対し、既婚者の賛成派は50％で、結婚していない人の方が選択的夫婦別姓への支持率が高かった。

　賛成の理由としては「本人の自由」「選択肢が増えるのはいいこと」との意見が目立った。一方、反対派には「夫婦で姓が違うと混乱する」「子の姓でもめる」「家族のきずなが薄まる気がする」といった声が多かったという。実際にどちらにしたいかという問いでは「別姓」が6％、「同姓」が52％、「どちらでも構わない」が41％だった。

　賛成派、反対派、意見がほぼ二分するこの問題、さらに議論を進める必要がありそうだ。


B

　選択的に夫婦別姓制を導入しようとする民法改正の動きが出てきた。夫婦別姓については、昔から議論されてきたのだが、その度に、「家族の一体感が損なわれる」などの強い反対意見が出され、実現には至らなかった。

　賛成派の意見によれば、仕事に支障をきたす、結局は男性の性に入らなければならないなど、様々な意見があるが、別の調査によれば、中高生の６割以上が「両親の別姓」を嫌がっているという。親の都合だけで考えれば、別姓で支障がないかもしれないが、子供は必ずしもそれを望んでいるわけではない。親子のきずなを強めるには、やはり夫婦が同姓でいることが教育上、好ましいことは言うまでもない。

63　AとBのどちらにも当てはまる内容はどれか。

　1　夫婦別姓はする必要がない。

　2　夫婦別姓を嫌がっている意見が圧倒的だ。

　3　仕事上、夫婦別姓のほうが都合がいい。

　4　今後夫婦別姓が認められるかもしれない。

64　夫婦別姓について、AとBの記事は、どのような立場をとっているか。

　1　Aは、データをもとにした分析中心で、Bは、夫婦別姓に批判的である。

　2　Aは、明確な立場を示していないが、Bは客観的である。

　3　AもBも、データをもとにした分析で、客観的である。

　4　AもBも、夫婦別姓に批判的である。

65　夫婦別姓についての調査で、記事の内容と合っているものはどれか。

　1　独身の人の夫婦別姓賛成派より、結婚している人の夫婦別姓賛成派の方が多い。

　2　実際に男性の姓にするという人は、約5割ほどだ。

　3　両親の夫婦別姓には子供たちの半数以上が反対している。

　4　夫婦別姓に賛成している人の方が反対している人より、男女ともに多い。

→ 정답 p.15

**問題11** 次のAとBの意見文を読んで後の問いに対する答えとして最もよいものを、
1・2・3・4から一つ選びなさい。

A

　たばこ税を増税して、「たばこ1箱1,000円」にしようという話があちこちで聞かれる。確かに、たばこは、健康に及ぼすリスクなど様々な議論があるものの、嗜好品であり、喫煙するかしないかは、成人自らの責任だ。

　また、たばこ税は、国及び地方自治体にとって、すでに毎年2兆円超もの一般財源として、貢献している。過去10年間で3回の増税が実施されたが、税収にほぼ変化はなく、たばこ増税による財源増という話は、まさに絵に描いた餅だ。

　さらに、少子化による成人人口の減少や高齢化の進展等に加え、度重なる増税や喫煙規制の強化の影響により、喫煙率及び総需要は減少している。このような状況の中で再び増税をした場合、メーカーのみならず、たばこ耕作農家や小売販売店を含めた業界全体に与える影響は甚大であることは疑いの余地がない。

　増税前提ではなく、消費者、財政、たばこ産業界への影響をも踏まえたバランスのとれた合理的な制度となるよう議論がされていくべきではないだろうか。


B

　日本のたばこは高くはない。タバコ1箱を1,000円以上にするべきだ。こんな議論がさかんに行われている。タバコによる毎年7兆円の社会負担や多額の超過医療費、生活習慣病予防対策の財源確保のためだ。

　実際、欧米の税率はたばこ本体の8割程度で日本は6割になる。日本のタバコ税率やタバコ価格が欧米に比べ安いことなどを考えると、増税もやむをえないだろう。

　また、増税によるたばこ価格の引き上げで、税収を確保したまま、喫煙量や喫煙者数を減らすことができるのは世界共通の認識だ。

　もし、1,000円になれば、未成年の喫煙も減るだろうし、小遣いの少なくなっている成人の喫煙者も値上げをきっかけに禁煙すれば、本人や家族の健康増進で医療費削減にもなる。

　たばこは百害あって一利なし。増税に向かうのも当然なのかもしれない。

63 AとBとどちらの記事にも触れられている内容はどれか。

1 タバコ増税による結果

2 タバコ増税による影響

3 タバコ増税による税収の金額

4 タバコ1箱1,000円にしなければいけないという話

64 タバコ増税について、Aの筆者とBの筆者はどのような立場をとっているか。

1 AもBも増税に批判的だ。

2 AもBも明確にしていない。

3 Aは、増税に否定的だが、Bは、増税に肯定的だ。

4 Aは、増税を批判しているが、Bは客観的だ。

65 どうしてタバコを1,000円にしようと言う議論がなされているのか。

1 成人人口の減少により、たばこ需要が減少しているから

2 たばこ耕作農家や小売販売店を守るため

3 日本のたばこが欧米に比べ安すぎるから

4 生活習慣病予防対策の財源にするため

〈問題10 장문 독해〉와 언뜻 보면 비슷하지만, 〈問題12〉는 내용상 사설, 평론 등 추상적이고 논리성이 담긴 지문으로 구성되어 있다. 본문을 이해하는 것이 그만큼 어렵다는 뜻이다. 높은 수준의 어휘로 쓰인 것은 아니지만, 문장 자체가 딱딱하여 처음 이 문제를 접하는 학습자는 내용의 어려움에 당황할 것이다. 그러나 문제 유형을 정확히 분석하고 이에 대비하여 연습을 지속적으로 해 두면 문제를 푸는 데 도움이 될 것이다. 다음은 〈問題12〉에서 출제되는 문제의 유형이다.

① 밑줄이 나타내는 본문의 의미나 내용
② 지시어
③ 필자의 생각이나 주장을 나타내는 구체적인 예
④ 필자가 말하고자 하는 주장이나 본문의 내용

〈問題12 주장 이해〉나 〈問題10 장문 독해〉 중 한 문제는 반드시 지시어 관련 문제가 출제되는데, 이 유형은 학습자들이 반드시 풀어야 할 문제이다. 능력시험위원회에서 밝힌 예제를 보면 지시어는 바로 앞의 문장을 나타내었다. 이것은 레벨 N1을 공부하는 학습자들이 일본의 대학에서 공부할 경우, 소논문이나 리포트를 쓰는 경우가 많을 텐데, 그 경우 지시어가 바로 앞의 내용을 나타내는 형식의 문장이 꼭 필요하다. 그래서 이것을 주관식이 아닌 객관식 문제로 출제하다 보니, 지시어가 바로 앞의 문장을 나타낸다는 것을 정답으로 출제하는 것이다.

주장 이해의 장문 독해는 전체적인 내용을 파악하면, 지시어를 제외한 문제는 정답을 찾는데 그렇게 어렵지 않을 것이다. 따라서, 문장의 부분적인 해석이나 이해에 얽매이지 말고 전체적으로 필자가 무엇을 말하고 있는가를 잘 파악하여 문제를 풀어가도록 하자. 이 파트에서 오답을 고르는 학습자들의 특징 중 하나는 본인의 생각이나 일반적인 상식으로 정답을 찾으려고 한다는 것이다. 이 파트는 분명히 말하지만 필자의 주장에 대한 이해이다.

**問題12** 次の文章を読んで、後の問いに対する答えとして最もよいものを、1・2・3・4から一つ選びなさい。

　今日は男尊女卑についてお話します。はじめに、あるウイグル人が10年程前に書いた文章をご紹介します。

　豊かなオアシスの中で生きている約3百万人のウイグル人の女性たちは、21世紀になった今でもウイグルの伝統的な生活を守っています。朝早く起き、まず神への礼拝を行います。

　「今日も1日家族をお守りください、よい1日になりますように」と、夫と子どもたちの安全と無事をお祈りします。

　厳しい環境と貧しい生活の中で、勤勉な夫と可愛い子どもたちに、また母親、兄弟たちに優しい心遣いをすることはウイグル女性たちの特徴の1つであります。

　ウイグルの女性は嫁になってから、夫に仕えなければなりません。特に農村では、畑仕事をやり、夫と子どもの面倒を見ながら姑に仕えることが当たり前になっています。昔は、嫁になるのには姑に選ばれてのお見合い結婚でしたが、今は恋愛結婚をするようになりました。

　激しい乾燥による砂漠地帯にオアシスが点在する風土と環境の中で、ウイグル人の歴史と文化が生まれました。中央アジア・シルクロードの華と呼ばれるウイグルの踊りも、女性たちの毎日の生活の中で欠かせないことです。「①男はしゃべれるようになると歌い、女は歩けるようになると踊る」というウイグル人の特徴を表す言葉があります。貧しく純粋なウイグル人女性たちは、男尊女卑の社会の中で、社会的地位が非常に低く、男性にしいたげられた現実に甘んじてきました。

　この文章で私たち日本人はある程度、ウイグル人女性の姿が理解できました。しかし、この文章には「男尊女卑にたいする怒り、しいたげられた忍従(注1)のみの②自らの生涯にたいする悲しみと怒り」がありません。そして、その呪縛から自らを解放させようとの意志もありません。

　そもそも、そのような考え方を醸成(注2)するような社会ではなかったし、そのような女性が解放されている世界を知らないのですから無理もありません。

　女性が自らを解放させようとする運動は、今の政府にとっても困るのです。だから、女性の解放を歓迎しないのです。しかし、世の中は変化・発展します。恋愛結婚といっても、ウイグル人の結婚式は両家の両親が出費します。親が結婚に反対ならば結婚できません。これに逆らうと一族や集団から追放されます。100万人に1人くらいはそのようなはみ出し者がいるようですが…。

　しかし最近、とくに都市女性たちは経済的な自立の度合い(注3)も農村部に比較して高く、したがって、どうしようもない夫との離婚が増えているようです。今、日本では「草食系男子」とか「肉食系女子」などとわけのわからない言葉がはやっていますが、いいんです。自分にとって性格が合わない、あるいは生きる道が違う、妻や家族に暴力をふるう、などがあればサッサと離婚すればいいんです。

　日本でも、留学で日本に来たウイグル人女性は、親が娘に「お前の結婚式を挙げるから帰ってこい」とか、「夫をいつまでも放っておかないで、いい加減に帰ってこい」とか言われる場合が多いようです。しかし、最近ではこういういい方があるようです。

　「③こっちに帰ってきたら、自由がなくなるから、ずっと日本や外国で生活したほうがいいよ」と。悲しいことです。

　女性にとって結婚の自由はひとつの権利です。獲得した権利は、どんなことがあっても手放してはいけません。


(注1)　忍従：がまんして従うこと
(注2)　醸成：かもし出すこと。ある情勢などを次第に作り上げてゆくこと
(注3)　度合い：物事の程度

**66** ①男はしゃべれるようになると歌い、女は歩けるようになると踊るとあるが、それはどういうことか。

1　ウイグル人が農耕民族であることを表現する具体的な例で、男も女もいつも自分のことに満足することを表す。

2　ウイグル人なら誰でも文化を楽しんでいることを示すことわざで、男女とも自分の年齢に合わせて遊びを楽しんでいることを表す。

3　ウイグル人の生活ぶりを表現するもので、ウイグル人なら誰でも仕事をしながら歌を歌うことを表す。

4　ウイグル人の男尊女卑を表現する具体的な例で、それほど女性が苦労していることを表す。

✓4

**Tip** 밑줄의 의미는 남자는 언제든지 즐길 수가 있고, 여자는 남자를 위해서 행동을 해야 한다는 의미이다. 이렇게 해석되는 이유는 밑줄 다음의 문장,「貧しく純粋なウイグル人女性たちは、男尊女卑の社会の中で、社会的地位が非常に低く、男性にしいたげられた現実に甘んじてきました」에 나와 있다. 전체적으로 ①번 밑줄의 내용이 있는 단락에서는 남존여비라는 사상 하에서 고생하는 위구르의 여성에 대해 언급하고 있다. 따라서 이 단락의 내용을 이해하면 ①번 밑줄의 의미를 알 수 있을 것이다.

**67** ②自らは誰のことか。

1　男尊女卑のことを知っていながらも、女性だから仕方ないと思って生活している人のこと

2　社会に対して悲しみと怒りを感じながら、仕方なく生活しているかわいそうなウイグル人のこと

3　社会から押さえ苦しんでいながらもそこから解放しようとしないウイグル人の女性のこと

4　男のためなら自分を犠牲してもいいと思って、生活しているウイグル人の女性のこと

✓3

**Tip** ②번 밑줄이 지칭하는 대상은 밑줄 바로 앞의 문장에 있는「私たち日本人はある程度、ウイグル人女性の姿が理解できました」에서 위구르인의 여성을 나타내는 것을 알 수 있다. 따라서 보기에서 위구르인의 여성에 대해 설명하고 있는 것을 찾으면 된다.

68 ③こっちに帰ってきたら、自由がなくなるから、ずっと日本や外国で生活したほうがいいよと言っている親は、本当は何が言いたいか。

1 娘が自分の意志で帰ってきてもいいけど、仕方なく帰ってくるのは避けてほしい。なぜなら、今でもウイグルは女性差別が蔓延しているから

2 ウイグルへ帰ってきたら娘が自分の意志とは全く関係のない人と結婚するし、また苦労ばかりするからなるべく日本で暮らしたほうがいい。

3 ウイグルで暮らすならそれなりの覚悟がないといけないから、自分の生活パターンに合う外国を探してそこで暮らしたほうが自分のためにもいい。

4 自分の人生は自分で決めるべきだが、親の経験としては先進国である外国で生活したほうがいろんな経験ができて娘の夢のためにもいい。

✓2

Tip ③번 밑줄의 의미는 위구르에서 고생하는 여자(딸)에 대한 부모의 심정을 나타내는 말이다. 밑줄 위의 단락을 보면 위구르의 여성은 제대로 된 대접을 받지 못하고, 결혼도 마음대로 하지 못하는 것을 알 수 있다. 밑줄 다음에 나와 있는 「悲しいことです」에서도 부모의 마음을 알 수 있다.

69 この文章で筆者が言いたいことは何か。

1 女性も自分の権利を主張すべきだし、それをそのままにほっといてはいけない。

2 女性の権利を尊重するためには政府と社会が力を合わせて努力すべきである。

3 女性も自分の権利を主張するためには、それなりの覚悟がないといけないのである。

4 女性の権利は言うまでもなく、男性の権利も尊重すべきだからみんな努力しよう。

✓1

Tip 이 본문의 문장 전개는 A → B → C 때문에 나는 D라고 생각한다는 방식이다. 따라서 필자가 말하고자 하는 내용은, 위구르의 여성을 예로 들어서 본인의 의견을 뒷받침하고, 그에 대한 결론을 마지막 문장 「女性にとって結婚の自由はひとつの権利です。獲得した権利は、どんなことがあっても手放してはいけません」에서 정확하게 나타내고 있다. 따라서 필자의 생각과 같은 내용을 다른 표현으로 구성된 보기를 찾으면 정답이 된다.

↪ 男尊女卑(だんそんじょひ) 남존여비　程(ほど) 정도　文章(ぶんしょう) 문장　豊(ゆた)かだ 풍족하다

伝統的(でんとうてき) 전통적　神(かみ) 신　礼拝(れいはい) 예배　夫(おっと) 남편　子(こ) 자식

安全(あんぜん) 안전　無事(ぶじ) 무사　祈(いの)る 기도하다　厳(きび)しい 엄격하다

環境(かんきょう) 환경　貧(まず)しい 가난하다　勤勉(きんべん) 근면　可愛(かわい)い 귀엽다

心遣(こころづか)い 마음 씀씀이　特徴(とくちょう) 특징　嫁(よめ) 며느리　仕(つか)える 섬기다

農村(のうそん) 농촌　畑(はたけ) 밭　面倒(めんどう)を見(み)る 돌보다　姑(しゅうとめ) 시어머니

昔(むかし) 옛날　選(えら)ぶ 선택하다　お見合(みあ)い 맞선　激(はげ)しい 날씨가 심하다

乾燥(かんそう) 건조　砂漠(さばく) 사막　地帯(ちたい) 지대　点在(てんざい) 산재, 흩어져서 존재함

風土(ふうど) 풍토　歴史(れきし) 역사　中央(ちゅうおう) 중앙　華(はな) 꽃　踊(おど)り 춤

欠(か)かす 빼다　喜(よろこ)び 기쁨　しゃべる 말하다　純粋(じゅんすい) 순수　しいたげる 학대하다

甘(あま)んじる 감수하다, 할 수 없이 달게 받다　怒(いか)り 분노　忍従(にんじゅう) 고달픔을 참고 견딤

自(みずか)ら 스스로　生涯(しょうがい) 생애　悲(かな)しみ 슬픔

呪縛(じゅばく) 주술의 힘으로 움직이지 못하게 함　解放(かいほう) 해방　そもそも 애당초

考(かんが)え方(かた) 사고방식　醸成(じょうせい) 기운(機運)·상태 등을 조성함　政府(せいふ) 정부

歓迎(かんげい) 환영　両家(りょうけ) 양가　両親(りょうしん) 양친　出費(しゅっぴ) 지출

逆(さか)らう 거스르다　一族(いちぞく) 일족, 가족 등의 전원　集団(しゅうだん) 집단

追放(ついほう) 추방　はみ出(だ)す 불거져 나오다　都市(とし) 도시　度合(どあ)い 정도

農村部(のうそんぶ) 농촌 지역　比較(ひかく) 비교　離婚(りこん) 이혼　増(ふ)える 늘다

草食系男子(そうしょくけいだんし) 연애에 적극적이지 않은 남자

肉食系女子(にくしょくけいじょし) 연애에 적극적인 여자　わけ 까닭, 이유　はやる 유행하다

妻(つま) 아내　暴力(ぼうりょく)をふるう 폭력을 휘두르다　さっさと 재빨리　留学(りゅうがく) 유학

娘(むすめ) 딸　挙(あ)げる 식을 올리다　放(ほう)る 내버려두다, 방치하다　いい加減(かげん)だ 적당히 하다

権利(けんり) 권리　獲得(かくとく) 획득　手放(てばな)す 손을 놓다

**문제12) 다음 문장을 읽고 뒤의 질문에 대한 답으로 가장 알맞은 것을 1·2·3·4에서 하나 고르시오.**

오늘은 남존여비에 대해서 이야기하겠습니다. 우선 먼저 어느 위구르인이 10년 정도 전에 쓴 문장을 소개하겠습니다.

풍부한 오아시스 안에서 살고 있는 약 3백만 명의 위구르인 여성들은 21세기가 된 지금도 위구르의 전통적인 생활을 지키고 있습니다. 아침 일찍 일어나 우선 신에게 예배를 드립니다.

'오늘 하루도 가족을 지켜 주세요. 좋은 하루가 될 수 있도록'이라고, 남편과 아이들의 안전과 무사를 기원합니다.

어려운 환경과 궁핍한 생활 속에서 근면한 남편과 귀여운 아이들에게, 또는 모친, 형제들에게 상냥한 배려를 하는 것은 위구르 여성들의 특징의 하나입니다.

위구르 여성은 시집을 가고 나서, 남편을 시중들지 않으면 안 됩니다. 특히 농촌에서는 밭일을 하고, 남편과 아이를 돌보면서 시어머니를 시중드는 것이 당연한 일입니다. 옛날에는 시집을 가기 위해서는 시어머니에게 선택된 뒤에 보는 맞선 결혼이었지만, 지금은 연애 결혼을 하게 되었습니다.

심한 건조에 의한 사막 지대에 오아시스가 산재하는 풍토와 환경 속에서, 위구르인의 역사와 문화가 태어났습니다. 중앙아시아 실크로드의 꽃이라고 불리는 위구르의 춤도 여성들의 매일의 생활 속에서 빠뜨릴 수 없는 것입니다. '①남자는 말할 수 있게 되면 노래를 하고, 여자는 걸을 수 있게 되면 춤춘다'라는 위구르인의 특징을 나타내는 말이 있습니다. 궁핍하고 순수한 위구르인 여성들은 남존여비의 사회 속에서 사회적 지위가 매우 낮으며 남성에게 시달리는 현실에 만족해 왔습니다.

이 문장에서 우리 일본인은 어느 정도 위구르인 여성의 모습을 이해할 수 있었습니다. 그러나, 이 문장에는 '남존여비에 대한 분노, 시달리고 고달픔을 참고 견디기만 하는 ②스스로의 생애에 대한 슬픔과 분노'가 없습니다. 그리고 그 주박으로부터 스스로를 해방시키려는 의지도 없습니다.

원래 그러한 생각을 조성하는 사회가 아니었으며, 그러한 여성이 해방된 세계를 모르기 때문에 무리도 아닙니다.

여성이 스스로를 해방시키려고 하는 운동은, 지금의 정부에 있어서도 곤란합니다. 그렇기 때문에 여성의 해방을 환영하지 않습니다. 그러나 세상은 변화하고 발전합니다. 연애 결혼이라고 해도 위구르인의 결혼식은 양가의 부모님이 지출합니다. 부모가 결혼에 반대하면 결혼할 수 없습니다. 이것을 거역하면 일족과 집단으로부터 추방됩니다. 100만 명에 1명 정도는 그러한 사고뭉치가 있는 것 같습니다만….

그러나 최근, 특히 도시 여성들은 경제적인 자립의 정도도 농촌과 비교하면 높고, 따라서 어쩔 수 없는 남편과의 이혼이 증가하고 있는 것 같습니다. 지금, 일본에서는 '초식계 남자' 라든지 '육식계 여자' 등과 같은 알 수 없는 말이 유행하고 있습니다만, 괜찮습니다. 자신에게 있어서 성격이 맞지 않는, 혹은 사는 길이 다른 아내나 가족에게 폭력을 휘두르거나 한다면 재빨리 이혼하면 됩니다.

일본에서도 유학으로 일본에 온 위구르인 여성은 부모가 딸에게 '네 결혼식을 올리니까 돌아와라' 든지, '남편을 언제까지고 혼자두지 말고, 적당히 하고 돌아와.' 라는 말을 듣는 경우가 많은 듯합니다. 그러나 최근에는 이러한 말이 있는 것 같습니다.

'③여기에 돌아오면 자유가 없어지니까 쭉 일본이나 외국에서 생활하는 편이 좋아' 라고. 슬픈 일입니다.

여성에게 있어서 결혼의 자유는 하나의 권리입니다. 획득한 권리는 어떤 일이 있어도 손을 놓아서는 안 됩니다.

---

**66** ①**남자는 말할 수 있게 되면 노래를 하고, 여자는 걸을 수 있게 되면 춤춘다 라고 하는데, 그것은 어떤 것인가?**

　1 위구르인이 농경민족인 것을 표현하는 구체적인 예로, 남자도 여자도 항상 자신에 대해서 만족하는 것을 나타낸다.

　2 위구르인이라면 누구라도 문화를 즐기고 있는 것을 나타내는 속담으로, 남녀 다 자신의 연령에 맞추어서 놀이를 즐기고 있는 것을 나타낸다.

　3 위구르인의 생활 모습을 표현하는 것으로, 위구르인이라면 누구라도 일을 하면서 노래를 부른다는 것을 나타낸다.

　4 위구르인의 남존여비를 표현하는 구체적인 예로, 그만큼 여성이 고생하고 있는 것을 나타낸다.

---

**67** ②<u>스스로</u>**는 누구를 말하는 것인가?**

　1 남존여비에 관한 것을 알고 있으면서도 여성이기 때문에 어쩔 수 없다고 생각하며 생활하고 있는 사람을 말하는 것

　2 사회에 대해서 슬픔과 분노를 느끼면서, 어쩔 수 없이 생활하고 있는 불쌍한 위구르인을 말하는 것

　3 사회로부터 핍박받으면서도 거기서 해방하려고 하지 않는 위구르인의 여성을 말하는 것

　4 남자를 위해서라면 자신을 희생해도 좋다고 생각하며 생활하고 있는 위구르인의 여성을 말하는 것

---

**68** ③**여기에 돌아오면 자유가 없어지기 때문에 쭉 일본이나 외국에서 생활하는 편이 좋아 라고 말하는 부모는 사실은 무엇을 말하고 싶은 것인가?**

　1 딸이 자신의 의지로 돌아와도 좋지만, 어쩔 수 없이 돌아오는 것은 피하기를 바란다. 왜냐하면 지금도 위구르는 여성차별이 만연하고 있기 때문에.

　2 위구르에 돌아오면 딸이 자신의 의지와는 전혀 관계없는 사람과 결혼하고, 또 고생만 하기 때문에 가능한 한 일본에서 생활하는 편이 좋다.

　3 위구르에서 생활한다면 그 나름대로의 각오가 없으면 안 되니까, 자신의 생활 패턴에 맞는 외국을 찾아서 거기서 생활하는 편이 자신을 위해서도 좋다.

　4 자신의 인생은 스스로 정해야 하지만, 부모님의 경험으로서는 선진국인 외국에서 생활하는 편이 여러 가지 경험을 할 수 있어서 딸의 꿈을 위해서도 좋다.

---

**69** **이 문장에서 필자가 말하고 싶은 것은 무엇인가?**

　1 여성도 자신의 권리를 주장해야 하고, 그것을 그대로 내버려두어서는 안 된다.

　2 여성의 권리를 존중하기 위해서는 정부와 사회가 힘을 합쳐서 노력해야 한다.

　3 여성도 자신의 권리를 주장하기 위해서는, 그 나름대로의 각오가 없으면 안 되는 것이다.

　4 여성의 권리는 말할 필요도 없이, 남성의 권리도 존중해야 하기 때문에 모두 노력하자.

→ 정답 p.16

**問題12** 次の文章を読んで、後の問いに対する答えとして最もよいものを、1・2・3・4から一つ選びなさい。

　中学生を対象にしたある集まりの中で行われた美しい日本語についての話とそれに関する三つの質問をします。

　今日はみなさんに美しい日本語についてのお話をします。みなさん、美しい日本語と出会うためにはどうすればよいと思いますか。

　まず、美しい日本語と出会うための方法を二つお話します。最初はたくさんの文学作品との出会いを通して美しい日本語に触れていくという方法です。

　明治以降の近代文学でもいいですし、平安時代や江戸時代などの古伝文学でもいいでしょう。とくに古伝文学との出会いは普段何気なく使っている日本語の昔からの意味を知ることで、日本語の美しさに触れる機会を<u>一気に増やす</u>ことにつながります。

　たとえば私たちは「ありがとう」という言葉を使うとき、あまり昔からの意味までは考えずに使っています。しかし古伝文学に触れると「ありがとう」という言葉が「ありがたし」に由来するということが分かります。そして辞書を引くと「ありがたし」という言葉は「めったにない」という意味だということ。だから「ありがとう」という言葉には「めったにないことをしていただいて感謝している。」という深い意味が込められていることが分かるのです。このような深い意味を理解した上で使う言葉こそ美しい日本語と言えるのではないでしょうか。

　次に美しい日本語と出会う二つ目の方法は自然を描写するいろいろな言葉と出会うというものです。とくに俳句<sup>(注1)</sup>に用いられる「揮毫<sup>(注2)</sup>」を集めてみると自然と関わりのあるものが多く、四季の折々<sup>(注3)</sup>に豊かな自然の風物に触れてきた日本人が、昔からその自然をどれほど大切にしてきたかがよく分かります。たとえば「山眠る」という「揮毫」があります。この「山眠る」には「木々の葉をすっかり落とし、ひっそりと静まっている山のイメージ」があります。

　一方「山を洗う」という「揮毫」には「木の芽が膨らみ、花が開いて明るくなった山のイメージ」があり、「雪溶け」や「水温む」と同じ季節であることが分かります。この二つの「揮毫」はどちらも自然を巧みにたとえた「揮毫」で美しい日本語の一つと言えるのではないでしょうか。ここまで美しい日本語と出会う二つの方

法について述べてきましたが、美しい日本語と出会う方法はこの他にいろいろと
考えられます。どうかみなさん、美しい日本語をたくさん身につけ、生活の中で
自然に使えるようになるためにどうすれば美しい日本語と出会えるか、日頃から
その方法を考え、そしてそれを実行に映してみてください。

(注1) 俳句：五・七・五の三句一七音を定型とする短詩
(注2) 揮毫：文字や絵を書くこと
(注3) 折々：その時その時

66 美しい日本語として二つの「揮毫」が例に挙げてある。これら二つの「揮毫」のう
ち、「山眠るの季節」は冬だが、「山洗う」の季節はいつなのか。

1 春

2 夏

3 秋

4 冬

67 話の中で、美しい日本語とはたとえばどのようなものだという説明があったのか。

1 「ありがたし」のように自然を大切にしてきたことが分かる言葉

2 「ありがとう」のように深い意味を理解したうえで使う言葉

3 「山眠る」のように日常生活でごく普通に使われている言葉

4 「山洗う」のように今では使われなくなってしまった言葉

68 　<u>一気に増やす</u>とあるが、その理由は何か。

1 　古伝文学と現代文学とのつながりを知ることで、文学が理解できるから

2 　単語に含まれているいろいろな意味を知ることで、正しい言葉づかいが分か
るから

3 　昔の人がどのように使ったのかを知ることで、昔の人の知恵が味わえるから

4 　もともとの意味が分かるようになって表現力が豊かになるから

69 　本文の内容に合ってないのはどれか。

1 　美しい日本語に触れるためには日頃からよく考えて、それを使ってみたほう
がいい。

2 　もともとの言葉の意味を知れば、その表現がおもしろくなり、使う機会も増
える。

3 　季節感を表す言葉はより日本語の表現を豊かにするからたくさん使うべきだ。

4 　言葉の使い方は人によって違うから、その個性を生かしたほうがいいと思う。

→ 정답 p.17

**問題 12** 次の文章を読んで、後の問いに対する答えとして最もよいものを、1・2・3・4から一つ選びなさい。

　ぼくの日記を読んだ人から、よく「会話文が多いですね」と言われる。

　「そうかなあ」と改めて日記を読んでみると、なるほど会話文が多い。

　最近、この日記からエッセイに転載した『シャミン堂一座（注1）』シリーズなどは、ほとんど会話文である。

　そういえば、ぼくは小学生の頃から、作文によく会話を書いていたような気がする。現物が残っていないので『よく書いていた』と①断定は出来ないのだが、印象に残っている作文は確かに会話文が多かった。

　小学5年生の時、「ことわざを使った作文を書いてこい」という宿題が出たことがある。ぼくは元々人と同じ言葉を使うのが嫌いなたち（注2）なので、誰もが知らないようなことわざを使ってやろうと思い、②わざわざ本屋に行って、ことわざ事典でそれを探した。そして、「これは！」ということわざに出会った。それは『勝って兜の緒を締めよ』だった。そのことわざを見つけた時、「これを知っているやつは、まずいないだろう」と思ったものだ。もちろん、ぼくもそのことわざを知らなかった。そのことわざを、ぼくは陣地（注3）取りという鬼ごっこの一種に絡ませることにした。

　作文には、敵陣とのやりとりを中心に書いたのだが、その文章のほとんどが会話文だった。文章としては全体にいい加減なものだった。ことわざと言えば、最後に「こういうのを『勝って兜の緒を締めよ』というのだろう」と、とってつけたように書いただけで、そこまでの本文とはまったく関係のないものだった。したがって、点数も大してよくなかった。が、会話文が面白かったのか、クラスの笑いが取れたことに、ぼくは満足していた。学生時代は、それ以降、作文を書くことがなくなった。というより、小学6年生以降は、宿題をしていったことがないのだ。当然、作文も書かなかったということになる。

　久しぶりに作文を書いたのは、社会に出てからだった。前にも書いたことだが、ぼくは約1ヶ月の間、出版社でライターの真似事をやっていたことがある。その時、上司から「喫茶店をテーマにして、作文を書いてこい」と言われた。そこで

ぼくは、当時よく通っていた喫茶店でのやりとりを書くことにした。が、③あいかわらずだった。そういうことで、その作文をすべて会話文で書くことにした。ところが、上司はそれが気に入らなかった。

その作文を見たとたん、「おい、しんた。何かこれは。これのどこが作文なんだ!?」と大声で怒鳴った。よせばいいのに、ぼくは応戦した。

「どこがって、そのすべてが作文ですよ。」

「誰一人、こんなわけのわからんことを書いてないぞ!」

「わけがわからん? ちゃんと喫茶店での日常会話を、文章にしているじゃないですか。」

「おれは認めんぞ!!」

その時から、上司とぼくの確執(注4)が始まったのだった。

以上見てきたように、ぼくが会話文を多用するのは、子供の時からのくせである。しかし、くせだからとは言え、こうやってホームページを張っている以上、そんないい加減な文章をお見せすることは出来ない。

そこで、④会話文の行間に、意味を持たせることにした。決してそれが確立したものだとは言えないが、ぼくなりに前向きな努力だけはしている。ただ、それが伝わっているかどうかは、別問題ではある。

(注1) シャミン堂一座：この文の作者が書いた本の名前
(注2) たち：生まれつきもっている性質や体質
(注3) 陣地：戦いを行うために軍隊・火器などの装備を配置してある場所
(注4) 確執：互いに自分の意見を強く注張してゆずらないこと

66 ①断定は出来ないのだがとあるが、なぜ断定できないのか。

1 これといった証拠がないから

2 はっきりした確信がないから

3 自分一人の考えだから

4 他の人はそう思わないから

**67** ②わざわざ本屋に行ってとあるが、何のため、本屋に行ったのか。

1 クラスメートと一緒に宿題をするため

2 独特なことわざが書いてある本を買うため

3 自分の家には新しいことわざの本がなかったため

4 ことわざの本を買うのが宿題だったため


**68** ③あいかわらずだったとあるが、なぜ「あいかわらずだった」と言ったのか。

1 上司の命令に消極的に応じる自分の態度が変わってないから

2 文章の書き方が小さいころも今も全然変わってないから

3 自分が書いた文章は他の人が、今も分かりにくいと言うから

4 作文の内容とタイトルが昔も今も変わってないから


**69** ④会話文の行間に、意味を持たせることにしたとあるが、なぜ行間に意味を持たせるのか。

1 みんなのために、ホームページをよく飾って、みんなにほめられるため

2 会話文には絶対必要な形式なのだとみんなに言われたため

3 いろんな人が見ているので、自分が書いた文章の意味をはっきり伝えるため

4 ホームページを見ているたくさんの人から抗議が寄せられて仕方なかったため

→ 정답 p.18

**問題12** 次の文章を読んで、後の問いに対する答えとして最もよいものを、1・2・3・4から一つ選びなさい。

　エジプトのギザの大ピラミッドは、およそ4,500年前にクフ王のために建設された。少なくとも200万個の石がその建設において使用され、しかもそれらのいくつかは80トンもの重さがあった。高さ146メートルのこのピラミッドは、ほぼ4,000年の間、世界で最も高い建造物であった。現代の専門家たちはこの巨大な建造物について、多くのことを突き止めたが、だれもが思いつきそうな1つの質問だけは、いまだに答えが見つかっていない。古代エジプトはどのようにしてそんなに重い石を空中高くに持ち上げたのか。

　一般的な学説の1つは、彼らが木製のクレーンを使用したというものだ。この学説によると、ピラミッドを建設する際、クレーンはさまざまな高さに設置されて、石を所定の位置に移動するのに使われたのである。古代エジプトの絵にクレーンのような木の機械が見られるが、この学説については問題点が2つある。第一に、エジプトには十分な森林がなかったので、それだけ多くのクレーンを造るのに必要な木材を供給できず、そして木材を海外から輸入するにしても、高価すぎたであろう。第二に、ピラミッドの頂上近くの石は、その上にクレーンを乗せるには小さ過ぎたであろう。

　現在、フランスの建築家ジャン・ピエール・フーディンが新しい学説を発表している。フーディンと彼のチームは、コンピューター・ソフトウェアを使用し、5,000時間をかけて、ピラミッドの3次元模型を作製した。最終的に、石はピラミッド自体の内部にある緩やかな斜面の上を引き上げられたに違いないと、彼は結論付けた。この斜面はまだ存在しているが、すでに発見された廊下や部屋からは完全に隔離されているので、これまで気付かれなかったのだと、彼は考えている。

　フーディンは自分の学説を確信し、エジプトの当局にピラミッドの調査を行うための許可申請をした。彼は、建造物を傷付けることなく調べることのできる先進技術を使用する予定である。どのようにして古代エジプト人がこの巨大な歴史的建造物を建設したかの謎が、ついに解明されることになるだろう。

**66** 大ピラミッドについて現代の専門家たちの考えは何か。

   1　人々がかつて思っていたほどそれは高くないと考えている

   2　それが4,000年の期間にわたって造られたと考えている。

   3　それがどのように造られたかをいまだに説明できない。

   4　クフ王がなぜそれを造らせたかったかがはっきり分からない。

**67** 木製クレーンの学説に関する問題点の１つは何か。

   1　木製クレーンで持ち上げるには石が大きすぎた。

   2　エジプト人がクレーンを造ることができたという証拠がない。

   3　クレーンに使用された木材の大部分は外国に売られていた。

   4　ピラミッドの頂上の近くではクレーンを置くことができなかった。

**68** ジャン・ピエール・フーディンが信じているのは何か。

   1　建設者はピラミッドの３次元模型を作ることから始めた。

   2　エジプト人はピラミッド内部の斜面で石を上へと移動させた。

   3　木製クレーンの学説は別のピラミッドで検証されるべきだ。

   4　ピラミッド内の部屋を測定することで謎は説明されるだろう。

**69** フーディンは何をすることを望んでいるのか。

   1　建造物に損害を与えない方法で、彼の学説を証明すること

   2　彼の調査を実行するために、ピラミッドの頂上にクレーンを建造すること

   3　新しいピラミッドの設計図を作るために、彼のコンピューター・ソフトウェアを使用すること

   4　研究するためにフランスへ石を持ち帰る許可を得ること

## 06 問題 13 정보 검색 (2문제)

신 시험부터 새롭게 출제되는 유형이다. 독해 중 가장 쉬우면서도 정답을 찾는 데 시간이 걸리는 파트이다. 학습자 중에는 정보 검색 문제를 푸는 요령이나 접근 방법을 몰라서 오히려 가장 어렵게 느끼는 사람도 있을 것이다. 단언컨대, 이 파트는 문제를 푸는 스킬과 충분한 연습이 있으면 정말 어렵지 않게 정답을 찾을 수 있다.

먼저 이 파트는 앞의 독해 문제와는 다르게 문제를 먼저 확인해야 한다. 그리고 문제에 맞는 조건을 표나 전단지에 간략하게 적어두고, 그 조건에 맞춰서 하나씩 정답이 되지 않는 부분을 체크해 나가자. 문제에 맞춰 본문의 내용을 살피면, 그만큼 문제를 푸는 시간이 절약된다.

참고로 1교시에 문제용지를 받자마자 제일 먼저 풀어야 하는 파트가 바로 정보 검색이다. 이 파트는 문자 어휘나 문법을 풀고 나서 풀면 머리 회전이 무디게 되므로, 정답을 찾는 데 많은 시간이 걸린다. 이 파트는 단순히 조건에 맞는 정보 검색이므로, 조금이라도 머리가 맑을 때(1교시 시험 문제를 펼쳤을 때가 가장 머리의 회전이 빠르다—저자의 경험과 학생들로부터의 이야기에서—) 풀면 단 1초라도 문제를 푸는 시간을 줄일 수 있다.

**예제**

**問題13** 次は、ある大学の住民のための公開講座のリストである。下の問いに対する答えとして最もよいものを１・２・３・４から一つ選びなさい。

**70** 今回初めて講座を受ける会社員の池田さんは、平日午後６時30分以降に授業を受けることができ、テキストを含めて１万円以下で受けられる講座を探している。池田さんが受けられる講座はいくつあるか。

1　1つ　　　　　2　2つ　　　　　3　3つ　　　　　4　4つ

**71** 主婦のサチコさんは、木曜と土曜を除いては、午後３から９時までは時間があるので、今回初めて講座を受講することにした。サチコさんは次の４つの講座に興味を持っているが、９月半ばから受講できることを望んでいる。ただし、10月25日から京都へ旅行に行く。サチコさんの条件に合う講座はどれか。

1　生け花教室

2　ビジネスマナー基本

3　やさしい韓国語

4　株式投資の道

# 福岡大学公開講座のご案内

| | 講座名 | 曜日 | 時間 | 回数 | 期間・対象 | 受講料 |
|---|---|---|---|---|---|---|
| 1 | 「生け花教室」 | 水 | 19:00～21:30 | 3 | 9/14～10/24 前回受講者のみ受講可 | 9,500円 ※教材費は含む |
| 2 | 「観光ガイドの道」 | 木 | 17:00～20:30 | 4 | 9/14～10/24 | 9,400円 |
| 3 | 「健康管理の原則」 | 金 | 19:00～20:30 | 2 | 10/25～11/15 健康医学の基本理論修了者のみ | 7,600円 |
| 4 | 「ビジネス英語会話」 | 土 | 19:00～22:00 | 4 | 9/12～10/22 | 9,100円 ※教材費は含む |
| 5 | 「合格英検1級」 | 日 | 13:00～16:00 | 5 | 9/17～10/27 | 12,500円 |
| 6 | 「ビジネスマナー基本」 | 月 | 18:40～20:30 | 3 | 9/25～10/20 初心者でもOK | 7,800円 |
| 7 | 「挑戦しよう！創業」 | 土 | 10:30～12:30 | 6 | 9/18～12/4 | 12,800円 |
| 8 | 「写真の秘密」 | 水 | 19:30～22:00 | 4 | 9/11～10/11 | 8,700円 |
| 9 | 「室内のインテリアー」 | 木 | 19:00～21:00 | 3 | 10/14～11/4 | 8,900円 ※教材費の1500円は含まず |
| 10 | 「やさしい韓国語」 | 火 | 18:50～20:50 | 4 | 9/14～10/13 ※9/28は休講 | 10,300円 ※教材費は含む |
| 11 | 「子供の家庭での教育」 | 日 | 14:00～16:30 | 8 | 10/14～12/14 | 13,500円 ※教材費は含む |
| 12 | 「株式投資の道」 | 金 | 19:00～21:30 | 4 | 9/25～10/25 初心者でもOK | 9,000円 ※教材費の1200円は含まず |

※ 全ての講座は三人以上の人員が集まったら始まります。

70

 ✓ 2

**Tip** 먼저 조건에 대해서 알아보자.

(1) 이번에 처음으로 강좌를 듣는 회사원으로,

(2) 평일 오후 6시 30분 이후에 수업을 들을 수가 있고,

(3) 교재를 포함해서 만 엔 이하로 들을 수 있는 강좌를 원하고 있다.

(1)의 조건에 해당되지 않는 것은　1「生け花教室」⇨ 前回受講者のみ受講可

　　　　　　　　　　　　　　　　3「健康管理の原則」⇨ 健康医学の基本理論修了者のみ

(2)의 조건에 해당되지 않는 것은　2「観光ガイドの道」⇨ 17:00~20:30

　　　　　　　　　　　　　　　　4「ビジネス英語会話」⇨ 土

　　　　　　　　　　　　　　　　5「合格英検１級」⇨ 日

　　　　　　　　　　　　　　　　7「挑戦しよう！創業」⇨ 土

　　　　　　　　　　　　　　　　11「子供の家庭での教育」⇨ 日

(3)의 조건에 해당되지 않는 것은　9「室内のインテリアー」⇨ 8,900円　※ 教材費の1500円は含まず

　　　　　　　　　　　　　　　　10「やさしい韓国語」⇨ 10,300円　※ 教材費は含む

이다. 따라서 남는 것은 6과 12이므로 총 2개이다.

71

 ✓ 3

 **Tip** 먼저 조건에 대해서 알아보자.

　　(1) 목요일과 토요일을 빼고

　　(2) 오후 3시부터 9시까지는 시간이 있다.

　　(3) 이번에 처음으로 강좌를 수강하기로 했다.

　　(4) 9월 중순부터 수강할 수 있는 것을 원하고 있다.

　　(5) 단, 10월 25일부터 교토로 여행 간다.

인데, 각각의 보기에서 조건에 맞지 않는 것을 찾아보면,

　1「生け花教室」⇨ (1) 19:00~21:30(시간이 맞지 않음)

　　　　　　　　　　　(2) 前回受講者のみ受講可(첫 수강)

　2「ビジネスマナー基本」⇨ (1) 9/25~10/20(9월 하순부터의 수강이므로 시기가 맞지 않음)

　3「やさしい韓国語」⇨ 모든 조건에 일치

　4「株式投資の道」⇨ (1) 19:00~21:30(시간이 맞지 않음)

　　　　　　　　　　　(2) 9/25~10/25(9월 하순부터의 수강이므로 시기가 맞지 않음)

이처럼 이 파트의 문제는 각각의 조건에 맞추어서 표를 살펴보면 정답을 찾을 수 있는데, 시간이 많이 걸리는 단점이 있다. 따라서,

본 교재에 있는 실전 모의고사 문제를 통해 조건에 맞는 정답을 찾는 실력을 키우도록 하자.

↝ **公開**(こうかい) 공개　**講座**(こうざ) 강좌　**生**(い)**け花**(ばな) 꽃꽂이　**観光**(かんこう) 관광

**管理**(かんり) 관리　**原則**(げんそく) 원칙　**英検**(えいけん) 영어검정　**級**(きゅう) 급

**挑戦**(ちょうせん) 도전　**創業**(そうぎょう) 창업　**秘密**(ひみつ) 비밀　**室内**(しつない) 실내

**株式**(かぶしき) 주식　**投資**(とうし) 투자　**回数**(かいすう) 회수　**受講者**(じゅこうしゃ) 수강자

**可**(か) 가능　**医学**(いがく) 의학　**理論**(りろん) 이론　**修了者**(しゅうりょうしゃ) 수료자

**初心者**(しょしんしゃ) 초보자　**休講**(きゅうこう) 휴강　**教材費**(きょうざいひ) 교재비

**127**

문제13) 다음은 어느 대학의 주민을 위한 공개강좌 리스트이다. 아래 문제에 대한 답으로 가장 알맞은 것을 1·2·3·4 에서 하나 고르시오.

70 이번에 처음으로 강좌를 듣는 회사원인 이케다 씨는 평일 오후 6시 30분 이후에 수업을 들을 수가 있고, 교재를 포함해서 만 엔 이하로 들을 수 있는 강좌를 찾고 있다. 이케다 씨가 들을 수 있는 강좌는 몇 개인가?

　1  1개　　　　　　2  2개　　　　　　3  3개　　　　　　4  4개

71 주부인 사치코 씨는 목요일과 토요일을 빼고는 오후 3시부터 9시까지는 시간이 있기 때문에 이번에 처음으로 강좌를 수강하기로 했다. 사치코 씨는 다음의 4개의 강좌에 흥미를 가지고 있지만, 9월 중순부터 수강할 수 있는 것을 원하고 있다. 단, 10월 25일부터 교토로 여행 간다. 사치코 씨의 조건에 맞는 강좌는 어느 것인가?

　1  꽃꽂이 교실
　2  비즈니스 매너 기본
　3  쉬운 한국어
　4  주식투자의 길

## 후쿠오카 대학 공개강좌 안내

| | 강좌명 | 요일 | 시간 | 회수 | 기간·대상 | 수강료 |
|---|---|---|---|---|---|---|
| 1 | 꽃꽂이 교실 | 수 | 19:00~21:30 | 3 | 9/14~10/24 전회수강자만 수강 가능 | 9,500엔 ※교재비는 포함 |
| 2 | 관광가이드의 길 | 목 | 17:00~20:30 | 4 | 9/14~10/24 | 9,400엔 |
| 3 | 건강관리의 원칙 | 금 | 19:00~20:30 | 2 | 10/25~11/15 건강의학의 기본 이론 수료자만 | 7,600엔 |
| 4 | 비즈니스영어회화 | 토 | 19:00~22:00 | 4 | 9/12~10/22 | 9,100엔 ※교재비는 포함 |
| 5 | 합격영어검정 1급 | 일 | 13:00~16:00 | 5 | 9/17~10/27 | 12,500엔 |
| 6 | 비즈니스 매너 기본 | 월 | 18:40~20:30 | 3 | 9/25~10/20 초보자라도 OK | 7,800엔 |
| 7 | 도전하자! 창업 | 토 | 10:30~12:30 | 6 | 9/18~12/4 | 12,800엔 |
| 8 | 사진의 비밀 | 수 | 19:30~22:00 | 4 | 9/11~10/11 | 8,700엔 |
| 9 | 실내 인테리어 | 목 | 19:00~21:00 | 3 | 10/14~11/4 | 8,900엔 ※교재비의 1500엔은 포함하지 않음 |
| 10 | 쉬운 한국어 | 화 | 18:50~20:50 | 4 | 9/14~10/13 ※ 9/28은 휴강 | 10,300엔 ※교재비는 포함 |
| 11 | 아이의 가정에서의 교육 | 일 | 14:00~16:30 | 8 | 10/14~12/14 | 13,500엔 ※교재비는 포함 |
| 12 | 주식투자의 길 | 금 | 19:00~21:30 | 4 | 9/25~10/25 초보자라도 OK | 9,000엔 ※교재비 1,200엔은 포함되지 않음 |

※ 모든 강좌는 3명 이상의 인원이 모이면 시작됩니다.

 연습문제 01

→ 정답 p.19

**問題13** 次は、いくつかの大学の学部別の留学生のリストである。下の問いに対する答えとして、最もよいものを1・2・3・4から一つ選びなさい。

70 中国出身の男子学生ヨウ君(20歳)は、初年度の学費が90万円以下で、独自試験での面接がなく、留学生がたくさん入れる大学を希望している。当てはまるものはどれか。

1　平成政治経済大学

2　日本ものづくり工業大学

3　新東京経済大学

4　昭和工業大学

71 韓国出身のミンヒさんは、日本に留学を考えている。第一志望で経済学部、第二志望で文学部を希望している。最も希望に合う順番として正しいものはどれか。

1　第一志望；日本国際文化大学　　　　第二志望；東京国際外国語大学

2　第一志望；日本国際文化大学　　　　第二志望；アジア平和大学

3　第一志望；新東京経済大学　　　　　第二志望；平成政治経済大学

4　第一志望；新東京経済大学　　　　　第二志望；明治文化大学

| | 大学名/<br>学部名 | 募集定員/<br>在籍中の<br>留学生数 | 入学金/<br>授業料 | 日本<br>留学試験 | 英語試験 | 大学<br>独自試験 |
|---|---|---|---|---|---|---|
| 1 | アジア平和大学<br>文学部東アジア科 | 若干名/<br>50名 | ¥300,000<br>¥690,000 | ○ | ○ | コースによって小<br>論文あり |
| 2 | 東京国際外国語大学<br>文学部英文学科 | 20名程度/<br>80名 | ¥300,000<br>¥650,000 | × | ○ | 面接 |
| 3 | 関西上方文化大学<br>文学部国文学科 | 若干名/<br>15名 | ¥280,000<br>¥700,000 | × | コースによって<br>異なる | 面接 |
| 4 | 平成政治経済大学<br>政治学科 | 5名/<br>15名 | ¥280,000<br>¥540,000 | ○ | コースによって<br>筆記試験あり | 書類審査 |
| 5 | 横浜体育大学<br>体育学部教育課程科 | 若干名/<br>20名 | ¥300,000<br>¥700,000 | ○ | ○ | 実技試験<br>日本人と<br>同一基準, 面接 |
| 6 | 日本ものづくり工業大学<br>機械工学部Ⅰ | 若干名/<br>40名 | ¥290,000<br>¥610,000 | ○ | ○ | 数学Ⅱ, 面接 |
| 7 | 日本国際文化大学<br>文学部 | 10名程度/<br>35名 | ¥170,000<br>¥550,000 | × | × | 書類審査・<br>面接 |
| 8 | 新東京経済大学<br>経済学部経営学科 | 5名/<br>10名 | ¥230,000<br>¥690,000 | ○ | × | 書類審査 |
| 9 | 朝日芸術大学<br>美術学部日本画科 | 若干名/<br>8名 | ¥282,000<br>¥620,000 | ○ | × | 実技・<br>筆記試験 |
| 10 | 東京医療福祉大学<br>社会福祉学科 | 若干名/<br>12名 | ¥300,000<br>¥660,000 | ○ | × | 小論文・<br>面接・履歴書 |
| 11 | 明治文化大学<br>国際経済学部<br>アジア経済文化コース | 15名程度/<br>50名 | ¥230,000<br>¥750,000 | ○ | ○ | コースによって異<br>なる |
| 12 | 昭和工業大学<br>電子工学部電子学科 | 7名/<br>10名 | ¥270,000<br>¥570,000 | ○ | 面接で英語<br>能力を確認 | 書類審査・<br>面接 |

**연습문제 02**

➡ 정답 p.20

**問題13** 次は、ある国際就職情報サイトの求人情報誌のリストである。下の問いに対する答えとして、最もよいものを1・2・3・4から一つ選びなさい。

**70** 英語も日本語も堪能なインド出身のエンジニア、シンさんは、給与面での条件が一番良い仕事を探している。当てはまるものはどれか。

1　システムエンジニア

2　ソフトウエア開発

3　翻訳/通訳

4　Webデザイナー

**71** 中国出身の大学生のワンさんは、アルバイトを探している。中国語ネイティブで、日本語の日常会話に問題はありません。条件に合う組み合わせとして当てはまるものはどれか。

1　3と6

2　3と8

3　3と5と6

4　3と6と7

| | 職　種 | 雇用形態 | 言　語 | 勤務期間<br>/ 休日 | 賃　金 | 備　考 |
|---|---|---|---|---|---|---|
| 1 | システムエンジニア | 契約社員 | 日本語:ビジネスレベル<br>英語:ネイティブ並み | 3ヶ月〜1年<br>週休2日 | 時給1,200円<br>+交通費 | 社員登用の<br>可能性あり |
| 2 | ソフトウエア開発 | 契約社員 | 日本語検定<br>1級レベル | 9:00〜18:00<br>※残業あり | 300〜<br>400万円<br>年棒制 | ビザサポートあり |
| 3 | 回転寿司<br>ホールスタッフ | 長期<br>試用期間<br>1ヶ月 | 日常会話レベル | シフト制 | 時給<br>1,000円<br>以上 | 未経験者歓迎 |
| 4 | 事務 | 3ヶ月 | 韓国語:ネイティブ<br>日本語:ビジネスレベル<br>以上<br>英語Toeic700点前後 | 勤務時間:<br>9:00〜18:00<br>休日:<br>土日祝、<br>年末年始 | 時給<br>1200円<br>+交通費 | |
| 5 | 海外営業 | 3ヶ月 | 日本語:流暢<br>中国語:ネイティブ | 9:00〜18:00<br>もしくは<br>10:00〜19:00<br>休日:土日祝 | 時給<br>1300円<br>+交通費 | 3ヵ月後、<br>中国へ派遣 |
| 6 | Webサイト運営企業<br>での日本語・中国語の<br>メール・電話サポート | 派遣社員<br>1ヶ月短期 | 日本語:ビジネスレベル<br>中国語:ビジネスレベル | シフトに<br>よる | 時給<br>1500円〜 | |
| 7 | 翻訳/通訳 | 登録制 | 英語:ネイティブ<br>日本語:ネイティブ並み | | 時給<br>1000〜<br>1500円 | 韓国語・<br>中国語<br>ネイティブ<br>も可 |
| 8 | ホール・調理補助 | アルバイト | 日常会話程度 | シフト制 | 時給<br>930円〜<br>1,350円 | |
| 9 | Webデザイナー | アルバイト<br>試用期間<br>3ヶ月 | 英語:ビジネスレベル日<br>本語堪能者 | 9:30〜18:30<br>のうち<br>4時間程度 | 時給<br>1,500円 | |

→ 정답 p.20

**問題13** 次は、いくつかの旅行ツアーのリストである。下の問いに対する答えとして、最もよいものを1・2・3・4から一つ選びなさい。

**70** アメリカから家族旅行で来たキングさん一家（4人）は、ガイド付きの温泉日帰りツアーを希望している。当てはまるものはいくつあるか。

1 2つ

2 3つ

3 4つ

4 5つ

**71** 韓国から旅行に来ているイさんは、日帰りのバス旅行を考えている。着物を着ることができて、すしも食べられるツアーに行こうと計画中であるが、希望に合っているものはどれか。

1 日帰り激安温泉ツアー

2 日帰りグルメ満足ツアー

3 日帰り日本文化満載ツアー

4 日帰り充実の温泉ツアー

| | ツアー名 | ツアースケジュール | 旅行代金 | 備考 |
|---|---|---|---|---|
| 1 | 日帰り<br>日本文化満載ツアー | 11：00　東京駅＜新幹線＞<br>★ そば打ち体験(昼食)<br>★ 着物体験(写真撮影あり)<br>★ 温泉街自由行動(3時間)<br>★ 歴史博物館<br>★ すし食べ放題(夕食)<br>21：00　東京駅 | 16,000円 | 英語ガイド付き<br>温泉街入浴券配布 |
| 2 | 日帰り<br>グルメ満足ツアー | 9：30　東京駅＜高速バス＞<br>★ そば打ち体験(昼食)<br>★ みかん狩り(お土産あり)<br>★ 自由市場見学<br>★ すし食べ放題(夕食)<br>22：00　東京駅 | 10,500円 | 英語ガイド付き<br>+1500円ですし食べ放題から、すし・カニ食べ放題に変更可能 |
| 3 | 日帰り<br>デラックス温泉ツアー | 13：00　東京駅＜列車(指定席)＞<br>★ 旅館で温泉(20:00まで夕食付き)<br>21：30　東京駅 | 9,000円 | 英語ガイドなし<br>夕食は和食です。<br>+2000円で着物体験追加可能 |
| 4 | 日帰り<br>激安温泉ツアー | 10：30　東京駅＜高速バス＞<br>★ 温泉街自由行動(4時間・昼食別)<br>★ 自由市場見学<br>19：00　東京駅 | 2,500円 | 英語ガイドなし<br>温泉街入浴券配布<br>+2000円で着物体験<br>+2000円でそば打ち体験追加可能 |
| 5 | 日帰り<br>充実の温泉ツアー | 11：00　東京駅＜高速バス＞<br>★ すし食べ放題(昼食)<br>★ みかん狩り<br>★ 高見城見学<br>★ 旅館で温泉(20:00まで夕食付き)<br>22：00　東京駅 | 14,500円 | 英語ガイド付き<br>+1500円ですし食べ放題から、すし・カニ食べ放題に変更可能。<br>夕食は和食です。 |
| 6 | 日帰り<br>日本歴史ツアー | 10：00　東京駅＜高速バス＞<br>★ 高見城見学<br>★ そば打ち体験(昼食)<br>★ 江戸サムライ村自由行動<br>★ 歴史博物館<br>17：30　東京駅 | 9,500円 | 英語ガイド付き<br>+3000円でサムライ体験(写真撮影付き) |

# Part 3
# 독해 실전 모의고사

→ 정답 p.21

**問題8** 次の（1）から（4）の文章を読んで、後の問いに対する答えとして最もよいものを、1・2・3・4から一つ選びなさい。

（1）

> 1991年、日本、アメリカ、ヨーロッパ各国が参加し、人ゲノム計画が実施に移された。人ゲノムとは人間の体を構成する、およそ8万の遺伝子、DNAの情報という意味である。およそ30億文字の情報があるとされている。体の各器官の形や機能は遺伝子により決められているといい、その遺伝子は、30億文字の様々な配列により構成されている。その配列の仕方を8万個の遺伝子すべてについて解読しようというのが人ゲノム計画である。

46　人ゲノム計画の説明として正しいのはどれか。

　　1　人間の体の遺伝子が何物で構成されているのかを分析すること

　　2　人間の体を構成している全ての遺伝子を解読すること

　　3　人間の体の情報を、遺伝子を通じて分析、解読すること

　　4　人間の体にあるDNAの文字の様々な配列を順番よく並べること

(2)

> 　未就学児童を抱える母親の半数以上が、育児の自信がなくなることがあると答えている。母親の就業形態別にみると、共稼ぎの主婦に比べて専業主婦のほうが自信がなくなることがあると答える人の割合は高く、全体の７割に達している。保育所等の外部サービスを利用する機会が限られている専業主婦は、子育てに対する不安を感じることがより多いとみられる。
> 　また、自分のやりたいことができなくてあせる、なんとなくイライラすると答えた人も全体の７割を超えており、子育てにストレスを感じている親は多い。

47 この調査で分かることは何か。

1　子供を礼儀正しく育てるためには共稼ぎより母親が仕事を持たないほうがいい。

2　共稼ぎの主婦のための保育所等の施設がすごく足りないのである。

3　仕事を持ってない母親は子育てにたくさんのストレスを持っている。

4　子育ては親の就業形態にかかわらず、みんな同じぐらいのストレスを持っている。

(3)



　これは自分の友人が本当にしていたことです。友人は集合時間に起きてしまい、絶対に間に合わないことを悟り、着いたとたん、「13時を3時と聞き間違えた」と言って切り抜けたそうです。このテクニックの応用編としては、11時を1時、12時を2時、14時を4時、15時を5時、16時を6時と言うことができます。こうすることによって、2時間の余裕が生まれます。ちなみに自分は面接で「人生で遅刻したことがなく、皆勤賞を頂いたことがあります」とアピールしていたので、このテクニックは使いませんでした。基本的に面接時間の10分前には着くようにしておきましょう。自分の場合は30分前に着いたりして、たまに、人事の人と話したりしていました。

48 「このテクニックは使いませんでした」とあるが、なぜか。

　　1　テクニックを使う機会がまったくなかったから

　　2　入社時に時間をよく守るタイプだと言ったから

　　3　時間をよく守る自信がなかったから

　　4　面接時に時間について言うことを忘れたから

(4)



　事業で成功している実業家たちは、いったいどのような考え方をしているのだろうか。
　お金儲けのことばかり考えているのだろうか。ある人が語ってくれた。
　「自分の成功と繁栄の秘訣は、偉大な真実を学んで、それを毎日実践しているからだよ。」その秘訣とは、あなたから出るものは結局自分に帰ってきます。だから、すべての人に向かって、全世界に向かって、愛と平和と善意と祝福を送りなさい。そうすれば限りない祝福があなたに戻ってきますよ。

49 本文によると成功した人々の秘訣は何か。

　1　時期と実力とが相まってはじめて成功できる。

　2　人々に祝福をもたらすいろんな事業を広げる。

　3　世界の平和のため、たくさんの寄付をする。

　4　物事をまじめに考えてそれをやりつくそうとする。

問題9 次の文章を読んで、後の問いに対する答えとして最もよいものを、１・２・３・４から一つ選びなさい。

(1)

　クジラは哺乳類のクジラ目に属するものの総称で、90種以上があり、そのうち大型をクジラ、小型をイルカという。大昔のクジラは陸上生活をしていたが、陸上に食物が少ないために、水中の豊富な食物を求めて水中生活に適応するようになったものである。

　捕鯨(注1)の歴史は古く、日本でも外国でも今から約千年ほど前から行われていたと考えられている。近代的な捕鯨業が成立してからは、現在までに三つの黄金時代があった。第一は17・18世紀、イギリス、オランダ、ドイツなどから多くの捕鯨船が出漁し国際捕鯨合戦が展開された。第二はアメリカ式捕鯨の19世紀中期で、漁場は全世界にわたった。第三は20世紀の初めからの南氷洋(注2)捕鯨である。このような乱獲の結果、クジラは激減してしまった。

　①このため1946年に国際捕鯨取締条約が締結され、国際捕鯨委員会は、クジラを保護するために、厳しい制限をもうけた。さらに、自然保護団体や動物愛護グループなどの主張によって、1986年4月から遠洋の捕鯨だけでなく、沿岸の捕鯨も全面禁止となった。

　②捕鯨の目的の一つは、クジラの油をとることだが、昔から日本では、クジラを無駄なく利用してきた。たとえば、肉や内臓の一部は食用に、肝臓や内分泌器官はビタミン剤やホルモン剤の原料に、結合組織はゼラチンの原料に、骨や歯は細工物に加工するなどである。伝統的な捕鯨国である日本にとっては捕鯨禁止は大きな打撃となり、直接捕鯨に携わってきた人々は別として、加工業関係も影響を受けた。その数は5万人にのぼるといわれている。

（注1）捕鯨：鯨をとること
（注2）南氷洋：南極海のこと

50 クジラが今のように、水中に住むようになったのはなぜか。

1 水中は陸上にはいない哺乳類がいるから

2 哺乳類は水中生活にすぐに適応できるから

3 もともと水中生活が好きだったから

4 陸上には獲物が足りなかったから


51 ①このためとは、何のためか。

1 クジラを保護するため

2 国際捕鯨合戦が展開されたため

3 国際捕鯨取締条約が締結されたため

4 乱獲の結果、鯨が激減してしまったため


52 ②捕鯨の目的でないのはどれか。

1 クジラの肉はペット用のえさとして利用する。

2 クジラの臓器を使って、人間の栄養剤として利用する。

3 クジラの肉は人間の食糧として利用する。

4 クジラの骨などを使ってアクセサリーとして利用する。

(2)



現代では、子どもは幼稚園に通い始めたときから親や先生から「みんなと同じことをするように」「人に迷惑をかけないように」と言われて育ってきている。小学校、中学校へと進むうちにそういう考え方がますます強化され、受験勉強で、ピークに達する。

そのような環境では、人と違うことをする、人に迷惑をかけるということは認められず、あってはならないことになる。しかし、生きていけば知らないうちに人を傷つけてしまうこともある。自分の存在自体が、すでにだれかを苦しめることもある。人間とは他人に迷惑をかけて、助けられ、支えられて生きるしかない生き物だと思う。それを、幼いころから、人に迷惑をかけないことが存在の必須条件だとする環境の中で育つと、迷惑をかけてしまった自分は全否定されてしまい、<u>そういう自分を自分で支えることができなくなってしまう</u>。とくに感受性の強い思春期に、このことばで、自分をしばり、生きにくくなっている子どもが多い。

親から子どもに発せられるこうした言葉は、本気で言う言葉というより、むしろそうじゃないことが多いのではないだろうか。

53 本文によると、現代の子供はどういう教育を受けているか。

1 人に迷惑をかけても自分が上に立つべきである。

2 社会に出ると、一人で生きていくしかないからもっと勉強しよう。

3 いつも自分は人に迷惑ばかりかけている存在である。

4 人に傷つけることはいつも避けるべきである。

54 そういうとはどんな状態なのか。

1 みんなとうまくやり、他人に迷惑をかけないようにしている。

2 「みんなと同じようにするように」と言われる。

3 他人に迷惑をかけてしまった。

4 この世に存在する価値がない。


55 この文章の内容と合うものはどれか。

1 大人のことばを一義的に解釈して生きにくくなっている子どもが多い。

2 思春期の子どもが自己否定することは防ぎようのないことである。

3 受験勉強の時期には人に迷惑をかけないことが大切である。

4 みんなと同じようにふるまい、人に迷惑をかけずに生きていくことが人生において最も大切なことである。

(3)

　自転車は自動車と違い、ガソリンや軽油などの燃料を必要としません。排気ガスも出しません。パンクをしたときも、簡単な道具があれば素人にもたやすく修理できます。かさばらないのでパンク修理の道具を自転車に積んで自転車旅行している人も大勢います。

　このように、自転車は手軽で、①地球の環境にも優しい素晴らしい乗り物だと思います。みんなもっと自転車を活用すればいいと思います。

　そのためには自転車道の整備が望まれます。それから、無料か安い値段で利用できる駐輪場も必要です。車1台駐車するスペースに自転車なら最低でも5台は止められます。住民のために②地方自治体がそれくらいの税金を使ってもいいと思います。ドイツのミュンヘンやベルリンのような大都市には、必ず車道と歩道との間を走る専用の自転車道ができていて、大人も子どももそこを不安なく走っています。それに比べ、日本の市街地では、自転車が邪魔物扱いされているように思われてなりません。

　「自転車は歩道を走ってもよい」というあいまいな規則によってしばしば歩行者・自転車利用者の両方がけがをする事故も起こっています。出費はかなり覚悟しなければなりませんが、やがて来るエネルギー不足や地球温暖化の問題解決のためにも、③将来を見通した自転車専用道の建設・整備を心から望みます。

56　①地球の環境にも優しい素晴らしい乗り物だと筆者が考える理由は何か。

　1　自転車は自動車みたいに燃料を必要としないし、形やデザインも素敵だから

　2　自転車は自動車みたいに少しの燃料を使うが、その量が少ないため環境汚染にはならないから

　3　自転車は自動車よりあまり燃料を使わないし、修理も誰でも簡単にできるから

　4　自転車は自動車みたいに環境汚染をさせるものを使わないし、手軽な乗り物だから

57 ②<u>地方自治体がそれくらいの税金を使ってもいいと思います</u>とはどういうことか。

1　住民のために自治体が駐車場を無くして、その代わりに駐輪場を作っても
いい。

2　住民のために自治体が自転車の普及のために、もっと努力してもいい。

3　住民のために自転車を止めるところを作ったり、自転車道を整えたりして
もいい。

4　住民のために自転車道を整備したり、自転車にかける税金を減らしてもいい。


58 ③<u>将来を見通した</u>とあるが、筆者の考えに近いものはどれか。

1　これから迫ってくるエネルギー不足のためにそれを代替するものを考える
こと

2　交通費にかかる費用を減らすために、自転車の普及や利用をたくさん勧奨
すること

3　自動車が増えるにつれて、道路が少なくなるため、道路をもっと整備する
こと

4　たくさんのお金がかかっても、人々のためのエコカーの開発に力を注ぐこと

　チャールズ・ムーアの趣味は、海でのヨットレースに出ることである。1997年に彼はハワイでのレースに参加した後、「亜熱帯無風帯」と呼ばれる北太平洋の海域を訪れることにした。ここではほとんど風が吹かず、帆走（注1）が困難なので、ヨット乗りはめったにこの海域には行かない。ムーアはそこに着いたとき、何マイルにもわたって海面が小さなプラスチック片で覆われている光景を見て衝撃を受けた。現在では人々が太平洋ゴミベルトと呼んでいるものを、彼は発見したのである。

　実は、科学者たちはこのようなゴミだらけの海域の存在を何年も前に予測していた。北太平洋の水は巨大な円を描いて流れているが、その円の中心には、水がほとんど動かない海域がある。海流はその中心の周りを回るので、北アメリカの西海岸やアジアの東海岸からゴミを集め、ゆっくりとそれをその中心へと運び込む。例えばサンフランシスコの近くの海に投げ込まれた物は、およそ5年でこの中心部にたどり着くのである。

　昔は、このゴミの大部分は簡単に分解し、環境の一部に戻る天然の素材からできたものであった。しかし過去70年以上にわたって、ますます多くのプラスチックが海洋に行き着くようになった。プラスチックは非常に丈夫なので役に立つのだが、同じ理由で海に何年間もとどまることになる。例えば最近では海鳥の胃から見つかったプラスチック片が、第二次世界大戦中に撃墜（注2）された飛行機のものだということがわかった。ムーアが発見したプラスチックゴミのある広大な海域は、実は何十年もかけて成長してきているのである。

　何か解決策はあるだろうか。各国政府が海からプラスチックを取り除くように試みるべきだと言う人もいる。しかしこれは相当に難しいだろうと、ムーアは考えている。今実行すべき一番重要なことは、プラスチックがこれ以上海に入り込まないようにすることだと、彼は主張する。その一つの方法は、われわれの使うプラスチックをもっとリサイクルすることであろう。解決できないほど問題が大きくなる前に、われわれは行動を起こさなければならないと、ムーアは警告している。

（注1）帆走：船が帆を張って、風の力で航行すること
（注2）撃墜：航空機などを撃ち落とすこと

**59** 北太平洋の海流の特徴はどれか。

　1　ほとんど動かない中心海域の周囲を回っている。

　2　ゴミを北米からアジアの東海岸へと運ぶ。

　3　海岸近くの海域に近づくにつれて流れがより遅くなる。

　4　ゴミが海洋へと運ばれていかないようにしている。

**60** 過去70年以上にわたって何が変わったか。

　1　科学者はゴミを見つけるのに飛行機を使い始めた。

　2　海鳥がその環境にもっと多くのプラスチックを放置するようになり始めた。

　3　簡単には分解できないゴミがより多く海洋に流入した。

　4　船の数の増加が汚染の拡大につながった。

**61** ゴミ問題についてムーアが言っていることの一つは何か。

　1　海からプラスチックを取り除くことは困難であろう。

　2　海は航行するには危険になりつつある。

　3　各国政府はプラスチックの製造を減らすべきである。

　4　その解決策とはプラスチックの代わりに使うための素材を見つけることで
　　ある。

62 本文の内容と合っているものはどれか。

1 ムーアはハワイでの海洋レースへの途中、行方不明になった。

2 太平洋のゴミの問題はますます悪くなっている。

3 ヨット乗りは、そこにあるプラスチックの量を理由に、「亜熱帯無風帯」を避ける。

4 アジアから出るゴミは通常、海流で運ばれない。

 次のＡとＢはそれぞれ別のコラムである。ＡとＢの両方を読んで、後の問い
に対する答えとして最もよいものを１・２・３・４から一つ選びなさい。

Ａ

　留学生活から得るものとは何か。私は高校生の時から親の都合でアメリカに住
んで大学もアメリカの大学を出た。語学留学とは多少異なる環境だったが、外国
生活を経験した立場から留学を考えている人達に言いたいことがある。それは、
留学してそこで何をしたいのかではなく、留学後の人生プランを考えてから留学
した方がいいということである。特に、大学を出た後の留学であったらなおさら
である。漠然と英語を勉強すれば何かが変わるとか、外国生活を楽しみたいだけ
では、その後の人生にもあまり役に立たず、ただの良い思い出で終わってしまう
だろう。人生において自分自身の糧となるようなそんな留学生活をしてほしい。

Ｂ

　留学と聞くと、語学やその国の文化を勉強するものだと考えられがちだが、実
際はそれよりも多くの事を学び、身につけている。私は外国に留学した際、その
国の言葉や文化の他に、皮肉なことに自分が日本人であるにもかかわらず、日本
文化に対して無知だということを知り、日本文化をもっとよく勉強するようにな
った。外国人に自分たちの文化を紹介できない時の恥ずかしさといったらなかっ
たからだ。
　私のように、一歩外から日本を見てみると、そこにいては見えないものも見え
てくるのだ。若者達には、日本という小さい島国にじっとこもっていないで、ど
んどん外に出て色々なものを吸収してほしい。それがやがて自分自身や日本の将
来にとってプラスになるのである。

63 AとBのどちらの記事にも触れられている内容はどれか。

1 成功するアメリカ留学のし方

2 留学後の人生プランのたて方

3 海外生活の経験からの意見

4 海外生活で必ず役に立つこと


64 留学することについてAの筆者とBの筆者はどのような立場をとっているか。

1 AもBもともに肯定的である。

2 AもBもともに否定的である。

3 Aは批判的であるが、Bは明確にしていない。

4 Aは明確にしていないが、Bは肯定的である。


65 留学したのに、日本文化を勉強するようになった理由は何か。

1 他の国の言葉や文化を学んで、日本に興味を持ったから

2 外国人に自分たちの文化を紹介できなくて恥ずかしかったから

3 留学前に勉強してみたかったから

4 一歩外から日本を見てみる必要があったから

**問題12** 次の文章を読んで、後の問いに対する答えとして最もよいものを、１・２・３・４から一つ選びなさい。

　今年の新卒者は就職氷河期並みの厳しい状況にあると言われています。若者が社会に出るとき、不景気のために安定できる職に就けない者が大量に発生するのはたいへん大きな問題です。本人にはどうすることもできない景気という偶然に左右されることは彼らには納得し難いことでしょう。日本の雇用慣行の下では新卒時の就職の失敗は後々まで大きく影響することも深刻です。

　就職できないということは彼らには社会の「①席」が用意されないということです。社会が彼らに居場所を用意することはもっと優先されてもよい課題ではないでしょうか。数百人が集まった派遣村騒動は華々しく報道され社会問題となりましたが、非正規雇用増加の原因のひとつでもある就職氷河期の問題はより大きく、かつ深刻だと思われます。

　あたりまえのことですが、社会は分業で成り立っています。社会の成員がそれぞれの役割を担うことによって社会は維持できるわけです。就職先がないということは、新しく社会に参入してくる若者に対して「君にやってもらう役割はないよ」と言うに等しいことです。

　仕事に就けないということは②フリーライダー(タダ乗り)になることです。社会の役割を担うことなく、他人が作った家に住み、他人が作った服を着て、他人が作ったものを食べる、ということにならざるを得ません。フリーライダーが多数になれば社会は成り立たないわけで、社会に出たばかりの人間にタダ乗りを強いることは教育上好ましくないだけでなく、彼らの社会に対する信頼を失わせます。まして彼らに社会を構成する個体としての自覚を期待することは困難でしょう。そして社会がフリーライダーを強いる以上、タダ乗りはいけない、と③言えなくなります。

　新たに社会に参加する若者に仕事を配分することはもっと優先されるべき課題だと思われます。不景気だから仕方がない、で済まされることではありません。雇用助成や求人側と求職者のミスマッチ解消のための教育訓練の拡充など、いろんな制度がそろっていれば、新卒者がフリーライダーになる確率は著しく減るのではないかと思います。

66 ①席とはどういうことか。

  1 就職できない新卒者の立場

  2 新卒者のための就職先

  3 就職氷河期の問題

  4 非正規雇用


67 筆者は②フリーライダーについてどう思っているか。

  1 あくまでも就職できない本人の責任であるが、社会はその人々を助けるために様々な努力をしないといけないと思っている。

  2 大学を卒業しても就職しようとしない若者がいると困るから、社会はそういう若者のために、いろんな教育施設や就職先を作るべきだと思っている。

  3 フリーライダーについてどうって考えは持ってないが、将来社会的な問題になるかもしれないからこれから気をつけるべきだと思っている。

  4 フリーライダーがたくさん出れば社会的な問題になるし、教育上にもよくないから社会の構成員がそれを無くすように努力すべきだと思っている。


68 ③言えなくなりますとあるが、なぜ言えなくなるか。

  1 大人として、社会に出る新卒者に手本になるべきの行動を何も見せてないから

  2 新卒者が自分なりの努力を見せなければならない場面に、戸惑っているから

  3 新卒者のために社会が何とかやらないといけないのに、何もできてないから

  4 新卒者のとんでもない行動にあきれてしまって、言うことが何もなくなってしまうから

69 この文章で筆者が最も言いたいことは何か。

1 新卒者が社会に出ると、彼らがフリーライダーにならないように、社会の構成員がそれなりの用意をしておかないといけない。

2 社会の構成員は新卒者に対しての意識を変えて、彼らが社会に適応できるようにもっと暖かく接するべきである。

3 新卒者は社会に出たらフリーライダーにならないように社会の構成員と常に話し合ったりすることが最も大事である。

4 社会の構成員は新卒者に関心を持つべきだし、彼らがフリーライダーになろうとしたらちゃんとアドバイスをするべきである。

**70** あけぼの市観光協会では、夏休みに入る7月から、親子向け観光モデルツアーのプランを発表しようとしている。見学時間を一つ2時間と考えて、午前9時からスタートし、昼食時間の午後1時30分までに昼食場所に到着できるツアーはどれか。

1 あけぼの八幡神社 − そば記念館 − 南水族館 − あけぼの商店街（昼食場所）

2 あけぼの城 − 南水族館 − そば記念館（昼食場所）

3 歴史記念館 − あけぼの八幡神社 − あけぼの商店街（昼食場所）

4 あけぼの八幡神社 − 市立美術館 − あけぼの商店街（昼食場所）

**71** あけぼの市観光協会では、あけぼの市の歴史と、伝統文化を紹介するツアープランを考えている。8月に、あけぼのそば記念館をスタートし、あけぼの城、歴史記念館、市立博物館の順で見学した場合、大人一人と子供一人の入場料はいくらか。

1 3,700円

2 4,000円

3 5,300円

4 6,050円

# あけぼの市へようこそ

|  | 営業時間 | 料金 | 定休日 | 場所 | 特徴・その他 |
|---|---|---|---|---|---|
| 市立美術館 | 9:00～17:30 | 大人1,000円<br>高校生以下<br>500円<br>団体料金あり | 第2月曜日 | B | シャガール展開催中<br>あけぼの市小学生絵画コンクール作品展示中 |
| 市立博物館 | 9:00～17:30 | 大人1,000円<br>高校生以下<br>500円<br>団体料金あり | 不定期 | B | あけぼの市の自然展開催中 |
| 下野動物園 | 9:30～18:30<br>冬季<br>9:30～17:30 | 大人700円<br>子供（中学生以下）300円 | カレンダーによる<br>お盆・年末年始含む | C | 大集合アフリカの動物たち開催中 |
| 南水族館 | 9:00～19:30 | 大人1,500円<br>学生800円 | 年中無休 | E | ペンギンパレード<br>1日1回<br>イルカショー　1日2回 |
| 歴史記念館 | 9:30～17:30 | 大人1,300円<br>高校生以下<br>600円<br>団体料金あり | 第3月曜日 | C | あけぼの市歴史資料館<br>あけぼの城の入場券提示で入館料半額 |
| あけぼの城<br>（あけぼの公園内） | 9:30～17:30 | 大人1,300円<br>高校生以下<br>750円<br>（あけぼの公園150円） | 年中無休 | C | 改修工事中のため現在城にはご入場できません。（九月上旬まで） |
| あけぼの八幡神社 | 8:30～18:00 | 観内参拝料300円 | － | A | あけぼの夏祭り（毎年8月中旬） |
| あけぼの商店街 | 各店舗による | － | 各店舗による | A | 飲食・衣料・雑貨など約70店舗の商店街 |
| あけぼのそば記念館 | 各店舗による | 入館料300円<br>手打ちそば900円 | 各店舗による | D | 市の特産品「そば」を使ったそば屋おグルメマップ配布中<br>館内食堂あり |

## あけぼの市の交通情報

- 市内中心部エリアAからB・C・D・Eへは、車で約20分程度、中心部ではない隣のエリア同士の移動には約30分程度かかります。（市内の交通状況による）
- 市内中心部には100円循環バスもございます。

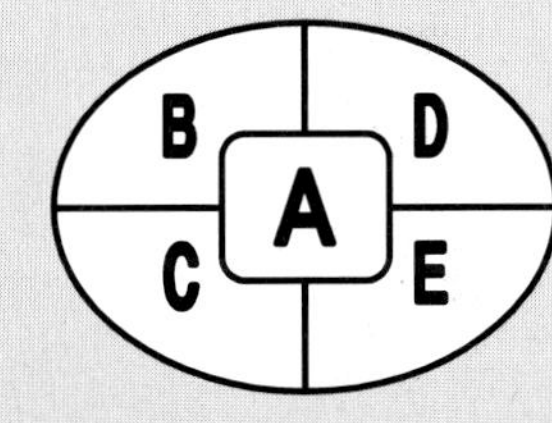

## 제2회 실전 모의고사

→ 정답 p.27

**問題8** 次の（1）から（4）の文章を読んで、後の問いに対する答えとして最もよいもの
を、1・2・3・4から一つ選びなさい。

（1）

夕立は天気のいい夏の午後から夕方にかけて、積乱雲（注1）によってもたらされ
る、突然起こる強い雨で、雷を伴うことが多い。夏の季語（注2）である。

夏の強い日差しで地表温度が急上昇し、それが生み出す上昇気流によって積乱
雲が急激に成長する。積乱雲が雲の塊が上に積みあげられるように成長する事か
ら、夕方に立ち上がる雲によってもたらされる雨を夕立と呼ぶ。

にわか雨は、急に降り始める雨のことで、季節や時間によらない。原因も積乱雲
の他に、前線の接近など様々なものを含む。にわか雨のうち、雨の降る時間の短
いものは、とおり雨と呼ばれる。夕立は多くの場合急に降り始めるのでにわか雨
であるが、にわか雨のすべてが夕立であるわけではない。夕立は、「強い日差し」「午
後から夕方」「積乱雲」といった条件を満たすにわか雨を指す。

（注1）積乱雲：雲の一種
（注2）季語：季節を規定する言葉

46 夕立の説明として正しくないのはどれか。

1 にわか雨の一種でいきなり起こる雨のことである。

2 夕立の雲は決まっていて、強い太陽の光が必要である。

3 夏に降るにわか雨を指すが、とおり雨とは違うようである。

4 いつも夏の日中に降る雨で、数日間にわたって降る。

(2)



　白髪って抜くと増えるのでハサミで切った方が良いと言われましたがほんとでしょうか。

　昔、ある番組でこのことを実験していたのを覚えています。

　何人かの人達にまず、白髪を抜いてもらい、数ヵ月後に白髪が増えるかどうかを実験したのです。正確なデータをとるため、彼らはかわいそうにこの間、髪の毛に触ることを禁じられ、シャンプーも出来ずに、大変な思いをしました。

　で、結論は「抜いたことによる白髪の増加は認められなかった」です。

47　大変な思いをしましたとあるが、なぜだと思うのか。

　1　日常の生活ができないから

　2　白髪が抜かれるかもしれないから

　3　白髪が増えそうだから

　4　シャンプーにアレルギがあるから

(3)

　　電車の中で酔っ払いが女性にからんでいるのに、だれもその女性を助けなかった。夜、近所で悲鳴が聞こえたのに、誰も外に出て何が起こったのか確かめる人はいなかった、という記事やニュースを読んだり聞いたりすると、今の世の中はどうなっているんだと憤慨したくなりました。このままでは、日本の社会はだめになると嘆きたくもなります。周りを見渡してみると、自分さえよければあとはどうでもいいという、他人には、関心のない人が多くなっているからです。これからも、他人のことには無関心というひとびとがますます増えていくかもしれません。昔は近所に、こっちのしてほしくないことまでしてくれる人がいて、うんざりすることもありましたが、今ではそのお節介(注)が、かえってなつかしいくらいです。確かに、他人から干渉されるということはいやなことですが、他人のことに無関心すぎるというのも問題ではないでしょうか。

（注）お節介：かえって迷惑になるような余計な世話をやくこと

48 文章によると今、日本ではどんな人が増えているか。

　1　自分の行動には反省せずに、ただ昔のことを懐かしく思っている人

　2　自分と関係ないなら、すべては他人事だと思っている人

　3　他人のことは考えずに、近所に迷惑ばかりかけている人

　4　自己中心的で、迷惑さえかけなければと思っている人

(4)



　　大学生の教育費(学生生活費)についてみてみよう。
　　「学生生活調査」によれば、年間にかかる大学生の学生生活費は国立で154万
円、私立で205万円と高額である。そこで、大学生がいる世帯の所得を、世帯主
の年齢が50～54歳の一般世帯の所得と比較してみると、子どもが国立に通ってい
る場合で約1.3倍、私立では約1.4倍となった。この倍率は96年から98年ではやや
低下しているが、このように、大学生の出身世帯の平均所得は一般世帯の平均よ
りも高く、親の経済力が子どもの大学進学に影響を与えている可能性があると考
えられる。

---

**49** このアンケートで分かることは何か。

　　1　親の経済力が高ければ高いほど、私立大学を出た子供の割合は低い。

　　2　親の経済力が高ければ高いほど、国立大学を出た子供の割合は低い。

　　3　親の経済力が高ければ高いほど、大学を出た子供の割合は高い。

　　4　親の経済力が高ければ高いほど、大学を出た子供の割合は低い。

 次の（1）から（3）の文章を読んで、後の問いに対する答えとして最もよいものを、1・2・3・4 から一つ選びなさい。

（1）

　　小さいころ、庭掃除を手伝った。掃除が終わるころに「がんばったからおだちん(注)くれる?」と母に聞くと、「お掃除したからきれいなお庭で遊べるようになったでしょ。それがおだちんよ。」と言われた。

　　母は、子供にお金を目当てにせずに働くことを教えたかったのだと思う。確かに、「おだちんをあげるから庭をはいて。」と言われて庭掃除をしていたら、掃除が終わったらすぐに「おだちんちょうだい。」と、お金をもらいに部屋に入ってしまい、①きれいになった庭を振り返ることもなかっただろう。「きれいになった庭は気持ちいいなぁ。また庭掃除を手伝おう」と思うこともなかっただろう。家の手伝いは、だちんを目的にするものではない。自分から進んで家事を手伝う習慣をつけるべきだ。そして、「ありがとう。助かったよ。」という言葉や、きれいになった庭などを見て、「手伝ってよかったな。働くのは気持ちがいいな。次もがんばろう」と思えるようになりたい。

　　だちんをもらわないと働けないという考えでいると、報酬がもらえるのなら何でもする、というお金で動く人間になってしまう。また、だちんを目的に働く癖がつくと、その額によって働く量や熱心さを変えるようになるだろう。その上、「こんなに働いたのに、これだけしか給料をくれないのか。」という②愚痴ばかり言う人間になってしまうかもしれない。働くことの気持ちよさを感じるためにも、無償で手伝いをする習慣を身につけたい。

（注）おだちん：子供が使いをしたときなどにあたえるお金や品物

50 ①<u>きれいになった庭を振り返ることもなかっただろう</u>と筆者が考える理由は何か。

1　子供は庭の掃除はともかく、早く終わらせてから別のことをしたいと思っているから

2　子供はただ掃除を早く終えてその補償としてお金さえもらえればいいと思っているから

3　子供は庭の掃除を無理やりにさせられたから早く終わらせたいと思っているから

4　子供は庭の掃除をきれいにしたことで、親に早く誉められたいと思っているから

51 ②<u>愚痴ばかり言う人間になってしまうかもしれない</u>とあるが、筆者は、それはなぜだと思うか。

1　働いた分の報酬をもらわないと不満を言うのは、子供の時からお金が目的で仕事をしたから

2　何事にも不満があるのはその人の癖であって、その癖をいくら治そうとしてもなかなか治せないから

3　働くことに対して感謝する気持ちがよく分からないので、いつも不満ばかり言ってしまうから

4　大人になっても子供みたいに不満ばかり言うのはその人の生まれつきなので仕方がないから

52 筆者が最も言いたいことはどれか。

1 子供にだちんをやるようにすれば、庭掃除など家の手伝いをよくするようになる。

2 自分から進んで家事を手伝う人には「ありがとう。助かったよ。」という言葉を言うべきだ。

3 だちんをもらわないと働けないという考えだと、お金で動く人間になってしまう。

4 愚痴ばかり言う人間になったら、働くことの気持ちよさを感じることができない。

(2)

　世の中には仕事柄、数多くの人の名前と顔を覚えている人がいる。たとえばある生命保険会社のトップクラスのセールスレディーは約一万人の名前を覚えているという。また銀座のある高級クラブのママも、一度来店した人の顔と名前は絶対に忘れないと豪語(注1)する。そんなに大勢の顔と名前を、一体どのようにして記憶するのだろうか。

　その記憶方法とは、五感をフルに使うことだ。まず、覚えたい人の名前を手の平に漢字で書く。次に、会話の中でその名前を何度も口にするように心がける。「〇〇さんはゴルフは？」「□□さん、お代わりはいかがですか？」というように。もちろん、相手の声や顔も、目と耳を使って記憶する。特徴のある香水やひげが記憶に残ることもある。

　五感以外に、相手の出身地、職業などを聞き、相手に関する情報をふんだんに集めることも大切だ。また、共通の趣味があれば、忘れることはないだろう。こうすれば、次に会ったとき、顔を見てすぐに名前が思い出せなくても、それらの情報を手がかりに記憶をたぐり寄せる(注2)ことができる。

　そして、何より一番大切なのは「絶対に覚えよう」という意欲。ワインの名前や産地など、どうして覚えられるのかと不思議な気がするが、興味のある人にとっては簡単に覚えられるものらしい。仕事がらみの人の名前や、興味のある事が覚えやすいのは、覚えようという意欲が強いからなのだ。


（注1）豪語する：いかにも自信があるように言うこと
（注2）たぐり寄せる：物事をそれからそれへと引き出して集める

53 相手の名前を覚えるために筆者が言っているのはどれか。

1 相手の名前をものに例えて覚えば、そのものを見るだけで相手の名前が分かる。

2 つねにその人に関する情報を集めたり覚えたりすることが何よりも大事である。

3 その人に関するちょっとしたものでも、自分なりに特徴をつかんでおいたほうがいい。

4 相手に関する情報を集めるより、顔の特徴や特別な行動を覚えたほうがいい。


54 ワインの名前をよく覚える人と、人の名前をよく覚える人の共通点は何か。

1 仕事がらみのことなので必ずしも覚えなければならないということ

2 何よりも大切なのはそのことに関心をよせることと意欲を持つこと

3 一目でそれの特徴がつかめるように、普段から記憶の練習をすること

4 絶対に覚えようという気持ちとそれを生かして別のことに活用しようという心


55 本文の内容に合っているものはどれか。

1 自分でしっかりと意欲を持てば、記憶することがたやすくなる。

2 覚えようという意欲がわかないものに対しては、よい記憶方法はない。

3 トップクラスのセールスレディーは特別な記憶方法で仕事の成績を上げている。

4 五感を活用するだけで、たくさんのものが記憶できるようになる。

(3)

　私のおじは大学の教員をしている。いつも紺色のスーツに白のカッターシャツで、まるで、学生の就職活動のようなかっこうで教壇(注)に立っている。ある日、セーターに綿のズボンの普段着で講義に臨んだら、学生に「先生、ずいぶんくだけたかっこうですね」とからかわれたそうだ。自分の服装に自信がないおじは、それ以来、必ず地味なスーツで講義に臨んでいるそうだ。

　就職活動の際、みんなが同じような色や形のスーツを着るのはおかしいという人がいるが、①私はおかしいとは思わない。

　セーターに綿のズボンで講義に臨んだおじをからかった学生は、おじの服装が、講義をする先生のかっこうとしてふさわしくないと思ったのであろう。おじの経験からもわかるように、どのような服装をするかは、時と場合を考えなければならない。就職活動には、就職活動にふさわしい服装がある。就職活動だからみんなと同じような決まり切ったスーツを着るのではなく、時と場合を考えて服装を選ぶと、あのようなかっこうになるのである。だから、就職用のスーツを着ることは、時と場合を心得ていることの②あかしなのである。結果的に、みんな同じような色や形のスーツになるだけのことなのだ。

（注）教壇：ここでは教職のことを言う

---

56　①私はおかしいとは思わないとあるが、それはなぜか。

　1　面接のときは、その会社が決めた服装があるからそれに従うべきだから

　2　服装は自分に合うものがあり、それについてああだこうだと言うのはおかしいから

　3　自分をよく見せるためには、変わった服装をするよりみんなと合わせたほうがいいから

　4　みんなが同じような色や形の服を着ていてもそれがその場に合うものなら構わないから

57 ここでいう②あかしとは何か。

1 みんな同じような服を着ているのに批判すること

2 みんな同じような就職用のスーツを着ていること

3 伯父がくだけた格好をして教壇で講義をすること

4 伯父が普段着で講義に臨んでいること


58 筆者が一番言いたいことは何か。

1 就職活動の際、同じような色、形のスーツを着るのはおかしい。

2 時と場合を考えて、それにふさわしい服装をすべきである。

3 就職活動の際はみな決まりきった同じような服装にすべきである。

4 結果的に同じような服になっても、それが似合うかっこうであれば仕方がない。

 次の文章を読んで、後の問いに対する答えとして最もよいものを、１・２・３・４から一つ選びなさい。

英国の科学者チャールズ・ダーウィンは、その進化の理論で世界中にその名を知られている。実際、多くの人々がこの理論を今まででもっとも重要な科学的発見であると見なしている。しかし、この理論を考え出したのは彼一人ではないということを、多くの人は知らない。事実、①アルフレッド・ラッセル・ウォレスという別の英国人科学者が、ダーウィンとは関係なくまったく同じアイデアを育てたのだ。ダーウィンは裕福な家庭の出で、ケンブリッジ大学に学んだ。一方、ウォレスの家庭は貧しかった。そのせいで、ウォレスは17歳で②学校をやめなければならなかった。

教師として働くかたわら、彼は自然の研究に興味を持つようになった。1848年、彼は南米に渡り、その地域の動物と植物を研究した。その後、彼はマレーシアとインドネシアのジャングルを探検した。彼がアイデアを思いついたのはその時期のことだった。

そのころ、動物種は時間をかけて変化してきたと信じていた科学者はほかにもいた。問題はどのようにしてこうした変化が起こったのかを説明することだった。世界のそれぞれの地域は、その居住環境に適合する異なる種をはぐくんでいることにウォレスは興味を抱いた。ある日、これは環境に適合する動物のみが生き残り、ほかのものは死に絶えるからだということに、彼は気付いた。1858年、ウォレスは彼のアイデアを、数年前に出会ったダーウィンの元に送った。ダーウィンは自分が考えていたのと同じ理論をウォレスが考え出したことを知り、衝撃を受けた。

ダーウィンは自分の進化の理論を20年前にはじめて思いついていたのだが、多くの人々にとって、それは受けがたいであろうと分かっていたので、それを公にするのを遅らせていた。彼は自分の理論のためのできる限りの証拠を集めるのに、この間の時間を使った。事実、彼とウォレスのアイデアが一緒にロンドンにおいて学者のグループに向けてはじめて発表されたとき、それに関心を払う者はほとんどいなかった。ダーウィンが『種の起源』を1859年に出版して、ようやく進化の理論は有名になったのである。

　科学者たちの中にはウォレスもまた進化の発見者と見なされるべきだと考える者もいる。しかし、科学者たちが最終的に進化論は正しいと信じるようになったのは、ダーウィンが多くの証拠を提供したからこそだと言う学者たちもいる。

59 ①アルフレッド・ラッセル・ウォレスについて正しいのはどれか。

1　ダーウィンと同じ進化の理論を考えついたが、その名はあまり知られていない。

2　ダーウィンが自然についての自分のアイデアを試すのを手伝った。

3　19世紀にダーウィンの理論を証明するため、インドとマレーシアを探検した。

4　ダーウィンの進化論が正しいと証明するため世界中の科学者を説得した。

60 ウォレスが17歳のときに②学校をやめなければならなかった理由は何か。

1　進化論を証明するために南米で自然を研究したかったから

2　科学者たちからダーウィンのもとで働く機会を提供されたから

3　それ以上学校にとどまる経済的な余裕がもはやなかったから

4　ダーウィンの進化の理論を自ら証明したくて旅行に出たから

**61** ウォレスがジャングルを探検中に分かったことの一つは何か。

1 ダーウィンのオリジナルの理論は完全に改めなければならなかった。

2 環境に適応しなかったとき、動物は死に絶えた。

3 ダーウィンが正しいことを証明するには長い年月がかかっただろう。

4 いくつかの種は、適した環境を見つけるために長い距離を移動する。


**62** 自分の進化の理論を出版する前に、ダーウィンは何をしたか。

1 多くのほかの人々が同じアイデアを持っていることに気付いた。

2 彼の今までの研究のメモをチェックしてもらうためにウォレスに送った。

3 ウォレスの理論についてもっと知るために研究しながら待った。

4 それを説明する証拠を集めるのに何年も費やした。

 次のＡとＢはそれぞれ別のコラムである。ＡとＢの両方を読んで、後の問い
に対する答えとして最もよいものを１・２・３・４から一つ選びなさい。

A

　部下にとって、できる上司とは何でしょうか。それは、「褒めることができる
上司」です。昔なら、部下を褒めるというと、「褒めるより厳しくしなければ、
仕事なんてしないんだよ、今の若い連中は。」なんて言葉が聞えてきそうです。
でも、褒めると、部下のやる気だけでなく、その人が持っている隠れた能力も引
き出すことができます。それを仕事に役立てることができるのですから、こんな
にいいことはありません。
　ところが、これが本当に難しいそうです。なぜなら、相手のことを心から褒め
てこそ、相手に伝わるものだからです。コツは部下をよく観察し、仕事に対する
行動や結果を褒めるようにすること。その際は「よくやった」だけでなく「データ
が詳しくてわかりやすかった」など、具体的なメッセージも付け加えると効果的
です。


B

　ある調査によると、上司が若手社員に期待していることの１位は、「困難に打
ち勝つ力を持つこと」だそうです。上司から見たら部下の仕事に対する姿勢に
は、まだまだ甘さがみられるのでしょうか。
　逆に、若手社員が成長したいと思っているのは、「アイデアや工夫を生み出す
力」や「業務に関する知識や技術」だそうです。できる上司として、部下から信頼
されるようになるためには、部下たちの精神面ではなく、仕事に対する能力を見
ることが必要なようです。
　しかし、調査の結果を見ると、多くの上司たちは残念ながら部下の精神面を重要
視しているようです。できる部下は、いずれは上司として部下の上に立つ存在で
す。お互いにもっとコミュニケーションをとる必要があるのではないでしょうか。

63 AとBのどちらの記事にも触れられている内容はどれか。

1 できる上司に必要なこと

2 褒めることができる上司

3 上司が部下に期待すること

4 部下の仕事に対する姿勢


64 厳しい上司について、Aの筆者とBの筆者はどのような立場をとっているか。

1 AもBも、批判的だ。

2 AもBも、はっきり述べていない。

3 Aは批判的だが、Bははっきり述べていない。

4 Aは批判的だが、Bは同情的だ。


65 上司が部下を褒めることが必要な理由は何か。

1 部下はほめないと仕事をしないから

2 部下には困難に打ち勝つ力があるから

3 部下にアイデアや工夫を生み出す力があるから

4 部下の能力を引き出せるから

　一昨日、久しぶりに京都で電車に乗ったのですが、マスクをしている人の少な
いことに驚きました。乗った車両にマスク姿は隣の席の１人だけで、しばらくす
ると盛んに咳こみ始めました。少し失礼とは思いながらも、ちょっと離れた席へ
と移動しました。

　最近１週間の推計感染者数は15万人とすでに報道されているわりには驚くばか
りの冷静な反応です。５月、数人の感染者が出ただけで、ものものしい(注1)検疫
の光景を交えた連日の大報道が起き、街がマスクだらけになったのに比べ、①<u>と
ても同じ国のこととは思えません</u>。

　５月の騒ぎでは当初、致死率が過大に伝えられたことを考慮する必要がありま
すが、早い段階で修正された後もマスコミの大騒ぎは続きました。これは世界で
も珍しい現象とされ、日本のマスコミの「異常性格」が指摘されました。

　５月の報道が虚報に近いものであったことが判明した結果、現在の本格的流行
が報じられても、「またか」ということになってしまったのでしょう。皆、新型
インフルエンザに飽きてしまったのかもしれません。マスコミはまさに狼少年で
す。感染の脅威はこれからなのですが。

　一週間の感染者が15万人と推定され、感染の機会は格段に増えているのに、マ
スコミのこの冷静さも不思議です。マスコミもまた飽きて、ニュースバリューが
ないと考えたのでしょう。しかしその結果、必要のないときにマスクを着用し、
必要があるときに着用しないという逆さまの対応が起きてしまいました。②<u>大変
不合理なことです</u>。

　報道機関の役割は読者・視聴者に必要な情報を過不足なく伝え、適切な対応を
促すことにあります。マスクの着用という感染予防対策の実施状況から見る限
り、マスコミの果たした役割はむしろマイナスの方が大きかったのではないかと
さえ思われます。

　③<u>食品の消費期限問題、ダイオキシン、環境ホルモン</u>など、例を挙げればきり
がありませんが、誇大(注2)な報道が過剰な反応を招くことを学習する機会はいく
つもありました。

情緒に訴える興味本位の報道によって、読者・視聴者に迎合することが優先された結果なのでしょうが、そこには商業主義の「完成度」の高さを感じます。
あたりまえのことですが、報道機関の役割は適切な反応を引き出すような情報提供であり、反応の適否を検証するまでが仕事の範囲であるべきです。流し放題、あとは知らん、という無責任体制では困るのであります。

（注1）ものものしい：重々しくきびしい
（注2）誇大：実際以上に大げさに言ったり考えたりすること

66 ①<u>とても同じ国のこととは思えません</u>とあるが、それはなぜか。

1 日本という同じ国でも地域によって感染者の数に大変な差があるから

2 最初に数人の感染者が出たときは、大げさな騒ぎだったが、感染者の多い現在は意外と落ち着いているから

3 地域によって感染者を報道するマスコミの様子にたいへんな違いがあるから

4 インフルエンザに関しての報道ぶりや感染者の数の差が地域によってとても開いているから

67 ②<u>大変不合理なことです</u>とあるが、どのような不合理なのか。

1 マスクの使い方をよく知らない市民にマスコミが間違った使い方を教えたこと

2 感染者の数にかかわらず、マスコミが報道を大げさにしていること

3 ニュースバリューがない記事をマスコミが大騒ぎで報道をしていること

4 マスコミの判断違いの報道で一般の市民が反対の行動を起こしていること

 ③食品の消費期限問題、ダイオキシン、環境ホルモンの共通点は何か。

1　マスコミが大げさに報道して誤った結果をもたらしたもの

2　マスコミの報道で人々に大きな反応を起こしたもの

3　大衆のために報道すべきのことを忘れてしまったもの

4　マスコミがちゃんとその内容について調べてほしいもの


 この文章で筆者が最も言いたいことは何か。

1　マスコミは話題になるものばかりでなく、人々に役に立つものを自ら発掘して報道しなければならない。

2　公共の利益のためならばどんな報道でもいいが、その時期や状況に合わせて報道しなければならない。

3　マスコミは大衆への影響を考えてあるがまま報道すべきであって、その報道についてはちゃんと責任を持たなければならない。

4　マスコミの役割というのは大衆に利益があるかどうかで決められるので、そのことを忘れて報道してはいけない。

70 現在韓国の大学に在学中のハンさんは、旅行をかねて日本での就職研究をしたいと思っている。まだ、具体的に日本での就職活動を考えていないハンさんに最も合う組み合わせはどれか。

1 イベントと企業プレゼンテーション

2 参加企業説明会と企業プレゼンテーション

3 セミナーとパネルディスカッション

4 パネルディスカッションと企業紹介


71 この説明会で企業プレゼンテーションセミナーに参加するためにはどうしたらいいか。

1 www.jgo-jobfair.co.jpにメールを送る

2 www.jgo-jobfair.co.jpに登録 → フェア予約ページで予約

3 フェア予約ページと企業プレゼンテーションセミナーに予約

4 フェア予約ページと企業プレゼンテーションセミナーに予約 → 確認書を持参

# 外国人留学生のための就職説明会＆応援フェア

留学生の皆さん、日本で働きませんか？ 外国人留学生の方を採用したいという日系企業が約二十社参加する就職説明会＆応援フェアが今年もやって参りました。

留学生を採用したい企業と、「日本で働きたい」留学生の方々が出会えるまたとない機会です。なお、このイベントは、完全予約制となりますので必ずウェブ上の「フェアに参加予約する」をクリックして予約をしてください。 （www.jgo-jobfair.co.jp）

■開催日時：12月19日（土）11:00〜18:00（受付開始／10:30）

■対象：日本で学ぶ外国人留学生が対象のセミナーです。
　・大学・大学院・短大に在籍中または卒業された外国人留学生の方
　・交換留学中の外国人留学生の方
　・日本語、英語、中国語、韓国語、その他言語バイリンガルの方
　・日本で就職をお探しの方

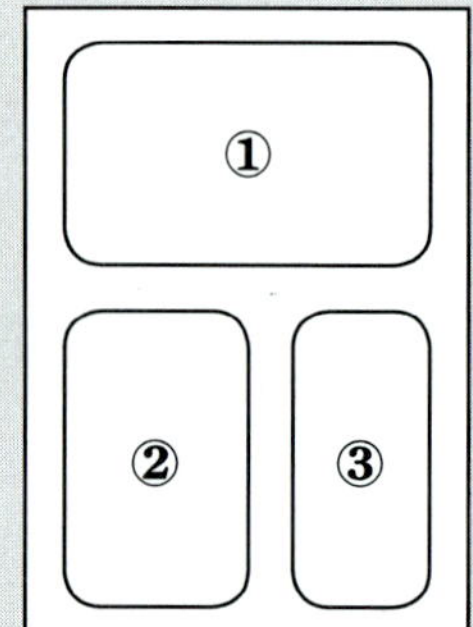

■イベント：① 企業紹介　　　　　11:00〜
　　　　　　② セミナー　　　　　13:00〜14:00
　　　　　　東京〇□大学 佐藤教授「勝ち組の留学生就職活動」
　　　　　　③ パネルディスカッション　14:00〜16:00
　　　　　　テーマ　「外国人留学生の日本就職の将来性」

① イベントステージ
当日の様々なイベントにも是非お越しください。

③ 企業プレゼンテーションセミナールーム
1企業につき40分のプレゼンテーションが行われ、じっくりと企業の話を聞くことができます。完全予約制のため、ウェブ上で予約が必要です。
「企業プレゼンテージンセミナー予約」をクリックして登録してください。
※「参加企業説明会」に参加していない企業もございますので、確認してください。

② 参加企業説明会ブース
個別に会社説明会を実施します。事業内容や選考案内などの説明が行われます。時間制で実施する企業もあるので、その場合は事前にウェブ上で確認します。

■ 予約受付期間：10月1日(木) ～12月15日(火)
　定員は1,500名ですが、受付期間前に定員に達した場合、予約受付を終了する予定です。参加を希望される方は、早めの予約をお願いいたします。（予約表がない場合はご入場できません。）

※予約までの流れ

| 当社ホームページで会員登録を行う。 | → | フェア予約ページで予約する。 | → | 登録したメールアドレスに予約確認が送信される。 | → | 当日予約確認表をプリントアウトし持参する。 |

# N1

## 2장 청해

## Part 1
## 분석 및 대책

1. 청해의 문제 구성

2. 문제 유형 맛보기

3. 청해 워밍업

# 1. 청해의 문제 구성

| 문제 | 출제 의도 | 변형 정도 | 문항 수 | 목표 |
|---|---|---|---|---|
| 問題1 | 과제 이해 | ◇ | 6 | 구체적인 문제 해결에 필요한 정보를 듣고, 다음에 무엇을 하는 것이 적당한지에 대한 이해를 묻는 문제 |
| 問題2 | 포인트 이해 | ◇ | 7 | 문제를 들은 후, 내용을 듣기 전에 문제지에 제시된 보기를 먼저 파악한 후 푸는 형식으로, 정답을 맞추기 위한 핵심(포인트)을 이해하고 있는가를 묻는 문제 |
| 問題3 | 개요 이해 | ◇ | 6 | 내용을 듣고 말하는 사람의 의도나 주장을 이해하고 있는가를 묻는 문제 |
| 問題4 | 즉시 응답 | ◆ | 14 | 질문 등의 짧은 발화를 듣고, 적절한 응답을 선택할 수 있는가를 묻는 문제 |
| 問題5 | 종합 이해 | ◇ | 4 | 장문의 내용을 듣고 복수의 정보를 비교·종합하면서 내용을 이해하고 있는지를 묻는 문제 |

◆ : 구 시험에서는 출제되지 않았던 새로운 문제 형식

◇ : 구 시험의 문제 형식을 유지하나 형식이 부분적으로 변경됨

○ : 구 시험에서도 출제된 문제 형식

### 01 問題 1 과제 이해 (5문제)

'問題 1'은 보기가 그림으로 나타나 있는 경우와 글(문장)로 나타나 있는 경우가 있다. 문제 형식에서 기존 시험과 다른 점은 기존 시험은 문제의 보기가 그림으로만 구성되던 것이 보기가 글(문장)로 구성되는 문제가 추가되었다는 점이다.

일본어능력시험 위원회에서 제시한 예제를 보면 단순히 대화의 상황을 묻는 문제보다는 대화가 끝난 뒤에 일어날 행동이나 동작, 변화를 묻는 문제가 출제될 가능성이 크다.

이 유형을 공략하기 위해서는 그림이 있는 문제는 기존의 능력시험에서 가장 많이 출제되었던 유형을 잘 파악해 두고, 그림이 없는 문제는 동작이나 행동과 관련된 문형을 익히고 동작의 연속성과 관련된 대화문을 많이 듣는 연습을 해 두도록 하자.

# 問題1



問題1では、まず質問を聞いてください。それから話を聞いて、問題用紙の1から4の中から、最もよいものを一つ選んでください。

## 1番

1 アイウ

2 イエオ

3 ウエオ

4 イウエ

# 2 番

1　消極的から積極的に

2　無口からおしゃべりに

3　弱気から負けず嫌いに

4　落ちこぼれからまじめに

**問題1**

問題1では、まず質問を聞いてください。それから話を聞いて、問題用紙の1から4の中から、
最もよいものを一つ選んでください。

[1番] 男の人と女の人がチラシを見ながら話しています。何を買おうとしていますか。

　　M：買い物行くって何買いに行くの？昨日も行ったんじゃなかったっけ？

　　F：今日チラシで、隣町にできた新しいスーパー、セールだって。

　　M：どれどれ？あ、ホントだ。野菜も肉も大安売りだね。今日焼肉にしない？

　　F：肉はここより近くのスーパーのほうが安いわよ。

　　M：そう？じゃ、何しに行くの？

　　F：卵を大安売りしてるからよ。ティッシュもお一人様1個まで200円だって。

　　M：じゃ、2つ買えるね。ついでにビールも買っておこうよ。

　　F：え、この前買ったばっかりなのにもう？しょうがないわね…。

　🔊 何を買おうとしていますか。

문제1에서는 먼저 질문을 들어 주세요. 그리고 나서 이야기를 듣고 문제용지의 1에서 4 중에서 가장 알맞은 것을 하나 고르세요.

1번 남자와 여자가 전단지를 보면서 이야기하고 있습니다. 무엇을 사려고 하고 있습니까?

남 : 쇼핑 간다면서 뭐 사러 갈 거야? 어제도 가지 않았어?

여 : 오늘 전단지에서, 이웃 마을에 새로 생긴 슈퍼마켓에서 세일을 한대.

남 : 어디 보자? 아 , 정말이군. 야채도 고기도 엄청 싸군. 오늘 불고기 안 먹을래?

여 : 고기는 여기보다 근처의 슈퍼 쪽이 싸.

남 : 그래? 그럼 뭐 하러 가는데?

여 : 계란을 싸고 팔고 있으니까 가자. 티슈도 1인당 한 개까지 200엔이래.

남 : 그럼, 두 개 살 수 있군. 그런 김에 맥주도 사 두자.

여 : 뭐, 요전에 샀는데 벌써 (다 먹었어)? 어쩔 수 없군….

🔊 무엇을 사려고 하고 있습니까?

✓ 3

〰 隣町(となりまち) 이웃 마을　野菜(やさい) 야채　肉(にく) 고기　大安売(おおやすう)り 아주 싸게 팜
　　焼肉(やきにく) 불고기　卵(たまご) 계란　一人様(ひとりさま) 한 분　〜個(こ) 〜개　〜ついでに 〜하는 김에

관련어휘 ビールはいい 맥주는 됐어(사지 않는다)　トマトは今度(こんど)にしよう 토마토는 다음번으로 하자(사자)
　　本(ほん)は絶対(ぜったい)だわ 책은 무조건이야(사겠다, 들고 가겠다)　好(す)きにしろ 좋을 대로 해

Tip 남자는 오늘 불고기를 먹자고 하면서 슈퍼에서 고기 살 것을 제안했지만, 여자는 「肉はここより近くのスーパーのほうが安いわよ」고 하면서 거절했다. 그러면서 「卵を大安売りしてるからよ。ティッシュもお一人様1個まで200円だって」라며 계란과 티슈를 사자고 한다. 이 말에 동의하면서 남자가 「ついでにビールも買っておこうよ」라며 맥주도 사자고 하자 여자도 「しょうがないわね」라며 사실상 허락하고 있으므로, 결론적으로는 계란, 티슈, 맥주를 사게 되는 것이다.

---

**2番** 男の人と女の人が小林さんについて話しています。　　　　N1-P1-02

小林さんはどのように変わりましたか。

F：最近、広報部の小林さんってちょっと変わったわよね。

M：えっ？　どういうふうに？

F：うーん、ほら、前は他力本願だったでしょう。

M：そう言われてみれば。

F：でも、この前のミーティングの時、上司から苦情を言われ、ちょっと目が覚めたみたいなのよ。

M：まぁ、大卒女子、総合職で華の広報部にせっかくまわされたんだからなあ。

小林さんはどのように変わりましたか。

---

**남자와 여자가 고바야시 씨에 대해서 이야기하고 있습니다. 고바야시 씨는 어떻게 변했습니까?**

여 : 최근 홍보부의 고바야시 씨 좀 변했지?

남 : 뭐? 어떻게 변했는데?

여 : 흠, 봐, 전에는 다른 사람에게 기대려고만 했잖아.

남 : 그러고 보니 그렇군.

여 : 하지만, 요전 미팅 때, 상사에게 싫은 소리를 듣고 좀 깨우친 것 같아.

남 : 흠, 대학을 졸업한 여자가 종합직에서 화려한 홍보부로 어렵사리 옮겨졌으니깐.

**고바야시 씨는 어떻게 변했습니까?**

1 소극적에서 적극적으로 ✔

2 과묵한 사람에서 수다쟁이로

3 마음이 약한 사람에서 지기 싫어하는 사람으로

4 뒤처진 사람에서 성실한 사람으로

---

Tip 이 문제는 약간의 어휘력이 있어야만 풀 수 있는 문제다. 小林의 처음의 성격과 관련된 어휘 「他力本願」와, 변한 후의 성격을 나타내는 문장 「ちょっと目が覚めたみたいなのよ」를 이해하는가가 포인트가 되겠다.

〰 広報部(こうほうぶ) 홍보부　他力本願(たりきほんがん) 남에게 의지하여 일을 하려고 함　苦情(くじょう) 불평, 불만　目(め)が覚(さ)める 자각하다　大卒(だいそつ) 대졸　総合職(そうごうしょく) 남녀가 차별이나 구분 없이 종합적인 일을 할 수 있는 직종　華(はな) 화려함　落(お)ちこぼれ 조직에서 뒤처진 사람

관련 어휘 几帳面(きちょうめん)だ 꼼꼼하다　前向(まえむ)きだ 적극적이다, 긍정적이다　そそっかしい 덜렁대다　短気(たんき)だ 성급하다　生真面目(きまじめ)だ 고지식하다　気長(きなが)だ 느긋하다

'問題1'과의 가장 큰 차이점은 질문의 내용을 듣고, 문제지의 보기를 확인할 시간이 주어진다는 것이다. 즉, 질문 자체가 이해되면 대화에서 정답과 관련된 것만 골라서 들으면 된다.

이 문제는 질문과 보기의 내용을 미리 알 수 있기 때문에 대화문에서 포인트만 잘 찾으면 정답을 어렵지 않게 찾을 수 있을 것이라고 착각하기 쉽다. 하지만, 주어진 힌트가 많은 만큼 대화문의 내용은 상당히 까다롭게 출제될 것으로 예상되므로, 대화 내용을 끝까지 잘 들어야 한다.

또한, 청해파트의 대부분이 포인트를 이해해야 풀 수 있는 것이므로, '問題1'과 '問題2'는 청해 시험을 치루는 학생의 입장에서는 큰 차이가 없을 것이다. 다만, '問題1'은 보기가 그림과 글(문장)로 구성되어 있고, '問題2'는 보기가 글(문장)로만 구성되어 있다. 그리고 '問題2'는 두 사람의 대화문 또는 한 사람의 설명문으로 구성되어 있다.

**예제**

# 問題2

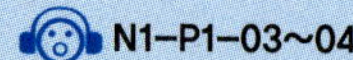


問題 2 では、まず質問を聞いてください。そのあと、問題用紙の選択肢を読んでください。読む時間があります。それから話を聞いて、問題用紙の 1 から 4 の中から、最もよいものを一つ選んでください。

## 1番

1 社長に怒られたから

2 男の社員が言うことを聞いてくれないから

3 ファックスを送っても返事がないから

4 ファックスがよく故障するから

# 2 番

1 朝だけ使われる

2 年長者に使ってはいけない

3 職種によっては夜、使うときもある

4 仲間同士では必ず使わなくてはならない

## 問題2

問題2では、まず質問を聞いてください。そのあと、問題用紙の選択肢を読んでください。
読む時間があります。それから話を聞いて、問題用紙の1から4の中から、最もよいものを
一つ選んでください。

1番　会社で女の社員と男の社員が話しています。女の社員はどうして怒っていますか。

F：ねえ、このファックス、うまく送れないんだけど、ちょっと見てくれる？

M：いいよ、じゃあ、見るついでにそれも送っとくよ。

F：ありがとう。で、どうしてこのファックスは故障ばかりするの？

M：たぶん古いからじゃない？僕が入社したときからずっとこのファックスだったからね。
　　まあ、もう10年は過ぎてると思うけど。

F：仕事の能率のためにも新品を買えばいいのに。うちの社長はどうしてけちなのかしら。

M：まあまあ、落ち着いて。ものを節約するのもいいじゃない。

F：これは節約の問題じゃないでしょう。仕事の能率の問題なんだから。

🔊 女の社員はどうして怒っていますか。

문제2에서는 먼저 질문을 들어 주세요. 그 다음 문제용지의 선택지를 읽어 주세요.

읽을 시간이 있습니다. 그리고 나서 이야기를 듣고 문제용지의 1에서 4 중에서 가장 알맞은 것을 하나 고르세요.

1번 회사에서 여사원과 남자 사원이 이야기하고 있습니다. 여사원은 왜 화를 내고 있습니까?

여 : 있지, 이 팩스 잘 못 보내겠는데, 좀 봐줄래?

남 : 좋아, 그럼 보는 김에 이것도 보내둘게.

여 : 고마워. 그런데 왜 이 팩스는 고장만 나는 거야?

남 : 아마 낡아서 그런 거 아닐까? 내가 입사했을 때부터 계속 이 팩스였으니까. 뭐, 벌써 10년도 더 지났을 걸?

여 : 일의 능률을 위해서라도 새 제품을 사면 좋을 텐데. 우리 회사 사장님은 왜 이렇게 구두쇠일까.

남 : 이런 이런, 참아. 물건을 절약하는 것도 나쁜 건 아니잖아.

여 : 이건 절약의 문제가 아니잖아. 일의 능률을 위한 거니까.

🔊 여사원은 왜 화를 내고 있습니까?

　　1 사장님에게 혼났기 때문에

　　2 남자 사원이 말하는 것을 들어주지 않기 때문에

　　3 팩스를 보내도 답장이 없기 때문에

　　4 팩스가 자주 고장 나기 때문에　✓

> **Tip** 여자의 두 번째 대화문 「どうしてこのファックスは故障ばかりするの？」에서 여자가 화를 내는 이유에 대해서 상세히 나와 있다. 그 다음에 이어지는 문장은 오답을 유도하기 위한 대화문에 불과하다. 이처럼 포인트에 해당되는 부분은 명확하게 어떠한 이유나 원인을 밝히고 있으므로, 집중해서 대화문을 들으면 대화 전체의 흐름으로도 정답을 찾을 수 있을 것이다.

➥ 怒(おこ)る 화를 내다　故障(こしょう) 고장　僕(ぼく) 나　能率(のうりつ) 능률　新品(しんぴん) 신제품
けち 인색함　落(お)ち着(つ)く 진정하다　節約(せつやく) 절약

관련 어휘 古本(ふるほん) 오래된 책　返事(へんじ)がない 답변이 없다
スイッチが見(み)つからない 스위치가 안 보이다　むかつく 짜증이 나다
頭(あたま)に来(く)る 화가 나다　中古(ちゅうこ) 중고

2番 女(おんな)の人(ひと)が「おはようございます」について話(はな)しています。女の人の言(い)う「おはようございます」は何(なん)ですか。　🎧 N1-P1-04

F：「おはようございます」これは挨拶(あいさつ)の言葉(ことば)です。「おはよう」よりも丁寧(ていねい)な言(い)い方(かた)です。また、職種(しょくしゅ)、業界(ぎょうかい)によっては、「お疲(つか)れさま」に対(たい)して仕事(しごと)を始(はじ)める時(とき)の挨拶(あいさつ)として、朝(あさ)に限(かぎ)らず用(もち)いられることもあります。朝(あさ)、職場(しょくば)で上司(じょうし)・目上(めうえ)の人(ひと)に会(あ)った場合(ばあい)は「おはようございます」、また同僚同士(どうりょうどうし)は、互(たが)いに「おはよう」でよい時(とき)もありますが、ごく限(かぎ)られた仲間内(なかまうち)だけです。外部(がいぶ)からの電話(でんわ)・ビジネス上(じょう)では簡略(かんりゃく)しないで「おはようございます」と即座(そくざ)に言(い)えるのが好(この)ましいです。

🔊 女の人の言う「おはようございます」は何ですか。

**여자가 '오하요고자이마스'에 대해서 이야기하고 있습니다. 여자가 말하는 '오하요고자이마스'는 무엇입니까?**

여 : '오하요고자이마스' 이것은 인사말입니다. '오하요'보다 정중한 말투입니다. 또한 직종, 업계에 따라서는 '수고하셨습니다'에 대해 일을 시작할 때의 인사로서, 아침에 한정하지 않고 쓰이는 일도 있습니다. 아침에 직장에서 상사·손윗사람을 만났을 경우는 '오하요고자이마스', 또 동료끼리는, 서로 '오하요'면 될 때도 있는데. 극히 한정된 동료사이에서만 가능합니다. 외부로부터의 전화·비즈니스 상에서는 어휘를 줄이지 않고 '오하요고자이마스'라고 즉시 말할 수 있는 것이 바람직합니다.

🔊 여자가 말하는 '오하요고자이마스'는 무엇입니까?

1 아침에만 사용된다
2 연장자에게 사용해서는 안 된다
3 직종에 따라서 저녁에 이용할 때도 있다
4 동료끼리는 반드시 상용해야 한다 ✔

> **Tip** 일반적으로 알려져 있는 「おはよう」와 「おはようございます」에 대한 설명이다. 그리고 「おはようございます」는 시간에 관계없이 동료나 상사를 오늘 처음 만났을 경우(2교대나 3교대 근무인 경우)에 사용하기도 한다.

挨拶(あいさつ) 인사　丁寧(ていねい)だ 정중하다　職種(しょくしゅ) 직종　業界(ぎょうかい) 업계
始(はじ)める 시작하다　限(かぎ)る 한정하다　用(もち)いる 사용하다　職場(しょくば) 직장　上司(じょうし) 상사
目上(めうえ) 손윗사람　場合(ばあい) 경구　同僚(どうりょう) 동료　同士(どうし) 같은 무리　お互(たが)い
서로　仲間(なかま) 동료　外部(がいぶ) 외부　簡略(かんりゃく) 간략　即座(そくざ) 즉석　好(この)ましい
바람직하다

礼儀(れいぎ) 예의　無礼(ぶれい) 무례　生意気(なまいき)だ 건방지다　馴(な)れ馴(な)れしい 스스럼없다
微笑(ほほえ)む 미소짓다　頼(たよ)りになる 의지가 되다　当(あ)てになる 믿음이 가다

## 03 問題 3 개요 이해(장문 청취) (7문제)

구 일본어능력시험의 청해에서 그림이 없는 문제 중, 어떤 내용에 대해서 설명하는 장문 청취와 거의 비슷한 형식의 문제이다. 내용을 전체적으로 파악해야만 풀 수 있는 문제와 부분적인 이해만으로도 가능한, 두 가지 형식이 출제될 것이다.

장문 청취는 아주 높은 수준의 어휘는 잘 나오지 않는다. 왜냐하면 장문 청취의 특성상 일반적인 사실이나 시사적인 내용을 문제로 만들어야 하므로, 적어도 N1 시험을 치르려고 하는 학생이 기본적으로 알아야 할 어휘나 문장으로 구성할 수밖에 없을 것이다.

구 일본어능력시험의 장문 청취는 예나 구체적인 사실까지 세세히 파악해야만 정답을 찾을 수 있었지만, 신 일본어능력시험에서는 전체적인 내용 파악, 이해를 묻는 문제가 출제된다. 즉 스크립트에서 모르는 단어가 들리더라도 전체적인 맥을 잡는 문제가 주를 이룰 것이므로 단문의 독해 능력이나 기본적인 어휘력을 가지고 있으면 정답을 찾는 데는 큰 어려움이 없을 것이다.

**예제**

# 問題 3

🎧 N1-P1-05～06

問題 3 では、問題用紙に何も印刷されていません。この問題は、全体としてどんな内容かを聞く問題です。話の前に、質問はありません。まず、話を聞いてください。それから、質問と選択肢を聞いて、1 から 4 の中から、最もよいものを一つ選んでください。

— メモ —

## 問題3

問題3では、問題用紙に何も印刷されていません。この問題は、全体としてどんな内容かを聞く問題です。話の前に、質問はありません。まず、話を聞いてください。それから、質問と選択肢を聞いて、1から4の中から、最もよいものを一つ選んでください。

1番　歓送迎会で男の人があいさつをしています。

M：別府工場から、2月1日付けで着任いたしました杉本です。東京の本社に10年ぶりに戻ってきて、今、まさに実家に戻ったような気がします。こうして皆さまの顔を拝見しますと、初めてお会いする方も多く、改めて時の流れを感じております。勝手が分からないことも多く、皆さまにご指導いただくことも多々あると思いますが、社業の向上に粉骨砕身して頑張りますので、どうぞよろしくお願いいたします。

🔊 何のあいさつですか。

1　新任のあいさつ
2　入社のあいさつ
3　退任のあいさつ
4　歓迎のあいさつ

문제3에서는 문제용지에 아무것도 인쇄되어 있지 않습니다. 이 문제는 전체적으로 어떤 내용인가를 묻는 문제입니다. 이야기 전에 질문은 없습니다. 먼저 이야기를 들어 주세요. 그리고 나서 질문과 선택지를 듣고, 1에서 4 중에서 가장 알맞은 것을 하나 고르세요.

1번 환·송영회에서 남자가 인사를 하고 있습니다.

남 : 벳푸공장에서 2월 1일자로 부임한 스기모토입니다. 도쿄 본사에 10년 만에 돌아와서, 지금 그야말로 고향에 돌아온 기분이 듭니다. 이렇게 여러분들의 얼굴을 뵈니 처음 뵙는 분도 많아 다시금 시간의 흐름을 느끼고 있습니다. 사정을 잘 모르는 것도 많고 여러분들에게 지도를 받을 일도 많이 있을 것이라고 생각합니다만, 사업의 향상에 분골쇄신하여 열심히 하겠으니 부디 잘 부탁드립니다.

🔊 무슨 인사입니까?

1 신임 인사 ✓
2 입사 인사
3 퇴임 인사
4 환영 인사

**Tip** 인사 내용 중에서 신임 인사라는 것을 알 수 있는 내용은 「別府工場から、2月1日付けで着任いたしました」「東京の本社に10年ぶりに戻ってきて」「実家に戻ったような気がします」 등 첫 부분에 전부 언급되어 있다. 보기 2번 「入社」는 신입사원으로 들어오는 경우를 말하므로, 정답이 될 수 없다.

↝ 歓送迎会(かんそうげいかい) 환·송영회　～付(つ)け ～부　着任(ちゃくにん) 부임
本社(ほんしゃ) 본사　～ぶり ～만　戻(もど)る 되돌아오다　まさに 정말로
実家(じっか) 친정, 본가, 고향　気(き)がする 느낌이 들다　拝見(はいけん)する 「見る」의 겸양 표현
改(あらた)めて 새삼스럽게　流(なが)れ 흐름　指導(しどう) 지도　多々(たた) 많이
社業(しゃぎょう) 회사 사업　向上(こうじょう) 향상　粉骨砕身(ふんこつさいしん) 분골쇄신
頑張(がんば)る 열심히 하다　新任(しんにん) 신임　退任(たいにん) 퇴임

관련 어휘 単身赴任(たんしんふにん) 단신부임　リストラ 정리해고, 구조조정　天下(あまくだ)り 낙하산 인사
新入社員(しんにゅうしゃいん) 신입사원　転勤(てんきん) 전근
支店(してん)に飛(と)ばされる 지점으로 좌천되다　昇進(しょうしん) 승진

2番　女(おんな)の人(ひと)が話(はな)しています。　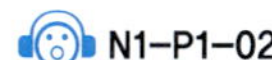 N1-P1-02

F：我々(われわれ)の新(あたら)しいコンサルティングサービスである「E−コンサルティング」をご説明(せつめい)させていただきます。前(まえ)のスクリーンとパンフレットの下にあるフローチャートをご覧(らん)ください。このページをご覧になるにはIDとパスワードが必要(ひつよう)です。ログインしますと、現(あらわ)れるメインページの右上(みぎうえ)にあります。ブルーの文字(もじ)をクリックすると、ウィンドーが開(ひら)きます。何(なに)かお問(と)い合(あ)わせのある方(かた)は、この専用(せんよう)のシートに記入(きにゅう)し、添付(てん)ファイルとして私(わたくし)どもにEメールで送信(そうしん)してください。確認後(かくにんご)こちらからメールで返信(へんしん)いたします。

🔊 この会社(かいしゃ)に問(と)い合(あ)わせをするにはどうしなければなりませんか。

1　ブルーの文字をクリックすればいい。
2　コンサルタントが教(おし)えてくれる。
3　添付ファイルで送(おく)る。
4　一般(いっぱん)メールで送る。

**여자가 이야기하고 있습니다.**

여 : 우리 회사의 새로운 컨설팅 서비스인 'E−컨설팅'에 대해 설명하겠습니다. 앞의 스크린과 팸플릿의 하단에 있는 작업 공정도를 봐 주세요. 이 페이지를 보려면 ID와 비밀번호가 필요합니다. 로그인하면 나타나는 메인 페이지의 오른쪽 위에 있습니다. 파란색 글자를 클릭하면 창이 열립니다. 뭔가 문의가 있으신 분은 이 전용 시트에 기입하시고, 첨부파일로 저희 회사에 E메일로 보내 주세요. 확인 후 저희쪽에서 메일로 답변해 드립니다.

🔊 이 회사에 문의를 하려면 어떻게 해야 합니까?

1 파란색 글자를 클릭하면 된다.
2 컨설턴트가 가르쳐 준다.
3 첨부파일로 보낸다. ✔
4 일반메일로 보낸다.

Tip 이 문제는 포인트가 되는 어휘인 「添付ファイル」을 알아들을 수 있으면 쉽게 정답을 찾을 수 있을 것이다. 컴퓨터나 인터넷에 관련된 문제는, 어려운 문제보다는 조금만 주의 깊게 들으면 정답을 찾을 수 있는 문제가 대부분이다. 이 문제의 정답을 나타내는 문장은 「何かお問い合わせのある方は、このシートに記入し、添付ファイルとして私どもにEメールで送信してください」에 있다.

〰 我々(われわれ) 우리들　説明(せつめい) 설명　동사 사역형+〜ていただく 〜하겠다(겸양 표현)
フローチャート 작업공정도　ご覧(らん) 「見る」의 존경 표현　問(と)い合(あ)わせ 문의
記入(きにゅう) 기입　添付(てんぷ) 첨부　私(わたし)ども 「私」의 겸양 표현　送信(そうしん) 송신
弊社(へいしゃ) '자기 회사'의 겸양 표현　返信(へんしん) 답변, 답장　一般(いっぱん) 일반

관련 어휘 〰 添(そ)える 첨부하다　アット @ (골뱅이)　文字化(もじば)け 글자가 깨짐　アドレス 주소
画面(がめん) 화면　挿入(そうにゅう) 삽입　転換(てんかん) 변환

## ○4 問題4 즉시 응답

짧은 문장의 질문에 대한 적절한 대답을 보기 중에서 찾는 문제다. 학습자 중에서 JPT 시험에 응시한 경험이 있는 분은 〈JPT의 청해 파트 2〉를 생각하면 되는데, 어떤 사람의 질문이나 권유, 부탁에 대해서 적절한 대답을 묻는 문제이다.

질문에 대한 대답으로 보기 3개가 제시되는데 질문을 놓쳤을 경우 정답을 찾기가 어렵다. 따라서 이 유형은 청취 내내 긴장을 늦추지 말고 질문 내용을 정확히 파악하는 것이 중요하다.

**예제**

# 問題4

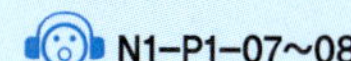 N1-P1-07〜08

問題4では、問題用紙に何も印刷されていません。まず、文を聞いてください。それから、それに対する返事を聞いて、1から3の中から、最もよいものを一つ選んでください。

— メモ —

## 問題4

問題4では、問題用紙に何も印刷されていません。まず、文を聞いてください。それから、それに対する返事を聞いて、1から3の中から、最もよいものを一つ選んでください。

1番 M：彼女をあんなに怒らせてしまっていまさら仲直りをすることもできないよ。

F：1 でも、あのお医者さんなら治せると思うけど。
　　2 でも、もう一度謝ったほうがいいと思うけど。
　　3 もともと仲がよかったからかまわないわよ。

문제4에서는 문제용지에 아무것도 인쇄되어 있지 않습니다. 먼저 문장을 들어 주세요. 그리고 나서 그에 대한 답변을 듣고, 1에서 3 중에서 가장 알맞은 것을 하나 고르세요.

남 : 그녀를 그렇게나 화나게 만들었으니 이제는 화해한다는 것도 불가능해.
여 : 1 하지만 저 의사 선생님이라면 고칠 수 있다고 생각하는데.
　　2 하지만 한 번 더 사과하는 편이 좋다고 생각하는데. ✔
　　3 원래 사이가 좋았으니 상관없어.

**Tip** 남자는 애인과 싸우고 나서 그에 대한 고민을 여자에게 말하고 있다. 「仲直り」「和解(わかい) 화해」로 대체할 수 있다. 여기서 포인트가 되는 어휘는 「怒らせてしまって」인데, 수동이나 사역표현이 청해 문제로 출제되면 해석하는데 부담을 느끼기 쉽다. 사역표현이 청해 문제에 출제되었을 때는 복잡하게 생각하지 말고 '~하게 만들다'로 해석하면 어렵지 않게 문장을 이해할 수 있을 것이다.

いまさら 이제 와서　仲直(なかなお)り 화해　治(なお)す 병을 고치다　謝(あやま)る 사과하다
もともと 원래

ふられる 차이다　詫(わ)びる 사과하다　初恋(はつこい) 첫사랑　片想(かたおも)い 짝사랑
自尊心(じそんしん) 자존심　口喧嘩(くちげんか) 말싸움

2番　　　　　　　　　　　　　　　　　　　　　　　N1-P1-08

F：すでに手遅れの状態だわ。

M：1　そうですね。手ぶらでは行けませんね。

　　2　そうですね。手頃な人がいませんね。

　　3　でも、やるだけやってみます。


여 : 이미 늦은 상태야.

남 : 1 그렇군요. 빈손으로는 갈 수 없군요.

　　2 그렇군요. 적당한 사람이 없군요.

　　3 그래도, 할 수 있는 만큼 해 보겠습니다. ✔

**Tip**　「手遅れ」를 알아들으면 쉽게 정답을 찾을 수 있다. 이미 늦었다고 포기하는 여자에게 남자는 남은 시간이나 기간 동안이라도 최선을 다하겠다고 말한다. 이와 같이 「手」와 관련된 어휘는 시험에 자주 출제되니 관련 어휘는 반드시 암기하도록 하자.

〰 **手遅**(ておく)**れ** 시기나 때가 늦음　**状態**(じょうたい) 상태　**手**(て)**ぶら** 빈손　**手頃**(てごろ) 적당함

**관련 어휘** **手本**(てほん) 본보기　**手際**(てぎわ) 요령　**手**(て)**がない** 방법이 없다　**手元**(てもと) 수중
**手入**(てい)**れ** 손질　**手足**(てあし)**を伸**(の)**ばす** 편히 쉬다

197

# 05 問題5 종합 이해

문제의 내용이 대화 문장으로 이루어져 있는 것만 보하면, '問題1'이나 '問題2'와 큰 차이는 없다.

'問題'이나 '問題2'는 두 사람의 대화 내용을 듣고 문제를 푸는 것이지만, '問題5'는 세 사람 이상 대화문을 듣고 그 사람들의 생각에 대해서 묻는 문제가 출제된다. 또 긴 설명(예를 들어 상품 소개나 여러 가지 선택 사항)을 듣고 두 사람이 대화를 나누는데, 무엇을 선택하는지를 고르는 문제도 출제된다.

그리고 앞의 문제들은 전부 실제 문제로 들어가기 전에 예제문제가 나오는데, 이 파트는 예제문제 없이 바로 실제 문제로 들어간다. 처음부터 긴장감을 가지고 문제에 임해야 한다.

기본적인 청취 능력과 두 사람 이상이 말하는 의견 차이나 공통점을 이해하는 문장해석 능력이 없으면 문제를 풀기가 상당히 어렵고 까다로운 문제다. 즉, 제목 그대로 '종합 이해'를 요하는 문제이지만, 많은 문제를 통해서 연습하면 어려운 문제는 아니다.

# 問題5

N1-P1-09

問題5では長めの話を聞きます。この問題には練習はありません。

## 1番

まず、話を聞いてください。それから、二つの質問を聞いて、それぞれ問題用紙の1から4の中から、最もよいものを一つ選んでください。

## 質問1

1 吉野屋

2 長崎屋

3 鹿島屋

4 山田屋

## 質問2

1 吉野屋

2 長崎屋

3 鹿島屋

4 山田屋

## 問題5

問題5では長めの話を聞きます。この問題には練習はありません。

[1番] まず、話を聞いてください。それから、二つの質問を聞いて、それぞれ問題用紙の1から
4の中から、最もよいものを一つ選んでください。

[1番] 女の人が旅館の紹介をしています。

F1：やはり秋には温泉に行ってゆっくりするのもいいですね。温かい温泉で血行がよく
なることにより多くの効能が得られます。体が温まることにより血管が広がり、
新陳代謝が高まり、体内の不要な物の排泄を促します。そこで、これからみなさん
にいくつか温泉をご紹介いたします。季節を問わず気軽にお風呂に入れるというの
は吉野屋です。普通、温泉といえば冬だと思うでしょう。でも、ここ吉野屋は、エ
スキモ部屋というものもございまして、夏でも涼しく利用できます。あ、旬の料理
が味わいたいのなら長崎屋です。絶対お勧めです。新鮮な野菜がいろいろ楽しめま
す。また展望台があって、夜景がすばらしいのは鹿島屋ですね。屋上に露天風呂も
あって温泉を楽しみながら夜景まで鑑賞できるなんて豪華でしょう。それから、ま
あ、山田屋にはいろんな珍しい木があって、植物の鑑賞にいいです。木々に囲まれ
た山田屋は自然の力で人間の体を癒してくれるので健康のためには一番でしょう。

M：へえ、どれもよさそう。温泉はいつでもいいっていうのは魅力的だね。
F2：でも、仕事で時間がないから行くのはなかなかね。
M：僕は温泉を楽しみながらおいしい料理が食べられるところがいいな。
F2：じゃあ、行ってみたら？私はやっぱり景色だわ。それも一番上で、温泉に浸かりなが
ら夜の景色まで楽しめるなんて想像するだけでわくわくしちゃう。
M：でも、休みはいつなの？僕は来週月曜からで、その日すぐ出発するつもりだけど。
F2：私もすぐに休暇を取って行くつもりだよ。

🔊 問題1 この男の人はどの温泉に行きますか。

🔊 問題2 この女の人はどの温泉に行きますか。

문제 5 에서는 긴 이야기를 듣습니다. 이 문제에는 연습은 없습니다.

1번　먼저 이야기를 들어 주세요. 그리고 나서 2개의 질문을 듣고, 각각 문제용지의 1에서 4 중에서 가장 알맞은 것을 하나 고르세요.

**여자가 여관 소개를 하고 있습니다.**

여1 : 역시 가을에는 온천에 가서 푹 쉬는 것도 좋습니다. 따뜻한 온천으로 혈액 순환이 좋아지는 것으로 보다 많은 효능을 얻을 수 있습니다. 몸이 따뜻해지는 것에 의해 혈관이 넓어지고 신진대사가 높아져, 체내의 불필요한 노폐물의 배설을 촉진합니다. 그래서 지금부터 여러분께 몇 군데의 온천을 소개하겠습니다. 계절을 불문하고 가볍게 목욕을 할 수 있는 곳은 요시노야입니다. 보통 온천이라고 하면 겨울에 가야 한다고 생각하시죠. 하지만 여기 요시노야는 에스키모 방이라는 것이 있어서 여름에도 시원하게 이용할 수 있습니다. 아, 계절 요리를 맛보고 싶으시다면 나가사키야입니다. 절대적으로 추천합니다. 신선한 채소를 다양하게 즐길 수 있습니다. 또 전망대가 있고 야경이 좋은 곳은 가시마야입니다. 옥상에 노천온천도 있어서, 온천을 즐기면서 야경까지 감상할 수 있다니 호화롭지요. 그리고 음, 야마다야는 여러 종류의 희귀한 나무가 있어서 식물 감상에 좋습니다. 나무들에 둘러싸인 야마다야는 자연의 힘으로 인간의 몸을 치유해 주므로 건강을 위해서는 최고입니다.

남 ： 우와, 다 좋을 것 같아. 온천은 언제든지 좋다는 것은 매력적이야.

여2 : 하지만 일 때문에 시간이 없어 가기가 좀처럼 힘들어.

남 ： 나는 온천을 즐기면서 맛있는 요리를 먹을 수 있는 곳이 좋아.

여2 : 그럼 한번 가보면 어때? 나는 역시 경치야. 그것도 가장 위에서 온천에 몸을 담그면서 밤 경치를 즐길 수 있다니 상상하는 것만으로 두근거려.

남 ： 하지만, 쉬는 날은 언제니? 나는 다음 주 월요일인데. 그 날 바로 출발할 건데.

여2 : 나도 바로 휴가를 잡아서 갈 생각이야.


🔊 **질문 1 이 남자는 어떤 온천에 갑니까?**

1 요시노야

2 나가사키야 ✔

3 가시마야

4 야마다야


🔊 **질문 2 이 여자는 어떤 온천에 갑니까?**

1 요시노야

2 나가사키야

3 가시마야 ✔

4 야마다야


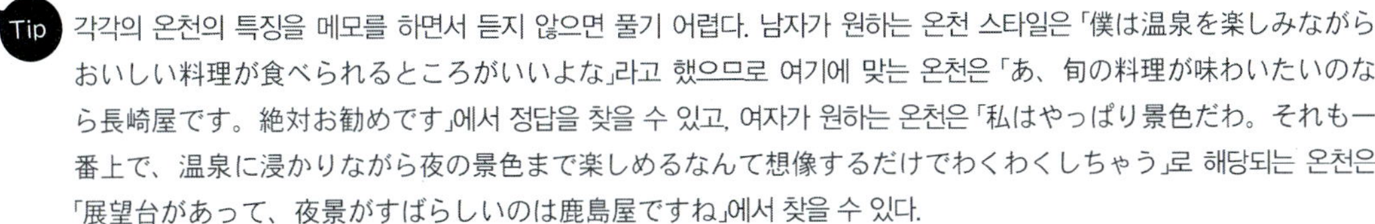

**Tip** 각각의 온천의 특징을 메모를 하면서 듣지 않으면 풀기 어렵다. 남자가 원하는 온천 스타일은 「僕は温泉を楽しみながらおいしい料理が食べられるところがいいよな」라고 했으므로 여기에 맞는 온천은 「あ、旬の料理が味わいたいのなら長崎屋です。絶対お勧めです」에서 정답을 찾을 수 있고, 여자가 원하는 온천은 「私はやっぱり景色だわ。それも一番上で、温泉に浸かりながら夜の景色まで楽しめるなんて想像するだけでわくわくしちゃう」로 해당되는 온천은 「展望台があって、夜景がすばらしいのは鹿島屋ですね」에서 찾을 수 있다.

血行(けっこう) 혈액순환　効能(こうのう) 효능　得(え)る 얻다　温(あたた)まる 따뜻해지다
血管(けっかん) 혈관　広(ひろ)がる 넓어지다, 펼쳐지다　新陳代謝(しんちんたいしゃ) 신진대사
高(たか)まる 높아지다　体内(たいない) 체내　不要(ふよう) 불필요함　排泄(はいせつ) 배설
促(うなが)す 촉진시키다　問(と)う 「〜問わず」의 꼴로) 〜을(를) 불문하고　旬(しゅん) 제철
味(あじ)わう 맛보다　お勧(すす)め 추천, 권유　新鮮(しんせん) 신선　展望台(てんぼうだい) 전망대
夜景(やけい) 야경　屋上(おくじょう) 옥상　露天風呂(ろてんぶろ) 노천탕　鑑賞(かんしょう) 감상
豪華(ごうか) 호화　植物(しょくぶつ) 식물　木々(きぎ) 나무들　囲(かこ)む 둘러싸다
健康(けんこう) 건강　魅力的(みりょくてき) 매력적　景色(けしき) 경치　浸(つ)かる 욕조에 몸을 담그다
想像(そうぞう) 상상　わくわく 두근두근　休暇(きゅうか)を取(と)る 휴가를 잡다

関連 어휘 登山(とざん) 등산　一泊二日(いっぱくふつか) 1박 2일　日帰(ひがえ)り 당일치기
紅葉狩(もみじが)り 단풍놀이　花見(はなみ) 꽃구경　花火(はなび) 불꽃　別荘(べっそう) 별장

## 3. 청해 워밍업

본격적인 실전 문제로 들어가기 전에 어떻게 청취력을 키우고, 어떻게 문제를 풀지 감을 잡기 위한 연습을 해보자.

음성을 듣기 전 문제를 먼저 살펴보고, 내용을 들으면서 무엇을 집중적으로 들어야 하는지, 또 문제를 풀기 위해서는 어떻게 접근할지 알아가는 연습이다. 대화문과 설명문을 각각 4문제씩 담았는데 질문은 지문의 흐름에 따라 제시된다. 총 3단계로 문제가 제시되어 있는데 같은 내용을 3번씩 듣고 질문에 알맞은 답을 찾으면 된다. 반복적인 연습을 하면서 완벽하게 문제를 풀 수 있는 단계가 되면 청취에 대한 자신감이 생길 것이다.

실제 시험과는 조금 다르지만, 청취력을 키우고 문제를 푸는 요령을 깨치기 위한 것이므로 본 청해 문제 풀이에 들어가기 전에 반드시 연습해 두자. 다음의 3단계를 거치면서 워밍업을 시작해 보자.

**[도전 1단계]** 우선 본문을 먼저 한 번 듣고 나서 전체적으로 어떤 내용인지 학습자 나름대로 필기를 해 보자. 문제를 풀기 위한 전체적인 내용 파악 단계이므로 들리는 내용이나 어휘를 메모한다.

**[도전 2단계]** 한 번 더 들으면서 질문에 주관식으로 답을 써 보자. 문제는 지문의 흐름에 따라 제시된다.

**[도전 3단계]** 마지막으로 한 번 더 들으면서 객관식으로 문제를 풀어보고 세밀하게 내용을 파악하자.

→ 정답 p.31

# ① 대화문 워밍업

## 1 番<ruby>ばん</ruby>

N1–P1–10

**[도전 1단계]** 잘 듣고 핵심 어휘나 중심 내용을 메모하세요.

**[도전 2단계]** 다시 한 번 잘 듣고 질문에 알맞은 답을 빈칸에 쓰세요.

① 鼻水に効く薬は何ですか。

___________________________________________

② 咳に効く薬は何ですか。

___________________________________________

③ 熱に効く薬は何ですか。

___________________________________________

**[도전 3단계]** 마지막으로 한 번 더 듣고 질문에 알맞은 답을 고르세요.

① 鼻水に効く薬は何ですか。

    1　錠剤

    2　粉薬

    3　カプセル

    4　つけ薬

② 咳に効く薬は何ですか。

    1　錠剤

    2　粉薬

    3　カプセル

    4　つけ薬

③ 熱に効く薬は何ですか。

    1　錠剤

    2　粉薬

    3　カプセル

    4　つけ薬

# 2 番


**[도전 1단계]** 잘 듣고 핵심 어휘나 중심 내용을 메모하세요.

**[도전 2단계]** 다시 한 번 잘 듣고 질문에 알맞은 답을 빈칸에 쓰세요.

① ここはどこだと思いますか。

_________________________________________________

② 廃材処理の費用が高くなったのはなぜですか。

_________________________________________________

③ この後、男の人は何をしますか。

_________________________________________________

**[도전 3단계]** 마지막으로 한 번 더 듣고 질문에 알맞은 답을 고르세요.

① ここはどこだと思いますか。

    1　男の人の事務所

    2　女の人の事務所

    3　廃材処理場

    4　壁紙を作る工場

② 廃材処理の費用が高くなったのはなぜですか。

    1　廃材の価値が下がったから

    2　人件費が高くなったから

    3　規制が厳しくなったから

    4　他社に委託しているから

③ この後、男の人は何をしますか。

    1　新しい見積書を作る。

    2　内装工事を始める。

    3　女の人と一緒に会社に戻る。

    4　他の業者に相談する。

# 3 番



**[도전 1단계]** 잘 듣고 핵심 어휘나 중심 내용을 메모하세요.

**[도전 2단계]** 다시 한 번 잘 듣고 질문에 알맞은 답을 빈칸에 쓰세요.

① 杉本先生の職業は何ですか。

_______________________________________________

② 環境ホルモンとはどのような意味ですか。

_______________________________________________

③ 杉本先生が言いたいことは何ですか。

_______________________________________________

**[도전 3단계]** 마지막으로 한 번 더 듣고 질문에 알맞은 답을 고르세요.

① 杉本先生の職業は何ですか。

1　小学校の先生

2　給食センターの職員

3　大学の教授

4　アナウンサー

② 環境ホルモンとはどのような意味ですか。

1　性別や年齢によってある時期に自然に分泌されるもの

2　環境の影響によってホルモンの自然な分泌を妨げること

3　生物の体が自然環境に順応すること

4　生物の成長にとって必要な環境のこと

③ 杉本先生が言いたいことは何ですか。

1　化学物質イコール環境ホルモンの原因ではない。

2　木製の食器は全て安全である。

3　学校給食という制度に問題がある。

4　保護者は食器に関心を持つべきである。

# 4 番



**[도전 1단계]** 잘 듣고 핵심 어휘나 중심 내용을 메모하세요.

— メモ —

**[도전 2단계]** 다시 한 번 잘 듣고 질문에 알맞은 답을 빈칸에 쓰세요.

① 「かんむり」とはどのようなものですか。

② 先祖の霊をまつることに当たる行為はどれですか。

③ 男の人は何と言っていますか。

[도전 3단계] 마지막으로 한 번 더 듣고 질문에 알맞은 답을 고르세요.

① 「かんむり」とはどのようなものですか。

   1 体に巻き付けるもの

   2 頭に載せるもの

   3 刀のようなもの

   4 杖のようなもの

② 先祖の霊をまつることに当たる行為はどれですか。

   1 社会的な役割をいただくこと

   2 成人式に参加すること

   3 お墓の前で両手を合わせること

   4 お盆の時、故郷へ帰ること

③ 男の人の話と合っているのはどれですか。

   1 自分の国と成人の年に差がある。

   2 冠婚葬祭があって人生がある。

   3 冠婚葬祭はあまり要らない制度だ。

   4 自分の国にも冠婚葬祭がある。

→ 정답 p.34

## ② 설명문 워밍업

# 1 番

🎧 N1-P1-14

**[도전 1단계]** 잘 듣고 핵심 어휘나 중심 내용을 메모하세요.

**[도전 2단계]** 다시 한 번 잘 듣고 질문에 알맞은 답을 빈칸에 쓰세요.

① ダイエットに失敗した人の言い訳は何ですか。

___________________________________________

② ダイエットのために、遅い時間に控えるべきのものは何だと言っていますか。

___________________________________________

③ ダイエットで大切なのは何だと言っていますか。

___________________________________________

[도전 3단계] 마지막으로 한 번 더 듣고 질문에 알맞은 답을 고르세요.

① ダイエットに失敗した人の言い訳は何ですか。

　　1　自分の意志が足りない

　　2　あまり食べてないのに太る

　　3　食べる時間に問題がある

　　4　食べ物の種類に問題がある

② ダイエットのために、遅い時間に控えるべきのものは何だと言っていますか。

　　1　カロリーの低いもの

　　2　お酒

　　3　鍋料理

　　4　天ぷら

③ ダイエットで大切なのは何だと言っていますか。

　　1　食事の量を減らすこと

　　2　食事の時間に気をつけること

　　3　十分運動すること

　　4　揚げ物や甘いものを食べないこと

# 2 番



**[도전 1단계]** 잘 듣고 핵심 어휘나 중심 내용을 메모하세요.

**[도전 2단계]** 다시 한 번 잘 듣고 질문에 알맞은 답을 빈칸에 쓰세요.

① Ｅラーニングの長所は何ですか。

__________________________________

② 今までの従業員研修はどうでしたか。

__________________________________

③ 企業で「Ｅラーニング」が普及している理由は何だと言っていますか。

__________________________________

**[도전 3단계]** 마지막으로 한 번 더 듣고 질문에 알맞은 답을 고르세요.

① Ｅラーニングの長所は何ですか。

1 学習者の適性に合わせることができる。

2 学習者が時間の便宜をはかることができる。

3 企業の思い通りの研修ができる。

4 従業員の数を減らすことができる。


② 今までの従業員研修はどうでしたか。

1 時間とか場所とかに制約があった。

2 従業員があまりしたがらなかった。

3 一人でやるしかなかった。

4 従業員に強制的にさせられた。


③ 企業で「Ｅラーニング」が普及している理由は何だと言っていますか。

1 個人個人好きなときに学習できるから

2 研修で教材を使えるから

3 業務の効率が良くなるから

4 勤務時間内に学習できるから

# 3 番

[도전 1단계] 잘 듣고 핵심 어휘나 중심 내용을 메모하세요.

[도전 2단계] 다시 한 번 잘 듣고 질문에 알맞은 답을 빈칸에 쓰세요.

① この人の問題点は何ですか。

_______________________________________________

② この人が言うトップフェラーは何ですか。

_______________________________________________

③ この人は今どうですか。

_______________________________________________

[도전 3단계] 마지막으로 한 번 더 듣고 질문에 알맞은 답을 고르세요.

① この人の問題点は何ですか。

　1　仕事がうまくできない。

　2　コンピューターが使えない。

　3　ストレスがたまっている。

　4　病院が信じられない。

② この人が言うトップフェラーは何ですか。

　1　コンピューターの職業病

　2　睡眠不足

　3　治療法

　4　病院の名前

③ この人は今どうですか。

　1　仕事がうまくできるようになった。

　2　会社に戻ることができた。

　3　医者と親しくなった。

　4　睡眠不足がなくなったようだ。

# Part 2
# 실전 대비 집중 훈련

01  問題1 과제 이해

02  問題2 포인트 이해

03  問題3 개요 이해(장문 청취)

04  問題4 즉시 응답

05  問題5 종합 이해

## 01 問題1 과제 이해

두 사람의 대화문을 듣고 그 내용의 이해를 묻는 문제이다. 따라서 이 파트를 공략하려면, 그림이 있는 문제에 대한 이해와, 대화 내용에 대한 이해가 충분히 이뤄져야만 한다.

그림이 있는 문제는 여러 그림 중에서 질문에 맞는 그림을 조합하여 가장 적절한 것을 찾는 문제이다. 따라서 조건에 맞는 그림을 찾는 것이 중요하므로 조건문이나 가정법과 관련된 표현을 공부해 두면 도움이 될 것이다.

그림이 없는 문제는 대화의 흐름을 파악하는 것인데, 대화문이 끝난 뒤에 남자나 여자가 어떤 행동을 취할 것인가에 대한 문제가 주로 나올 가능성이 크다. 여기도 역시 조건이나 가정법과 관련된 표현이 많이 출제될 것으로 예상되므로, 조건과 가정법 관련 표현을 철저히 암기하도록 하자.

**청해 필수 암기 표현**

## 1. 조건과 관련된 문장

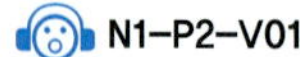 N1-P2-V01

☐ A : 最近お隣に泥棒が入ったのよ。 최근 이웃집에 도둑이 들었어.

　B : まあ、知らなかったわ。お隣に入ったならあなたのところも気をつけないといけない

　　わね。 몰랐어. 이웃집에 도둑이 들었으면 너희 집도 조심해야겠구나.

☐ A : 先週は風邪で、三日も寝込んでしまったよ。 지난주는 감기로 3일이나 앓아 누워 있었어.

　B : 病気だったなら、お見舞いに行ってあげたのに。 병인 줄 알았으면 병문안 갔을 텐데.

☐ A : 明日、コンサートに行くことにしたよ。 내일 콘서트에 가기로 했어.

　B : あなたが行くなら、私も行くわ。 네가 간다면 나도 갈게.

☐ A : 大変、電車に遅れちゃう。 큰일이야, 전철 시간에 늦을 것 같아.

　B : 走れば間に合うよ。 달려서 가면 (제 시간에) 맞아.

☐ A : さしみ食べないの？ 회는 안 먹어?

　B : うん、生の魚を食べるとおなかが痛くなっちゃうんだ。 응, 날생선을 먹으면 배가 아파.

☐ A : たいへんだ。取引先のA社が倒産したぞ。 큰일이야. 거래처인 A사가 도산했어.

　B : なんだって？ A社が倒産したなら、子会社のB社も危ない。すぐに対策を考えよう。
　　뭐라고? A사가 도산했다면, 자회사인 B사도 위험해. 바로 대책을 생각하자.

□ A：昨日の同窓会で、久しぶりに小島に会ったよ。 어제 동창회에서 오랜만에 고지마를 만났어.

　 B：へえー。あいつが来てたんなら、たぶん、山田さんも一緒のはずだ。あの二人、付き合っているんだ。 그래? 그 녀석이 왔다면, 아마 야마다 씨도 함께 왔을 거야. 그 두 사람 사귀고 있어.

□ A：昨日の川田先生の授業、休講だったそうよ。 어제 가와타 선생님 수업 휴강이었다고 해.

　 B：なんだ、休講だったなら、映画に行っててよかったね。授業をさぼったことにならないでしょ。 뭐! 휴강이었다면, 어제 영화 보러 가길 잘했네. 수업을 빼먹은 것이 아니게 되니까.

□ A：実はあの後すぐに財布が見つかったの。 실은 그 뒤에 바로 지갑을 찾았어.

　 B：なーんだ。そんなに簡単に見つかったなら、あちこち探すんじゃなかった。 뭐야! 그렇게 손쉽게 찾을 거였으면 여기저기 찾는 것이 아니었는데.

□ A：君が部屋を訪ねてくれた時、田舎から母親が来ていたんだ。それであんな冷たい態度をとってしまったわけなんだよ。 네가 방에 왔을 때 시골에서 어머니가 왔어. 그래서 그렇게 냉정한 태도를 취한 거야.

　 B：お母さんがいらっしゃってるんだったら、なぜあの時言ってくれなかったの。私、あの後、何日も暗い気持ちで過ごしていたのよ。 어머니가 오셨다면 왜 그때 말해 주지 않았어? 나는 그 뒤에 며칠이나 무거운 마음으로 지냈어.

□ A：手紙、一週間ぐらい前に出しましたよ。 편지를 일주일 정도 전에 보냈습니다.

　 B：一週間も前に出したのなら、もうとっくに届いてるはずでしょう。 일주일이나 전에 부쳤다면, 이미 도착했을 텐데요.

□ A：このレポート、誰にも手伝ってもらっていません。自力で書き上げました。 이 리포트는 누구에게도 도움을 받지 않았습니다. 자력으로 다 썼습니다.

　 B：そう? 自力で書いたのなら、なぜ三日前に受け取った、木村君のレポートとそっくりなんでしょうね。誤字まで同じですよ。 그래? 자력으로 썼다면 왜 3일 전에 받았던 기무라 군의 리포트와 똑같을까요? 오자까지 같습니다.

□ この物語が本当に15歳の少年によって書かれたのなら、史上最年少の文学賞作家誕生も夢ではない。 이 이야기가 정말로 15세 소년에 의해서 쓰인 것이라면 사상 최연소 문학상 작가의 탄생도 꿈이 아니다.

□ 夫が心から妻を愛していたのなら、苦しい胸のうちを真っ先に妻に告白したのではないだろうか。 남편이 마음으로 아내를 사랑했던 거라면, 괴로운 속마음을 제일 먼저 아내에게 고백하지 않았을까?

□ 彼女を本当に愛していたなら、あんなにあっさりと別れるはずがない。

그녀를 진정으로 사랑했다면, 저렇게 간단히 헤어질 리가 없다.

□ 彼に少しでも反省する気持ちがあったなら、あんな態度を見せるはずがない。

그에게 조금이라도 반성하는 마음이 있었다면 저런 태도를 보일 리가 없다.

□ それほどの決心があるなら、君の思うようにやってみるよ。

그만큼의 결심이 있다면, 네 생각하는 대로 해 볼게.

□ 親が正しく生きているなら、子供もいずれはわかってくれます。

부모가 바르게 산다면 자식도 언젠가는 알아줄 것입니다.

□ そんなに心配なら、自分で担いでいけ。 그렇게 걱정이라면 스스로 짊어지고 가.

□ もし、明日の会議で、山田課長がわれわれのプロジェクトに理解を示してくれなかった
なら、他の手だてを考えなければならない。

만일, 내일 회의에서 야마다 과장이 우리들의 프로젝트에 이해를 보여주지 않으면, 다른 방법을 생각하지 않으면 안 된다.

# 問題 1

N1-P2-01〜02

問題 1 では、まず質問を聞いてください。それから話を聞いて、問題用紙の 1 から 4 の中から、最もよいものを一つ選んでください。

## 1 番

|   |   | 1年 | 2年 | 3年 | 4年 |
|---|---|---|---|---|---|
| 1 | ア | 場所 | ジュース | おつまみ (お菓子) | 料理 |
| 2 | イ | 場所 | アルコール＆ジュース | おつまみ (お菓子) | 料理 |
| 3 | ウ | なし | アルコール＆ジュース | おつまみ (お菓子) | ピザ |
| 4 | エ | なし | ジュース | おつまみ (お菓子) &ピザ | 料理 |

## 2 番

1　4月4日

2　4月6日

3　4月8日

4　4月10日

N1-P2-01

## 問題1

問題1では、まず質問を聞いてください。それから話を聞いて、問題用紙の1から4の中から、最もよいものを一つ選んでください。

1番　男の人と女の人が話をしています。花見でこれからしなければならないそれぞれの役割は何ですか。

M：花見の役割分担決まった？

F：場所取りは1年生たちでするって。

M：あれ？ 確か、場所取り禁止されてたよね。

F：それは前日から泊り込みはダメってことよ。当日朝早く行くんだって。

M：じゃ、場所はOK。飲み物と食べ物は？

F：2年生がビールとかの飲み物で、3年生がおつまみ。

M：そっか。あとは何かある？

F：私、アルコール駄目なんだけど、大丈夫かな？

M：飲みたいものがあったら各自持っていっても大丈夫だろ、それは。

F：おつまみってどうせお菓子でしょ？ちゃんとした料理か何かないの？

M：それは毎年4年生がおそうざいとか買って来てくれるらしいよ。

F：ピザとかあったかいものもあったらいいな…。

🔊 花見でこれからしなければならないそれぞれの役割は何ですか。

문제1에서는 먼저 질문을 들어 주세요. 그리고 나서 이야기를 듣고 문제용지의 1에서 4 중에서 가장 알맞은 것을 하나 고르세요.

1번　남자와 여자가 이야기하고 있습니다. 꽃놀이에서 앞으로 해야 할 각각의 역할은 무엇입니까?

남 : 꽃놀이의 역할 분담은 정해졌어?

여 : 장소잡기는 1학년들끼리 하겠다고 해.

남 : 어? 아마 장소잡기는 금지되어 있을 텐데.

여 : 그것은 전날부터 자면서 잡는 것은 안 된다는 거야. 당일 아침에 일찍 간다고 해.

남 : 그럼, 장소는 OK. 음료수와 음식은?

여 : 2학년이 맥주 같은 음료수이고, 3학년이 안주.

남 : 그렇구나. 다음은 뭔가 있나?

여 : 나, 술은 안 되는데 괜찮을까?

남 : 그건, 마시고 싶은 것이 있으면 각자 가져가도 괜찮을 거야.

여 : 안주래봤자 어차피 과자지? 제대로 된 요리나 뭔가 없어?

남 : 그건 매년 4학년이 반찬 같은 거 사온대.

여 : 피자나 따뜻한 것도 있으면 좋을 텐데….

🔊 꽃놀이에서 앞으로 해야 할 각각의 역할은 무엇입니까?

✔ 2

**Tip** 대화문을 들으며 순서대로 메모를 하면 정답을 쉽게 찾을 수 있다. 각 학년별로 담당하게 될 것은 다음과 같다. 1학년은 「場所取りは１年生たちでするって」에서 장소를 잡게 되며, 2학년과 3학년은 「２年生がビールとかの飲み物で、３年生がおつまみ」에서 2학년이 음료수, 3학년이 안주를. 4학년은 여자의 희망사항 「ちゃんとした料理か何かないの」에 대한 남자의 대답 「それは毎年４年生がおそうざいとか買って来てくれるらしいよ」에서 제대로 된 요리를 담당하게 된다는 것을 알 수 있다.

〰 花見(はなみ) 꽃놀이　役割(やくわり) 역할　分担(ぶんたん) 분담　場所取(ばしょと)り 자리를 잡음
確(たし)か 아마　禁止(きんし) 금지　前日(ぜんじつ) 전날　泊(とま)り込(こ)み (업무 등의 사정으로) 그곳에
서 묵음　当日(とうじつ) 당일　朝早(あさはや)く 아침 일찍　おつまみ 안주　駄目(だめ)だ 안 되다
各自(かくじ) 각자　どうせ 어차피　お菓子(かし) 과자　そうざい 부식, 반찬

🔸 担当(たんとう) 담당　持(も)ち帰(かえ)る 들고 돌아가다　花火大会(はなびたいかい) 불꽃대회
砂遊(すなあそ)び 모래놀이　任(まか)せる 맡기다
幹事(かんじ) 간사(회사나 학교 등에서 행사를 맡아 하는 사람으로 우리나라의 총무 같은 개념)

**2番** 女の人が友達に授業の開始日について聞いています。　🎧 N1-P2-02
授業はいつから始まりますか。

F：もしもし。吉本君？私だけど、あのう、新学期はいつから始まるの？
M：本当は４月４日だけど、その日は入学式があって、授業ができないんだって。
F：それじゃ、次の日から？
M：あっ。その日は学部の説明会があるから授業は休講で、授業開始はええと…。
F：6日？
M：6日は土曜日だろう？だから、授業は来週の月曜日からになるよ。

🔊 授業はいつから始まりますか。

**2번 여자가 친구에게 수업 시작하는 날짜에 대해서 묻고 있습니다. 수업은 언제부터 시작합니까?**

여 : 여보세요. 요시무라 군? 난데, 있잖아, 신학기는 언제부터 시작해?

남 : 원래는 4월 4일부터지만, 그날은 입학식이 있어서 수업할 수 없대.

여 : 그러면, 다음날부터?

남 : 아! 그날은 학부 설명회가 있어서 휴강이고, 수업시작은 음….

여 : 6일?

남 : 6일은 토요일이잖아? 그래서 수업은 다음 주 월요일부터가 될 거야.

🔊 **수업은 언제부터 시작합니까?**

1  4월 4일

2  4월 6일

3  4월 8일 ✔

4  4월 10일

**Tip** 날짜를 묻는 문제에서 가장 기본적인 「4日(よっか) 4일」, 「8日(ようか) 8일」의 구별이다. 날짜에 대한 직접적인 언급은 없더라도 6일이 토요일이라는 것에서 정답을 찾아낼 수가 있는 것이다. 그러므로 평소에 요일과 날짜에 대한 읽기는 정확하게 암기해 두어야 한다.

〰 授業(じゅぎょう) 수업　始(はじ)まる 시작되다　新学期(しんがっき) 새로운 학기, 개학
入学(にゅうがく) 입학　学部(がくぶ) 학부　説明会(せつめいかい) 설명회　休講(きゅうこう) 휴강
開始(かいし) 개시, 시작　つまり 즉, 다시 말해서

관련어휘 平日(へいじつ) 평일　土日(どにち) 토·일요일　祝日(しゅくじつ) 경축일　大晦日(おおみそか) 12월 31일
元日(がんじつ) 1월 1일　上旬(じょうじゅん) 상순, 초순　中旬(ちゅうじゅん) 중순　下旬(げじゅん) 하순

청해 필수 암기 표현

## 2. 가정법과 관련된 문장

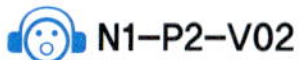 N1-P2-V02

☐ 波の音を聞くと、子どもの頃のことを思い出す。 파도 소리를 들으면 어릴 때를 떠올린다.

☐ お湯が沸いたら塩と醤油を入れてください。 물이 끓으면 소금과 간장을 넣어 주세요.

☐ 道を歩いていたら向こうから母が歩いてきた。 길을 걸었더니 맞은편에서 어머니가 걸어왔다.

☐ 兄が殴ったら弟が泣き出した。 형이 때렸더니 남동생이 울음을 터뜨렸다.

☐ 今月末に引っ越しするならそろそろ挨拶に来るはずだ。
이번 달 말에 이사한다면 머지않아 인사하러 올 것이다.

☐ デパートに行くなら、おいしそうなお菓子を買ってきてね。
백화점에 가면, 맛있어 보이는 과자 사 와.

☐ 海外勤務になることが分かっていたなら、もっと英語を勉強すべきだった。
해외근무가 될 줄 알았으면, 더욱 영어를 공부해야만 했었다.

☐ 写真を撮られて困るだったら、カメラマンからフィルムを奪っただろう。
사진 찍혀서 곤란했다면, 카메라맨으로부터 필름을 빼앗았을 것이다.

☐ 学校で勉強しただけで分かるなら、塾に行くはずがない。
학교에서 공부한 것만으로 알 수 있을 거라면, 학원에 갈 리가 없다.

☐ 今電話であの人に好きだと告白したら、きっと驚いてしまうだろう。
지금 전화로 그 사람에게 좋아한다고 고백하면, 틀림없이 놀라버릴 것이다.

☐ もし、この箱が開かないのなら、誰かが細工をしたに違いない。
만일 이 상자가 열리지 않는다면, 누군가가 장치를 했음에 틀림없다.

☐ もっと早く起きていれば、美しい朝日を見られただろうに。
더욱 빨리 일어났다면 아름다운 아침 해를 볼 수 있었을 텐데.

☐ あいつが盗んだんなら私の前で平気な顔でいられるはずがない。
저 녀석이 훔쳤다면 내 앞에서 아무렇지도 않은 표정으로 있을 수 있을 리가 없다.

□ あなたが好きなら僕が諦めるよ。 당신이 좋아한다면 내가 포기할게.

□ 体を動かさなければ太るのは当たり前だ。 신체를 움직이지 않으면 살찌는 것은 당연하다.

□ あんな映画を見れば、誰でも気分が悪くなりますよ。 저런 영화를 보면, 누구라도 기분이 나빠집니다.

□ 雨が降れば、運動会は中止になります。 비가 내리면 운동회는 중지됩니다.

□ 核兵器を使えば、人類は滅亡する。 핵병기를 사용하면, 인류는 멸망한다.

□ 火を付けたら、爆発するから気をつけてください。 불을 붙이면 폭발하니 주의해 주세요.

□ 掃除を手伝ってくれればおこづかいをあげる。 청소를 도와주면 용돈을 줄게.

□ お電話くだされればお迎えに上がります。 전화 주시면 마중하러 가겠습니다.

□ もし、今学期中にこの本が読み終われば、次にこの本を読みます。
만일 이번 학기 중에 이 책을 다 읽으면, 다음으로 이 책을 읽겠습니다.

□ お時間があれば、もう少しゆっくりしていてくださいよ。 시간 있으시면 조금 더 느긋하게 있다 가세요.

□ 7時までに仕事が終わったら来てください。 7시까지 일이 끝나면 오세요.

□ 神戸に来ていたのなら、電話してくれればよかったのに。
고베에 왔었다면 전화해 주었으면 좋았을 텐데.

□ 今年も真夏の日照時間が短かったならば、米不足の問題は深刻だっただろう。
올해도 한여름의 일조시간이 짧았다면 쌀 부족 문제는 심각했을 것이다.

□ この機会を逃したならばもう2度と彼には会えなかっただろう。
이 기회를 놓쳤다면 두 번 다시 그와는 만날 수 없었을 것이다.

□ このまま不況が続けば失業問題は深刻になる。 이대로 불황이 계속되면 실업문제는 심각해진다.

□ 私が全能の神様だったら、あなたを助けてあげられるのに。
내가 만능인 신이었다면, 당신을 도와줄 수 있을 텐데.

- [ ] もう少し発見が早かったなら助かったのに。 좀 더 발견이 빨랐다면 살았을 텐데.

- [ ] 困ったことがあったらいつでも相談に来い。 난처한 일이 있으면 언제든지 상담하러 와.

- [ ] もしも私に翼があれば大空を自由にかけまわりたい。
  만일 나에게 날개가 있다면 창공을 자유롭게 날아다니고 싶다.

- [ ] 今回の数学の試験で60点以上とれたら数学科に進むことにするよ。
  이번 수학시험에서 60점 이상 받을 수 있으면 수학과로 진학할 거야.

- [ ] もし、財布を見つけることができなかったら、帰りの切符はどうやって買うつもりですか。
  만일, 지갑을 찾을 수 없으면, 돌아가는 표는 어떻게 살 생각입니까?

- [ ] 時間どおりに家を出たなら、もうそろそろ着く頃だ。玄関の前で待つことにしよう。
  시간대로 집에서 나왔다면 이제 슬슬 도착할 무렵이다. 현관 앞에서 기다리기로 하자.

- [ ] もっと注意していたら事故は起こらなかっただろう。
  더욱 주의했다면 사고는 일어나지 않았을 것이다.

- [ ] 僕は人前に出たら、緊張してしまいます。 나는 사람 앞에 나가면 긴장해 버립니다.

# 問題 1

🎧 N1-P2-03～04

問題1では、まず質問を聞いてください。それから話を聞いて、問題用紙の1から4の中から、最もよいものを一つ選んでください。

## 1番

|   |   |   | 土曜 | 日曜 |
|---|---|---|---|---|
| 1 | ア | 25,000円 | 仕事をする | 新幹線に乗る<br>→ デートする<br>→ 新幹線で帰る |
| 2 | イ | 15,000円 | 仕事をする<br>→ 夜行バスに乗る | デートする<br>→ 新幹線で帰る |
| 3 | ウ | 6,000円 | 仕事をする | バスに乗る<br>→ デートする<br>→ 夜行バスで帰る |
| 4 | エ | 6,000円 | 仕事をする<br>→ 夜行バスに乗る | デートする<br>→ 夜行バスで帰る |

# 2 番
<sup>ばん</sup>

1 カメラと長い傘とMP3

2 専門家用のカメラと傘とMP3

3 専門家用のカメラと辞書

4 デジタルカメラとMP3と辞書

## 問題 1

問題 1 では、まず質問を聞いてください。それから話を聞いて、問題用紙の 1 から 4 の中から、最もよいものを一つ選んでください。

1番 男の人と女の人が旅行のスケジュールについて話しています。正しいスケジュールはどれですか。

M：東京から大阪まで夜行バスで行って日帰りで遊ぶって無理かな？

F：いつなの？ それ？

M：今週の土曜日の夜出発、月曜日の朝到着。

F：それはかなりきついでしょ。今週土曜、仕事だよ。

M：やっぱり？

F：帰りくらいは新幹線じゃ駄目なの？

M：往復新幹線じゃバスの 4 倍以上するからさ。2 万 4 千円もするんだよ…。バスだと 6 千円くらいなのに…。

F：疲れるんだから、帰りだけ新幹線で、日曜日の夜は家で休むっていうのはどう？ 1 万 5 千円くらいだよ。

M：でもやっぱり安さは魅力だよ。

F：じゃあ、しょうがないわね。

🔊 正しいスケジュールはどれですか。

문제1에서는 먼저 질문을 들어 주세요. 그리고 나서 이야기를 듣고 문제용지의 1에서 4 중에서 가장 알맞은 것을 하나 고르세요.

**1번** 남자와 여자가 여행 스케줄에 대해서 이야기하고 있습니다. 바른 스케줄은 어느 것입니까?

남 : 도쿄에서 오사카까지 야간 버스로 가서 당일치기로 노는 것은 무리일까?

여 : 언젠데? 그게?

남 : 이번 주 토요일 밤에 출발해서 월요일 아침에 도착.

여 : 그건 상당히 힘들겠는데. 이번 토요일 일 해야 해.

남 : 역시?

여 : 돌아오는 길은 신칸센은 안 돼?

남 : 왕복 신칸센은 버스(요금)의 4배 이상 돈이 들어. 2만 4천 엔이나 해. 버스라면 6천 엔 정도인데…

여 : 피곤하니까 돌아오는 길은 신칸센으로 하고, 일요일 밤은 집에서 쉬는 것은 어때? 만 5천 엔 정도야.

남 : 하지만 역시 싼 것이 매력이야.

여 : 그럼 어쩔 수 없군.

🔊 바른 스케줄은 어느 것입니까?

✓ 4

**Tip** 마지막 남자의 대화문 「でもやっぱり安さは魅力だよ」와 여자의 대화문 「しょうがないわね」에서 모든 스케줄은 남자의 계획대로 진행된다는 것을 알 수 있다. 따라서 일요일에 돌아오는 교통편은 남자의 대화문 「往復新幹線じゃバスの４倍以上するからさ。２万４千円もするんだよ…。バスだと６千円くらいなのに…」에서 버스인 것을 알 수 있으므로, 정답은 4번이다.

〰 スケジュール 스케줄　夜行(やこう)バス 야간 버스

🔖 **관련 어휘** 徒歩(とほ) 도보　船便(ふなびん) 배편　片道(かたみち) 편도　道(みち)が込(こ)む 길이 막히다
遠回(とおまわ)りする 멀리 돌아가다　渋滞(じゅうたい)に巻(ま)き込(こ)まれる 정체에 휩쓸리다
通行止(つうこうど)め 통행금지　一方通行(いっぽうつうこう) 일방통행

**2番** 女の人と男の人が旅行に持っていくものについて話しています。　🎧 N1-P2-04

この二人が持っていくものはどれですか。

F：荷物は多いけど、傘とカメラは持っていかなくちゃ。

M：当たり前だよ。カメラ持っていかなきゃ、旅行の意味がないだろう。

F：で、どんなのがいいかしら。私のは専門家が使うようなでっかいものだけど、それでいいかな。

M：大丈夫だよ。おれは高校時代にずっとサークルが写真部だったから。

F：傘は折り畳み傘がいいわね。

M：それはそうだよ。長いのじゃ、持って歩くのに不便だろう！

F：それから、MP3も持っていこう。

M：えっ、MP3？ どうして？

F：旅行先で退屈するかもしれないから。

M：まーた、変なこと考えてんだな。旅行に行って退屈するって、そりゃどういうことだよ。持っていかなくてもいいよ。無くしたらまずいだろう。

F：いや、絶対に持っていく。

M：仕方ないな。おれは辞書持っていこうと思ってたのに、あきらめるしかないか。

F：私、英語ができるからそれは大丈夫。

🔊 この二人が持っていくものはどれですか。

**2번** 여자와 남자가 여행에 들고 갈 물건에 대해서 이야기하고 있습니다. 이 두 사람이 들고 가는 것은 어느 것입니까?

여 : 짐은 많지만, 우산과 카메라는 들고 가야 해.

남 : 당연하지. 카메라 들고 가지 않으면 여행의 의미가 없잖아?

여 : 그런데, 어떤 것이 좋을까? 내 것은 전문가가 사용할 것 같은 큰 것인데, 그것으로 괜찮을까?

남 : 문제없어. 나는 고등학교 때에 계속 사진부였으니까.

여 : 우산은 접는 우산이 좋지?

남 : 긴 것은 들고 다니는데 불편할 거야!

여 : 그리고 MP3도 들고 가자.

남 : 뭐? MP3? 왜?

여 : 여행가서 심심할지도 모르니까.

남 : 또 이상한 생각을 하는군. 여행가서 심심하다는 건 무슨 경우야? 들고 가지 않아도 돼. 잃어버리면 안 되잖아.

여 : 아니, 무조건 가지고 갈 거야.

남 : 어쩔 수 없군. 나는 사전 들고 가려고 생각했는데 포기할 수밖에 없군.

여 : 내가 영어를 할 수 있으니까 그건 괜찮아.

🔊 이 두 사람이 들고 가는 것은 어느 것입니까?

1 카메라와 긴 우산과 MP3
2 전문가용 카메라와 우산과 MP3 ✔
3 전문가용 카메라와 사전
4 디지털 카메라와 MP3와 사전

**Tip** 남자는 여자가 가지고 가겠다고 하는 전문가용 카메라와 접는 우산에 대해 모두 긍정적인 반응을 보였다. 그러나 여자가 MP3를 가지고 가는 것에는 반대했는데, 여자가 반드시 들고 가야겠다고 하자, 「仕方ないな」라고 하며 여자의 의견을 받아들이고 있다.

荷物(にもつ) 짐　傘(かさ) 우산　当(あ)たり前(まえ)だ 당연하다　専門家(せんもんか) 전문가
使(つか)う 사용하다　高校時代(こうこうじだい) 고등학교 시절　写真部(しゃしんぶ) 사진부
折(お)り畳(たた)み傘(がさ) 접는 우산　동사 기본형 + ～のに ～하는 데　旅行先(りょこうさき) 여행처
退屈(たいくつ)だ 심심하다, 지루하다　変(へん)だ 이상하다　無(な)くす 잃어버리다　絶対(ぜったい) 절대

インスタントカメラ 1회용 카메라　リュックサック 배낭　マップ 지도　重量(じゅうりょう) 중량
かさばる 부피가 부풀다　紅葉狩(もみじが)り 단풍놀이　晴天(せいてん) 맑은 날씨

##  02 問題2 포인트 이해

'問題2 포인트 이해'는 상황을 설명하는 지문과 질문을 미리 듣고 질문지를 읽은 후에 대화 내용을 듣게 된다. 질문 내용을 미리 알고 대화를 듣게 되므로 무엇에 초점을 두어 들을지를 예상할 수 있다. 주로 행동이나 감정의 원인을 물어보거나 경험이나 체험한 것 등의 소재로 지문이 출제될 것으로 예상되므로 관련 표현을 미리 익혀두고 예제를 풀어보도록 하자.

### 청해 필수 암기 표현

#### 1. 이유나 원인

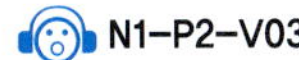 N1-P2-V03

□ 特許で保護されてないから開発費を回収する前に類似品が出てたいへんな被害を受けた。
특허로 보호받지 못하니까 개발비를 회수하기 전에 유사품이 나와서 엄청난 피해를 입었다.

□ 社長は自分のせいで会社が危機に陥ったと思ってすごく悩んでいました。
사장님은 자기 탓으로 회사가 위기에 빠졌다고 생각해서 엄청 고민하고 있었습니다.

□ 彼は自分が怒った理由は「受付の人から不親切な態度で対応されたから」だと言っていました。 그는 자신이 화난 이유는 '접수처의 사람으로부터 불친절한 태도로 대응받아서'라고 했습니다.

□ 経営者との微妙な意見の違いで会社を辞めてしまったわけです。
경영자와 미묘한 의견의 차이로 회사를 그만둔 것입니다.

□ 今の仕事は自分に向いてなくて、楽しくないから転職したい。
지금 일은 나에게 맞지 않아서 즐겁지 않기 때문에 전직하고 싶다.

□ そもそも、やりたくないから勉強しないわけではなく、「何から手を付ければいいか分からない」、「やり方が分からない」というケースが圧倒的に多いのです。
원래 하고 싶지 않아서 공부를 하지 않는 것이 아니고, '무엇부터 손을 대면 좋을지 모르겠다', '방법을 모르겠다'는 케이스가 압도적으로 많은 것입니다.

□ 自分の気持ちをうまく相手に伝えられないために、他者とのコミュニケーションがうまくできないのだ。　자신의 마음을 상대방에게 잘 전할 수 없기 때문에 다른 사람과의 커뮤니케이션을 잘 할 수 없는 것이다.

☐ 失業して生活に困っているのでお金を借りたい。

직장을 그만두어 생활하기 곤란하기 때문에 돈을 빌리고 싶다.

☐ 別れた理由は彼の浮気で、彼は今もその浮気相手と続いているみたいです。

헤어진 이유는 그 사람의 바람기인데, 그는 지금도 그 불륜 상대와 계속 지내고 있는 것 같습니다.

☐ 旅行好きな僕が5年間勤めた旅行代理店を辞めたのは、給料があまりに安かったからです。

여행을 좋아하는 내가 5년간 근무한 여행 대리점을 그만둔 것은 급료가 너무 적었기 때문입니다.

☐ 社交性のない私には営業の仕事なんて絶対無理です。

사교성이 없는 나에게는 영업일 같은 건 절대 무리입니다.

☐ 賃金もろくに払えない会社は、倒産して当然なのです。

임금도 제대로 지불하지 못하는 회사는 도산하는 것이 당연합니다.

☐ 温室効果ガスが温暖化の原因である確率は「90％を超える」とされている。

온실효과가스가 온난화의 원인인 확률은 '90%를 넘는다'고 여겨지고 있다.

☐ 大人のニキビの原因は長時間の化粧、オフィスの乾燥など、さまざまなものが挙げられ

ます。 어른 여드름의 원인은 장시간의 화장, 사무실의 건조 등, 다양한 것을 예로 들 수 있습니다.

☐ アトピーの原因はダニや食品に含まれているアレルギー物質によるものが多いです。

아토피의 원인은 진드기나 식품에 포함된 알러지 물질에 의한 것이 많습니다.

# 問題2

🎧 N1-P2-05～06

問題2では、まず質問を聞いてください。そのあと、問題用紙の選択肢を読んでください。読む時間があります。それから話を聞いて、問題用紙の1から4の中から、最もよいものを一つ選んでください。

## 1番

1 給料が安かったから

2 家が近かったから

3 朝早く仕事が始まるから

4 新しいアルバイトが見つかったから

## 2番

1 知的財産という認識が薄いから

2 複製が簡単だから

3 ソフトウェアの値段が高いから

4 法的に保護されていないから

N1-P1-05

## 問題2

問題 2 では、まず質問を聞いてください。そのあと、問題用紙の選択肢を読んでください。読む時間があります。それから話を聞いて、問題用紙の 1 から 4 の中から、最もよいものを一つ選んでください。

1番　男の人と女の人がアルバイトのことで話しています。男の人はどうしてアルバイトを辞めましたか。

F ：あれ、山田君、今日アルバイトじゃなかったの？それとも休み？

M ：実は辞めたんです。

F ：えっ？また？近いし、人間関係もいいし、働きやすいって言ってたじゃない？

M ：ええ、そうなんですけど。

F ：給料？

M ：いや、学生にしてはよかったんですけど。実は僕、朝が弱くて。

F ：ああ、朝ね。

M ：また新しいバイト探します。

男の人はどうしてアルバイトを辞めましたか。

문제2에서는 먼저 질문을 들어 주세요. 그 다음 문제용지의 선택지를 읽어 주세요.

읽는 시간이 있습니다. 그리고 나서 이야기를 듣고 문제용지의 1에서 4 중에서 가장 알맞은 것을 하나 고르세요.

1번　남자와 여자가 아르바이트에 관해 이야기하고 있습니다. 남자는 왜 아르바이트를 그만두었습니까?

여 : 어? 야마다, 오늘 아르바이트 없어? 아니면 쉬는 날이야?

남 : 사실은 그만뒀어요.

여 : 어? 또? 가깝고 인간관계도 좋고 일하기 편하다고 말하지 않았어?

남 : 예, 그렇긴 한데요.

여 : 급여?

남 : 아니요, 학생치고는 좋았는데요. 사실은 저 아침에 못 일어나서요.

여 : 아, 아침.

남 : 다시 새로운 아르바이트를 찾겠습니다.

남자는 왜 아르바이트를 그만두었습니까?

　1 급여가 적었기 때문에

   2　집에서 가까웠기 때문에

   3　아침 일찍 일이 시작되기 때문에　✓

   4　새로운 아르바이트를 찾았기 때문에

**Tip** 남자의 대화문 중에서 「実は僕、朝が弱くて」라는 문장이 있다. 즉, 아침에 일찍 일어나서 하는 일은 자신에게 맞지 않다는 표현을 한 것이다. 그 외에 여자가 열거하는 문장에 대해서 남자는 분명히 그렇지 않다고 부정을 하고 있으므로 정답에 해당되지 않는다는 것을 알 수 있다.

辞(や)める (회사나 일을) 그만두다　人間関係(にんげんかんけい) 인간관계　給料(きゅうりょう) 급료
〜にしては 〜치고는　探(さが)す 찾다　見(み)つかる 발견하다

관련 어휘　朝型人間(あさがたにんげん) 아침형 인간　夜型人間(よるがたにんげん) 저녁형 인간
門限(もんげん) 귀가 시간　朝刊(ちょうかん) 조간신문　夕刊(ゆうかん) 석간신문
仕事帰(しごとがえ)り 회사를 마치고 돌아감　帰宅(きたく) 귀가

[2番] ある講師がテレビ番組で知的財産権について話しています。　　N1-P2-06
ソフトウェアの知的財産権が侵害されることが多いのはなぜですか。

F：人間の精神的活動の成果として公的に保護される財産を知的財産といいます。芸術作品や、著作物、発明やアイディア、デザインなどがそれにあたります。またコンピューターのソフトウェアも保護されるべき、知的財産となっています。しかし、ソフトウェアは各種メディアでデジタルデータとして保存されている著作物で、複製が簡単であると同時に、繰り返し複製しても劣化しないという特徴があります。そのため、知的財産権がしばしば侵害されることがあります。情報化社会の健全な発展のため、私たちは知的財産権を尊重する意識を高めたいものです。

🔊 ソフトウェアの知的財産権が侵害されることが多いのはなぜですか。

2번　어떤 강사가 텔레비전 프로그램에서 지적재산권에 대해서 이야기하고 있습니다. 소프트웨어의 지적재산권이 침해받는 일이 많은 것은 왜입니까?

여 : 인간의 정신적 활동의 성과로서 공적으로 보호되는 재산을 지적재산이라고 합니다. 예술작품이나 저작물, 발명과 아이디어, 디자인 등이 그것입니다. 또, 컴퓨터의 소프트웨어도 보호되어야 하는 지적재산으로 분류되어 있습니다. 그러나 소프트웨어는 각종 미디어에서 디지털 데이터로 보존되는 저작물로, 복제가 간단함과 동시에 반복 제작해도 열화하지 않는다는 특징이 있습니다. 그 때문에 지적재산권이 자주 침해받는 일이 있습니다. 정보화 사회의 건전한 발전을 위해 우리들은 지적재산권을 존중하는 의식을 높이고 싶습니다.

🔊 소프트웨어의 지적재산권이 침해받는 일이 많은 것은 왜입니까?

1　지적재산이라는 인식이 옅기 때문에

2　복제가 간단하기 때문에　✓

3 소프트웨어의 가격이 비싸기 때문에

4 법적인 보호를 받지 못하고 있기 때문에

**Tip** 장문 청취에서 항상 주의해야 되는 것 중 하나가 질문의 내용을 먼저 파악하는 것이다. 먼저 질문의 내용이 파악되지 않으면 문장의 청취에 상당히 어려움을 겪을 뿐 아니라 정답을 찾기도 쉽지 않다. 질문은「ソフトウェアの知的財産権が侵害されることが多いのはなぜですか」이다. 이 질문에 맞는 지문은「ソフトウェアは各種メディアでデジタルデータとして保存されている著作物で、複製が簡単であると同時に、繰り返し複製しても劣化しないという特徴があります」에 나와 있다. 여기서 질문의 첫 부분인「ソフトウェア」와 대답이 되는 부분이 겹치기 때문에 어느 정도는 정답을 유추할 수가 있을 것이다.

➳ **知的**(ちてき) 지적   **財産権**(ざいさんけん) 재산권   **侵害**(しんがい) 침해   **精神的**(せいしんてき) 정신적
**活動**(かつどう) 활동   **成果**(せいか) 성과   **公的**(こうてき) 공적   **保護**(ほご) 보호   **芸術**(げいじゅつ) 예술
**作品**(さくひん) 작품   **著作物**(ちょさくぶつ) 저작물   **発明**(はつめい) 발명   **アイディア**(idea) 아이디어
**デザイン**(design) 디자인   **～に当**(あ)**たる** ～에 해당하다   **ソフトウェア**(software) 소프트웨어
동사 기본형＋**～べきだ** ～해야 한다   **各種**(かくしゅ) 각종   **メディア**(media) 미디어   **デジタル**(digital) 디지털
**データ**(data) 데이터   **保存**(ほぞん) 보존   **複製**(ふくせい) 복제   **繰**(く)**り返**(かえ)**す** 반복하다
**劣化**(れっか) 열화(품질이나 성능 등이 나빠짐)   **特徴**(とくちょう) 특징   **しばしば** 조금씩
**侵害**(しんがい) 침해   **情報化**(じょうほうか) 정보화   **健全**(けんぜん) 건전   **発展**(はってん) 발전
**尊重**(そんちょう) 존중   **意識**(いしき) 의식   **高**(たか)**める** 높이다   **法的**(ほうてき) 법적

관련 어휘 **出版物**(しゅっぱんぶつ) 출판물   **著者**(ちょしゃ) 저자   **版権**(はんけん)**を持**(も)**つ** 판권을 가지다
**著作権**(ちょさくけん)**を登録**(とうろく)**する** 저작권을 등록하다
**本**(ほん)**の執筆**(しっぴつ)**に苦労**(くろう)**する** 책의 집필에 고생하다   **活字離**(かつじばな)**れ** 미스프린트

## 2. 경험이나 체험

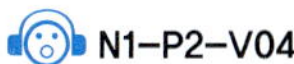


☐ 今まで好きな男ができても自分に自信がなく、いつも片想いで終わっていた。
지금까지 좋아하는 남자가 생겨도 스스로에게 자신이 없어서, 항상 짝사랑으로 끝났었다.

☐ 個人でソフトウェアを開発した場合は経歴として認めてもらえない。
개인으로 소프트웨어를 개발했을 경우는 경력으로서 인정받을 수 없다.

☐ 下手なのに人手不足でやらざるを得なかった。 서툴지만 일손부족이라 할 수밖에 없었다.

☐ 障害者の問題を自分の問題として考えて、その対策について検討してみよう。
장애자의 문제를 자신의 문제로서 생각하고, 그 대책에 대해서 검토해 보자.

☐ 集められた優秀な人材から一人を選ぶことは至難の業だった。
모인 우수한 인재로부터 한 명을 선택하는 것은 지극히 어려운 일이었다.

☐ 施設はあまりたいしたものではなかったが、寝るだけだと割り切って泊まるなら、よい
ホテルです。 시설은 그다지 대단한 것은 아니었지만, 잠만 잘 뿐이라고 받아들이고 머문다면 좋은 호텔입니다.

☐ 人間として誠実であるだけなら見極めは難しくないかもしれませんが、誠実だからって
仕事もできるとは限らない。
인간으로서 성실한 것뿐이라면 진위를 가려내는 것은 어렵지 않을지도 모르지만, 성실하기 때문에 일도 잘한다고는 할 수 없다.

☐ 工事で近隣の第三者に被害を与えた場合、それなりの補償をしなければならない。
공사로 이웃인 제3자에게 피해를 주었을 경우는, 그 나름대로 보상을 해야만 한다.

☐ 電話で喫茶店などに呼び出され、そこで勧誘されてアクセサリーなどを購入させられた。
전화로 커피숍 등에 불려나가, 거기서 권유를 받아 액세서리 등을 억지로 구입하게 되었다.

☐ この間、納めたはずの市民税が役所のミスでまた送られてきた。
이전에 틀림없이 납부했던 주민세가 관공서의 실수로 또 보내져 왔다.

☐ 彼のアイディアで、できそうもなかった仕事を成し遂げられてみんなで喜びを味わった。
그의 아이디어로 할 수 있을 것 같지도 않았던 일을 달성할 수 있어서 다 같이 기쁨을 맛보았다.

241

□ 任せられたら権限もあるけれど、それに相当する責任もある。

맡게 되면 권한도 있지만, 그것에 상당하는 책임도 있다.

□ 彼女らのライブを体験してからは一転、大好きな歌手の一人になった。

그녀들의 라이브를 체험하고 나서는 완전히 바뀌어, 아주 좋아하는 가수의 한 명이 되었다.

□ こんな嵐の中で頂上まで昇るのはもう無理だろう。

이런 폭풍우 속에서 정상까지 오르는 것은 더는 무리일 것이다.

□ 「給与の差し押さえをする」、「強制的に履行する」などの脅し文句が並んでいますが、身に覚えのない請求には応じないで無視しましょう。

'급여를 차압한다', '강제적으로 이행한다' 등의 협박 문구가 나열되어 있지만, 기억이 없는 청구에는 응하지 말고 무시합시다.

# 問題2

🎧 N1-P2-07〜08

問題2では、まず質問を聞いてください。そのあと、問題用紙の選択肢を読んでください。読む時間があります。それから話を聞いて、問題用紙の1から4の中から、最もよいものを一つ選んでください。

## 1番

1　大勢の人が株を売っている時

2　急に株価が上がった時

3　株価が最も低い時

4　株価が最も高い時

## 2番

1　近所の人と親しくなっておくこと

2　お風呂のお湯を置いておくこと

3　飲み水をいつも置いておくこと

4　ラジオをすぐ聞けるようにしておくこと

## 問題2

問題2では、まず質問を聞いてください。そのあと、問題用紙の選択肢を読んでください。
読む時間があります。それから話を聞いて、問題用紙の１から４の中から、最もよいものを
一つ選んでください。

1番 ラジオ番組で、アナウンサーとゲストが話しています。株式で言う天井とはどんな時で
すか。

F：本日は証券アナリストの木村さんにお越しいただきました。木村さん、よろしくお
願い致します。

M：こちらこそ。

F：投資に失敗した方からのファックスに「タイミングがつかめなくて損をした」と書い
てあるんですが、タイミングを判断するのに何かコツがありますか。

M：タイミングは株取引に限らず、人生の色々な局面においても非常に重要ですね。共
通して言えることは、欲を出しすぎないことが大事です。専門家でも天底の見極め
は至難の業ですから。

F：天底、ですか？

M：最も株価の高い時を天井。最も低い時を底。合わせて天底と呼んでいます。まあ、
実際には、いつが天井なのかは株価が下がった時にしか分かりませんが。下がって
はじめて、ああ昨日が天井だったのかと。底も同様です。

F：なるほど。

M：そういう意味で、天底の見極めは至難の業なんです。少し損をしても、大体これぐら
いでいいやと割り切ることが肝心です。

🔊 株式で言う天井とはどんな時ですか。

문제2에서는 먼저 질문을 들어 주세요. 그 다음 문제용지의 선택지를 읽어 주세요.

읽는 시간이 있습니다. 그리고 나서 이야기를 듣고 문제용지의 1에서 4 중에서 가장 알맞은 것을 하나 고르세요.

1번 라디오 프로그램에서 아나운서와 손님이 이야기하고 있습니다. 주식에서 말하는 천장이라는 것은 어떠한 때입니까?

여 : 오늘은 증권 분석가이신 기무라 씨께서 와 주셨습니다. 기무라 씨, 잘 부탁드리겠습니다.

남 : 저야말로 잘 부탁드립니다.

여 : 투자에 실패한 분들한테서 온 팩스에 '타이밍을 놓쳐 손해를 봤다'라고 써 있습니다만, 타이밍을 판단하는데 뭔가 요령이 있습니까?

남 : 타이밍은 주식 거래에 한정되는 것이 아니라, 인생의 여러 가지 국면에 있어서도 상당히 중요하지요. 공통적으로 말할 수 있는 것은 욕심을 너무 부리지 않는 것이 중요합니다. 전문가라도 천저까지 지켜보는 것은 대단히 어려운 기술이니까요.

여 : 천저요?

남 : 가장 주가가 높은 때를 천장. 가장 낮은 때를 저(底). 합쳐서 '천저'라고 부르고 있습니다. 뭐, 실제로는 언제가 천장일지는 주가가 내려갔을 때 밖에 모릅니다만. 내려가서야 비로소 아아 어제가 천장이었구나 하지요. 바닥도 마찬가지입니다.

여 : 그렇군요.

남 : 그런 의미에서 천저를 꿰뚫어 보는 것은 대단히 어려운 기술입니다. 조금 손해를 봐도 대강 이 정도로 됐다 하고 끊는 것이 중요합니다.

🔊 주식에서 말하는 천장이라는 것은 어떠한 때입니까?

1 많은 사람이 주식을 팔고 있을 때
2 갑자기 주가가 올랐을 때
3 주가가 가장 낮을 때
4 주가가 가장 높을 때 ✔

**Tip** 우선 「天井」이라는 단어의 의미를 알고 있으면 대략적인 의미를 파악할 수 있는 문제다. 의미를 잘 모르더라도 남자 게스트의 「最も株価の高い時を天井」에서 명확하게 「天井」의 의미를 파악할 수 있을 것이다. 또한 「いつが天井なのかは株価が下がった時にしか分かりませんが」에서도 대략적인 의미를 설명하고 있는데, 이처럼 설명문은 기본적인 상식을 두루 갖추고 있으면 그 상식으로도 풀 수 있는 문제가 상당히 많다.

↪ 番組(ばんぐみ) 방송 프로그램　株式(かぶしき) 주식　天井(てんじょう) 천장, 최고 값　本日(ほんじつ) 오늘
証券(しょうけん) 증권　越(こ)す 「行(い)く・来(く)る」의 높임말　投資(とうし) 투자
失敗(しっぱい) 실패　つかむ 잡다　損(そん)をする 손해를 보다　判断(はんだん) 판단
コツ 요령　取引(とりひき) 거래　～に限(かぎ)らず ～에 한하지 않고　局面(きょくめん) 국면
共通(きょうつう) 공통　欲(よく) 욕심　天底(てんてい) (천문학의) 천저(여기에서는 값이 제일 낮게 내려간 경우)
見極(みきわ)め 진위를 가려냄　至難(しなん)の業(わざ) 어려운 일　底(そこ) 바닥　合(あ)わせて 합쳐서
実際(じっさい) 실제　下(さ)がる 내려가다　～てはじめて ～해서 비로소　同様(どうよう) 같음
割(わ)り切(き)る (명쾌하고 단순하게) 받아들이다　肝心(かんじん)だ 중요하다

🔖 관련 어휘 上昇(じょうしょう) 상승　減少(げんしょう) 감소　うなぎ登(のぼ)り 급상승
暴落(ぼうらく) 폭락　激増(げきぞう) 급증　激減(げきげん) 급감
引(ひ)っ込(こ)み思案(じあん) 매사에 소극적임

[2番] 女の人が地震を経験してから町内会で自分の経験を話しています。 

この人が地震を経験してから、最も大切だと考えるようになったことは何ですか。

F：大きな地震を経験して以来、生活のなかで、ずっと心掛けていることがいくつかあります。まず、お風呂のお湯を捨てないことです。洗濯に使ったりトイレを使った後に流したりするのに使います。飲み水は、ペットボトルの水を5本ぐらい買っておくようにしています。それから、ラジオをベッドのそばに置いておくことです。あと、一番大切だと思ったのは、近所の人と親しくなっておくことです。以前はもっといろいろ気をつけていたんですが、時間が経って今はこれぐらいになっています。

🔊 この人が地震を経験してから、最も大切だと考えるようになったことは何ですか。

2번 여자가 지진을 경험하고 나서 반상회에서 자신의 경험을 이야기하고 있습니다. 이 사람이 지진을 경험하고 나서 가장 중요하다고 생각하게 된 것은 무엇입니까?

여 : 큰 지진을 경험한 이래, 생활 속에서 계속 염두에 두고 있는 것이 몇 개쯤 있습니다. 우선, 욕조의 물을 버리지 않는 것입니다. 세탁에 사용하거나 화장실을 사용한 후에 사용하거나 하는데 씁니다. 마실 물은 페트병의 물을 5병 정도 사 두도록 합니다. 그리고 라디오를 침대 옆에 놔두는 것입니다. 그리고 제일 중요하다고 생각한 것은 이웃과 친해지는 것입니다, 이전에는 더 더욱 여러 가지로 조심을 했습니다만, 시간이 지나고 지금은 이 정도까지 되었습니다.

🔊 이 사람이 지진을 경험하고 나서 가장 중요하다고 생각하게 된 것은 무엇입니까?

1 이웃과 친하게 지낼 것 ✔
2 욕조의 물을 놔 둘 것
3 마실 물을 언제나 놔 둘 것
4 라디오를 바로 들을 수 있도록 해 둘 것

**Tip** 여자가 지진을 경험하고 나서 느낀 점에 대해 쓴 내용이다. 보기의 내용은 전부 지문에 나와 있는 내용이고 맞는 말이지만, 가장 중요하게 여기게 된 것이 무엇이냐는 질문에 대한 대답은 「一番大切だと思ったのは、近所の人と親しくなっておくことです」이다. 지문은 극히 상식적인 내용이므로 어렵지 않지만 집중력이 떨어지면 풀기 어려운 문제이다.

〰 地震(じしん) 지진　～て以来(いらい) ～한 이래로　心掛(こころが)ける 마음을 쓰다, 주의하다
お湯(ゆ) 따뜻한 물　洗濯(せんたく) 세탁　流(なが)す 흘리다　ボトル(bottle) 병
ベッド(bed) 침대　近所(きんじょ) 근처　親(した)しい 친하다　以前(いぜん) 이전
気(き)をつける 신경 쓰다　経(た)つ (시간 등이) 지나다

🐍 近所迷惑(きんじょめいわく) 이웃에 피해를 줌　気配(きくば)り = 思(おも)いやり 배려
常備薬(じょうびやく)を揃(そろ)える 상비약을 갖추다　訓練(くんれん)を行(おこな)う 훈련을 행하다
防災(ぼうさい) 방재　地震(じしん)に備(そな)える 지진에 대비하다

## 3. 내용 파악

N1-P2-V05

☐ コンパクト 콤팩트, 소형

☐ でこぼこ 울퉁불퉁

☐ あべこべ 거꾸로 함

☐ もうすこしで 자칫 잘못하면

☐ ギザギザ 톱니처럼 깔쭉깔쭉함

☐ 寄り道 지나는 길에 들름

☐ 持ち込み禁止 반입금지

☐ 控える 삼가다

☐ 支える 받치다, 막아내다

☐ しぼる 간추리다, 좁히다

☐ 決断力 결단력

☐ 独創的 독창적

☐ 逆効果 역효과

☐ 逸れる 빗나가다

☐ 結び付き 결속, 결합

☐ 膨らませる 부풀게 하다

☐ すんなり 순조롭게

☐ まずい 좋지 않다, 곤란하다

☐ 落ち着き 차분함, 안정됨

☐ はし 가장자리

☐ 凹む 움푹 들어감

☐ 定休日 정기휴일

☐ 肩を持つ 편들다

☐ 終電 마지막 전철

☐ 雨宿り 비를 피함

☐ 気がすむ 만족하다

☐ 梅雨明け 장마가 끝남

☐ 厚着 두꺼운 옷

☐ 後半 후반

☐ 優柔不断 우유부단

☐ 弱火 약한 불

☐ 就職活動 취업활동

☐ 案の定 생각했던 대로

☐ 日焼け 햇볕에 탐

☐ インパクト 충격, 영향

☐ 鈍感 둔감

☐ しまった 아뿔싸

☐ 見かけ 겉보기, 외관

- ☐ 本日中 （ほんじつちゅう） 오늘 중
- ☐ さっぱり 전혀
- ☐ ほっとく 내버려 두다
- ☐ 無駄遣い （むだづかい） 낭비
- ☐ 花粉症 （かふんしょう） 꽃가루 알레르기
- ☐ 手配 （てはい） 수배
- ☐ 延焼 （えんしょう） 불이 번짐
- ☐ 相場 （そうば） 시세
- ☐ たまたま 우연히
- ☐ 海外進出 （かいがいしんしゅつ） 해외진출
- ☐ 生産者 （せいさんしゃ） 생산자
- ☐ 卸売店 （おろしうりてん） 도매점
- ☐ 拍車をかける （はくしゃをかける） 박차를 가하다
- ☐ 当てにならない （あてにならない） 믿음이 안 가다
- ☐ ボーダレス（borderless） 국경이 없음

- ☐ 背負う （せおう） 매다
- ☐ あきれる 질리다
- ☐ 雪合戦 （ゆきがっせん） 눈싸움
- ☐ 不通 （ふつう） 교통편의 불통
- ☐ こだわる 집착하다, 구애받다
- ☐ 一夜漬け （いちやづけ） 벼락치기
- ☐ 出火 （しゅっか） 불이 남
- ☐ ひき逃げ （ひきにげ） 뺑소니
- ☐ 商品販売 （しょうひんはんばい） 상품판매
- ☐ 消費者 （しょうひしゃ） 소비자
- ☐ 小売店 （こうりてん） 소매점
- ☐ 賄う （まかなう） 조달하다, 대다
- ☐ 次第に （しだいに） 점차로
- ☐ 頼りになる （たよりになる） 의지가 되다

# 問題2

N1-P2-09〜10

問題2では、まず質問を聞いてください。そのあと、問題用紙の選択肢を読んでください。読む時間があります。それから話を聞いて、問題用紙の1から4の中から、最もよいものを一つ選んでください。

## 1番

1　雑誌に広告を出す

2　フェアに出展する

3　キャンペーンをする

4　小売店を訪問する

## 2番

1　企業が海外に進出していること

2　人々が大量に行き来していること

3　各国の相互依存が強まっていること

4　インターネットが普及していること

## 問題2

問題2では、まず質問を聞いてください。そのあと、問題用紙の選択肢を読んでください。読む時間があります。それから話を聞いて、問題用紙の1から4の中から、最もよいものを一つ選んでください。

[1番] 男の人と女の人が商品の売り込みについて話しています。どんな方法が一番いいと言っていますか。

M：さて、この商品をどうやって売り込むかだが…。

F：そうですねえ、雑誌に載せるとか、フェアに出展するって手もありますが、経費がかかることを考えると、ちょっと二の足を踏みますね。

M：そうだな。店頭キャンペーンも考えられるが…、うーん、やっぱり、うちのように知名度が低いメーカーは足で稼ぐのが一番かな。

F：そうですね。それに、こんなに消費者のニーズをつかんだ商品に小売店が興味を示さないはずがないですよ。

M：そうだよな。うちの自信作だし。とにかく1店でも多く小売店を回って、徹底的に商品説明をして歩くことにしよう。

F：分かりました。じゃ、この方向で、早速、営業で打ち合わせをします。

🔊 どんな方法が一番いいと言っていますか。

문제2에서는 먼저 질문을 들어 주세요. 그 다음 문제용지의 선택지를 읽어 주세요.
읽는 시간이 있습니다. 그리고 나서 이야기를 듣고 문제용지의 1에서 4 중에서 가장 알맞은 것을 하나 고르세요.

1번 남자와 여자가 상품의 판로확장에 대해서 이야기하고 있습니다. 어떤 방법이 제일 좋다고 말하고 있습니까?

남 : 자, 이 상품을 어떻게 팔까 인데….

여 : 글쎄요, 잡지에 싣는다든가, 판매 전시회에 출전하는 등의 방법도 있습니다만, 경비가 드는 것을 생각하면 조금 주저하게 되네요.

남 : 그렇지. 매장 캠페인도 생각할 수 있지만…, 음, 역시 우리 회사처럼 지명도가 낮은 메이커는 발로 뛰는 것이 제일일 거야.

여 : 그렇죠. 게다가 이렇게 소비자의 요구를 잘 파악한 상품에 소매점이 흥미를 보이지 않을 리가 없어요.

남 : 그렇겠지. 우리 회사의 자신 있는 작품이고. 어쨌든 한 곳의 점포라도 더 많이 소매점을 돌아 철저하게 상품 설명을 하면서 다녀보기로 하지.

여 : 알겠습니다. 그러면 그런 방향으로 조속히 영업부와 협의를 하겠습니다.

🔊 **어떤 방법이 가장 좋다고 말하고 있습니까?**

1 잡지에 광고를 낸다
2 페어에 출전한다
3 캠페인을 한다
4 소매점을 방문한다 ✓

**Tip** 회사에서 새롭게 출시된 상품의 광고 방법에 대한 대화 내용이다. 여자는 「フェア」 등에 출시하면, 비용이 많이 들어 주저하고 있다는 것을 「二の足を踏みますね」에서 알 수 있다. 그래서 남자가 「店頭キャンペーンも考えられるが」라고 하는데, 여기서 「店頭」라는 단어의 의미를 모르더라도, 여자의 말 「こんなに消費者のニーズをつかんだ商品に小売店が興味を示さないはずがないですよ」에서 「小売店」이라는 단어를 알고 있으면, 직접 영업사원들이 매장(소매점)을 돌면서 신제품의 광고를 할 것임을 알 수 있다.

〰 **売(う)り込(こ)み** 물건을 팖, 판로를 확장함　**載(の)せる** 싣다　**フェア** 견본 시장, 전시회, 품평회
**出展(しゅってん)** 출전　**手(て)** 방법　**経費(けいひ)** 경비
**二(に)の足(あし)を踏(ふ)む** 주저하다, 망설이다　**店頭(てんとう)** 점두　**知名度(ちめいど)** 지명도
**メーカー** 메이커　**稼(かせ)ぐ** 부지런히 일하다, 벌다　**小売店(こうりてん)** 소매점
**興味(きょうみ)** 흥미　**示(しめ)す** 나타내다　**自信作(じしんさく)** 자신 있는 작품
**多少(たしょう)** 다소　**回(まわ)る** 돌다　**徹底的(てっていてき)に** 철저하게
**方向(ほうこう)** 방향　**早速(さっそく)** 즉시　**営業(えいぎょう)** 영업　**打(う)ち合(あ)わせ** 협의

📗 **卸売店(おろしうりてん)** 도매점　**本社(ほんしゃ)** 본사　**支社(ししゃ)** 지사
**新製品(しんせいひん)** 신제품　**催(もよお)し物(もの)** 기획전, 기획물품　**展示会(てんじかい)** 전시회
**見本市(みほんいち)** 견본시장　**外回(そとまわ)り** 외근

[2番] 大学の先生が経済での国境の意味について話しています。　🔊 N1-P2-10
話の内容と合うものはどれですか。

M : 近年、多くの企業がいくつもの国にまたがって世界規模で事業活動を展開し、国際経済を活性化させています。資本や生産物が動くばかりでなく、人も大量に移動するようになりました。インターネットの進歩もそうした動きに拍車をかけています。次第に、国境の意味は薄れてきているのです。このように、経済の動きが国境を越えて広がっていく現象を経済のボーダレス化といいます。ボーダレス化が進むと、各国の相互依存が強まります。一国の経済が他国に与える影響も大きくなっています。たとえば、日本が不況となり、企業が倒産すると、その企業が進出している国の経済状態までもが悪化することにもなりかねないのです。各国の相互依存が強まっているのを認識し、グローバールな視点で経済政策、企業経営がなさらなければならない時代なのです。

251

🔊 話の内容と合うものはどれですか。

**2번** 대학 선생님이 경제에서의 국경의 의미에 대해 이야기하고 있습니다. 대화 내용에 맞는 것은 어느 것입니까?

남: 최근, 많은 기업이 몇 개인가의 나라에 걸쳐 세계적인 규모로 사업 활동을 전개하고 국제경제를 활성화시키고 있습니다. 자본과 생산물이 움직이는 것만이 아니라, 사람도 대량으로 이동하게 되었습니다. 인터넷의 진보도 그러한 움직임에 박차를 가하고 있습니다. 점차로, 국경의 의미는 옅어져가고 있는 것입니다. 이처럼 경제의 움직임이 국경을 넘어서 퍼져 가는 현상을 경제의 보더리스화라고 합니다. 보더리스화가 진행되면, 각국의 상호의존이 강해집니다. 한 나라의 경제가 타국에 주는 영향도 커지고 있습니다. 예를 들어, 일본이 불황이 되고 기업이 도산하게 되면, 그 기업이 진출하고 있는 나라의 경제 상태까지도 악화될지도 모릅니다. 각국의 상호의존이 강해지고 있는 것을 인식하고, 글로벌적인 시점으로 경제정책, 기업 경영이 되지 않으면 안 되는 시대입니다.

🔊 대화 내용에 맞는 것은 어느 것입니까?

1 기업이 해외에 진출하고 있는 것
2 사람들이 대량으로 오가는 것
3 각국의 상호의존이 강해지고 있는 것 ✔
4 인터넷이 보급되어 있는 것

**Tip** 일본어 능력시험에서 장문 청취의 핵심은 바로 질문의 내용을 빨리 파악하는 것이다. 질문의 내용을 빨리 파악하지 않으면 지문의 내용 중 어느 부분을 잘 들어야 할지 모르기 때문이다. 그리고 위의 지문과 같이 전체적인 내용을 묻는 문제는 주로 마지막 부분에 결론이 나오므로, 그 부분을 중점적으로 들으면 정답을 찾기가 쉬울 것이다. 위 지문에서도 마지막에「各国の相互依存が強まっているのを認識し」라고 하므로 결론을 말하고 있다.

〰 近年(きんねん) 근년　企業(きぎょう) 기업　またがる 걸치다　規模(きぼ) 규모　事業(じぎょう) 사업
展開(てんかい) 전개　国際(こくさい) 국제　経済(けいざい) 경제　活性化(かっせいか) 활성화
資本(しほん) 자본　生産物(せいさんぶつ) 생산물　動(うご)く 움직이다　～ばかりでなく ~뿐만 아니라
大量(たいりょう) 대량　進歩(しんぽ) 진보　拍車(はくしゃ)をかける 박차를 가하다
次第(しだい)に 점차로　国境(こっきょう) 국경　薄(うす)れる 옅어지다　越(こ)える 넘다
広(ひろ)がる 넓어지다　現象(げんしょう) 현상　ボーダレス(borderless) 국경이 없음
進(すす)む 진행되다　各国(かっこく) 각국　相互(そうご) 상호　依存(いぞん) 의존
強(つよ)まる 강해지다　一国(いっこく) 한 나라　他国(たこく) 다른 나라　与(あた)える 주다
不況(ふきょう) 불황　倒産(とうさん) 도산　進出(しんしゅつ) 진출　状態(じょうたい) 상태
悪化(あっか) 악화　동사 ます형 + ～かねない ~일지도 모른다　認識(にんしき) 인식
グローバール(global) 국제적　視点(してん) 시점　政策(せいさく) 정책　普及(ふきゅう) 보급

관련 어휘　輸出量(ゆしゅつりょう) 수출량　拠点(きょてん)を設(もう)ける 거점을 설치하다
中継貿易(ちゅうけいぼうえき) 중계무역　支店(してん) 지점　親会社(おやがいしゃ) 모회사
子会社(こがいしゃ) 자회사　本社(ほんしゃ) 본사　海外進出(かいがいしんしゅつ) 해외진출

## 03  問題3 개요 이해(장문 청취)

개요 이해는 장문 청취 문제로, 아주 다양한 파트에서 출제된다. 성우가 하는 이야기를 듣고 그 내용에 맞는 문장을 고르는 문제인데, 전체적으로 내용을 파악하면 쉽게 문제를 풀 수 있지만, 전체적인 내용을 잘 모르더라도 성우가 말하는 문장에서 중요한 키워드나 핵심적인 어휘를 파악하면 어느 정도 유추할 수도 있다. '問題3'은 아주 광범위하게 출제될 가능성이 많다. 일반적인 상식이나 사건·사고, 시설물에서의 알림이나 뉴스 등 다양한 화제에 대해서 문제가 나올 것이므로, 관련된 문장을 사전에 다양하게 익혀 두도록 하자.



### 1. 의견이나 주장

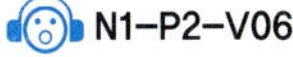 N1-P2-V06

☐ 子供の時から環境破壊の深刻さを教わるべきです。
어릴 때부터 환경파괴의 심각함을 배워야만 합니다.

☐ 相手を傷つけず、こちらの意見や主張を通すことはなかなか難しいものです。
상대방을 상처 입히지 않고, 이쪽의 의견이나 주장을 관철시키는 것은 상당히 어려운 일입니다.

☐ 正当性を説明するためには、それなりの根拠がなければなりません。
정당성을 설명하려면 그 나름대로의 근거가 없으면 안 됩니다.

☐ 客観性のある論理だとみんな納得するでしょう。 객관성이 있는 논리라면 모두 납득하겠죠.

☐ コミュニケーションは、相手に伝えたい自分の考えや思想を持つことが原点です。
커뮤니케이션은 상대방에게 전하고 싶은 자신의 생각이나 사상을 가지는 것이 원점입니다.

☐ 20世紀から私たちは化石資源を始めとした有限な資源を大量に消費してきました。
20세기부터 우리들은 석탄, 석유자원을 비롯한 유한한 자원을 대량으로 소비해 왔습니다.

☐ 温暖化対策として経済と環境の両立が不可欠だと思います。
온난화 대책으로 경제와 환경의 양립이 불가결하다고 생각합니다.

☐ 女性差別による社会的な損失は想像できない程大きいです。
여성차별에 의한 사회적 손실은 상상할 수 없을 정도로 큽니다.

- 企業が人事・賃金制度を設ける目的は、究極的には人材育成にあります。

  기업이 인사・임금제도를 마련한 목적은 궁극적으로는 인재육성에 있습니다.

- 目的を達成するために、全ての手段を使うのははたしていいことでしょうか。

  목적을 달성하기 위해서 모든 수단을 사용하는 것은 과연 괜찮은 것일까요?

- 消費者が賢い消費活動をしない限り、暮らしやすい社会は実現しない。

  소비자가 현명한 소비생활을 하지 않는 한, 살기 편한 사회는 실현되지 않는다.

- 大統領選の結果次第で国民生活が大きく変わる可能性があるでしょう。

  대통령 선거의 결과에 따라 국민생활이 크게 바뀔 가능성이 있겠죠.

- 昔から人間の生活の基本は「衣食住」であると言われている。

  옛날부터 인간 생활의 기본은 '의식주'라고 일컬어지고 있다.

- やる気があれば、充実した生活が送れるのではないでしょうか。

  의욕이 있으면 충실한 생활을 보낼 수 있는 것은 아닐까요?

# 問題3

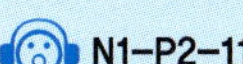 N1-P2-11

問題3では、問題用紙に何も印刷されていません。この問題は、全体としてどんな内容かを聞く問題です。話の前に、質問はありません。まず、話を聞いてください。それから、質問と選択肢を聞いて、1から4の中から、最もよいものを一つ選んでください。

— メモ —

## 問題3

問題3では、問題用紙に何も印刷されていません。この問題は、全体としてどんな内容かを聞く問題です。話の前に、質問はありません。まず、話を聞いてください。それから、質問と選択肢を聞いて、1から4の中から、最もよいものを一つ選んでください。

1番 大学の先生が話しています。

F：人間は、生きている限り、モノやサービスを消費します。こうした消費には、生きるために不可欠な衣食住に限らず、より豊かで充実した生活を送ることを目的とした教育、娯楽なんかも含まれます。しかし、世の中、消費に回せる資源には限りがあります。このため多くの人がよりよい生活を送るために限りある資源を有効に利用する工夫が必要です。こうした行動がもたらす社会全体での資源のやり取りや利用を総合的にとらえて「経済」といい、ひいては経済事象とか経済活動とかいいます。私たちの日常は全て経済活動が伴っているのです。

先生の話によると、経済とは何ですか。

1 限りある資源をたくさん開発すること
2 限りある資源をうまく利用すること
3 みんなのため、資源を開発すること
4 みんなのため、資源を節約すること

문제3에서는 문제용지에 아무것도 인쇄되어 있지 않습니다. 이 문제는 전체가 어떤 내용인가를 묻는 문제입니다. 이야기 전에 질문은 없습니다. 먼저 이야기를 들어 주세요. 그리고 나서 질문과 선택지를 듣고, 1에서 4 중에서 가장 알맞은 것을 하나 고르세요.

1번 대학교 선생님이 이야기하고 있습니다.

여 : 인간은 살아 있는 한 물건과 서비스를 소비합니다. 이러한 소비에는 살기 위해 반드시 필요한 의식주만이 아니라, 보다 풍부하고 충실한 생활을 보내는 것을 목적으로 한 교육, 오락도 포함되어 있습니다. 그러나 세상에는 소비할 수 있는 자원에는 한계가 있습니다. 이 때문에 많은 사람이 보다 좋은 생활을 보내기 위해서 한정된 자원을 유효하게 이용하기 위한 궁리가 필요합니다. 이러한 행동이 일으키는 사회 전체에서의 자원의 주고받음과 이용을 종합적으로 '경제'라고 하고, 더 나아가 경제현상이나 경제활동이라고 합니다. 우리의 일상은 모두 경제활동이 동반되는 것입니다.

🔊 **선생님의 이야기에 의하면, 경제라고 하는 것은 무엇입니까?**

1 한계가 있는 자원을 많이 개발하는 것

2 한계가 있는 자원을 잘 이용하는 것 ✔

3 모두를 위해 자원을 개발하는 것

4 모두를 위해 자원을 절약하는 것

**Tip** 장문 청취는 상식적인 내용도 많이 출제된다. 제시된 문제는 경제의 기본적인 개념을 알고 있으면 청취의 유무에 상관없이 보기만 듣고도 정답을 찾을 수 있다. 지문의 문장은 독해에서도 충분히 출제 가능하므로 문장 전체를 정확히 해석해 둘 필요가 있다.

〰 ～限(かぎ)り ～한　消費(しょうひ) 소비　不可欠(ふかけつ) 불가결　衣食住(いしょくじゅう) 의식주
充実(じゅうじつ) 충실　生活(せいかつ)を送(おく)る 생활을 보내다　娯楽(ごらく) 오락
含(ふく)む 포함하다　回(まわ)せる 돌리게 하다　資源(しげん) 자원　有効(ゆうこう) 유효
工夫(くふう) 연구, 아이디어, 착안　やり取(と)り 서로 주고받음　総合的(そうごうてき) 종합적, 모두 더해서
ひいては 더 나아가서　事象(じしょう) 사상　伴(ともな)う 동반되다, 수반되다　節約(せつやく) 절약

**관련 어휘** 輸出(ゆしゅつ)が伸(の)びる 수출이 늘다　資源(しげん)が眠(ねむ)っている 자원이 묻혀 있다
バブル経済(けいざい) 거품경제　崩壊(ほうかい) 붕괴　貿易(ぼうえき) 무역

## 2. 일반적인 상식

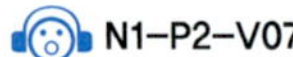


☐ 国籍が違い、使う言葉が違い、思想が違えば、お互いの「常識」を理解し合うということは、とても大変なことです。

국적이 다르고, 사용하는 말이 다르며, 사상이 다르면 서로의 '상식'을 서로 이해한다는 것은 매우 힘든 일입니다.

☐ 通信教育は時間のない会社員にはぴったりです。

통신교육은 시간이 없는 회사원에게 딱 맞습니다.

☐ 経営者としては社員の賃金が１円でも低い方を望むでしょう。

경영자로서는 사원의 임금이 1엔이라도 낮은 쪽을 원하겠죠.

☐ みんなが持っている能力が違うから貧富の差が出てくるのです。

모두가 가지고 있는 능력이 다르기 때문에 빈부의 차가 나오는 것입니다.

☐ 新しい環境構築には手間とコストがかかるのが一般的です。

새로운 환경 구축에는 수고와 비용이 드는 것이 일반적이다.

☐ 電気製品を使う前に取り扱い説明書に目を通すのはいたって当たり前のことです。

전기제품을 사용하기 전에 취급설명서를 훑어보는 것은 지극히 당연한 일입니다.

☐ 未成年者に個人情報を取得するには保護者の同意が必要だ。

미성년자에게 개인정보를 취득하려면 보호자의 동의가 필요하다.

☐ 歩きタバコを禁止する地域が増えつつあるのは国民の健康のためにはいいことです。

보행 중 흡연을 금지하는 지역이 계속해서 늘고 있는 것은 국민의 건강을 위해서는 좋은 일입니다.

☐ 毎日残業を続けたら健康に悪影響を与えるから、たまには休暇を取ってゆっくりした方がいいです。 매일 잔업을 계속하면 건강에 악영향을 주기 때문에, 가끔은 휴가를 받아서 푹 쉬는 편이 좋습니다.

☐ 日本は春になると、花見に行き、夏になると、花火大会を楽しんでいる人がほとんどです。

일본은 봄이 되면 꽃놀이 가고, 여름이 되면 불꽃대회를 즐기는 사람이 대부분입니다.

☐ 自分にとっての常識が相手には非常識なこともけっこう多いようです。

자신에게 있어서의 상식이 상대방에게는 비상식적인 일도 상당히 많은 것 같습니다.

□ 世間では高齢者は社会的弱者で、守るべきものというイメージがあります。

세상에는 노령자는 사회적 약자로 지켜야만 하는 사람이라는 이미지가 있습니다.

□ 子供だからといって犯罪を許してばかりいては、子供の将来のためにもよくないでしょう。

아이라고 해서 범죄를 용서하기만 해서는 아이의 장래를 위해서도 좋지 않겠죠.

□ コンピューターが便利な生活をもたらしたのは確かだ。

컴퓨터가 편리한 생활을 가져온 것은 확실하다.

# 問題3

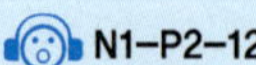 N1-P2-12

問題3では、問題用紙に何も印刷されていません。この問題は、全体としてどんな内容かを聞く問題です。話の前に、質問はありません。まず、話を聞いてください。それから、質問と選択肢を聞いて、1から4の中から、最もよいものを一つ選んでください。

— メモ —

N1–P2–12

## 問題3

問題3では、問題用紙に何も印刷されていません。この問題は、全体としてどんな内容かを聞く問題です。話の前に、質問はありません。まず、話を聞いてください。それから、質問と選択肢を聞いて、1から4の中から、最もよいものを一つ選んでください。

1番 動物園で働いている女の人が話しています。

F：水族館でペンギンの赤ちゃんがはじめて生まれました。普段は、親ペンギンのお腹の下に隠れていますが、時々可愛いらしい顔を覗かせ、餌をねだる姿が見られます。現在の大きさは20センチほどで、体重はおよそ600グラム。赤ちゃんペンギン特有のグレーの毛に包まれていますが、およそ3カ月で、親ペンギンと同じ、黒と白の模様になるということです。

🔊 赤ちゃんペンギンの特徴は何ですか。

1 親のお腹の中に隠れている。

2 時々餌を食べる。

3 親と同じ、黒と白の模様だ。

4 グレーの毛に包まれている。

문제3에서는 문제용지에 아무것도 인쇄되어 있지 않습니다. 이 문제는 전체가 어떤 내용인가를 묻는 문제입니다. 이야기 전에 질문은 없습니다. 먼저 이야기를 들어 주세요. 그리고 나서 질문과 선택지를 듣고, 1에서 4 중에서 가장 알맞은 것을 하나 고르세요.

1번 동물원에서 일하고 있는 여자가 이야기하고 있습니다.

여 : 수족관에서 펭귄 새끼가 처음으로 태어났습니다. 보통은 부모 펭귄 배 밑에 숨어 있습니다만, 때때로 귀여운 얼굴을 보여주고, 먹이를 달라고 조르는 모습을 볼 수가 있습니다. 현재의 크기는 20센티 정도로 체중은 약 600그램. 새끼 펭귄 특유의 회색 털에 싸여 있습니다만, 약 3개월이면 엄마 펭귄과 같은 흑백의 무늬가 되는 것입니다.

🔊 새끼 펭귄의 특징은 무엇입니까?

1 부모의 배 안에 숨어 있다.

2 때때로 먹이를 먹는다.

3 엄마와 같은 흑백의 모양이다.

4 회색 털에 싸여 있다. ✔

赤(あか)ちゃん 아기　ペンギン 펭귄　特徴(とくちょう) 특징　水族館(すいぞくかん) 수족관
生(う)まれる 태어나다　親(おや) 부모　隠(かく)れる 숨기다　可愛(かわい)い 귀여운
覗(のぞ)かせる 슬쩍 내비치다　餌(えさ) 먹이　ねだる 조르다　姿(すがた) 모습　体重(たいじゅう) 체중
およそ 약, 대략　特有(とくゆう) 특유　グレー(gray) 회색　包(つつ)む 싸다　模様(もよう) 모양

관련어휘 身長(しんちょう) 신장　しっぽ 꼬리　かわいがる 귀여워하다　歩(ある)き始(はじ)める 걷기 시작하다
転(ころ)ぶ 뒹굴다　親子(おやこ) 부모자식　羽根(はね) 날개, 깃

청해 필수 암기 표현

## 3. 뉴스

N1-P2-V08

☐ 2月の貿易収支の黒字は、前年同月比9.2倍の6000億円だった。
2월 무역수지 흑자는, 전년 같은 달 대비 9.2배인 6000억 엔이었다.

☐ 主要コンビニエンスストア11社の既存店売上高は、9カ月連続の前年割れとなった。
주요 편의점 11사의 기존 점포 매상액은, 9개월 연속 전년보다 밑돌았다.

☐ 卒業時期を迎えながらも、就職が決まっていない大学4年生が80%以上を占めている。
졸업시기를 맞이하면서도 취직이 정해지지 않는 대학 4학년이 80% 이상을 차지하고 있다.

☐ 有料高齢者介護施設とみなされるのに届け出ていない施設が今年1月末時点で全国に345箇所あるということだ。
유료 고령자간호시설로 간주되는데 신고하지 않은 시설이 올해 1월 말 시점으로 전국에 345군데가 있다고 한다.

☐ 国際的同盟関係は自国の安全保障と経済において重要視されている。
국제적 동맹관계는 자국의 안전보장과 경제에서 중요시된다.

☐ 政府は昨日、2020年までに温室効果ガスを90年比25%削減するために必要な具体策を示した。
정부는 어제 2020년까지 온실효과가스를 90년 대비 25% 삭감하기 위해서 필요한 구체적인 대책을 나타내었다.

☐ 企業側によると、3月にいち早く入社式を開くのは「早く現場に慣れてもらいたいから」ということだ。
기업 측에 의하면, 3월에 조금 빨리 입사식을 여는 것은 '빨리 현장에 익숙해 주기를 바라기 때문이다'는 것이다.

☐ 高円寺にある国指定の重要文化財が盗まれていたことが23日分かった。
고엔지에 있는 국가 지정 중요문화재가 도둑맞은 사실을 23일 알았다.

☐ 山手線が19日夜にストップしたトラブルは情報通信用ケーブルが電車と接触し、切れたことが一因であることが20日分かった。
야마노테선이 19일 밤에 멈춘 사고는 정보 통신용 케이블이 전철과 접촉하여 끊어진 것이 한 원인임이 20일 밝혀졌다.

☐ 上野駅で男性がホームから転落し、快速電車にはねられた事故がありました。
우에노 역에서 남성이 홈에서 떨어져, 쾌속전철에 치인 사고가 있었습니다.

☐ 警視庁は酒に酔って通行人を殴り、バッグを奪ったとして杉本容疑者を強盗傷害容疑で現行犯逮捕したと発表した。
경시청은 술에 취해 통행인을 때리고, 가방을 빼앗은 용의로 스기모토 용의자를 강도상해용의로 현행범으로 체포했다고 발표했다.

☐ 自宅のパソコンを使い、自分の都合のいい時間に学習できるそうだ。
자택의 PC를 사용하여, 자신의 형편에 맞는 시간에 학습할 수 있다고 한다.

# 問題3

🎧 N1–P2–13〜14

問題3では、問題用紙に何も印刷されていません。この問題は、全体としてどんな内容かを聞く問題です。話の前に、質問はありません。まず、話を聞いてください。それから、質問と選択肢を聞いて、1から4の中から、最もよいものを一つ選んでください。

— メモ —

N1-P2-13

## 問題 3

問題 3 では、問題用紙に何も印刷されていません。この問題は、全体としてどんな内容かを聞く問題です。話の前に、質問はありません。まず、話を聞いてください。それから、質問と選択肢を聞いて、1 から 4 の中から、最もよいものを一つ選んでください。

1番 テレビで男の人がニュースを伝えています。

M：経済ニュースの時間です。東京金融取引所の発表によると、個人投資家のドル買いが拡大しているそうです。外国為替証拠金、いわゆるFX取引で、ドル買いの額が約2年3カ月ぶりに過去最高を更新しました。今後もアメリカの金融緩和策が長引くとの観測から、しばらくドル安が続くとの見方が強いものの、反動を見込んだドル買いが増えているもようです。

今ドルを買っている人はどのような理由からだと考えられますか。

1 今後ドル買いが制限されるから

2 ずっとドル安が見込まれるから

3 今ドルが最高に高いから

4 反動でドルが高くなると思われるから

문제3에서는 문제용지에 아무것도 인쇄되어 있지 않습니다. 이 문제는 전체가 어떤 내용인가를 묻는 문제입니다. 이야기 전에 질문은 없습니다. 먼저 이야기를 들어 주세요. 그리고 나서 질문과 선택지를 듣고, 1에서 4 중에서 가장 알맞은 것을 하나 고르세요.

1번  텔레비전에서 남자가 뉴스를 전하고 있습니다.

남 : 경제 뉴스 시간입니다. 도쿄 금융 거래소의 발표에 의하면, 개인 투자가의 달러 매입이 확대되고 있다고 합니다. 외국환 증거금, 이른바 FX거래로 달러 매입액이 약 2년 3개월 만에 과거 최고를 갱신했습니다. 앞으로도 미국 금융 완화책이 길어질 것이라는 관측에서 당분간 달러 하락이 계속될 것이라는 견해가 강해졌는데, 반동을 예상한 달러 매입이 증가한 듯합니다.

지금 달러를 사고 있는 사람은 어떠한 이유에서라고 생각됩니까?

1 앞으로 달러 매입이 제한되기 때문에

2 계속 달러 하락이 예상되기 때문에

3 지금 달러가 가장 비싸기 때문에

4 반동으로 달러가 비싸질 것이라 보기 때문에 ✔

〜 伝(つた)える 전하다　金融(きんゆう) 금융　取引所(とりひきじょ) 거래소　投資家(とうしか) 투자가
ドル買(が)い 달러를 사는 것　拡大(かくだい) 확대　外国為替(がいこくかわせ) 외국환
証拠金(しょうこきん) 증거금　いわゆる 소위, 이른바　FX取引(とりひき) FX거래(개인이 금융업체에 일정한 증거금을 맡기고 이 금액의 수배에서 최고 100배까지 외환을 사고팔 수 있는 거래)　額(がく) 액수　約(やく) 약
更新(こうしん) 갱신　今後(こんご) 앞으로, 이후　金融緩和策(きんゆうかんわさく) 금융완화책
長引(ながび)く 길어지다, 오래 끌다　観測(かんそく) 관측　しばらく 잠시　ドル安(やす) 달러 하락, 달러 약세
見方(みかた) 견해, 관점　〜ものの 〜하지만, 〜하였으나　反動(はんどう) 반동　見込(みこ)む 기대하다, 예상하다　増(ふ)える 늘다, 증가하다　もよう 낌새, 기미, 상황　制限(せいげん) 제한

관련 어휘　円安(えんやす) 엔저　円高(えんだか) 엔고　株式(かぶしき) 주식　赤字(あかじ) 적자
黒字(くろじ) 흑자　右肩上(みぎかたあ)がり 상승　右肩下(みぎかたさ)がり 하락

2番 女の人が旅行について話しています。　　　N1-P2-14

F : 旅行から帰ったばかりの時は、疲労感と、緊張感と、満足感と、いろいろ感じますが、不思議にも不安感等はありません。帰国一日目は皆さん死んだように眠ってしまうと思います。基本的には死んだように眠ってしまうことで旅行のすべての後遺症は解決しますが、二日目三日目でだんだん疲労がとれ、余裕が出てくるのです。

🔊 旅行から帰ったとき、感じることではないのはどれですか。

1 疲労感
2 緊張感
3 満足感
4 不安感

**여자가 여행에 대해 이야기하고 있습니다.**

여 : 여행에서 막 돌아왔을 때는 피로감과 긴장감, 그리고 만족감, 여러 가지 느낍니다만, 이상하게도 불안감 등은 없습니다. 귀국 첫째날은 모두 죽은 듯이 잘 거라고 생각합니다. 기본적으로는 죽은 듯이 자는 것으로 여행의 모든 후유증은 해결됩니다만, 이틀째, 삼일째 점점 피로가 풀리고, 여유가 나오는 것입니다.

🔊 여행에서 돌아왔을 때, 느끼는 것이 아닌 것은 어느 것입니까?

1 피로감
2 긴장감
3 만족감
4 불안감 ✔

정답에 해당되는 문장은 첫 부분 「旅行から帰ったばかりの時は、疲労感と、緊張感と、満足感と、いろいろ感じますが、不思議にも不安感等はありません」에 나와 있다. 한자의 음독이므로 조금 어려울 수도 있지만, 우선은 들리는 대로 내용을 메모하고 나서 보기를 들으면서 체크하면 정답을 찾을 수 있다.

〰 동사 ます형 ＋ 〜たて 막 〜하다　疲労感(ひろうかん) 피로감　緊張感(きんちょうかん) 긴장감　満足感(まんぞくかん) 만족감　不思議(ふしぎ) 이상함　不安感(ふあんかん) 불안감　〜等(など) 〜등　帰国(きこく) 귀국　〜目(め) 〜째　眠(ねむ)る 자다　後遺症(こういしょう) 후유증　解決(かいけつ) 해결　だんだん 점점　余裕(よゆう) 여유

관련어휘 〰 一泊二日(いっぱくふつか) 1박 2일　渋滞(じゅうたい)に巻(ま)き込(こ)まれる 정체에 휩쓸리다　商店街(しょうてんがい) 상점가　グルメ旅行(りょこう) 맛기행　リラックス 릴랙스　のんびりする 느긋하게 보내다

## 4. 논리

N1-P2-V09

□ 言葉の語源を知ることは、その言葉をうまく使える根底となります。
말의 어원을 안다는 것은 그 말을 잘 쓸 수 있는 밑바탕이 됩니다.

□ 数学とは論理的な思考を学ぶものです。 수학이란 논리적인 사고를 배우는 것입니다.

□ 自分の意見をむやみに人に押し付けることは非常識極まることだ。
자신의 의견을 무턱대고 남에게 강요하는 것은 비상식적이기 짝이 없는 일이다.

□ 記事を書くときは、予想や早まった判断をせず、事実を確認してから記述をするように
心がけてください。 기사를 쓸 때는 예상이나 성급한 판단을 하지 말고 사실을 확인하고 나서 기술하도록 명심하세요.

□ 一般的には、問題解決のためには、時間と労力が必要であると考えられている。
일반적으로는 문제해결을 위해서 시간과 노동력이 필요하다고 생각되고 있다.

□ 実際、我々が毎日受けているストレスの量は相当なものだと想像できる。
실제로 우리들이 매일 받고 있는 스트레스의 양은 상당한 것이라고 상상할 수 있다.

□ 適切に体重を減らすためには、蓄積された脂肪を燃焼させることが必要です。
적절하게 체중을 줄이기 위해서는, 축적되어진 지방을 연소시키는 것이 필요합니다.

□ 工事現場から出てきた土を川などに勝手に捨てては、環境汚染につながります。
공사현장에서 나온 흙을 강 등에 마음대로 버리면 환경오염으로 연결됩니다.

□ 人を判断するときは外見だけではだめで、その人の人柄や性格なども知ることも大事で
ある。 사람을 판단할 때는 외견만으로는 안 되고, 그 사람의 인품이나 성격 등을 아는 것도 중요하다.

□ 夜行性の動物は、夜間は光がほとんどないから、聴覚など視覚以外の感覚が発達している。
야행성 동물은 야간에는 빛이 거의 없기 때문에 청각 등 시각 이외의 감각이 발달되어 있다.

□ 労働災害の研究は、まさに失敗学そのものであり、そのため役立つ分野もたくさんある。
노동재해의 연구는 바로 실패학 그 자체이고, 그 때문에 도움이 되는 분야도 많이 있다.

□ 博士の論文は科学的根拠が欠けていた。 박사의 논문은 과학적인 근거가 빠져 있었다.

□ 知識と経験に基づいて物事を進めていくべきだ。 지식과 경험을 근거로 만사를 진행해 가야만 한다.

□ 論理的な考え方を身につけると、自分の考えをまとめたり、他人の意見を聞きとること
が楽にできる。 논리적인 사고방식을 익히면, 자신의 생각을 정리하거나 타인의 의견을 듣는 것이 쉽게 된다.

# 問題 3

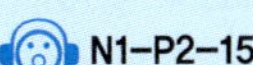 N1-P2-15

問題 3 では、問題用紙に何も印刷されていません。この問題は、全体としてどんな内容かを聞く問題です。話の前に、質問はありません。まず、話を聞いてください。それから、質問と選択肢を聞いて、1 から 4 の中から、最もよいものを一つ選んでください。

— メモ —

## 問題 3

問題 3 では、問題用紙に何も印刷されていません。この問題は、全体としてどんな内容かを聞く問題です。話の前に、質問はありません。まず、話を聞いてください。それから、質問と選択肢を聞いて、1から4の中から、最もよいものを一つ選んでください。

1番 科学の時間に先生が話しています。

F：海水に含まれている塩で、地球全体を覆うと、その厚さは88メートルにもなると言われています。この塩がいったいどこから来たのかについては詳しいことは分かっていませんが、岩石に含まれている塩分が雨水によって少しずつ川に流れ出し、何十億年という長い年月の間に海まで運ばれていったのだと考えられています。

🔊 海の塩はどこから来たと考えられていますか。

　　1　岩石の塩分が溶けて、川から海に運ばれた。

　　2　岩石が川から海に運ばれて塩分が溶け出た。

　　3　はじめから海の中にあった。

　　4　地下88メートルのところからきた。

**1번　과학 시간에 선생님이 이야기하고 있습니다.**

여 : 바닷물에 들어 있는 소금으로 지구 전체를 덮으면 그 두께는 88미터나 된다고 합니다. 이 소금이 도대체 어디서부터 왔는지에 대하여 자세한 것은 모릅니다만, 암석에 포함되어 있는 염분이 빗물에 의해 조금씩 강에 흘러나와 몇 십 억 년이라는 긴 세월동안에 바다까지 운반됐다고 생각됩니다.

🔊 **바다의 소금은 어디서부터 왔다고 생각됩니까?**

　　1 암석의 염분이 녹아서, 강에서부터 바다로 운반되었다. ✔

　　2 암석이 강에서부터 바다까지 운반되어 염분이 녹았다.

　　3 처음부터 바다에 있었다.

　　4 지하 88미터 지점에서 왔다.

**Tip** 위의 지문에서는 질문에 대한 정확한 해답을 직접적으로 읽고 있다. 「岩石に含まれる塩分が、雨水によって少しずつ川に流れ出し」라는 문장에서 암석에 소금이 들어 있었다는 것을 알 수가 있다. 그 외의 지문들은 정답을 오인하게 만드는 함정이므로 유의해서 들어야 한다.

〰 海水(かいすい) 해수　含(ふく)まれる 포함되다　塩(しお) 소금　地球(ちきゅう) 지구
覆(おお)う 덮다　厚(あつ)さ 두께　岩石(がんせき) 암석　塩分(えんぶん) 염분
雨水(あまみず) 빗물　流(なが)れ出(だ)す 흘러나오다　何十億年(なんじゅうおくねん) 몇 억 년
年月(ねんげつ) 세월　運(はこ)ぶ 운반하다　溶(と)ける 녹다　地下(ちか) 지하

관련 어휘〰 太平洋(たいへいよう) 태평양　陸上(りくじょう) 육상　海洋(かいよう) 해양
文明(ぶんめい)の起源(きげん) 문명의 기원　世紀(せいき) 세기　古代(こだい) 고대
遺跡(いせき) 유적　発掘(はっくつ) 발굴　城(しろ) 성　由来(ゆらい) 유래

## 5. 알림 · 광고

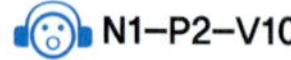


☐ 研究会の活動内容や主催講演会などに関するお知らせをいたします。
연구회의 활동내용이나 주최강연회 등에 관한 소식을 전해드리겠습니다.

☐ ホールの予定表に詳しいことが書いてあります。 홀 예정표에 세부 사항이 적혀 있습니다.

☐ 来週から新春大バーゲンセールを行います。 다음 주부터 신춘 대 바겐세일을 합니다.

☐ 取り扱っている疾患と治療法をご紹介いたします。 취급하고 있는 질환과 치료법을 소개하겠습니다.

☐ 新製品情報に掲載されている価格より10%オフいたします。
신제품 정보에 게재되어 있는 가격보다 10% 할인하겠습니다.

☐ 季節ごとの行事を体験することで子供たちは思い出に残る幼稚園生活を送ることができます。 계절마다 행사를 체험하는 것으로 아이들은 추억에 남는 유치원 생활을 보낼 수가 있습니다.

☐ 当社はインターネットを中心とした広告の企画、デザイン、製作などを行っております。
당사는 인터넷을 통한 광고의 기획, 디자인, 제작 등을 하고 있습니다.

☐ 中小企業の宣伝方法や広報・戦略などの悩みに対して、その打開策を提供しています。
중소기업의 선전방법이나 홍보 · 전략 등의 고민에 대해서 그 타개책을 제공하고 있습니다.

☐ 現在は健康ビジネスの専門展示会としてはトップクラスの地位を確立しています。
현재 건강비즈니스의 전문전시회로서는 톱클래스의 지위를 확립하고 있습니다.

☐ 参加者の方々から育児に有意義な講演会であったとの評価をいただきました。
참가자 분들로부터 육아에 유익한 강연회였다는 평가를 받았습니다.

☐ 水道工事は夜11時からいたしますので、みなさん、ご了承ください。
수도공사는 밤 11시부터 하니, 여러분 양해 바랍니다.

☐ 道路の舗装工事のため、通行は禁止させていただいております。
도로 포장공사 때문에 통행은 금지하고 있습니다.

☐ 現地の気象悪化のため、フライトは1時間遅れます。 현지 기상악화 때문에 비행은 1시간 늦겠습니다.

☐ 迷子になった3歳の女の子をお探しです。 미아가 된 3세 여자아이를 찾고 있습니다.

☐ 詳しいことは、1階の案内カウンターへお問い合わせくださいませ。
상세한 것은 1층 안내 카운터에 문의해 주세요.

☐ 展示会は無料ですが、写真の撮影は禁止させていただいております。
전시회는 무료입니다만, 사진촬영은 금지입니다.

# 問題3

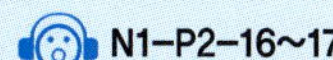


問題3では、問題用紙に何も印刷されていません。この問題は、全体としてどんな内容かを聞く問題です。話の前に、質問はありません。まず、話を聞いてください。それから、質問と選択肢を聞いて、1から4の中から、最もよいものを一つ選んでください。

— メモ —

## 問題3

問題3では、問題用紙に何も印刷されていません。この問題は、全体としてどんな内容かを聞く問題です。話の前に、質問はありません。まず、話を聞いてください。それから、質問と選択肢を聞いて、1から4の中から、最もよいものを一つ選んでください。

**1番** デパートの案内アナウンスです。

F：いらっしゃいませ。本日もヨツデパートをご利用いただきましてまことにありがとうございます。当店一階では春恒例の在庫一掃バーゲン、アクセサリーセットなどを半額で販売致しております。二階では電気製品、三階は寝具セット、いずれも2割4割引でご奉仕しております。なお、四階催し物会場ではソファー、たんすなど展示・紹介いたしておりますので皆様のご利用お願い致します。

🔊 布団は何階で買えますか。

1　一階　　　　2　二階　　　3　三階　　　4　四階

---

문제3에서는 문제용지에 아무것도 인쇄되어 있지 않습니다. 이 문제는 전체가 어떤 내용인가를 묻는 문제입니다. 이야기 전에 질문은 없습니다. 먼저 이야기를 들어 주세요. 그리고 나서 질문과 선택지를 듣고, 1에서 4 중에서 가장 알맞은 것을 하나 고르세요.

**1번** 백화점의 안내방송입니다.

여 : 어서 오세요. 오늘도 요츠백화점을 이용해 주셔서 진심으로 감사드립니다. 본 백화점 1층에서는 봄 행사 창고재고 정리 세일, 액세서리 세트 등을 절반 가격으로 판매하고 있습니다. 2층에서는 전기제품, 3층은 침구 세트, 둘 다 20%, 40% 할인해 드리고 있습니다. 그리고 4층 기획 전시장에서는 소파, 장롱 등을 전시 및 소개해 드리고 있으니 많은 이용 부탁드립니다.

🔊 **이불은 몇 층에서 살 수 있습니까?**

1　1층
2　2층
3　3층 ✔
4　4층

**Tip** 백화점에 관련된 문제 중에서 대표적인 것이다. 직접적으로 그 물건이 몇 층에서 팔고 있는지를 묻는 경우도 있지만, 그러한 물건들이 총괄적으로 사용되는 대표 단어로 묻는 경우가 월등히 많다. 따라서 이와 관련된 단어는 관련 어휘를 보고 반드시 체크해 두자.

～ **奉仕**(ほうし) 상인이 손님에게 물건을 싼값으로 팖　**当店**(とうてん) 당점　**恒例**(こうれい) 항례

**在庫**(ざいこ) 재고　**一掃**(いっそう) 일소, 모조리 쓸어버림　**販売**(はんばい) 판매

**電気製品**(でんきせいひん) 전기제품　**寝具**(しんぐ) 침구　**割引**(わりびき) 할인

**催**(もよお)**し物**(もの) 기획 행사

관련 어휘 **家具**(かぐ) 가구　**ベッド** 침대　**たんす** 옷장　**ソファー** 소파　**家電製品**(かでんせいひん) 가전제품

**ラジオ** 라디오　**クーラー** 에어컨　**紳士服**(しんしふく) 신사복　**スーツ** 정장　**背広**(せびろ) 정장

**ワイシャツ** 와이셔츠

---

<u>2番</u> 宿泊施設の管理者が話しています。　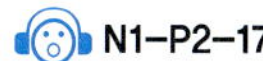 N1-P2-17

M：九州別府ゲストハウスは年間30数ヵ国から一万人以上の外国人客を受け入れている民
宿です。アメリカのテレビ番組や新聞でも紹介されたこのゲストハウスでは、国際交
流スペース、みんなのラウンジで、浴衣を着て日本人客と外国人客がいつでも会話を
楽しむことができます。温泉に浸りながら、国際交流ができるユニークな宿です。別
府の観光名所にも近く、景色もいいので、ぜひ一度お泊まりください。

🔊 九州別府ゲストハウスの特徴はどれですか。

1　すてきな浴衣が着られる。

2　外国人と交流できる。

3　県庁が経営している。

4　交通の便がいい。

---

**2번** 숙박시설 관리자가 이야기하고 있습니다.

남 : 규슈 벳푸 게스트하우스는 연간 30여 개국으로부터 1만인 이상의 외국인 손님을 받는 민박입니다. 미국의 텔레
비전 프로그램과 신문에도 소개된 이 게스트하우스에서는 국제교류 공간인 모두의 라운지에서 유카타를 입고
일본인 손님과 외국인 손님이 언제든지 대화를 즐길 수 있습니다. 온천을 즐기면서 국제교류가 가능한 독특한
숙소입니다. 벳푸의 관광명소와도 가깝고, 경치도 좋으므로 꼭 한번 묵어 주세요.

🔊 규슈 벳부 게스트하우스의 특징은 어느 것입니까?

1　멋진 유카타를 입을 수 있다.

2　외국인과 교류할 수 있다. ✔

3　현청에서 경영하고 있다.

4　교통편이 좋다.

受(う)け入(い)れる 받아들이다    民宿(みんしゅく) 민박    交流(こうりゅう) 교류    浸(つ)かる 잠기다
ユニーク(unique) 독특한    宿(やど) 숙소    観光名所(かんこうめいしょ) 관광명소    景色(けしき) 경치
泊(とま)る 묵다, 숙박하다    県庁(けんちょう) 현청(우리나라의 도청)    交通(こうつう) 교통

관련 어휘 手紙(てがみ)のやりとり 편지를 주고받음    体育大会(たいいくたいかい) 체육대회
民族(みんぞく) 민족    伝統衣装(でんとういしょう) 전통의상

## ④ 問題4 즉시 응답

N1에서는 기본적인 인사말이나 공식처럼 출제 예상되는 문제는 거의 나올 가능성이 없다. 따라서 '問題4'는 얼마나 많은 문장이나 문제를 접하는가에 따라 고득점의 향방이 정해질 것이다. 일정한 법칙이 없고 출제 예상되는 문형이나 문제가 정해진 것이 아니므로, 다양한 주제에 맞추어서 많은 문제를 풀어 보는 것이 고득점을 받는 가장 빠른 지름길일 것이다. 청취능력과 문장에 대한 이해도를 높이기 위해서 반드시 알아야 할 문형 50개, 그에 대비한 문제를 30문항 만들었으므로, 귀로 듣고 스크립트를 참고하여 문장에 대한 이해도 높여보도록 하자.

## 1. 반드시 알아야 할 질의응답문

☐ F : このかばん、大きくてたくさん入りそうでいいね。　　　🎧 N1-P2-V11
　　　이 가방, 커서 많이 들어갈 것 같아.

　M : そりゃ、大きいことに越したことはないけど…。
　　　그거야 큰 것이 좋기는 하지만….

　↝ そりゃ＝それは 그것은　　〜に越(こ)したことはない 〜에 비할 바가 없다
　관련 어휘 賛成(さんせい) 찬성

☐ M : このラーメン、なかなかうまいよ。うどんはどう?　　　🎧 N1-P2-V12
　　　이 라면, 상당히 맛있어. 우동은 어때?

　F : 私もラーメン、頼むんだった。
　　　나도 라면 시킬 걸.

　↝ なかなか 상당히　　頼(たの)む 부탁　　〜んだった 〜할 걸(후회를 나타냄)

☐ F : この時計、30分も遅れているよ。　　　🎧 N1-P2-V13
　　　이 시계, 30분이나 늦어.

　M : またかよ。
　　　또?

　↝ 遅(おく)れる 늦다
　관련 어휘 意外(いがい) 의외　　なるほど 과연

□ M：今度のプロジェクトは山田さんをおいていないだろう。 N1-P2-V14

이번 프로젝트는 야마다 씨를 제외하고 없을 거야.

F：やっぱりそうよね。

역시 그렇죠.

〰 ～をおいて ～을(를) 제외하고

관련 어휘 安心(あんしん) 안심

□ F：このズボン、雨が降ってもなかなか濡れないんだって。 N1-P2-V15

이 바지 비가 내려도 좀처럼 젖지 않는대.

M：軽いし、デザインもいいし、旅行にもってこいだな。

가볍고, 디자인도 좋고, 여행에 딱 맞는군.

〰 濡(ぬ)れる 젖다　もってこい 안성맞춤

□ M：このスーツちょっと窮屈だよ。 N1-P2-V16

이 정장은 좀 작아.

F：取り替えたらどう？

교환하지 그래?

〰 窮屈(きゅうくつ)だ 사이즈가 작다, 비좁다　取(と)り替(か)える 교환하다

□ F：あんな無口な隅田さんがドイツ語も中国語もペラペラだなんて…。 N1-P2-V17

저렇게 말이 없는 스미다 씨가 독일어에 중국어까지 능숙하다니….

M：それにさ、ギターもすごい上手なんだって。

게다가 말이야, 기타 연주도 수준급이래.

〰 無口(むくち) 말이 없음　ぺらぺら 외국어가 능숙함

□ M：昨日の面接どうだったの？ N1-P2-V18

어제 면접은 어땠어?

F：個人的なことまで根掘り葉掘りね。

개인적인 것까지 꼬치꼬치 캐물었어.

〰 面接(めんせつ) 면접　個人的(こじんてき) 개인적　根掘(ねほ)り葉掘(はほ)り 꼬치꼬치, 미주알고주알

☐ F : 子供じゃあるまいし、言われなくてもちゃんとやりなさい。　　N1-P2-V19

아이도 아니고, 말하지 않아도 똑바로 좀 해.

M : 分かっているけど、気づかなくてつい…。

알고는 있지만, 알아차리지 못해서 그만….

〰 ～じゃあるまいし ～가 아닌데 어찌　気(き)づく 알아차리다　つい 그만

関連語彙 叱(しか)る 꾸짖다　誉(ほ)める 칭찬하다

☐ M : 部長、この企画書、打ち直しますか。　　N1-P2-V20

부장님, 이 기획서 새로 칠까요?

F : そんなの、いちいちやってたら…。

그런 거 일일이 하면 (한도 끝도 없어)….

〰 部長(ぶちょう) 부장　企画書(きかくしょ) 기획서　打(う)ち直(なお)す 새로 타이핑하다　いちいち 일일이

☐ F : レポートどう? うまくいってる?　　N1-P2-V21

리포트 어때? 잘 되어 가?

M : もうお手上げだよ。

두 손 두 발 다 들었어.

〰 お手上(てあ)げだ 어찌할 도리가 없다, 속수무책이다

☐ F : たばこの吸いすぎがよくないというのは言うまでもないでしょう。　　N1-P2-V22

지나친 흡연이 좋지 않다는 것은 두말 할 필요도 없습니다.

M : 最近控えているけど、なかなかやめられないんだ。

요즘 삼가고 있는데 좀처럼 끊을 수가 없어.

〰 吸(す)う 피다　動詞ます形+ ～すぎる 지나치게 ～하다　～までもない ～할 필요가 없다
　　最近(さいきん) 최근　控(ひか)える 삼가다

☐ M : 毎晩、これじゃ困るんだよな、まったく。　　N1-P2-V23

매일 밤 이래서는 곤란해, 참나.

F : そうよね。夜中にドラムをたたくなんて。

맞아. 밤중에 드럼을 치다니.

〰 毎晩(まいばん) 매일 밤　困(こま)る 곤란하다　夜中(よなか) 밤중

関連語彙 楽器(がっき) 악기　演奏(えんそう) 연주　音声(おんせい) 음성

279

□ M：人の玄関の前に連絡先も残さずにパーキングするなんて、何を考えているんだ。

다른 사람의 현관 앞에 연락처도 남기지 않고 주차하다니, 도대체 무슨 생각을 하는 거야.



F：公衆マナーのない人間ってけっこういるのね。

공중도덕이 없는 인간이 상당히 있군.

〜 玄関(げんかん) 현관　連絡先(れんらくさき) 연락처　残(のこ)る 남기다　公衆(こうしゅう) 공중

관련 어휘 怒(おこ)る 화를 내다　汚(よご)れる 더러워지다　無断(むだん) 무단　駐車(ちゅうしゃ) 주차

□ F：今度の新入社員、どう?

이번 신입사원 어때?



M：すごくなれなれしい人だね。

엄청나게 친한 척 잘 하는 사람이야.

〜 新入社員(しんにゅうしゃいん) 신입사원　なれなれしい 버릇 없이 친하다

관련 어휘 遠慮(えんりょ)ない 조심스러움이 없음　親(した)しむ 친숙하다

□ M：あのう、4月20日予約したいんですが。

저… 4월 20일에 예약하고 싶습니다만.



F：申し訳ございません。もうふさがっています。

죄송합니다. 이미 꽉 차 있습니다.

〜 ふさがる 가득 차다

관련 어휘 満室(まんしつ) 만실

□ F：あの演劇、どうだった?

그 연극 어땠어?



M：もう、おもしろかったのなんのって。

얼마나 재밌었는지 몰라.

〜 演劇(えんげき) 연극　〜なんのって 매우 〜하다

□ M：昨日お見合いしたって。で、どんな人?

어제 선 봤다고? 그래, 어떤 사람이야?



F：目から鼻に抜ける人だなっていう感じだったわ。

좀 똑똑하면서 약삭빠른 사람이라는 느낌이었어.

〜 お見合(みあ)い 맞선　目(め)から鼻(はな)に抜(ぬ)ける 매우 영리하다, 약삭빠르다

관련 어휘 賢(かしこ)い 똑똑하다　ずるい 약삭빠르다　面(めん) 면

□ F : 吉田（よしだ）さん、ちょっと悪（わる）いけど、これ直（なお）せる？
요시다 씨, 좀 미안하지만 이거 고쳐줄래?
　　　　　　　　　　　　　　　　　　　　　　　　　　　　N1-P2-V29

　M : そんなの、わけないよ。
그런 건 식은 죽 먹기지.

　↝ 直（なお）す 고치다　わけない 손쉽다, 시시하다

□ M : 卒業祝（そつぎょういわ）いのプレゼント、何（なに）がいいかな。
졸업축하 선물, 뭐가 좋을까?
　　　　　　　　　　　　　　　　　　　　　　　　　　　　N1-P2-V30

　F : ちょっとしたものでいいんじゃない。
싼 것이라도 괜찮지 않겠어?

　↝ 卒業祝（そつぎょういわ）い 졸업 축하(선물)　ちょっとした 대수롭지 않음

　관련어휘 豪華（ごうか） 호화

□ F : 株価（かぶか）はどうですか。
주가는 어떻습니까?
　　　　　　　　　　　　　　　　　　　　　　　　　　　　N1-P2-V31

　M : 今（いま）のところ、横（よこ）ばいですよ。
현재는 보합세입니다(변동이 없습니다).

　↝ 株価（かぶか） 주가　横（よこ）ばい 변함이 없음

□ F : 雨降（あめふ）ったら映画（えいが）に行（い）かないよね。
비 오면 영화 보러 안 갈 거지?
　　　　　　　　　　　　　　　　　　　　　　　　　　　　N1-P2-V32

　M : 天気（てんき）とは関係（かんけい）ないだろう？室内（しつない）だから。
날씨와는 관계 없잖아? 실내인데.

　↝ 室内（しつない） 실내

□ M : 仕事（しごと）はどう？
일은 어때?
　　　　　　　　　　　　　　　　　　　　　　　　　　　　N1-P2-V33

　F : 猫（ねこ）の手（て）も借（か）りたいくらいよ。
눈코 뜰 새 없이 바빠요.

　↝ 猫（ねこ）の手（て）も借（か）りたい 아주 바쁨을 비유

□ M : あのチェックのシャツ、いいんじゃない。
　　　이 체크무늬 셔츠, 괜찮지 않아?

　 F : ありふれてるわよ。
　　　흔해 빠졌어.

　 ～ ありふれる 흔히 널려 있다

　 관련 어휘 珍(めずら)しい 신기하다

□ F : 明日(あした)から試験(しけん)だというのに涼(すず)しい顔(かお)しているわね。
　　　내일부터 시험이라고 하는데 태평하군.

　 M : そうかな。
　　　그런가?

　 ～ 涼(すず)しい顔(かお)をする 모르는 체 하다, 시치미를 떼다

　 관련 어휘 平気(へいき)だ 아무렇지도 않다

□ M : 今日(きょう)、焼(や)き肉(にく)と天(てん)ぷら定食(ていしょく)を食(た)べに行(い)こうよ。
　　　오늘, 불고기와 튀김 정식을 먹으러 가자.

　 F : どっちなの？両方(りょうほう)ともやってるところはないわよ。
　　　어느 쪽으로 한다고? 양쪽 다 하는 곳은 없어.

　 ～ 焼(や)き肉(にく) 불고기　天(てん)ぷら 튀김　定食(ていしょく) 정식　両方(りょうほう) 양쪽
　　　～とも ～다

□ F : 殺人(さつじん)事件(じけん)の犯人(はんにん)が逮捕(たいほ)されたって。
　　　살인사건 범인이 체포되었다고?

　 M : そう。
　　　그래.

　 ～ 殺人(さつじん) 살인　事件(じけん) 사건　犯人(はんにん) 범인　逮捕(たいほ) 체포

　 관련 어휘 逃(に)げる 도망가다　捕(つか)まる 붙잡히다

N1-P2-V34

N1-P2-V35

N1-P2-V36

N1-P2-V37

□ M：ね、聞いた? 鈴木さんが会社のお金使い込んだんだって。　　N1-P2-V38

　　있지, 들었어? 스즈키 씨가 회사 돈을 횡령했대.

　F：まさか、あんなまじめな鈴木さんが…。

　　설마, 그렇게 성실한 스즈키 씨가….

　↝ 使(つか)い込(こ)む 횡령하다　まさか 설마

□ F：どう? できる?　　N1-P2-V39

　　어때? 할 수 있겠어?

　M：朝飯前だよ。

　　식은 죽 먹기야.

　↝ 朝飯前(あさめしまえ) 식은 죽 먹기

□ M：青木さんってどんな人?　　N1-P2-V40

　　아오키 씨는 어떤 사람이야?

　F：ずんぐりした人よ。

　　땅딸막한 사람이야.

　↝ ずんぐり 땅딸막함

　関連어휘 ほっそり 호리호리한 모양　太(ふと)る 살찌다

□ F：共稼ぎというのは子供の教育に悪いことが多いようですね。　　N1-P2-V41

　　맞벌이라는 것은 아이의 교육에 나쁜 경우가 많은 것 같습니다.

　M：そうですね。仕事と家庭の両立はなかなか難しいですからね。

　　그래요. 일과 가사를 양립하는 것은 상당히 어려우니까요.

　↝ 共稼(ともかせ)ぎ 맞벌이　両立(りょうりつ) 양립

□ M：このたびうちの子がとんでもないことをしまして。　　N1-P2-V42

　　이번에 우리 애가 당치도 않은 일을 저질러서 (대단히 죄송합니다).

　F：いいえ、そんなに気になさらないでください。

　　아니오, 그렇게 신경 쓰지 말아 주세요.

　↝ とんでもない 터무니없다, 당치도 않다　気(き)にする 신경 쓰다　なさる する의 존경어

☐ F：お呼び立てしてすみません。　　　　　　　　　　🎧 N1-P2-V43

일부러 불러내어 죄송합니다.

M：いえ、何か急な用事でも？

아니, 뭔가 급한 볼일이라도?

〰 呼(よ)び立(た)てる 일부러 불러내다　急(きゅう)だ 급하다　用事(ようじ) 볼일

☐ M：そろそろ仕事にかかるか。　　　　　　　　　　🎧 N1-P2-V44

이제 슬슬 일을 해 볼까?

F：はい、頑張りましょう。

예, 열심히 합시다.

〰 そろそろ 슬슬　〜かかる 〜하기 시작하다, 착수하다

☐ F：うれしそうな顔をしていますね。何かいいことでもあったんですか。　　🎧 N1-P2-V45

즐거운 표정을 짓고 있군요. 뭔가 좋은 일이라도 있었습니까?

M：ええ。就職試験に受かりました。

예, 취직시험에 합격했습니다.

〰 顔(かお)をする 표정을 짓다　就職(しゅうしょく) 취직

☐ M：ミチコさんは何で今日メソメソしてるの？　　　　🎧 N1-P2-V46

미치코 씨는 오늘 왜 훌쩍거리고 있는 거야?

F：どうも彼と別れたらしいよ。

아무래도 그와 헤어진 것 같아.

〰 メソメソ 훌쩍훌쩍　どうも 아무래도

☐ F：たいしたことはないらしいわよ。　　　　　　　　🎧 N1-P2-V47

별것 아닌 것 같아.

M：そう？それはよかったね。

아, 그래? 다행이군.

〰 たいしたことない 별것 아니다

□ M：お母さん、外出てもいい？　　　　　　　　　　　　　N1-P2-V48

엄마, 지금 밖에 나가도 돼?

F：だめよ。まず部屋を掃除しなきゃ。

안 돼. 먼저 방을 청소해야 해.


□ F：今日のテストはちょっときつかったんですね。　　　　　N1-P2-V49

오늘 시험은 좀 어려웠죠?

M：そうでしょう。私なんか全然できませんでした。

그렇죠? 전 완전히 망쳤다니까요.

↝ きつい 힘들다, 사이즈가 작다


□ M：やあー、サチコ、今日の調子はどうだい？　　　　　　　N1-P2-V50

와, 사치코, 오늘 컨디션 어때?

F：あまりよくないのよ。風邪をひいちゃったみたい。

별로 좋지 않아. 감기 든 것 같아.

↝ 調子(ちょうし) 컨디션


□ F：昨日の会議、結局意見がまとまらなかったんだって？　　N1-P2-V51

어제 회의는 결국 의견이 모이지 않았다면서?

M：ええ、根回しが足りなかったらしいです。

예, 사전에 협의가 부족했던 것 같아요.

↝ まとまる 정리되다　根回(ねまわ)し 사전 협의　足(た)りない 부족하다


□ M：あのう、すみませんが、こちらで待ち合わせを

していらっしゃいますか。　　　　　　　　　　　　　　N1-P2-V52

저, 실례지만, 여기서 누구를 만나기로 하셨습니까?

F：ええ、そうですが。もしかして、高橋さんで…。

예, 그렇습니다만. 혹시, 다카하시 씨… (아닙니까?)

↝ 待(ま)ち合(あ)わせ 시간이나 장소를 정하고 만남　もしかして 혹시

285

☐ F：見合いに行く時は、派手すぎない服装で行ったほうがいいわよ。　　　🎧 N1-P2-V53

　　맞선 보러 갈 때는 너무 화려하지 않은 옷을 입고 가는 것이 좋아.

　M：スーツのほうが無難かな。

　　정장을 입는 것이 무난할까?

　　↝ (お)見合(みあ)い 맞선　派手(はで)だ 화려하다　服装(ふくそう) 복장　無難(ぶなん) 무난


☐ M：ひょっとすると沈没するかもしれない。　　　🎧 N1-P2-V54

　　어쩌면 침몰할지도 몰라.

　F：まさか沈むことはないでしょう。

　　설마 침몰할 리는 절대 없지.

　　↝ ひょっとすると 어쩌면　沈没(ちんぼつ) 침몰　沈(しず)む 가라앉다


☐ F：最近、調子いいみたいね。　　　🎧 N1-P2-V55

　　요즘, 컨디션 좋은 것 같은데?

　M：先週、一週間休みを取ってゆっくりしたんだよ。

　　지난주에 일주일 휴가를 받아서 푹 쉬었어.

　　↝ 調子(ちょうし) 상태, 컨디션　休(やす)みをとる 휴가를 잡다


☐ M：僕は部長と時々意見が合わないときがあるけど、君は?　　　🎧 N1-P2-V56

　　나는 가끔 부장님과 의견이 맞지 않을 때가 있는데, 넌?

　F：気まずくなるのは嫌だから合わせているの。

　　서먹서먹해지는 것은 싫어서 맞추고 있어.

　　↝ 気(き)まずい 서먹하다　合(あ)わせる 맞추다


☐ F：うまい宣伝にだまされて買わされたのよ。　　　🎧 N1-P2-V57

　　과장된 선전에 속아서 사버렸어.

　M：他のに取り替えてもらったらどう？

　　다른 걸로 바꿔달라고 하는 게 어때?

　　↝ 宣伝(せんでん) 선전　だます 속이다　取(と)り替(か)える 교환하다

□ M：来週までにこれ、やれって。俺に死ねっていうのと同じだよ。　N1-P2-V58

다음 주까지 이것을 하라고? 나보고 죽으라는 이야기이군.

F：みんな一生懸命やってるのにあなただけそんな風に言ってるわよ。

모두 열심히 하고 있는데 당신만 그런 식으로 말하고 있어.

～ 俺(おれ) 나　死(し)ぬ 죽다　一生懸命(いっしょうけんめい) 열심히

□ F：前髪がウェーブが出るようにしてください。　N1-P2-V59

앞머리는 웨이브가 나오도록 해 주세요.

M：今日はカットはなさらないんですね。

오늘은 커트는 안 하시죠?

～ 前髪(まえがみ) 앞머리

□ M：ストレスがたまっているらしい。この頃、胃がおかしいんだよ。　N1-P2-V60

스트레스가 쌓였나 봐. 요즘 통 소화가 안 돼.

F：病院に行ったほうがいいわよ。

병원에 가는 것이 좋아.

～ たまる 쌓이다　この頃(ごろ) 요즘　胃(い) 위

# 問題 4

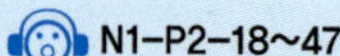 N1-P2-18〜47

問題 4 では、問題用紙に何も印刷されていません。まず、文を聞いてください。それから、それに対する返事を聞いて、1 から 3 の中から、最もよいものを一つ選んでください。

— メモ —

N1-P2-18

## 問題4

問題4では、問題用紙に何も印刷されていません。まず、文を聞いてください。それから、それに対する返事を聞いて、1から3の中から、最もよいものを一つ選んでください。

1番 M：田中さんはもう提案書の編集を仕上げてしまいましたよね。

　　F：1　聞いたところではまだです。

　　　　2　ええ、それが彼の提案したことです。

　　　　3　いいえ、終わりました。

문제4에서는 문제용지에 아무것도 인쇄되어 있지 않습니다. 먼저 문장을 들어 주세요. 그리고 나서 그에 대한 답변을 듣고, 1에서 3 중에서 가장 알맞은 것을 하나 고르세요.

남 : 다나카 씨는 이미 제안서의 편집을 끝냈죠?

여 : 1 들은 바로는 아직입니다. ✔

　　 2 예, 그것이 그가 제안한 것입니다.

　　 3 아뇨, 끝났습니다.

～ 提案書(ていあんしょ) 제안서　編集(へんしゅう) 편집　仕上(しあ)げる 완성하다, 끝내다

N1-P2-19

2番 F：打ち合わせっていつだっけ？

　　M：1　家に帰り次第すぐ連絡します。

　　　　2　メモしなくてもいいと思いますけど。

　　　　3　午後3時からですよ。忘れないでください。

여 : 사전 협의는 언제지?

남 : 1 집에 돌아가는 대로 연락하겠습니다.

　　 2 메모하지 않아도 괜찮을 거라고 생각합니다.

　　 3 오후 3시부터입니다. 잊지 말아 주세요. ✔

～ 打(う)ち合(あ)わせ 미리 상의함, 또는 그 상의·협의　동사 ます형 + ～次第(しだい) ～하는 대로
連絡(れんらく) 연락

3番 M：なぜ今日はクリーニング屋が開いていないんですか。

F：1 なぜ彼らが掃除したのか分かりません。

2 経営者が亡くなったんです。

3 いいえ、そうではありません。

남 : 왜 오늘은 세탁소가 열려 있지 않은 것입니까?
여 : 1 왜 그들이 청소를 했는지 모르겠습니다.

2 경영자가 돌아가셨습니다. ✓

3 아뇨, 그렇지는 않습니다.

〜 経営者(けいえいしゃ) 경영자　亡(な)くなる 죽다



4番 F：今夜のコンサートの無料チケットはいかがですか。

M：1 素晴らしかったです。そう思いませんか。

2 ありがとう。でも別の予定があるので…。

3 チケットが見つかりませんでした。

여 : 오늘밤 콘서트의 무료 티켓은 어떻습니까?
남 : 1 멋졌습니다. 그렇게 생각하지 않습니까?

2 고마워. 하지만 다른 예정이 있어서…. ✓

3 티켓이 발견되지 않습니다.

〜 今夜(こんや) 오늘 밤　無料(むりょう) 무료　素晴(すば)らしい 멋지다　別(べつ) 다른

5番 M：岡田さんのプレゼンテーションを楽しめなかったんですか。

　F：1　ええ、プレゼントは誰でも好きでしょう。

　　　2　私は大勢の前で話すのが苦手です。

　　　3　ええ、あまりためになりませんでした。

남: 오카다 씨의 프레젠테이션을 즐길 수 없었던 것입니까?

여: 1　예, 선물은 누구나 좋아하죠.

　　2　나는 많은 사람 앞에서 이야기하는 것이 서툽니다.

　　3　예, 별로 도움이 되지 않았습니다. ✓

～ 大勢(おおぜい) 많은 사람　苦手(にがて)だ 서툴다　ためになる 득이 되다, 도움이 되다



6番 F：すみませんが、携帯電話を切っていただけませんか。

　M：1　もちろんです。454の0770です。

　　　2　すみません、車に置いてきたと思っていました。

　　　3　心配は要りません。すぐに電源が入るでしょう。

여：죄송합니다만, 휴대전화를 꺼 주시지 않겠습니까?

남：1　물론입니다. 454-0770입니다.

　　2　죄송합니다, 차에 두고 왔다고 생각했습니다. ✓

　　3　걱정은 필요 없습니다. 바로 전원이 켜지겠죠.

～ 携帯電話(けいたいでんわ) 휴대전화　切(き)る 전원을 끄다　置(お)く 두다　電源(でんげん) 전원



7番 M：木村さんのメアドって何だっけ？

　F：1　えっと…、ちょっと待って。転送するから。

　　　2　いつも眼鏡をかけているらしいわ。

　　　3　コンピューターはよく分かんないわよ。

남 : 기무라 씨의 이메일 주소 뭐였지?

여 : 1 음…, 잠시 기다려. 전송할 테니. ✔

　　 2 항상 안경을 끼고 있는 것 같아.

　　 3 컴퓨터는 잘 몰라.


～ メアド 이메일 주소　転送(てんそう) 전송　眼鏡(めがね) 안경


🎧 N1-P2-25

8番 F : 今日は外は本当にムシムシしますね。

　　 M : 1　いいえ、もう流行していません。

　　　　 2　いいえ、家の中にいるつもりです。

　　　　 3　全くそのとおりです。


여 : 오늘은 밖은 정말로 후텁지근하군요.

남 : 1 아뇨, 이제 유행하지 않습니다.

　　 2 아뇨, 집 안에 있을 생각입니다.

　　 3 정말로 그래요. ✔


～ ムシムシ 무더운 모양　流行(りゅうこう) 유행　全(まった)く 완전히　～とおり ～대로


🎧 N1-P2-26

9番 M : 先週、松岡さんはセミナーに出席することになっていましたよね。

　　 F : 1　ええ、私たちはセミナーに行く予定です。

　　　　 2　はい、でも彼はキャンセルしなければならなかったそうです。

　　　　 3　いいえ、隅田がセミナーを主宰しました。


남 : 지난주 마츠오카 씨는 세미나에 출석하기로 했죠.

여 : 1 예, 우리들은 세미나에 갈 예정입니다.

　　 2 예, 하지만 그는 취소하지 않으면 안 되었다고 합니다. ✔

　　 3 아뇨, 스미다가 세미나를 주재했습니다.


～ 主宰(しゅさい) 주재

10番　F：ホテルへシャトルバスで行きますか、それともタクシーで行きますか。

　　　M：1　それではここであなたを待っています。

　　　　　2　30分ごとに運行しています。

　　　　　3　どちらでもありません。

여 : 호텔에 셔틀버스로 갑니까? 그렇지 않으면 택시로 갑니까?

남 : 1　그럼 여기서 당신을 기다리고 있겠습니다.

　　　2　30분마다 운행하고 있습니다.

　　　3　둘 다 아닙니다. ✓

〰 それとも 그렇지 않으면　〜ごとに 〜마다　運行(うんこう) 운행



11番　M：そんなこといつまでやっても無駄なんだから、いい加減止めたらどうだい。

　　　F：1　余計なこと言うからみんなに怒られるわけだよ。

　　　　　2　いつでもいいから好きな時に来なさい。

　　　　　3　いや、もうちょっとだけ。なんかできそうな気がするんだ。

남 : 그런 일은 언제까지 해도 쓸데없으니 적당히 그만두면 어때?

여 : 1　쓸데없는 말을 하니까 사람들이 화내는 거야.

　　　2　언제든지 좋으니까 좋을 때에 와.

　　　3　아니, 이제 조금만 더. 왠지 할 수 있을 것 같은 느낌이 들어. ✓

〰 無駄(むだ)だ 헛되다　いい加減(かげん) 적당함　止(や)める 그만두다　余計(よけい)だ 쓸데없다



12番　F：事務所のカラープリンターの修理は、やっぱりかなり費用がかかりますかね。

　　　M：1　普通は修理に数時間かかります。

　　　　　2　そんなに頻繁には使われていません。

　　　　　3　さあ、どうでしょうかね…。

여 : 사무실에 있는 컬러프린터 수리는 역시 상당히 비용이 들까요?

남 : 1 보통은 수리에 몇 시간 걸립니다.

2 그렇게 빈번하게 사용되지 않습니다.

3 글쎄요, 어떨까요. ✔

↝ 事務所(じむしょ) 사무실　修理(しゅうり) 수리　費用(ひよう) 비용　数時間(すうじかん) 몇 시간
頻繁(ひんぱん) 빈번

🎧 N1-P2-30

13番 M : 彼らはどんな製品を作っていますか。

F : 1　主に家庭用洗浄装置です。

2　ええ、とても便利な商品でした。

3　私たちは燃料電池を作る予定です。

남 : 그들은 어떤 제품을 만들고 있습니까?

여 : 1 주로 가정용 세정장치입니다. ✔

2 예, 매우 편리한 상품이었습니다.

3 우리들은 연료전지를 만들 예정입니다.

↝ ～ら ～들　製品(せいひん) 제품　主(おも)に 주로　家庭用(かていよう) 가정용　洗浄(せんじょう) 세정
装置(そうち) 장치　燃料(ねんりょう) 연료　電池(でんち) 전지

🎧 N1-P2-31

14番 F : いつ工場敷地へ戻れますか。

M : 1　4月に完成しました。

2　その区域の安全チェックが済んでからです。

3　ええ、彼らは工場に戻っています。

여 : 언제 공장부지로 돌아올 수 있습니까?

남 : 1 4월에 완성했습니다.

2 그 구역의 안전체크가 끝나고 나서입니다. ✔

3 예, 그들은 공장에 돌아왔습니다.

↝ 工場(こうじょう) 공장　敷地(しきち) 부지　完成(かんせい) 완성　区域(くいき) 구역
安全(あんぜん) 안전　済(す)む 끝나다

N1-P2-32

15番 M : じゃ、いったいどうしろっていうんだい。

F：1 体力があるのは女性より男性のほうだよ。
2 私に聞かないでよ。そんなこと自分で考える問題でしょ。
3 このあたりには何もないわよ。

남 : 그럼, 도대체 어떻게 하라는 거야?
여 : 1 체력이 있는 것은 여성보다 남성 쪽이야.
2 나에게 묻지 마. 그런 건 스스로 생각할 문제잖아? ✓
3 이 부근에는 아무 것도 없어.

〜 いったい 도대체　体力(たいりょく) 체력　自分(じぶん)で 스스로　このあたり 이 부근

N1-P2-33

16番 F : 組み立て工場は今日の午後閉鎖されたんですか。

M：1 はい、事故があったんです。
2 閉まる前に到着するようにします。
3 ちょうど大阪の市内で。

여 : 조립공장은 오늘 오후 폐쇄되었습니까?
남 : 1 예, 사고가 있었습니다. ✓
2 닫히기 전에 도착하도록 하겠습니다.
3 마침 오사카 시내에서.

〜 組(く)み立(た)て 조립　閉鎖(へいさ) 폐쇄　閉(し)まる 닫히다　到着(とうちゃく) 도착　市内(しない) 시내

N1-P2-34

17番 M : 予定より1日早く行けたらいいんですが、そう思いませんか。

F：1 ええ、とても楽しかったです。
2 上司が許してくれるとは思えません。
3 いいえ、彼らは遅れたと思います。

남 : 예정보다 하루 빨리 갈 수 있으면 좋겠습니다만, 그렇게 생각하지 않습니까?

여 : 1 예, 매우 즐거웠습니다.

2 상사가 허락해 줄 것이라고 생각되지 않습니다. ✔

3 아뇨, 그들은 늦었다고 생각합니다.

↝ 許(ゆる)す 용서하다, 허락하다



18番 F : どうして彼は野口さんを雇うかどうかについて気が変わったのでしょうか。

M : 1 ええ、彼は野口さんを雇うことに決めました。

2 何の変化もありません。

3 たぶん悪い噂が流れたんですよ。

여 : 왜 그는 노구치 씨를 고용할지 어떨지에 대해서 마음이 변한 걸까요?

남 : 1 예 노구치 씨를 고용하기로 정했습니다.

2 아무런 변화도 없습니다.

3 아마 나쁜 소문이 퍼졌던 것입니다. ✔

↝ 雇(やと)う 고용하다　気(き)が変(か)わる 마음이 바뀌다　噂(うわさ) 소문　流(なが)れる (소문 등이) 퍼지다



19番 M : トレーニング予算の増額を考えてくれませんか。

F : 1 ええ、健康のためにはいいですね。

2 いいえ、みんなやせました。

3 今回は適当ではありません。

남 : 트레이닝 예산의 증액을 고려해 주지 않겠습니까?

여 : 1 예, 건강을 위해서는 좋군요.

2 아뇨, 모두 야위었습니다.

3 이번에는 적당하지 않습니다. ✔

↝ 予算(よさん) 예산　増額(ぞうがく) 증액　やせる 야위다　適当(てきとう) 적당

🎧 N1-P2-37

20番 F：なぜ誰もコスト削減について提案しなかったか教えてもらえますか。

M：1 もちろんいくらか節約をしました。
　　2 先方から尋ねられなかったんです。
　　3 新しい供給業者に変更することによって…。


여 : 왜 아무도 비용 삭감에 대해서 제안하지 않았는지 알려 주시겠습니까?
남 : 1 물론 얼만가 절약을 했습니다.
　　2 상대방이 묻지 않았습니다. ✓
　　3 새로운 공급업자로 변경한 것에 의해서….

〰 削減(さくげん) 삭감　提案(ていあん) 제안　尋(たず)ねる 질문하다　供給(きょうきゅう) 공급
業者(ぎょうしゃ) 업자　変更(へんこう) 변경


🎧 N1-P2-38

21番 M：なんか頼りなさそうだけど、相手になるのかい。

F：1 いつも電話してくれるからありがたいと思っているんです。
　　2 便りがないほうが安心できるんじゃないですか。
　　3 外見で判断しちゃ駄目ですよ。すごいんですから。


남 : 왠지 미덥지 않은데, 상대가 될까?
여 : 1 항상 전화해 주어서 고맙다고 생각하고 있습니다.
　　2 소식이 없는 편이 안심할 수 있지 않습니까?
　　3 외견으로 판단해서는 안 돼요. 굉장하다니까요. ✓

〰 頼(たよ)り 기댐, 의지함　便(たよ)り 소식　外見(がいけん) 외견　判断(はんだん) 판단


🎧 N1-P2-39

22番 F：インフォメーションセンターには電話できないのですか。

M：1 いいえ、私にはできませんでした。
　　2 いいえ、私たちは何の情報を持っていません。
　　3 番号をご存じですか。

여 : 인포메이션 센터에는 전화할 수 없는 것입니까?

남 : 1 아뇨 저는 할 수 없었습니다.

　　2 아뇨, 우리들은 아무런 정보를 가지고 있지 않습니다.

　　3 번호를 알고 계십니까? ✔

↝ 情報(じょうほう) 정보　ご存(ぞん)じ「知(し)る-알다」의 존경 표현

🎧 N1-P2-40

23番 M : そこまで完璧(かんぺき)にしなきゃ気(き)が済(す)まないのかい。

　　F : 1 ええ、もともと生意気(なまいき)な人間(にんげん)なんですから。

　　　　2 ええ、小(ちい)さいことだけど気になってしょうがないんです。

　　　　3 ええ、気(き)に入(い)るものは別(べつ)にありません。

남 : 그렇게까지 완벽하지 않으면 후련해지지 않니?

여 : 1 예, 원래 건방진 인간이라서.

　　2 예, 작은 일이지만 신경 쓰여서 견딜 수 없습니다. ✔

　　3 예, 마음에 드는 것은 딱히 없습니다.

↝ 完璧(かんぺき) 완벽　気(き)が済(す)む 후련해지다　生意気(なまいき)だ 건방지다
気(き)になる 신경 쓰이다　気(き)に入(い)る 마음에 들다　別(べつ)に 딱히, 특별히

🎧 N1-P2-41

24番 F : 吉本(よしもと)さんはなぜそんなに早(はや)く仕事(しごと)を切(き)り上(あ)げたんですか。

　　M : 1 たぶん、私(わたし)たちがうまくやるしかないでしょう。

　　　　2 歯医者(はいしゃ)の予約(よやく)があったのです。

　　　　3 いつもより早(はや)く。

여 : 요시모토 씨는 왜 그렇게 빨리 일을 끝냈습니까?

남 : 1 아마 우리들이 잘 할 수밖에 없겠죠.

　　2 치과 예약이 있었습니다. ✔

　　3 평소보다 빨리.

↝ 切(き)り上(あ)げる 일단락 짓다, 끝내다

25番 M：どうすれば分析力を磨くことができるのかな？

　　　F：1　少なくとも一日2時間はかかります。

　　　　　2　ミステリー小説を読むといいよ。

　　　　　3　歯磨きは一日3回はしないとね。

남 : 어떻게 하면 분석력을 키울 수가 있을까?

여 : 1 적어도 하루에 2시간은 걸립니다.

　　2 미스터리 소설을 읽으면 좋아. ✓

　　3 양치질은 하루에 3번은 해야 해.

↝ 分析力(ぶんせきりょく) 분석력　磨(みが)く 연마하다　少(すく)なくとも 적어도　小説(しょうせつ) 소설　歯磨(はみが)き 양치질



26番 F：この国の路面電車は、一晩中走っているんじゃないの？

　　　M：1　いいえ、その道路は車は通行止めになっています。

　　　　　2　はい、市が夜に道路を掃除しています。

　　　　　3　夜中の2時までしか走っていません。

여 : 이 나라의 노면전철은 밤새도록 달리는 거 아냐?

남 : 1 아뇨, 그 도로는 자동차는 통행금지입니다.

　　2 예, 시가 밤에 도로를 청소하고 있습니다.

　　3 밤 2시까지밖에 달리지 않습니다. ✓

↝ 路面(ろめん) 노면　一晩中(ひとばんじゅう) 밤새도록　走(はし)る 달리다　道路(どうろ) 도로　通行止(つうこうど)め 통행금지　市(し) 시　夜中(よなか) 밤중



27番 M：うちの経理担当の者が、税の申告期限に遅れたんだね？

　　　F：1　はい、おそらく罰金を払うことになるでしょう。

　　　　　2　はい、午前様でした。

　　　　　3　はい、税率が上がっています。

남 : 우리 경리 담당이 세금 신고기한에 늦었지?

여 : 1 예, 아마 벌금을 지불하게 되겠죠. ✔

　　2 예, 새벽에 들어왔습니다.

　　3 예, 세율이 올라가고 있습니다.

〰 経理(けいり) 경리　担当(たんとう) 담당　税(ぜい) 세금　申告(しんこく) 신고　期限(きげん) 기한
おそらく 아마　罰金(ばっきん) 벌금　払(はら)う 지불하다　午前様(ごぜんさま) 늦게까지 놀거나 술을 마시
거나 하다가 자정(子正)이 넘어서 집에 돌아오는 일, 또는 그런 사람　税率(ぜいりつ) 세율

🎧 N1-P2-45

28番 F : 普段はどのぐらいで車のオイル交換をしていますか。

　　M : 1　ガソリンスタンドで。

　　　　2　7千キロごとに。

　　　　3　いいえ、修理屋さんがしてくれました。

여 : 평소에는 어느 정도로 자동차 오일 교환을 하고 있습니까?

남 : 1 주유소에서.

　　2 7,000킬로마다. ✔

　　3 아뇨, 수리하는 분이 해 주었습니다.

〰 普段(ふだん) 평소　交換(こうかん) 교환　ガソリンスタンド(gasoline stand) 주유소　～ごとに ~마다
修理屋(しゅうりや) 수리를 하는 사람, 또는 그 가게

🎧 N1-P2-46

29番 M : 部長は記者会見に出席するんですか。

　　F : 1　いや、お昼まで続くだろう。

　　　　2　ああ、私が会議を指揮したんだ。

　　　　3　いや、宇野さんが担当すると思う。

남 : 부장님은 기자회견에 출석합니까?

여 : 1 아뇨, 낮까지 계속될 거야.

　　2 아, 내가 회의를 지휘했어.

　　3 아니, 우노 씨가 담당할 거라고 생각해. ✔

〰 部長(ぶちょう) 부장　記者(きしゃ) 기자　会見(かいけん) 회견　出席(しゅっせき) 출석　指揮(しき) 지휘

[30番] F：第４四半期の売上高が伸びたかどうか知っていますか。

M：1　いいえ、同じことを考えました。

2　まだ、何も聞いていません。

3　はい、彼らは下半期に決算するそうです。

여 : 제 4사분기의 매상액이 올라갔는지 어떤지 알고 있습니까?

남 : 1 아뇨, 같은 것을 생각했습니다.

2 아직 아무 것도 듣지 못했습니다. ✔

3 예, 그들은 하반기에 결산한다고 합니다.

〰 四半期(しはんき) 4분기　　売上高(うりあげだか) 매상액　　伸(の)びる 늘다　　下半期(しもはんき) 하반기
決算(けっさん) 결산

## ◎5 問題 5 종합 이해

장문 청취와 별 차이 없이 보이지만, '問題5'는 장문 청취와 대화문이 결합된 형식이다.
여기서 출제될 만한 내용으로는

① 물건 소개
② 가게 소개
③ 날짜나 요일 선택
④ 탈 것 선택
⑤ 장소 선택

등이 출제될 것으로 예상된다. '問題5'에 대비하는 가장 좋은 방법은 장문 청취와 관련된 내용은 '問題3'의 장문 청취에서, 대화문은 '問題1'과 '問題2'에서 충분히 연습하면 될 것이다.

우선 두 사람의 대화에서 선택과 관련된 문장을 알아둘 필요가 있는데, 이 선택과 관련된 문장은 높은 수준의 어휘로 구성된 문장은 아니다. 하지만 어느 정도 기본적인 것도 알아둘 필요성이 있기에, 다음 문장을 한번 훑어보고 예제로 연습하도록 하자.



## I. 선택과 관련된 문장

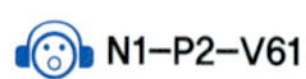 N1-P2-V61

□ やっぱり健康のためにはAを選んだ方がいい。 역시 건강을 위해서는 A를 선택하는 편이 좋아.

□ 景色を楽しむにはA温泉がいいでしょう。 경치를 즐기기 위해서는 A온천이 좋겠죠.

□ 僕は何といってもデザインより機能の面を重視するよ。 나는 뭐니뭐니해도 디자인보다 기능면을 중시해.

□ 痩せた人よりちょっと太目の人が好きなんだ。 야윈 사람보다 좀 푸근한 사람을 좋아해.

□ 能力とか学歴も大事だけど、性格がよくないとね。 능력이나 학력도 중요하지만 성격이 좋지 않으면 (별로야).

□ 連休はどこも混んでいるからあんまり行きたくないわ。 연휴는 어딜 가나 붐비니 별로 가고 싶지 않아.

□ 日帰りだから近くの温泉の方がよくないかしら。 당일치기니까 근처의 온천 쪽이 좋지 않을까?

□ 人の意見を聞くのもいいけど、やっぱり自分の好きな方を選んだ方がいいと思うよ。
다른 사람의 의견을 듣는 것도 좋지만, 역시 자신이 좋아하는 쪽을 선택하는 편이 좋다고 생각해.

□ 天気に関わらず、試合は続行されます。 날씨에 상관없이 시합은 속행됩니다.

□ 週末は料金が高いから平日の方がいいよ。 주말은 요금이 비싸니 평일 쪽이 좋아.

□ その値段なら国内より外国に行った方がいいわよ。 그 가격이라면 국내보다 외국에 가는 편이 좋아.

□ 赤は情熱的な感じはするけど、血とか悪さを感じさせるから止めたほうが無難だわ。
빨강은 정열적인 느낌이 들지만, 피나 악함을 느끼게 하니 그만두는 편이 무난해.

□ 高いところは苦手だから、山に行くのはちょっとね。 높은 곳은 안 맞아서 산에 가는 것은 좀 (그래).

□ 昨日は麺を食ったから今日はご飯にしよう。 어제는 면을 먹었으니 오늘은 밥으로 하자.

□ 暑い夏にはやっぱり冷たいビールに限るよ。 더운 여름에는 역시 차가운 맥주가 최고야.

□ 今週は目が回るほど忙しいから来週にしない？
이번 주는 눈이 빙글빙글 돌 정도로 바쁘니 다음 주로 하지 않을래?

□ 子供じゃあるまいし、テーマパークなんか嫌ですよ。 아이도 아니고, 테마 파크 따위는 싫습니다.

□ あんなに真面目な山田さんが来ないはずがないですよ。 저렇게 성실한 야마다 씨가 안 올 리가 없습니다.

□ 今のところ、それについては何とも言えません。 지금 현재 그것에 대해서는 아무 것도 말할 수 없습니다.

□ そんなこと朝飯前だから私に任せといてください。 그 정도 일은 식은 죽 먹기이니 저에게 맡겨 주세요.

□ 今度の件につきましては冷静に対処することが何よりです。
이번 건에 대해서는 냉정하게 대처하는 것이 무엇보다 중요합니다.

□ 家事と仕事の両立を図った。 가사와 일 양쪽 다 잘 되도록 노력했다.

□ さぞ大変だろうと思いきや、うまく対応してびっくりした。
틀림없이 힘들 것이라고 생각했는데 멋지게 처리해서 깜짝 놀랐다.

□ 万が一のことに備えて、保険に入っていますが、それでも心配です。
만일의 경우에 대비해서 보험에 들었지만 그래도 걱정입니다.

□ プロジェクトを来週からやればいいって？考えが甘いよ。
프로젝트를 다음 주부터 하면 된다고? 너무 쉽게 생각하는 거야.

□ 山田さんがそうおっしゃるなら、お言葉に甘えて…。 야마다 씨가 그렇게 말씀하신다면 응하겠습니다.

□ ぴったりというより窮屈という感じがして、一サイズ大きいのに取り替えたいわ。
딱 맞기보다는 좀 작다는 느낌이 들어서 한 사이즈 큰 것으로 교환하고 싶어.

□ 真夏だとすごく暑くなるだろうから最上階はやめときましょう。
한여름이라면 상당히 더울 것 같으니 최상층은 그만둡시다.

□ みんなできないと言うけど、かといって、新入社員の彼にも任せられないし。
모두가 못하겠다고 하지만, 그렇다고 해서 신입사원인 그에게 맡길 수도 없고.

□ 花瓶はデザインのほうを考えることもいいけど、子供の多いところにプレゼントするもんだから、安定感があるほうがいいよ。
꽃병은 디자인 쪽을 생각하는 것도 좋지만, 아이가 많은 곳에 선물을 하는 것이니 안정감이 있는 편이 좋아.

□ 時計回りに、三番目の方が山田さんの奥さんです。 시계 방향으로 세 번째 분이 야마다 씨의 부인입니다.

□ 子供部屋は独立しているより、親の隣のほうが情緒的にもいいと思うよ。
아이 방이 따로 되어 있는 것보다 부모님 방의 옆쪽이 정서적으로 좋다고 생각해.

□ 社名と日付は頭を揃えたほうがいいよ。 회사명과 날짜는 같은 줄에 쓰는 것이 좋아.

□ 遅れるくらいなら許せるけど、顔を出さないのはひどすぎるよな。
늦는 정도라면 괜찮은데, 얼굴을 내밀지 않는 것은 너무 심하군.

# 問題5

N1-P2-48～49

問題5では長めの話を聞きます。この問題には練習はありません。

## 1番

まず、話を聞いてください。それから、二つの質問を聞いて、それぞれ問題用紙の1から4の中から、最もよいものを一つ選んでください。

### 質問1

1 電車

2 バス

3 レンタカー

4 自分の車

### 質問2

1 電車

2 バス

3 レンタカー

4 自分の車

まず、話を聞いてください。それから、二つの質問を聞いて、それぞれ問題用紙の1から4の中から、最もよいものを一つ選んでください。

しつもん
## 質問1

1 オンボードカメラ

2 アウトドアフィールド用のカメラ

3 現場作業記録用カメラ

4 動作検証用記録カメラ

しつもん
## 質問2

1 オンボードカメラ

2 アウトドアフィールド用のカメラ

3 現場作業記録用カメラ

4 動作検証用記録カメラ

N1-P2-48

## 問題5

問題5では長めの話を聞きます。この問題には練習はありません。

1番 まず、話を聞いてください。それから、二つの質問を聞いて、それぞれ問題用紙の1か
ら4の中から、 最もよいものを一つ選んでください。

1番 男の人が連休で富士山旅行に行く話をしています。

M1：連休に行く富士山旅行の件なんですけど、そこまでの交通手段は、電車、バス、レン
タカー、自分たちの車の4つくらいだと思いますけど、みなさんはどうしますか。
電車の場合は、ここからだと2回乗り換えて目的地まで行かなければなりません。
待ち時間も含めると2時間弱くらいですね。バスの場合は、新宿駅で集合して高速
バスに乗って行きます。新宿からだと1時間30分くらいです。レンタカーの場合、
1日1万円くらいかかりますね。ガソリン代は別で。高いから駄目かな？自分たちの
車で行く人は、自己責任なので事故には十分に注意してください。

F ：私どうしよう？家からここまでは1時間、新宿まで30分、新宿の方がいいかな？
M2：俺は自分で行くから関係ないな。がんばってね。

F ：え、どうして？
M2：親がちょうど出張でいないから借りることにしたんだ。

F いいな。私も乗せていってよ。
M2：無茶だよ。家までぜんぜん違う方向なのに。

F ：やっぱり？
M2：ただ久しぶりだからそれが心配だよ。

F ：気をつけてよ。

🔊 質問1 女の人は何で行きますか。

🔊 質問2 男の人は何で行きますか。

문제5에서는 긴 이야기를 듣습니다. 이 문제에는 연습은 없습니다.

1번  먼저 이야기를 들어 주세요. 그리고 나서 2개의 질문을 듣고, 각각 문제용지의 1에서 4 중에서 가장 알맞은 것을 하나 고르세요.

1번  남자가 연휴에 후지산으로 여행 가는 이야기를 하고 있습니다.

남1 : 연휴 때 가는 후지산 여행 건입니다만, 거기까지 교통수단은 전철, 버스, 렌터카, 개인차 4개 정도라고 생각되는데, 여러분은 어떻게 하시겠습니까? 전철의 경우는 여기에서라면 두 번 환승해서 목적지까지 가지 않으면 안 됩니다. 기다리는 시간도 포함하면 2시간 남짓 정도지요. 버스의 경우에는 신주쿠 역에서 집합해 고속버스를 타고 갑니다. 신주쿠부터라면 1시간 30분 정도 걸립니다. 렌터카인 경우 하루에 만 엔 정도 들지요. 주유비는 별도로. 비싸서 안 될까요? 자기 차로 가는 사람은 자기 책임이기 때문에 사고에는 충분히 주의해 주세요.

여  : 나 어떡하지? 집에서부터 여기까지는 1시간, 신주쿠까지 30분, 신주쿠 쪽이 좋을까?
남2 : 나는 따로 가니까 상관없어. 힘내.
여  : 뭐, 어째서?
남2 : 부모님이 마침 출장으로 안 계셔서 빌리기로 했어.
여  : 좋겠다. 나도 태워 줘.
남2 : 그건 무리야. 집까지 방향이 전혀 다른데.
여  : 역시 그런가?
남2 : 다만 오랜만이니까 그게 걱정이야.
여  : 조심해.

🔊 질문1  여자는 무엇을 이용해서 갑니까?

1  전철
2  버스 ✔
3  렌터카
4  자신의 자동차

🔊 질문2  남자는 무엇을 이용해서 갑니까?

1  전철
2  버스
3  렌터카
4  자신의 자동차 ✔

**Tip**  여자가 「ここまでは１時間、新宿まで30分、新宿の方がいいかな？」라며 망설이자 남자가 「俺は自分で行くから関係ないな。がんばってね」라고 했으므로, 남자는 '자신의 차'로 간다는 것을 알 수 있다. 이 말을 들은 여자가 남자에게 차를 태워줄 것을 요청하지만, 남자의 「無茶だよ。家までぜんぜん違う方向なのに」란 말로 미루어볼 때 여자는 新宿까지 가서 '버스'를 타고 갈 것이라는 것을 알 수 있다.

〰 連休(れんきゅう) 연휴   件(けん) 건   乗(の)り換(か)える 갈아타다   目的地(もくてきち) 목적지
合(ふく)める 포함하다   弱(じゃく) 어떤 숫자에 조금 못 미침   集合(しゅうごう) 집합   高速(こうそく) 고속
〜代(だい) 〜요금   自己責任(じこせきにん) 자기 책임   乗(の)せる 태우다
無茶(むちゃ) 당치않음, 터무니없음

2番 まず、話を聞いてください。それから、二つの質問を聞いて、それぞれ問題用紙の1から4の中から、最もよいものを一つ選んでください。

2番 お店の人がカメラの説明をしています。　🎧 N1-P2-49

M1：オンボードカメラをヘルメットや車体に装着すれば、F1のコックピット映像からのオンボードカメラと同じような映像記録が可能になります。ツーリング終了後にも当日のライディング記録として映像が残せます。アウトドアフィールド用のカメラはスキーやスノーボードで仲間が滑っている映像記録や、ハンズフリー録画が必要とされているトレッキングや登山、既存のビデオカメラでは撮影が難しかったサーフィンや、水中撮影など様々なアウトドアフィールドでお使いいただけます。現場作業記録用カメラはヘルメットや、体にカメラを装着可能なSUV-Camであれば作業者の視点や手作業をハンズフリーで撮影可能です。危険を伴う災害救助での記録、熟練者の視点から作業工程を映像として残せます。動作検証用記録カメラは機器の動作状態や、生産ラインの稼動状況を記録するシステムとして、狭い場所や、水気の多い所などに設置が可能です。撮影したい場所をピンポイントで撮影することも可能です。

M2：ずいぶんいろんなカメラがあるな。

F ：あなたがほしいカメラはどれなの？

M2：俺は別に要らないけど、息子が山登りが好きで、今度の誕生日のプレゼントにほしいと言ってたから…。それで、それに合うカメラを買うつもりなんだよ。

F ：息子さんって、まだ高校生でしょう？ 勉強する時期なのにいいの？

M2：まあ、誕生日だし、しょうがないよ。で、君は何を買いに来たわけ？

F ：課長から言われて、現場で使うカメラを買って来いって。今度新入社員が入ってきたけど、本当に仕事ができなくて、先輩たちの仕事ぶりを見せるって言ってた。

M2：そっか。じゃ、早く買ってご飯でも食べに行こうよ。

🔊 質問1 男の人はどんなカメラを買いますか。

🔊 質問2 女の人はどんなカメラを買いますか。

2번  먼저 이야기를 들어 주세요. 그리고 나서 2개의 질문을 듣고, 각각 문제용지의 1에서 4 중에서 가장 알맞은 것을 하나 고르세요.

2번  종업원이 카메라 설명을 하고 있습니다.

남1 : 온보드 카메라를 헬멧이나 차체에 장착하면, F1의 운전석 영상에서의 온보드 카메라와 같은 영상기록이 가능해집니다. 튜닝 종료 후에도 당일의 라이딩 기록으로서 영상을 남길 수 있습니다. 아웃도어 필드용 카메라는 스키나 스노보드로 동료가 타고 있는 영상기록이나, 핸즈프리 녹화가 필요한 트레킹이나 등산, 기존의 비디오 카메라로는 촬영이 어려웠던 파도타기나 수중촬영 등 다양한 아웃도어 필드에서 사용하실 수 있습니다. 현장 작업 기록용 카메라는 헬멧이나 몸에 카메라 장착이 가능한 SUV-Cam이라면 작업자의 시점이나 수작업을 핸즈프리로 촬영 가능합니다. 위험을 동반한 재해구조에서의 기록, 숙련자의 시점에서 작업공정을 영상으로 남길 수 있습니다. 동작 검증용 기록 카메라는 기기의 동작 상태나 생산라인의 가동상황을 기록하는 시스템으로서, 좁은 장소나 물기가 많은 장소 등에 설치가 가능합니다. 촬영하고 싶은 장소를 핀 포인트로 촬영하는 것도 가능합니다.

남2 : 상당히 많은 카메라가 있군.

여 : 네가 원하는 카메라는 어떤 거야?

남2 : 나는 딱히 필요 없지만, 아들이 등산을 좋아해서 이번 생일 선물로 갖고 싶다고 했으니. 그래서 그것에 맞는 카메라를 살 생각이야.

여 : 아들은 아직 고등학생이지? 공부할 시기인데 괜찮아?

남2 : 뭐, 생일이니까 어쩔 수 없지. 그런데, 넌 뭘 사러 온 거야?

여 : 과장이 현장에서 사용할 카메라를 사오라고 해서. 이번에 신입사원이 들어왔는데, 정말 일을 못해서 선배들의 일하는 모습을 보여줄 거라고 하네.

남2 : 그래? 그럼 빨리 사고 밥이나 먹으러 가자.

질문1  남자는 어떤 카메라를 삽니까?

  1  온보드 카메라
  2  아웃도어 필드용 카메라 ✓
  3  현장작업 기록용 카메라
  4  동작 검증용 기록카메라

질문2  여자는 어떤 카메라를 삽니까?

  1  온보드 카메라
  2  아웃도어 필드용 카메라
  3  현장작업 기록용 카메라 ✓
  4  동작 검증용 기록카메라

**Tip** 아버지는 아들을 위해서 카메라를 사러 왔는데 아들이 취미로 「山登(やまのぼ)り」를 하고 있으므로 거기에 맞는 카메라, 본문에 나와 있는 「ハンズフリー録画が必要とされているトレッキングや登山、〜アウトドアフィールドでお使いいただけます」에서 「アウトドアフィールド用のカメラ」를 살 것이라는 것을 알 수 있다. 여자는 과장의 지시로 선배들의 일하는 모습을 보여줄 수 있는 카메라, 「熟練者の視点から作業工程を映像として残せます」에서 현장작업 기록용 카메라를 산다는 것을 알 수 있다.

車体(しゃたい) 차체　装着(そうちゃく) 장착　コックピット 스포츠카의 운전석　映像(えいぞう) 영상
記録(きろく) 기록　終了後(しゅうりょうご) 종료 후　残(のこ)す 남기다　滑(すべ)る 스키를 타다, 미끄러지다
既存(きぞん) 기존　水中(すいちゅう) 수중　撮影(さつえい) 촬영　現場(げんば) 현장
作業(さぎょう) 작업　視点(してん) 시점　手作業(てさぎょう) 수작업　危険(きけん) 위험
伴(ともな)う 동반하다　災害(さいがい) 재해　救助(きゅうじょ) 구조
熟練者(じゅくれんしゃ) 숙련자　工程(こうてい) 공정　動作(どうさ) 동작
検証(けんしょう) 검증　機器(きき) 기기　生産(せいさん) 생산　稼働(かどう) 가동　水気(みずけ) 물기
設置(せっち) 설치　山登(やまのぼ)り 등산　新入社員(しんにゅうしゃいん) 신입사원
仕事(しごと)ぶり 일하는 모습

〜向(む)け 〜용　ぴったりだ 딱 맞다　素人(しろうと) 아마추어　玄人(くろうと) 프로
適(てき)する 적합하다　向(む)いてない 적합하지 않다　ほしいもの 갖고 싶은 것

# Part 3
# 청해 실전 모의고사

→ 정답 p.37

# 問題1

N1–P3–01

問題1では、まず質問を聞いてください。それから話を聞いて、問題用紙の1から4の中から、最もよいものを一つ選んでください。

## 1番

1　アイウ

2　イウエ

3　イエオ

4　アエオ

## 2 番

**ア**



**イ**



**ウ**



**オ**



1　ア
2　イ
3　ウ
4　オ

3 番 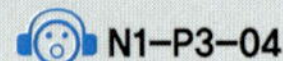

1 家を出て2時ごろ駅についたら電話をする。

2 家を出て2時ごろ駅に着いたら迎えに行く。

3 隣の家に行ってから2時ごろ駅に行く。

4 すぐに家を出て隣の家に行く。

4 番

1 黒いスカートを買った。

2 茶色いスカートを買った。

3 茶色いスカートを穿いてみた。

4 今日はスカートを買わなかった。

# 5 番



1 電話番号と名前を書いた。

2 名刺を渡した。

3 住所と名前を書いた。

4 名前だけ書いた。

# 6 番



1 子どもの熱が下がらないので参加しない。

2 子どもの熱が下がるので参加する。

3 子どもの熱が下がったら参加する。

4 子どもの熱が下がっても参加しない。

# 問題2

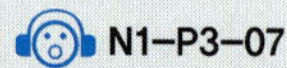 N1-P3-07

問題 2 では、まず質問を聞いてください。そのあと、問題用紙の選択肢を読んでください。読む時間があります。それから話を聞いて、問題用紙の 1 から 4 の中から、最もよいものを一つ選んでください。


## 1番

1 日本の代表的なたべものだから

2 職人が握ってくれるから

3 金持ちが多くなったから

4 回転寿司ができたから


## 2番

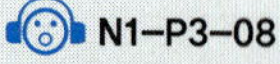 N1-P3-08

1 クラシックが嫌いだから

2 いつも静かな音楽を聞くと寝てしまうから

3 コンサートは夜遅いから

4 夜遅くアルバイトが終わるから

# 3 番



1 自分のノートと友だちのノート

2 テキストと自分のノート

3 ノートのコピーと参考書

4 自分のノートだけ

# 4 番

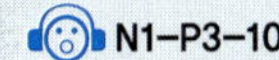


1 できれば仕事を優先してほしい。

2 プロジェクトから抜けてほしい。

3 やろうと思ったことはすぐに実行した方がいい。

4 みんな人事管理を習うべきである。

# 5 番

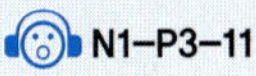


1 10回

2 15回

3 20回

4 30回

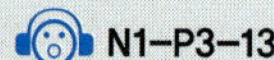 N1-P3-12

1 微妙なサイズがないから

2 メーカーによってサイズが違うから

3 洗濯をすると縮むから

4 子供はどんどん大きくなるから




N1-P3-13

1 健康診断ができるから

2 急に血液が必要になるから

3 献血はボランティアだから

4 いつでも献血ができるから

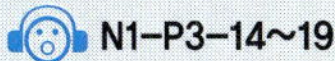


問題3では、問題用紙に何も印刷されていません。この問題は、全体としてとんな
内容かを聞く問題です。話の前に、質問はありません。まず、話を聞いてください。
それから、質問と選択肢を聞いて、1から4の中から、最もよいものを一つ選んでく
ださい。


— メモ —

# 問題4

問題4では、問題用紙に何も印刷されていません。まず、文を聞いてください。それから、それに対する返事を聞いて、1から3の中から、最もよいものを一つ選んでください。

― メモ ―

# 問題5

問題5では長めの話を聞きます。この問題には練習はありません。


## 1番

まず、話を聞いてください。それから、二つの質問を聞いて、それぞれ問題用紙の1から4の中から、最もよいものを一つ選んでください。


質問1

1　旅館に泊まる。

2　ペンションに泊まる。

3　海外に行く。

4　日帰り旅行に行く。


質問2

1　旅館に泊まる。

2　ペンションに泊まる。

3　海外に行く。

4　日帰り旅行に行く。

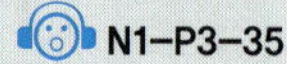

# 2 番

まず、話を聞いてください。それから、二つの質問を聞いて、それぞれ問題用紙の1から4の中から、最もよいものを一つ選んでください。

## 質問1

1　てくてく旅館
2　さくさく旅館
3　のびのび旅館
4　すくすく旅館

## 質問2

1　てくてく旅館
2　さくさく旅館
3　のびのび旅館
4　すくすく旅館

# 저자 소개

## 이장우

현 종로 파고다 외국어 학원에서 JPT 및 일본어능력시험 전문강사로 활동 중

## 저서

'일본어능력시험 실전 시뮬레이션' 시리즈

'일본어능력시험 필출문제' 시리즈

점수별 '딱 JPT' 시리즈

'JPT 지배하는 법' 파트별 시리즈 그 외 다수

**유토리 일본어능력시험 N1 독해 · 청해**

저자 이장우
초판 1쇄 인쇄 2010년 9월 17일
초판 1쇄 발행 2010년 9월 24일

발행인 박효상
편집책임 임수진
편집 김진아
디자인책임 손정수
디자인 이명애
마케팅책임 이종선
마케팅 이태호, 이전희

발행처 사람in
출판등록 제 10-1835호
주소 121-839 서울 마포구 서교동 378-16 4F
전화 02-338-3555
팩스 02-338-3545
이메일 saramin@netsgo.com
홈페이지 www.saramin.com

※잘못 만들어진 책은 구입하신 곳에서 바꾸어 드립니다.
Copyright ⓒ 2010 이장우

ISBN  978-89-6049-185-4  18730
       978-89-6049-178-6  (set)

# 일본어의 재미와 감동을 사람in이 드립니다.

## 러브스토리 일본어

저자 : 오쿠무라 유지, 임단비  판형 : B5  정가 : 13,600원 (MP3 음원 제공)

- 러브 스토리라는 흥미로운 소재를 이용하여 독해를 재미있게 배울 수 있습니다.
- 다양한 에피소드들 속에 어휘는 물론 문화까지 소개하였습니다.
- 최신 일본어로 일본어 감각도 끌어올릴 수 있습니다.

## 일본어다운 생활문화 일본어

저자 : 오쿠무라 유지, 임단비  판형 : B5  정가 : 12,000원 (MP3 음원 제공)

**일상생활에서 전통문화까지 한층 풍성한 일본어 어휘와 표현을 익히는 책!**

일본어다운 생활문화 일본어는 '집안거리, 먹을거리, 자랑거리, 느낄거리, 큰일거리, 일거리, 길거리, 하늘거리, 놀거리, 1년 놀거리'의 10가지 테마별 생활과 문화를 담은 어휘 표현집입니다.

넓게 생각하는 힘
유토리 일본어 능력시험
N1
독해 · 청해
길잡이 해설서
사람in
saram in com

넓게 생각하는 힘
유토리
일본어
능력시험
N1
독해 · 청해
길잡이 해설서
사람in
saram
in com

# 차례 **Contents**


### **1장** 독해 해설

**Part 2** 실전 대비 집중 훈련 ............................................. 4

**Part 3** 독해 실전 모의고사 ............................................. 21


### **2장** 청해 해설

**Part 1** 분석 및 대책 ............................................. 33

**Part 3** 청해 실전 모의고사 ............................................. 39

# N1

## 독해·청해

# 1장 독해 해설

## Part 2 실전대비 집중 훈련

### 01 問題8 단문 독해

**연습문제 01**

→ p.49

✔정답  46 ③    47 ④    48 ①    49 ②

**[46]**

매일의 통근, 통학에 전철이나 버스를 이용하는 사람이 많다. 나도 평소는 버스로 통학하고 있지만, 이전에 날씨가 좋아서 걸어 보았다. 그러자, 큰 전기점의 빌딩 처마 밑에 제비가 둥지를 만들고 있는 것을 알아차렸다. 버스에서 매일 보고 있었는데 그 때까지 전혀 알아차리지 못했다.

아버지의 친구는 매일 아침 통근 시 회사의 가장 가까운 역에서 한 정거장이나 두 정거장 앞의 역에서 내려서, 회사까지 걸어간다고 한다. 신문에서 '노화는 다리에서'라고 하는 기사를 읽은 것이 계기였던 것 같다. 처음에는 '건강을 위해서'라고 생각하고 조금 피곤한 것을 참으며 걸었지만, 요즘은 회사가 쉬는 날도 어딘가를 걷지 않으면 후련해지지 않을 정도로 걷는 것이 즐거워졌다고 한다. 땀을 흘리는 법이나, 바람이 얼굴에 닿을 때의 감각으로 계절의 변화를 직접 느낄 수 있는 것이 재미있다고 한다.

**어휘충전** 通勤(つうきん) 통근　通学(つうがく) 통학
電器店(でんきてん) 전기점　軒下(のきした) 처마 밑
巣(す) 둥지　気(き)づく = 気(き)がつく 알아차리다
最寄(もより) 가장 가까운　手前(てまえ) 앞
老化(ろうか) 노화　記事(きじ) 기사
きっかけ 계기　最初(さいしょ) 처음　健康(けんこう) 건강
疲(つか)れる 피곤하다　がまんする 참다
気(き)がすむ 후련해지다　汗(あせ)をかく 땀을 흘리다
珍(めずら)しい 희귀하다　速度(そくど) 속도

**[47]**

역 앞 주변에는 주륜장이 있음에도 불구하고, 방치된 자전거가 넘치고 있다. 관청에 부탁해서 퇴거시켜도, 다음 날에는 똑같은 수만큼의 자전거가 보도의 도로 폭을 좁히고 있다.

전날 역 앞의 보도에서 젊은이의 자전거가 방치된 자전거를 잇달아 쓰러뜨려서, 그것을 피하려던 80세의 노인이 큰 부상을 입은 사고가 있었다. 또, 자전거를 보도에 방치하는 사람뿐만 아니라, 보도를 걷는 보행자의 뒤에서 벨을 울리지 않고, 옆을 스치며 달려 나가는 사람도 있다. 자신이 지나가는 길을 방해하는 것은 괘씸하다는 태도이다.

자전거를 타는 사람이 늘어나면, 자전거를 타는 매너를 확실히 정해서, 자전거 이용자는 이것을 지키는 것이 필요하다. 역

앞의 사고를 교훈으로 해서, 보행자와 자전거를 탄 사람 자신의 안전을 지키기 위해서는 어떠한 매너가 필요한가를 생각할 필요가 있다.

자전거는 부담 없는 탈 것이지만, 금속으로 만들어져 있다. 맨몸인 사람보다는 강하다. 사람에게 강한 힘으로 닿으면 부상을 입히는 것이다. 자전거를 타기 위한 면허를 마련하자 까지는 아니지만, 보행자를 방해하거나, 보행자에게 부상을 입히거나 하는 듯한 일은 용서될 수가 없다.

**어휘충전** 駐輪場(ちゅうりんじょう) 주륜장
～にもかかわらず ～임에도 불구하고　放置(ほうち) 방치
あふれる 넘치다　役所(やくしょ) 관청
頼(たの)む 부탁하다　退去(たいきょ) 퇴거
翌日(よくじつ) 다음 날　数(かず) 수　歩道(ほどう) 보도
道幅(みちはば)を狭(せば)める 길 폭을 좁게 하다
若者(わかもの) 젊은이　倒(たお)す 쓰러뜨리다
避(さ)ける 피하다　大(おお)けが 큰 부상
歩行者(ほこうしゃ) 보행자　鳴(な)らす 울리다
脇(わき) 옆　かする 스치다
走(はし)り抜(ぬ)ける 달려 빠져나가다
じゃまする 방해하다　けしからん 괘씸함
教訓(きょうくん) 교훈　保(たも)つ 지키다
手軽(てがる)だ 간편하다　金属(きんぞく) 금속
生身(なまみ) 맨몸　当(あ)たる 부딪히다
免許(めんきょ) 면허　設(もう)ける 마련하다
妨害(ぼうがい) 방해　許(ゆる)す 용서하다
倒(たお)れる 쓰러지다　負(お)う 상처를 입다
法規(ほうき) 법규　資格(しかく) 자격
衝突(しょうとつ) 충돌　法律(ほうりつ) 법률

**[48]**

근처의 은행은 요즘, 금요일이 캐주얼 데이가 되었다. 평소에, 남성은 정장, 여성은 핑크 정장 제복이지만, 금요일은 전원 사복으로 일을 하고 있다. 그 때문에, 금요일은 다른 날과 다르게 친숙해지기 쉬운 느낌이 든다. 용지의 기입방법을 모를 때도 평소보다 가벼운 기분으로 물을 수 있고, 행원도 평소보다 친숙함을 가지고 가르쳐 주는 듯한 느낌이 든다. 정장이나 은행의 제복은 반듯하긴 하지만, 차가운 느낌을 받는다. 순경이 지나가면 나쁜 짓을 하지 않아도 긴장한다, 라는 것은 자주 있는 이야기이다. 제복은 입고 있는 사람과 입고 있지 않은 사람과의 사이에 거리나 벽을 만드는 것은 아닐까?

**어휘충전** 背広(せびろ) 정장　制服(せいふく) 제복
全員(ぜんいん) 전원　私服(しふく) 사복
親(した)しむ 친숙해지다　気軽(きがる)だ 부담 없다
きちんと 깔끔히, 정확히　お巡(まわ)りさん 순경
緊張(きんちょう) 긴장　距離(きょり) 거리

근처 편의점에 복사를 하러 갔을 때, 자동이라는 생각으로 방심하여 버튼을 누르니, 앞사람이 설정한 확대판이 나왔던 경험이 있다. 또, 정밀도가 높고, 기능이 늘어난 복사기 앞에 서면 무심코 자료의 축소나 확대를 시험해 본다. 결국 사용하는 것은 한 장뿐이고 나머지는 필요 없는 종이가 된다. 복사기 옆에 있는 쓰레기통에는 실수하거나 사용하지 못하게 된 종이가 대량으로 버려져 있는 것을 본 적도 많다.

생활의 일부분이 된 복사기를 안이하게 사용하면, 필연적으로 종이를 낭비하게 되는 것이다. 또, 신문지나 우유, 주스의 종이팩 등 재생할 수 있는 것을, 정리가 귀찮아서 버려 버리는 일도 있다. 이러한 것을 재인식하는 것은, 작은 힘이나마 지구의 삼림을 구하는 것에 연결된다. 소비 생활을 재인식하는 것이 되기도 한다.

기업의 사무자동화로 종이의 소비가 준다고 하지만, 실제로는 컴퓨터나 복사기, 팩스 등의 보급으로 종이의 소비량은 늘고 있다. 문제는 대량 소비의 흐름이 표면적으로는 보이지 않는 부분과 밀접하게 얽혀져 있다는 것이다.

종이의 절약은, 결국은 자연계의 삼림을 불필요하게 벌채하지 않고, 인간의 요구를 채울 수 있는 것이라고 생각하면, 그 필요가 이해될 것이다. 지구의 현재 상황을 자각한 개인 수준의 소비 억제 행동이 자그마한 힘이라도 환경을 지키는 것이 아닐까?

油断(ゆだん) 방심　設定(せってい) 설정
拡大版(かくだいばん) 확대판　精度(せいど) 정밀도
機能(きのう) 기능　縮小(しゅくしょう) 축소
試(ため)す 시험하다
不用紙(ふようし) 사용할 수 없는 종이　横(よこ) 옆
不用(ふよう) 불용　大量(たいりょう) 대량
捨(す)てる 버리다　身近(みぢか)だ 근방에 있다
安易(あんい) 안이　必然的(ひつぜんてき) 필연적
むだ遣(づか)い 낭비　再生(さいせい) 재생
整理(せいり) 정리　めんどうだ 성가시다
見直(みなお)す 재인식하다　ほんの少(すこ)し 아주 조금
森林(しんりん) 삼림　救(すく)う 구하다
つながる 이어지다　消費(しょうひ) 소비
企業(きぎょう) 기업　複写機(ふくしゃき) 복사기
普及(ふきゅう) 보급　流(なが)れ 흐름
表面(ひょうめん) 표면　部分(ぶぶん) 부분
密接(みっせつ) 밀접　からまる 얽히다
節約(せつやく) 절약　自然界(しぜんかい) 자연계
伐採(ばっさい) 벌채　要求(ようきゅう) 요구
満(み)たす 채우다　現状(げんじょう) 현 상황
目覚(めざ)める 눈을 뜨다, 자각하다　抑制(よくせい) 억제
ささやかだ 자그마하다　保護(ほご) 보호

p.54

✔정답　46 ③　47 ③　48 ④　49 ②

46

EU를 비롯해 많은 나라에서 모피를 위한 동물의 번식이 제한되게 되었습니다. 특히, 개와 고양이의 모피 수입의 금지는 당연한 것으로 진행되고 있습니다.

그러나, 그러한 한편으로 영국에 모피 세계무역센터가 위치해 있고, 한때는 극적으로 줄었던 모피 패션도 부분 사용과 염색 등의 기술에 의해 저항감이 없어졌으며, 또 모피업계의 강한 어필과 압력에 의해 모피 패션이 요 몇 년간 다시 성행하고 있습니다.

～をはじめとして ～을(를) 비롯해서　毛皮(けがわ) 모피
繁殖(はんしょく) 번식　犬猫(いぬねこ) 개와 고양이
輸入(ゆにゅう) 수입　禁止(きんし) 금지
貿易(ぼうえき) 무역　一時(いちじ) 한때
劇的(げきてき) 극적　部分使(ぶぶんづか)い 부분 사용
染色(せんしょく) 염색　技術(ぎじゅつ) 기술
抵抗感(ていこうかん) 저항감　業界(ぎょうかい) 업계
圧力(あつりょく) 압력　再燃(さいねん) 재연, 다시 타오름
飼(か)う 키우다　抑(おさ)える 억제하다
撤廃(てっぱい) 철폐

47

결과로서는 모든 업종에서 그 나름대로의 스트레스를 느끼고 있는 것이 판명되었다. 세세하게 보면, 가장 스트레스를 느끼고 있는 것이 매스컴 계열. 그 이유로는 '일의 양이 많은데 비해 급여는 적다' '하고 싶은 일을 할 수 없다' 등 좋아하는 일을 하면서도 환경면에서의 혹독함에 스트레스를 느끼고 있는 것 같다. 한편, 의외로 가장 스트레스가 적은 것이 서비스 계열이다. 자유 응답 중에 '고맙다고 듣는 것이 기쁘다'라는 의견이 있었고, 자신이 제공하는 것의 가치를 느낄 수 있는 입장에 있기 때문이라는 말을 들을 수 있었다.

いずれ 어느 것　業種(ぎょうしゅ) 업종
判明(はんめい) 판명　細(こま)かい 잘다, 세세하다
～系(けい) ～계열　量(りょう) 양　給与(きゅうよ) 급여
不遇(ふぐう) 대우가 안 좋음　携(たずさ)わる 종사하다
環境面(かんきょうめん) 환경면
厳(きび)しさ 엄격함, 혹독함　意外(いがい) 의외
提供(ていきょう) 제공　価値(かち) 가치
立場(たちば) 입장　うかがう 듣다

48

지금의 우리들의 생활은 교통기관의 발달이나 염가 제품의

보급에 의해서 편리하고, 쾌적해졌습니다. 예를 들면, 옛날 사람이 며칠이나 걸려서 걸은 여정을 비행기를 이용해서 불과 수 시간에 이동하기도 하고 냉방이나 난방 등의 덕분으로 무더운 여름의 더위나 겨울의 혹독한 추위에 아랑곳하지 않고 지낼 수가 있습니다. 이러한 편리함이나 쾌적함을 추구하는 것이야말로 우리들이 행복하게 생활해 갈 수 있는 사회를 만들기 위한 가장 중요한 것이라고 생각합니다.

**어휘충전**
機関(きかん) 기관　発達(はったつ) 발달
廉価(れんか) 염가　快適(かいてき) 쾌적
道(みち)のり 여정　わずか 불과　冷房(れいぼう) 냉방
暖房(だんぼう) 난방　むしむしする 아주 덥다
厳(きび)しい 심하다, 혹독하다
気(き)にする 신경쓰다, 걱정하다　追求(ついきゅう) 추구
暮(く)らす 생활하다　幸福感(こうふくかん) 행복감
味(あじ)わう 맛보다　往復(おうふく) 왕복
改良(かいりょう) 개량　整備(せいび) 정비
知恵(ちえ) 지혜

49

어제의 따뜻한 비, 그리고 오늘의 봄 같은 날씨, 전날까지의 추위가 거짓말 같습니다. 집의 디자인을 바꾸고(차남을 위해서 지금까지 내가 사용했던 방을 비워주었습니다), 근처에 있는 공원에 산책하러 갔습니다.

수목이 무성한 정원에 겨울 딸기가 많이 있었습니다. 시험 삼아 먹어 보니 생각 외로 강한 달콤함이 느껴져 깜짝 놀랐습니다. 지금까지의 추위가 좋았던 것인지도 모르겠습니다.

**어휘충전**
模様替(もようが)え 방의 디자인을 바꿈
明(あ)け渡(わた)す (가옥·토지 등을) 비워주다
林縁(りんえん) 수목이 무성한 정원　甘(あま)さ 달콤함
移(うつ)り変(かわ)り 변동, 바뀜

**연습문제 03**　→ p.58

✔정답　46 ④　　47 ②　　48 ①　　49 ③

46

모처럼 8일 토요일에 회사에서 꽃놀이가 있었습니다만, 우리들은 젊은 사람들끼리 준비를 해야 했기 때문에, 오전부터 모여서 여러 가지 준비를 하고 있었는데 왠지 날씨가 좋지 않은 것 같아서….

아무튼 장소를 잡고 파란색 시트를 깔려고 펼쳤더니 바람이 엄청나서 펼쳐도 펼쳐도 엉망진창이 되어, 힘들었습니다. 짐 등을 누름돌로 해서 펼쳤습니다만, 별로 좋은 느낌은 아니었습니다.

낮 1시부터의 예정으로 시작했습니다만, 정말 바람이 계속 강하게 불어서 바비큐를 할 상황이 아니었습니다. 3시 정도가 되자, 낮까지는 태양이 비추고 있었는데 완전히 그 모습을 감추어 버렸습니다.

강풍으로 추웠습니다만, 어떻게든 조금 더 힘을 내어 5시 정도에 철수했습니다. 다음 날 일요일은 매우 화창한 좋은 날이었습니다. 아무튼, 날씨 덕분에 평소라면 좀처럼 끝나지 않을 꽃 구경이 빨리 끝났기 때문에 다행이었다는 느낌도 듭니다만.

바람 탓인지 모르겠지만 평소보다 피곤했습니다.

**어휘충전**
若手(わかて) 젊은 사람　場所取(ばしょど)り 장소를 잡음
ひく 깔다　めちゃくちゃ 엉망진창　重(おも)し 누름돌
強風(きょうふう) 강풍　ふんばる 힘껏 버티다, 분발하다
撤収(てっしゅう) 철수　穏(おだ)やかだ 온화하다, 평온하다
おろそか 소홀함, 변변치 못함　ばてる 지치다

47

내 차는 지붕이 없는 월정 주차장에 놓여 있습니다. 이 시기는 항상 모래 먼지나 흙 등으로 완전히 더러워집니다. 세차해도 다음 날에는 평소처럼 먼지투성이가 되기 때문에 주유소의 세차기로 물로 씻습니다. 하지만, 매번 물로만 씻을 수는 없기 때문에 타이어 교환을 하는 김에 세차를 했습니다. 역시 손 세차는 구석구석까지 세차할 수 있어서 깨끗하게 됩니다.

덕분에 몰라볼 정도로 깨끗해졌습니다, 나머지는 왁스를 칠합니다만, 내일부터 날씨가 어떻게 될지 몰라서 다음 번으로 연기하려고 생각했습니다. 뭐, 왁스도 없었던 것도 있었지만. 다음엔 광택을 내어 볼까.

**어휘충전**
屋根(やね) 지붕
月極(つきぎ)め駐車場(ちゅうしゃじょう) 월정 주차장
砂(すな)ぼこり 모래 먼지　泥(どろ) 흙
〜やら〜やら　〜とか〜とか　汚(よご)れる 더러워지다
동사 ます형 + 〜まくり 몹시 〜하다　洗車(せんしゃ) 세차
まみれ 투성이　水洗(みずあら)い 물로 씻음
毎度(まいど) 매번　〜わけにはいかない 〜할 수는 없다
交換(こうかん) 교환　〜ついでに 〜하는 김에
手洗(てあら)い 손으로 씻음　隅々(すみずみ) 구석구석
見違(みちが)える 잘못 보다
今(いま)ひとつ 지금 당장은 모름　延期(えんき) 연기

48

내가 평소처럼 이른 아침에 일을 하러 갔을 때의 일입니다. 그 날은 아침부터 비가 심하게 내려서, 내가 가게에 도착했을 때에 가게 처마 밑에서 비를 피하고 있는 장신의 남성이 있었습니다. 별로 신경 쓰지도 않고, 평소처럼 일을 하고 있었는데, 곧 비를 피하고 있던 남성이 가게에 들어왔습니다. 그 남성은 아무것도 사지 않고 점내를 빙빙 돌기 시작했습니다.

처음에는 수상하게 생각했습니다. 이른 아침 5시경부터 가게에 들어왔다 나갔다를 반복하고 있었기 때문에 너무 무서워서 말을 걸 상황이 아니었습니다.

결국 그 남성은 약 4시간 동안 아무것도 사지 않고 계속 있었습니다. 우리들 종업원이 평소 이상으로 피곤했던 것은 말할 필요도 없습니다. 가능하다면 두 번 다시 오지 않기를 바랍니다.

> **어휘충전** 早朝(そうちょう) 이른 아침
> どしゃ降(ぶ)り 억수같이 쏟아지는 비
> 雨宿(あまやど)り 비를 피함　長身(ちょうしん) 장신
> 程(ほど)なくして 머지않아　グルグル 빙빙
> 回(まわ)る 돌다　不審(ふしん)だ 수상하다
> 居続(いつづ)ける 계속 있다
> 従業員(じゅうぎょういん) 종업원　脅(おど)かす 위협하다

[49]

초등학교 1학년 아들의 일로 상담하겠습니다. 올해 4월에 이혼하고, 친정으로 돌아왔습니다. 이전에 살고 있었던 곳은 시골이어서 초등학교도 한 학급밖에 없고, 적은 인원수로 전부 아는 사람이었습니다. 새로운 학교에 다니기 시작하자, 친구로부터 맞고 귀가하는 일이 많고, 되받아치지도 않고 울면서 돌아왔습니다. 집 근처에 있는 아이들에게도 맞아서, 보다 못한 내가 때린 아이의 부모에게 불평을 하러 갔습니다. 외동이고 싸움을 좋아하지 않아서, 혼자서 고민하고 있는 것 같습니다. 본인(아이)에게는 '감정을 표현하지 않으면 상대방은 몰라'라고 말해 주고 있습니다만. 이대로 괴롭힘의 표적이 되지 않을까 걱정입니다. 집이 바뀐 것, 친구가 바뀐 것 등, 내 탓인가 라고 생각하니 어떻게 하면 좋을지 모르겠습니다.

> **어휘충전** 息子(むすこ) 아들　離婚(りこん) 이혼　実家(じっか) 친정
> 戻(もど)る 되돌아오다　田舎(いなか) 시골
> 人数(にんずう) 인원수　顔見知(かおみし)り 아는 사람
> たたく 때리다　やり返(かえ)す 되받아치다
> 見(み)かねる 보기 어렵다
> 文句(もんく)を言(い)う 불평을 하다, 잔소리를 하다
> 一人(ひとり)っ子(こ) 외동　争(あらそ)い 싸움, 분쟁
> 好(この)む 좋아하다　悩(なや)む 고민하다, 괴로워하다
> 標的(ひょうてき) 표적　なまける 게으름 피우다
> 多(おお)き 많음

# 02 問題9 중문 독해

## 연습문제 01

→ p.67

✓**정답**

| 50 ③ | 51 ② | 52 ④ | 53 ② | 54 ① |
|---|---|---|---|---|
| 55 ③ | 56 ④ | 57 ① | 58 ① | |

[50]～[52]

1995년 한신・아와지 대지진 때에는 총 142만 명이 자원봉사 활동에 종사했다. 피차일반이라고 하는 협동정신으로, 조금이라도 여유가 있는 사람이 좀더 난처한 사람을 도왔다. 이 해는 일본의 ①자원봉사의 원년이라고 일컬어지고 있다.

앞으로는 자원봉사의 시대다. 나는 누구라도 좀더 부담 없이 자원봉사에 참가해야 한다고 생각한다. 의료나 소화활동에는 고도의 기술이 필요하다. 누구라도 할 수 있는 일은 아니다.

그러나 고도의 기술 등이 필요하지 않은 일도 많이 있다. 예를 들면 화장실 청소, 식사 준비, 고령자의 보살핌이나 쇼핑의 대행 등이다. 어려운 일은 아니지만, 매일 계속해야 한다. 일손은 아무리 있어도 많은 것은 아니다. 용기를 내어 참가할 의지를 전달하면 많은 선배가 따뜻하게 맞이해 줄 것이다.

②인간은 사회적 동물이다. 의식하든, 하지 않든 간에 상관없이 도움을 주기도 하고 받기도 하면서 생활하고 있다. 그것을 조금 더 의식하여, 가능한 한 돕는 쪽의 입장이 되려고 하는 사람이 증가하면 따뜻한 사회가 생겨난다. 자신의 생활을 희생하면서까지 행하는 자원봉사는 오랫동안 지속되지 않고, ③필요도 없다. 좀더 부담 없이, 더 자연스럽게 말할 수 있는 여러가지 자원봉사의 형태가 생겨, 누구라도 그 활동에 참가할 수 있게 되면, 세상이 바뀔 것이라고 생각한다.

> **어휘충전** 大地震(だいじしん) 대지진　際(さい) 때　のべ 합계
> 従事(じゅうじ) 종사　お互(たが)いさま 피차일반
> 助(たす)け合(あ)い 서로 도움　精神(せいしん) 정신
> 余裕(よゆう) 여유　元年(がんねん) 원년
> だれもが 누구라도　気軽(きがる)だ 부담 없다
> 医療(いりょう) 의료　消火(しょうか) 소화
> 高度(こうど) 고도　高齢者(こうれいしゃ) 고령자
> 介助(かいじょ) 보살핌　代行(だいこう) 대행
> 人手(ひとで) 일손　勇気(ゆうき) 용기　意志(いし) 의지
> 迎(むか)える 맞이하다　～側(がわ) ～측
> 回(まわ)る 움기다　増(ふ)える 증가하다
> 生(う)まれる 생기다　犠牲(ぎせい) 희생
> 長続(ながつづ)き 길게 계속됨　援助(えんじょ) 원조

53~55

개는 개헤엄으로 수영합니다. 하지만 고양이가 헤엄치는 것은 별로 안 보입니다. 고양이는 헤엄칠 수 있는 것일까요? 고양이를 키운 적이 있는 사람은 잘 알고 있다고 생각합니다만, 추위를 잘 타는 고양이는, 목욕탕에 자주 옵니다. 그러나 욕조에는 결코 들어오려고 하지 않습니다. 고양이는 물을 싫어하는 것 같습니다.

개털은 유분이 많고, 바깥쪽에 딱딱한 털이 자라 있기 때문에 물을 잘 털어냅니다. 헤엄을 쳐서 몸이 젖어도, ①부들부들 몸을 흔들면 물이 바로 없어집니다.

한편, 고양이는 털이 부드러워서, 물을 흡수하기 쉽기 때문에, 몸을 흔든 정도로는 물이 없어지지 않습니다. 그대로 있으면 몸이 차가워지기 때문에, 털이 마를 때까지 잘 핥을 필요가 있습니다. 고양기가 물을 싫어하는 것은 ②이러한 이유인 것입니다.

그러나, 젖는 것이 싫은 고양이도 물에 들어가 버리면 개헤엄과 비슷한 모습으로 수영을 합니다. 대부분의 동물은 태어나서 한 번도 물에 들어간 적이 없어도 바로 ③헤엄칠 수 있는 것입니다.

**어휘총전** 犬(いぬ)かき 개헤엄
寒(さむ)がり屋(や) 추위를 잘 타는 자
風呂場(ふろば) 목욕탕　湯船(ゆぶね) 욕조
油分(ゆぶん) 기름기　外側(そとがわ) 바깥쪽
固(かた)い 딱딱하다　生(は)える 자라다　はじく 튀기다
ぬれる 젖다　ぶるぶる 부들부들　振(ふ)る 흔들다
切(き)れる 없어지다　柔(やわ)らかい 부드럽다
吸(す)い込(こ)む 흡수하다　冷(ひ)える 차가워지다
乾(かわ)く 마르다　なめる 핥다　かっこう 모습, 모양
根拠(こんきょ) 근거

56~58

내가 가르치는 국제일본어학교에서 올해도 8명이 졸업했습니다. 전원 일본의 대학, 대학원에 진학합니다.

'어, 이상한데?'라고 ①느끼시는 분, '그렇습니다. 사진은 6명밖에 찍히지 않았습니다'. 이 일은 나중에『교실의 뒷 이야기』에서 보고하겠습니다.

그리고, 국제일본어학교에 대해서는 다음 페이지에서 소개하겠습니다. 소수 클래스로 아주 세세한 교육이 행해지고 있습니다.

1년 반 내지는 2년의 재학 기간, 여러 가지 일이 있습니다만, 졸업생을 배출하게 되면 역시 선생님들도 감개무량해집니다. (②한 개의 짐을 덜었다는 안도감도 있지만)

매년 학생들은 감정이 무디어 가지만, 역시 졸업식이 되면 감개가 무량해서 이것만큼은 항상 ③바뀌지 않는 기분이 드는 것 같습니다.

**어휘총전** 進(すす)む 진학하다　こぼれ話(ばなし) 뒷 이야기
報告(ほうこく) 보고　少数(しょうすう) 소수

きめこまかだ 빈틈없다, 세밀하다　ないし 내지
在校(ざいこう) 재학　送(おく)り出(だ)す 내보내다
感無量(かんむりょう) 감개무량
肩(かた)の荷(に)がおりる 부담감이 들다
ドライ 무미건조함
感慨深(かんがいぶかい)い 감개무량의 정도가 깊음
かなう 이루어지다　期待感(きたいかん) 기대감
ほっと 긴장이 풀려 마음을 놓는 모양

## 연습문제 02

→ p.73

✔**정답**　50 ③　51 ①　52 ③　53 ②　54 ④
55 ②　56 ③　57 ④　58 ①

50~53

프로가 만든 라면을 '맛있다'라고 하는 것은 제쳐두더라도 '맛없다'라고 단정하는 것은 용기가 필요하다. 처음 (가게에) 들어간 그 날의 맛이, 그 가게의 베스트 맛이라고는 할 수 없기 때문이다.

단지, 그날그날 한 사람 한 사람의 손님과의 진검승부라고 생각하면(왠지 만화같은 표현이지만), 그날 맛없다고 느끼게 하는 것은 라면 가게의 패배일 것이다. 적어도 근처에 있고, '저곳에 있는 라면이라도 먹으러 가자'라고 하는 사람은 또 와도, 멀리서 '저곳의 라면을 먹으러 가자'라고 하는 사람을 ①늘릴 수는 없을 것이다(그래도 괜찮다고 가게 측이 생각한다면, 그것도 ②훌륭한 경영방침이지만). '③손님이 손님을 부른다'라고 하는 것처럼, 그날의 그 손님이 만족하면, 몇 십 명 이상의 손님을 데리고 오는 경우도 있을 수 있다고 생각해야 한다. 수프도 면도 소스도, 그 외의 건더기도 그 시스템·연구에 아마추어로서는 알지 못하는 수고가 드는 일은 충분히 예상할 수 있다. 때문에 라면 만들기에 대한 깊은 생각과 열심히 연구하려는 마음이 있으면 맛있는 라면을 만드는 것은 언젠가 가능할 것이다. 문제는 그것을 어떻게 해서 유지하는가이다. 그것이 '맛있는 가게'로 계속 있을 수 있는 조건일 것이다. 아무리 맛있는 수프와 소스와 면을 준비해도, 그날 그 라면을 만드는 사람(주인이든, 제자든)이 열심히 하려는 마음이 없으면 도저히 맛있는 라면이 되지 않는 것이다. 하물며, 장래에 라면 가게를 열 마음이 전혀 없는 듯한 아르바이트생이 만든 라면 따위는 ④유명한 가게라도 먹고 싶지 않다. 결국 '맛있는 라면 가게'라는 것은 『가게 주인의 라면에 대한 깊은 생각과 열심히 연구하려는 마음을 언제나 느낄 수 있는 가게』라고 나는 생각한다.

**어휘총전** ~まだしも ~은 제쳐두더라도　言(い)いきる 단언하다
~とは限(かぎ)らない ~라고는 할 수 없다

真剣勝負(しんけんしょうぶ) 진검승부
漫画的(まんがてき) 만화같은　負(ま)け 패함
店側(みせがわ) 가게 측　方針(ほうしん) 방침
連(つ)れる 동반하다　ありうる 있을 수 있다　麺(めん) 면
タレ 소스　具(ぐ) 건더기, 속　仕組(しく)み 시스템
素人(しろうと) 아마추어　手間(てま)がかかる 수고가 들다
予想(よそう) 예상　思(おも)い入(い)れ 깊이 생각함
旨(うま)い 맛있다　いかにして 어떻게 해서
維持(いじ) 유지　条件(じょうけん) 조건　弟子(でし) 제자
ましてや 하물며　店主(てんしゅ) 점주
権利(けんり) 권리　腕前(うでまえ) 솜씨
思(おも)いやり 배려　評判(ひょうばん) 평판

<u>54</u>～<u>55</u>

　어느 날, JR의 역 홈에서 담배를 피고 있었는데 뒤에서 팔꿈치를 툭 치는 사람이 있어 뒤돌아보니 30대의 여성이었다. '여기서 피지 말아 주세요'라고 무서운 얼굴로 째려보았다. '아, 실례'라고 하자, 이겨서 의기양양한 표정으로 그 자리에서 떠났다.

　지금은 흡연자의 수난시대로, 어디에서도 흡연자는 미움을 받는다. 아무리 미움을 받아도 담배는 끊지 않는다. 맛있기 때문이다. 내가 담배를 피는 이유는 이 한마디로 다 할 수 있다. 맛을 모르는 사람에게는 아무리 말해도 알 수 없을 것이다. 맛있다, 맛없다의 감각은, 이론이 아니라 현실이다. 다른 사람의 입장에서 보면 ①<u>불쾌하게 보일 것</u>이다. 그러나, 음식이나 기호품에 대해서 다른 사람의 자유를 인정하지 않는 것은 좋지 않다. 예를 들면, 날 생선인 회를 먹는 일본인이 이상하다던가, 문어를 먹지 않는 민족이 있다고도 들은 적이 있지만, 그런 것은 각자의 자유이므로 상관없다.

　단지 그렇게는 말을 해도 흡연이 건강에 해가 있다는 것은 인정한다. 또, 공공 장소에서의 흡연은 피지 않는 사람에게 민폐가 되기 때문에, (흡연에) 좋은 장소를 찾아서 필 필요도 있다고 생각한다. 그러나, 요즘 비흡연자의 저 거만한 태도는 뭐란 말인가? 흡연자의 무례함보다도 비흡연자의 무례함은 훨씬 심하다. 공공의 장소라는 것은 제쳐두고, 여론을 배경으로 애연가를 공격한다. 그것이 울화가 나서, 내가 ②<u>금연하지 않는 이유</u>도 하나 늘었던 것이다.

 ひじ 팔꿈치　突(つ)く 치다
振(ふ)り返(かえ)る 뒤돌아보다
にらみつける 심하게 째려보다
勝(か)ち誇(ほこ)る 이긴 듯이 의기양양하다
去(さ)る 떠나다　喫煙者(きつえんしゃ) 흡연자
受難(じゅなん) 수난　嫌(きら)う 싫어하다
一語(いちご) 한마디　尽(つ)きる 다하다
不愉快(ふゆかい) 불쾌　嗜好品(しこうひん) 기호품
生(なま) 생, 날　刺身(さしみ) 회

害(がい) 해　公共(こうきょう) 공공
尊大(そんだい)だ 거만하다　態度(たいど) 태도
遥(はる)かに 훨씬　別(べつ)なく 제쳐두더라도
世論(せろん) 여론　愛煙家(あいえんか) 애연가
攻撃(こうげき) 공격　癪(しゃく)だ 울화통이 치밀다
攻(せ)める 공격하다

<u>56</u>～<u>58</u>

　'A: 이 사진은 젊을 때의 저입니다' 'B: 그렇습니까?'라는 대화에서 B의 문장 끝의 억양을 내리면, 상대방이 한 말을 ①<u>그대로 받아들이는 것</u>이 됩니다만, 문장 끝을 올리면 '도저히 믿어지지 않는다'라는 의심을 품는 말이 됩니다. 'A: 저는 전혀 안 되는 놈입니다' 'B: 그렇습니까? 그렇지 않습니다'에서도, 상대방이 한 말을 부정하기 위해, B는 '그렇습니까?'의 문장 끝 억양을 올릴 필요가 있습니다. 또, 'A: 사양하지 말고 드세요' ②<u>B: 그렇습니까?</u>'처럼 A가 권하고, B가 그것을 받아들이는 경우, B의 문장 끝 억양은 올라갑니다. 이것은 '정말 그 권유를 받아도 되는 것인가?'라는 의문의 형태로 납득한 것을 나타내는 거라고 생각합니다. '그렇습니까?'의 억양에 대해서는 좀더 여러 가지 경우에 대해서 생각해 보면 재미있다고 생각합니다. '그럴까요?'는 'A: 이거, 맛있어요' 'B: 그럴까요?'처럼 자신의 본심으로는 받아들일 수 없는 경우에 사용하는 경우가 많은 것 같습니다.

 やりとり (물건이나 말 등의) 주고받음
文末(ぶんまつ) 문장 끝　下(さ)げる 내리다
受(う)け入(い)れる 받아들이다　疑(うたが)い 의심
含(ふく)む 포함하다　全然(ぜんぜん) 전혀
打(う)ち消(け)す 부정하다　遠慮(えんりょ) 사양
召(め)し上(あ)がる 食(た)べる의 존경어
申(もう)し出(で) 신청, 요구　了解(りょうかい) 납득, 이해
本心(ほんしん) 본심　建前(たてまえ) 겉으로 내세우는 말
本音(ほんね) 본심

## 연습문제 03

➡ p.79

✓정답　　50 ③　　51 ④　　52 ③　　53 ②　　54 ④
　　　　55 ③　　56 ②　　57 ①　　58 ④

<u>50</u>～<u>52</u>

　우주비행사는 중력이 없는 세계에서 잠시 동안 생활을 한다. 그 때문에 근육의 힘이 약해질 우려가 있다. 그래서 근육을 유지하기 위해 매일 운동을 빼놓을 수 없다. 우주비행사에게는 지구에 되돌아올 때에 걸을 수 없어서 들것으로 운반되거나 목발에 기대어 걷거나 하는 모습보다도 씩씩하게 손을 흔들면서 걷

는 모습이 어울릴 것이다.

'①<u>누운 채로 일어나지 못하는 노인</u>'이라는 말이 있다. 계속 누운 상태로 있으면, 근육의 힘이 약해지고, 걸을 의욕도 잃어 버린다. 몸을 움직이지 않는 상태가 길게 계속되면 기억력이나 판단력 등도 잃어버려, 마침내는 자신의 자식 얼굴조차 모르게 되어버리는 경우도 있다. 노인에게는 역시 계속 누워 있는 모습 보다 오랫동안 살아온 지혜를 기리는 차분한 모습으로 앉아 있 는 모습이 어울린다.

노인이 주변 사람들로부터 계속 누워 있는 상태의 모습을 보 이고 싶지 않다면 노인이 되고 있는 중이라는 느낌이 들 때부터 의욕을 가지고 몰두할 수 있는 뭔가를 가지는 것이 필요하다. 큰 근육을 필요로 하지 않는 자원봉사 일을 하거나, 세금 신고나 살 림의 관리 등 가정 내의 사무를 담당한다거나, 이웃의 아이를 모 아서 이야기를(동화를) 읽고 들려주거나 하는 것 등이다.

고령자가 의욕을 가지고 활발하게 몰두할 수 있는 듯한 환경 만들기를 하기 위해서는, 누구라도 할 수 있는 일이 있다. 그것 은 '할아버지' '할머니'라는 말로 ②<u>고령자를 구별하는 것을 그만 두는 것</u>이다. 이것으로 자신에 대한 늙었다는 의식이 틀림없이 크게 바뀔 것이다.

취미로서 ①<u>적당히 하는 것</u>을 목표로 한다면 취미가 많아도 될 것이다. 그러나 그 세계에서 일류가 되는 것을 목표로 한다 면 욕심부려서 두 가지 일을 추구해서는 안 된다고 생각한다. 이것은 어떤 세계에서도 말할 수 있는 것이라고 생각한다.

물건이든 기술이든 그것을 자신의 것으로 하려고 하는 데는 노력이 필요하다. 노력 없이 뭐든지 자신의 것으로 할 수 있을 만큼 세상은 쉽지 않다. 그 노력이 어정쩡하다면, 당연히 결과 도 어정쩡하게 될 것이다. 따라서, 집중해서 노력을 하기 위해 서도 ②<u>목표는 하나로 모으는 것</u>이 필요한 것이다.

**어휘총정리** 勧(すす)める 권하다　あたる 임하다
選手(せんしゅ) 선수　ほどほど 적당히
目指(めざ)す 목표로 하다　一流(いちりゅう) 일류
欲張(よくば)る 욕심부리다　求(もと)める 추구하다
技術(ぎじゅつ) 기술　努力(どりょく) 노력
中途半端(ちゅうとはんば) 어정쩡함
集中(しゅうちゅう) 집중　しぼる 짜다, 좁히다
足元(あしもと) 발밑　標準(ひょうじゅん) 표준
劣(おと)る 뒤떨어지다　頂点(ちょうてん) 정점
極(きわ)める 끝까지 가다, 극한에 이르다
よせつける 접근시키다　食(く)い違(ちが)い 어긋남, 엇갈림

---

<u>56</u>～<u>58</u>

어느 슈퍼마켓의 계산대에 줄 서 있을 때 내 앞에서 계산을 하고 있던 외국인 여성은 대금을 지불하자 어설픈 일본어로 '봉 투는 필요 없습니다.'라고 하며 점원에게 봉투를 돌려주며, 자 신이 들고 온 소형 배낭에 상품을 넣고 가게를 나갔다. 나는 평 소처럼 봉투에 넣어서 집으로 돌아왔다. 집에서 사온 물건을 전 부 정리하자, 나중에는 상당한 양의 포장지와 잼병을 싼 발포 스트롤 쿠션, 비닐봉지가 남았다.

전날, 아들의 학교에서는 소각로를 사용할 수 없게 되었다. 그 이유는 쓰레기를 태우는 온도가 낮아서 다이옥신이 발생하 기 쉽기 때문이라고 한다. 다이옥신은 원래 지구에는 없었던 것 으로 물질과 물질이 합쳐져서 만들어진 것이다. 인간에게는 유 해하고, 건강에 미치는 영향이 염려되고 있다. 쓰레기는 태워서 처리하는 것이 가장 좋은 방법처럼 생각되어 왔지만, 다이옥신 의 8·9할은 쓰레기의 소각에서 발생하고 있는 것을 알았다.

다이옥신의 발생을 조금이라도 막고, 지구환경을 지키기 위 해서는 우선 우리 한 사람 한 사람이 가능한 한 쓰레기를 배출 하지 않도록 하거나 쓰레기를 바르게 배출하도록 하는 것을 명 심해야 한다. 이후 나도 가능하면 포장지나 봉투는 받지 않도록 하고 있다.

**어휘총정리** 勘定(かんじょう) 계산　代金(だいきん) 대금
支払(しはら)う 지불하다　片言(かたこと) 어설픈 외국어
袋(ふくろ) 봉투　デイパック 소형 배낭
片(かた)づける 정리하다　包装紙(ほうそうし) 포장지

---

**어휘총정리** 飛行士(ひこうし) 비행사　重力(じゅうりょく) 중력
しばらくの間(あいだ) 잠시 동안　筋肉(きんにく) 근육
弱(よわ)る 약해지다　おそれ 우려　欠(か)かす 빼다
担架(たんか) 들것　松葉杖(まつばづえ) 목발
頼(たよ)る 의지하다　さっそう 씩씩한 모습
似(に)つかわしい 어울리다
寝(ね)たきり老人(ろうじん) 누운 채로 일어나지 못하는 노인
意欲(いよく) 의욕　たたえる 기리다, 칭송하다
동사 ます형 + ～かけ ～하다가 만, ～하는 도중의
取(と)り組(く)む 몰두하다　税金(ぜいきん) 세금
申告(しんこく) 신고　家計(かけい) 가계
管理(かんり) 관리　物語(ものがたり) 이야기
生(い)き生(い)きと 활발한(히)　老(お)い 늙음
筋力(きんりょく) 근력　基準(きじゅん) 기준
対象(たいしょう) 대상　尊敬(そんけい) 존경

<u>53</u>～<u>55</u>

나는 어릴 때부터 바이올린을 배우고 수영 교실에 다니고 있 다. 처음에는 부모님에게 권유받아서 시작했지만, 그러는 동안 장래는 바이올리니스트가 되고 싶다고 생각하게 되었다. 바이 올리니스트가 되기 위해서는 많은 시간을 혹독하게 연습에 임 하지 않으면 안 되었다. 수영교실에 다닐 시간은 없었다. 그러 나 나는 수영도 버릴 수 없었다. 상당히 좋은 기록을 낸 적도 있 었고, 수영 대표선수가 되고 싶다는 마음도 있었던 것이다. 어 느 쪽도 그만둘 수 없는 상태로 계속한 결과, 결국 바이올리니 스트도 될 수 없었고, 수영 대표선수도 될 수 없었다.

まく 감다, 말다  発泡(はっぽう) 발포
焼却炉(しょうきゃくろ) 소각로  燃(も)やす 태우다
合(あ)わさる 합쳐지다  有害(ゆうがい) 유해
懸念(けねん) 염려  焼(や)く 태우다  ～割(わり) ～할
防(ふせ)ぐ 막다  心(こころ)がける 명심하다
埋(う)める 묻다  分別(ぶんべつ) 분별  処理(しょり) 처리

## 03 問題 10 장문 독해

### 연습문제 01

→ p.91

✓정답  59 ③   60 ①   61 ②   62 ①

59 ～ 62

학교가 끝나고 나서 공원에 놀러 가는 아이를 보살피는 부모 중에 거의 매일 오는 40대 중반과 30대 중반 정도의 두 사람의 아버지가 있었다.

40대 중반은 프랑스계 미국인인 크리스, 30대 중반은 필리핀계 미국인 리노다. 아들과 같은 반의 남자아이의 아버지인 크리스는 9·11 이전에는 미국의 어린이용 텔레비전 방송국의 선전 부서에서 근무했었다고 한다. 그 사건 이후의 혼잡함 속에서 텔레비전 방송국도 인원정리를 하는 지경에 이르러 그는 희망 퇴직을 했다고 한다.

'뭐, 오랫동안 근무한데다 뭔가 새로운 일을 하고 싶었고, ①딱 좋은 타이밍이었지' 껄껄 웃으며 크리스는 말했다.

대학에서의 전공은 영어였기 때문에 '유키 씨의 영어가 이상할 때는 바르게 고쳐 줄게'하고 나의 영어 선생님을 도맡아 준 것은 그이다.

'뭔가 다음 일은 생각하고 있어?'라고 묻자, '반년은 아들과 늘 함께 놀아주면서 그동안 생각하려고 하고 있어' 또 껄껄 ②웃으면서 말했다.

그의 부인은 잡지나 광고 일 외에 대학의 사진학과 교수이기도 하다. 크리스가 무직인 동안 부인이 열심히 일하고, 자신은 양육을 열심히 하는 것이라고 한다.

똑같이 아들과 같은 반의 여자아이의 아버지인 리노는 부인이 소아과 의사선생님이다.

딸이 태어날 때가 되었을 때 그가 양육을 맡기로 하고, 같은 의료관계의 일을 하고 있었지만 퇴직. 부인은 산후 2개월 정도 지나서 직장에 복귀했다고 한다.

'우리는 아내 부모님과 같이 살기 때문에 그들에게 부탁할까도 생각했지만, 부모님은 이제 젊지 않으니까. 게다가 우리 자식이니까 내가 똑바로 키우려고 생각했어'

딸의 음료수(우유)와 간식, 수건 등을 가득 넣은 배낭을 껴안

으면서 리노도 웃으면서 말해 주었다.

공원에서 놀고 있는 아이들은 이 아버지들이 아주 좋아하는 모습. 어머니들과 노는 모습과 비교하면 다이내믹한 것이다. 달리는 것도 빠르고, 아이들과의 술래잡기라도 섣불리 할 수 없다. 힘차게 쫓아오기 때문에 꺅꺅하고 소리지르면서 아이들도 필사적으로 도망간다. 아버지들의 목소리는 아이들과 비교하면 조금 낮지만 음량은 뒤지지 않는다. 와~ 와~, 꺅~ 꺅~, 어른과 아이의 소리가 뒤섞여 공원 안은 정말 시끄럽다.

반년 후, 고등학교 영어 교사를 목표로 한다고 하며 크리스는 대학원에 다니기 시작했다. 자신에게 있어서도 흥미가 있는 일이고 아들을 보살피는 시간도 다른 일과 비교하면 충분히 잡을 수 있을 것이라고 생각했던 것이다.

4년 후인 현재 크리스는 멋지게 고등학교 교사 자격을 땄고, 뉴욕의 공립 고등학교의 영어 교사가 되었다. 그리고 지금도 주 3회는 학교에 아들을 데리러 오고 귀가 길에 공원에서 놀다 간다. 리노는 2년 전에 두 번째 아이(아들)가 태어나 그는 계속해서 양육 중이다. 양육에 자신감이 넘치는 아버지들이 옆에 있으면 ③즐거운 것이다.

**어휘충전**
付(つ)き添(そ)う 시중들다, 보살피다  父母(ふぼ) 부모
半(なか)ば 중간  ～系(けい) ～계  以前(いぜん) 이전
～向(む)け ～용  宣伝部(せんでんぶ) 선전 부서
勤(つと)める 근무하다  事件(じけん) 사건
以降(いこう) 이후  ごたごた 어수선함
人員(じんいん) 인원  整理(せいり) 정리  はめ 처지
希望退職(きぼうたいしょく) 희망퇴직
仕事(しごと)に就(つ)く 취직하다  けらけら 껄껄
専門(せんもん) 전문, 전공  直(なお)す 고치다
買(か)う 떠맡다  びっちり 빈틈없이  雑誌(ざっし) 잡지
広告(こうこく) 광고  写真学科(しゃしんがっか) 사진학과
教授(きょうじゅ) 교수  無職(むしょく) 무직
しっかり 착실히, 튼튼히  子育(こそだ)て 양육
同(おな)じく 마찬가지로  小児科(しょうにか) 소아과
娘(むすめ) 딸  引(ひ)き受(う)ける 맡다
医療(いりょう) 의료  関係(かんけい) 관계
退職(たいしょく) 퇴직  産後(さんご) 산후
職場(しょくば) 직장  復帰(ふっき) 복귀
同居(どうきょ) 부모랑 같이 살다  おやつ 간식
手(て)ふき 수건  詰(つ)め込(こ)む 채워 넣다
抱(かか)える 껴안다  にこやかだ 싱글벙글하다
鬼(おに)ごっこ 술래잡기
手(て)を抜(ぬ)く (할 일을) 겉날리다, 빼먹다
思(おも)いっきり 마음껏, 힘껏  追(お)いかける 뒤쫓다
逃(に)げる 도망가다  音量(おんりょう) 음량
入(い)り交(ま)じる 뒤섞이다  ～にとって ～에 있어서
見事(みごと)に 훌륭하게  資格(しかく) 자격

引(ひ)き続(つづ)き 계속해서
やる気(き)満々(まんまん) 하려는 마음이 넘침
育児(いくじ) 육아


## 연습문제 02

→ p.94

√정답  59 ①    60 ③    61 ②    62 ④

59~62

　어릴 때는 누군가의 도움이 되고 싶어서 간호사가 되고 싶다라고 생각했다. 그런 것을 생각하면서 성장해서 지금은 노래를 부르고 있지만, 그래도 연예계에서 아무런 기술도 없이 일을 하는 것은 무서웠다. 잘 팔리지 않으면 어떻게 하지? 라고.

　사무실의 사장님과 레슨 선생님의 매출 방침의 엇갈림이 심해서 보고 있으면 괴로운 것도 있지만. 그래서 나는 그러한 것에 휩쓸리고 싶지 않다는 마음과 장래에 대한 불안감을 없애기 위해서 간호사 자격을 따려고 생각했던 것이다.

　공부하고 나서 반년 후에 겨우 간호사 자격을 땄다. 운도 있었던 탓인지 18세가 되어서 실제로 병원에서 일을 하게 되었다. 하지만 의사나 간호사가 무섭다고 생각했다. 부드러움이 손톱만큼도 없는 사람들이었다. 환자들에게는 웃는 얼굴의 간호사. 하지만 간호사에게는 불평만 하는 간호사. 학생을 괴롭히는 간호사. 학생을 무시하는 의사. 심술궂은 말만 하는 병원 직원. 그것을 매일 보고 있는 입원 환자. 환자들에게 'ㅇㅇ씨는 무서워요'라든가 '○○씨에게 괴롭힘 당하지 않았니?'라든가 걱정해주는 환자. 아무것도 모르는 학생 시절, 엄청나게 병원이 싫었다. 환자들과 교류할 수 있는 것이 유일한 안도감이었던 듯한 기억이 있다.

　병원에서의 일은 매우 좋아했지만, 이러한 인간관계의 성가심으로 병원을 몇 번이나 그만두려고 생각했다. 하지만, 어릴 때의 꿈도 있고, 또 환자들의 격려도 있었기 때문에 모든 것을 참으면서 일을 계속했다.

　내가 준간호사 자격을 따고 정규 간호학교에 다시금 취직을 겸해서 진학했을 때 같은 기수에 병동에 들어간 것은 5명이다. 준간호사 1명에 정간호사 4명. 근무 자체도 괴롭힘 그 자체. 매일 근무하는 것도 야근도 준 야근도 하는 나. 하지만 괴롭히는 학교에도 매일 가는 나. 쉬는 날이 하루도 없다. 일절 없다. 휴가도 받을 수 없다. 원한다고 하면 '①초짜인 주제에'라고 한층 더 가혹한 일을 시킨다. 철저하게 괴롭힘을 당해 스트레스로 쓰러져 버린 나. 학교는 다니고 싶고 졸업하고 싶다. 간호 공부도 하고 싶다. 하지만 어떻게 하면 좋을지 몰라서 매일 눈물로 하루를 보내는 일이 많았다. ②이런 나의 마음을 아랑곳하지 않고 간호사 동료와 의사의 괴롭힘은 점점 더 심해지고 있다.

준간호학교 때부터 필사적으로 공부해서 그럭저럭 추천으로 들어간 정간호학교이기에 그만 두고 싶지 않다. 하지만, 일을 계속할 수 없다. 학교 선생님에게 울면서 다니고 싶다고 호소했지만 결국 퇴학당할 수밖에 없게 되었다. 간호사가 더욱 싫어져 버렸다.

　만일 내 주변에 간호사가 되고 싶다고 생각하는 사람이 있다면 절대 그만두게 하고 싶다. 이런 나의 경험과 학교에서의 일을 말하고 무조건 그만두게 하고 싶다. 어쩌면 나에게 문제가 있을 지도 모르지만 지금도 그 학교나 병원을 그만두고 있는 사람들이 있는 것을 보면 역시 나의 생각은 틀리지 않았다고 생각한다. 그런 병원은 이제 없는 편이 더 나을 것이다.

**어휘총전**
看護婦(かんごふ) 간호사　芸能界(げいのうかい) 연예계
スキル 기술, 기능　事務所(じむしょ) 사무실
売(う)り出(だ)し 매출　方針(ほうしん) 방침
凄(すご)い 굉장하다　巻(ま)き込(こ)まれる 휩쓸리다
不安感(ふあんかん) 불안감　無(な)くす 없애다
資格(しかく)を取(と)る 자격을 따다　欠片(かけら) 파편
嫌味(いやみ) 빈정거림, 불평
意地悪(いじわる)だ 심술궂다　交流(こうりゅう) 교류
唯一(ゆいいつ) 유일　安堵(あんど) 안도
煩(わずら)わしさ 성가심, 귀찮음　激励(げきれい) 격려
我慢(がまん)する 참다　準看(じゅんかん) 준간호사
正看(せいかん) 정간호사　更(さら)に 한층 더
同期(どうき) 동기　病棟(びょうとう) 병동
日勤(にっきん) 매일 출근함　一切(いっさい) 일절
新人(しんじん) 신인　過酷(かこく) 과혹, 가혹
徹底(てってい) 철저
～をものともせずに ～을(를) 아랑곳하지 않고
仲間(なかま) 동료, 친구　ますます 점점
推薦(すいせん) 추천　訴(うった)える 호소하다
退学(たいがく) 퇴학
동사 부정형 + ～ざるを得(え)ない ～밖에 없다. ～해야 한다
ましだ 더 낫다　磨(みが)く 갈다. 수련하다
切(せつ)ない 괴롭다, 안타깝다


## 연습문제 03

→ p.97

√정답  59 ①    60 ④    61 ③    62 ②

59~62

　오늘 나는 또 한 살을 더 먹었다. 일본 여성의 평균 수명에 개인적인 기호나 전에 앓았던 병을 가미하면(여러 가지 경우를 제외하면) 이쯤이 나의 ①인생의 전환점일 것이라고 생각된다.

마라톤으로 하자면 그 말대로 알고 있는 길을 되돌아가면 좋으련만 인생이라는 것은 그렇게는 되지 않는다. 이 전환점은 단순한 시간축이어서, 앞으로 걸어갈 '길'은 이미 몇 갠가의 기로로 나뉘어져 있어서 나의 선택을 기다리고 있다.

생일이라고 하는 경사스런 날에 있어서, 나는 나를 괴롭게 한 기억의 정리를 하려고 생각한다. 지금까지 봉인해 왔던 기억을 인생의 전환점에서 공공연하게 기록을 남겨 손을 떼어버리려고 생각한다.

내가 4, 5세 때의 일이다. 이웃에 A라고 하는 남자가 있었다. 그에게는 나보다 한 살 연상의 아들과 한 살인가 두 살 연하인 딸이 있었는데, 그들과는 소꿉친구이다. 그들을 포함한 수명의 같은 세대 소꿉친구와 함께 지내는 것이 당시의 ②이 또래의 아이들의 일상이었다.

어느 날, 평소와 같이 나는 수명의 소꿉친구와 놀고 있었다. 휴일이었는지 평일이었는지는 기억나지 않는다. 그러나, 놀고 있는데 A씨가 와서, 갑자기 나를 껴안았다. 놀라서 저항하는 나를 개의치 않고, 그는 그대로 나의 뺨에 키스를 하고 '뽀뽀했다'라고 부끄러워하는 기색도 없이 말했다. 난폭하게 굴어 그의 손에서 도망가려고 하는 나의 발을 A씨의 아들과 딸, 그 외의 소꿉친구들이 잡아당겨서 도망가게 해 줄 때까지, 나는 자신에게 무슨 일이 일어났는지를 이해할 수가 없었다. ③친부모의 키스도 거절하는 연령의 아이가, 알고 있는 사람이라고는 해도 어른으로부터 강제로, 게다가 놀이 친구의 면전에서 받은 행위는 당시의 내가 모르는 말로 표현한다고 하면, '능욕'과 다름없었다.

그 수년 후에 A씨 일가가 이사갈 때까지 나는 그를 계속 피했다. 모습이 보이면, 소꿉친구들에게 '도망가'라고 호령을 했다. 여하튼 나는, 그로부터 가능한 한 멀어지고 싶었다. 수년 후가 더 흘러, 이제 이 때의 기억도 엷어져 갈 무렵, A씨가 재차 우리 마을에 모습을 드러낸 적이 있었다. 나는 학교에 갔었기 때문에 만나지는 않았지만, 어머니로부터 'A씨가 근처 병원에 진찰하러 온 김에 인사를 하러 왔다'고 들었던 것이다. 나는 그 순간 과거의 기억을 선명히 떠올렸다. 아마 그로부터 7, 8년은 흘렀다고 생각되는데, 그래도 아직 ④나를 얼어붙게 만들 정도의 생생한 기억은 가지고 있었다. 그리고 나는 생각했던 것이다. '두번 다시 돌아오지 못하게 저 녀석이 이 세상에서 없어져 버렸으면 좋겠는데'라고.

수일 후, 어머니와 아버지는 장례식에 갔었다. A씨가 일찍이 근처에 인사를 하러 온 뒤에 향한 병원의 대기실에서 진찰 순서를 기다리지 못하고, 뇌경색을 일으켜 죽었기 때문이다. 그 뉴스는, 나에게 몇 가지 혼란스러운 충격을 주었다. '없어져 버려!'라고 바랬던 나의 마음이, 그의 죽음에 영향을 주었는지 어떤지는 모른다. 그러나, 내가 그렇게 바랬던 것은 틀림없는 사실이다. 우연히 내가 그렇게 생각했던 날에 우연히 그가 죽음을 맞이했다. 단지 그것뿐일지도 모른다. 하지만, 나는 그로부터 오랫동안, 이 죽음에 대한 책임같은 것을 느끼게 되었다. 그가 어린 나에게 한 것도 또, 그 후의 나에게 성에 대한 알레르기 같은 그림자를 형성했다. 이 두 개의 감정은 여태껏 내 가슴 속에서 희미하지만 존재하고 있고, 때때로 나를 괴롭힌다. 이미 표면적으로는 완전히 아문 상처의 후유증처럼 나를 모욕하고, 화나게 하고는 혼란을 주는 것이다.

 重(かさ)ねる 거듭하다　平均(へいきん) 평균
寿命(じゅみょう) 수명　既往症(きおうしょう) 전에 잃았던 병
加味(かみ) 가미　ここらへん 이쯤
折(お)り返(かえ)し 전환　見知(みし)る 이미 알고 있다
軸(じく) 축　歩(あゆ)む 걸어가다　岐路(きろ) 기로
〜にあって 〜에서　苦(くる)しめる 괴롭히다
封印(ふういん) 봉인　公(おおやけ)に 공공연하게
書(か)き残(のこ)す 써서 남기다　手放(てばな)す 떼어놓다
幼(おさな)なじみ 소꿉친구　仲(なか) 사이
含(ふく)める 포함하다　同世代(どうせだい) 같은 세대
このあたり 이 무렵　抱(だ)き上(あ)げる 포옹하다
抵抗(ていこう) 저항
〜に構(かま)わず 〜을(를) 아랑곳하지 않고　頬(ほお) 뺨
悪(わる)びれる 부끄러워하다, 주눅이 들다
暴(あば)れる 날뛰다　逃(のが)れる 벗어나다
引(ひ)っ張(ぱ)る 잡아당기다　拒(こば)む 거절하다
強引(ごういん)に 억지로　凌辱(りょうじょく) 능욕
等(ひと)しい 다름없다　一家(いっか) 일가
避(さ)け続(つづ)ける 계속 피하다　号令(ごうれい) 호령
遠(とお)ざかる 멀어져 가다　薄(うす)れる 엷어지다
동사 ます형 + 〜掛(か)けた 〜하는 중의
再(ふたた)び 재차　我(わ)が町(まち) 우리 마을
現(あらわ)す 드러내다　診察(しんさつ) 진찰
〜ついでに 〜하는 김에　まざまざ 뚜렷이
経(た)つ (시간이) 지나다　凍(こお)りつく 얼어붙다
生々(なまなま)しさ 생생함　葬式(そうしき) 장례식
かつて 일찍이　待合室(まちあいしつ) 대기실
順番(じゅんばん) 차례　脳硬塞(のうこうそく) 뇌경색
混乱(こんらん) 혼란　衝撃(しょうげき) 충격
念(ねん)じる 바라다, 염두에 두다
紛(まぎ)れもない 틀림없다　たまたま 우연히
性(せい) 성　陰(かげ) 그림자
未(いま)だ 여태껏　薄(うす)らぐ 엷어지다, 덜해지다
表面的(ひょうめんてき) 표면적　癒(い)える 아물다
傷(きず) 상처　後遺症(こういしょう) 후유증
辱(はずかし)める 모욕하다　顧(かえり)みる 뒤돌아보다
反省(はんせい) 반성　後悔(こうかい) 후회
かけがえのない 더할 나위 없이 소중한

## 연습문제 01

➡ p.104

✓정답　63 ③　64 ③　65 ③

63 ~ 65

**A**

한자능력검정협회는 매년 1년을 표현하는 한자를 모집하여 가장 응모가 많았던 한자를 '올해의 한자'로서, 교토의 기요미즈데라에서 발표하고 있습니다.

2008년도의 한자는 '変'. 응모자가 이 한자를 선택한 주된 이유는 일본의 수상 교체, 미국의 오바마 대통령의 '체인지(변혁)'. 세계적인 금융정세의 변동, 주가폭락과 엔고 달러 저 등의 대폭적인 변동. 음식의 안전성에 대한 의식의 변화, 물가 상승에 의한 생활의 변화. 세계적 규모의 기후이변에 의한, 지구온난화문제의 심각화 등, 다양한 '변화(변이)'가 느껴졌기 때문이라고 합니다.

그런데 올해는 한자능력검정협회의 전 이사장들이 자산유용 등의 용의로 체포·기소되는 등 세간을 떠들썩하게 한 뉴스에 등장한 것도 있어서 개최가 위태로운 상태이지만, 예년대로 행해지기로 했다고 합니다. 올해의 한자는 도대체 어떤 한자가 될까요?

**B**

매년 12월에 발표되는 '올해의 한자'. 그 해를 표현하는 말로서, 한자 1자로 표현하고 미디어에서도 크게 다루고 있습니다.

그러나, 금년은 그것을 발표하고 있는 한자능력검정협회의 전 이사장들이 협회의 자산을 사적으로 유용했다는 것 등이 발각되어, 체포·기소되어 협회의 체질이 문제시되었습니다. 또, '올해의 한자'를 발표하고 있는 교토의 기요미즈데라의 주지스님도 한자협회의 이사를 사임했습니다. 개최 자체가 위태로웠던 '올해의 한자'입니다만, 신 이사장들에 의해, 올해도 개최할 것이라고 발표되었습니다. 보도진으로부터 지금의 마음을 한자로 표현하도록 요구받자 발표지인 기요미즈데라의 주지스님은 '新', 새로운 이사장은 '謝'라고 대답했다고 합니다.

그러나 지금까지의 이 '올해의 한자'의 발표 자체가, 일본한자능력검정의 돈벌이 위주의 선전에 사용되어 왔다고 해도 부정할 수 없습니다. 한자능력협회의 '改'나 '新'을 어필하고 싶으면, 지금까지의 관계와 '단절'을 보여주지 않으면 안 되지 않을까요? 기요미즈데라가 아니더라도 발표는 할 수 있는 것이니까.

**어휘총정리** 能力 (のうりょく) 능력　檢定 (けんてい) 검정
協会 (きょうかい) 협회　募集 (ぼしゅう) 모집
応募 (おうぼ) 응모　主 (おも)な 주된
首相 (しゅしょう) 수상　交代 (こうたい) 교대, 교체

大統領 (だいとうりょう) 대통령　変革 (へんかく) 변혁
世界的 (せかいてき) 세계적　金融 (きんゆう) 금융
情勢 (じょうせい) 정세　変動 (へんどう) 변동
株価 (かぶか) 주가　暴落 (ぼうらく) 폭락
円高 (えんだか) 엔고　大幅 (おおはば) 큰 폭
安全性 (あんぜんせい) 안전성　意識 (いしき) 의식
物価 (ぶっか) 물가　上昇 (じょうしょう) 상승
規模 (きぼ) 규모　気候 (きこう) 기후　異変 (いへん) 이변
深刻化 (しんこくか) 심각화　理事長 (りじちょう) 이사장
資産 (しさん) 자산　流用 (りゅうよう) 유용
容疑 (ようぎ) 용의　逮捕 (たいほ) 체포　起訴 (きそ) 기소
世間 (せけん) 세상　騒 (さわ)ぐ 떠들다
開催 (かいさい) 개최　危 (あや)ぶむ 염려하다
取 (と)り扱 (あつか)う 취급하다　私的 (してき) 사적
発覚 (はっかく) 발각　体質 (たいしつ) 체질
貫主 (かんじゅ) 주지　辞任 (じにん) 사임
報道陣 (ほうどうじん) 보도진　表 (あらわ)す 표현하다
儲 (もう)け主義 (しゅぎ) 돈벌이 주의　宣伝 (せんでん) 선전
否定 (ひてい) 부정　肯定的 (こうていてき) 긍정적

## 연습문제 02

➡ p.106

✓정답　63 ④　64 ①　65 ③

63 ~ 65

**A**

결혼 후에도 희망하면 부부가 서로의 옛 성을 사용할 수 있는 부부 다른 성. 앞으로 이 부부 다른 성이 법 개정에 의해 부부가 원하면 선택할 수 있게 될 가능성이 나왔다.

어떤 앙케트에 의하면 이 제도에 '매우 찬성' 또는 '어느 쪽인가 하면 찬성'이라고 대답한 사람의 비율은 전체 55%였다. 여성은 '찬성파'가 62%로, 남성의 49%을 크게 상회했다. 또, 미혼자 중에서는 찬성파가 58%나 이르는 것에 대해, 기혼자의 찬성파는 50%로, 결혼하지 않은 쪽이 선택적 부부 다른 성의 지지율이 높았다.

찬성의 이유로서는 '본인의 자유' '선택지가 늘어나는 것은 좋은 일'이라는 의견이 눈에 띄었다. 한편, 반대파 중에는 '부부인데 성이 다르면 혼란스럽다' '자식의 성으로 다툰다' '가족의 유대가 엷어지는 느낌이 든다'라는 소리가 많았다고 한다. 실제로 어느 쪽으로 하고 싶은가 라는 질문에는 '다른 성'이 6%, '같은 성'이 52%, '어느 쪽이라도 상관없다'가 41%였다.

찬성파, 반대파, 의견이 거의 이등분하는 이 문제에 대해서 한층 더 토론을 진행할 필요가 있는 것 같다.

B

　선택적으로 부부 다른 성 제도를 도입하려고 하는 민법개정의 움직임이 나왔다. 부부 다른 성에 대해서는, 옛날부터 토론되어 왔었지만, 그때마다 '가족의 일체감이 손상된다' 등의 강한 반대의견이 나와, 실현에는 이르지 못했다.

　찬성파의 의견에 의하면 일에 지장을 초래한다, 결국은 남성의 성에 따라야 한다 등 다양한 의견이 있지만, 다른 조사에 의하면 중고생의 6할 이상이 '양친의 다른 성'을 싫어하고 있다고 한다. 부모의 사정만 생각하면, 다른 성으로 지장이 없을지도 모르지만, 아이는 반드시 그것을 바라는 것은 아니다. 부모 자식의 유대를 강하게 하려면 역시 부부가 같은 성인 것이 교육상, 바람직하다는 것은 말할 필요도 없다.

　여성이 혼인 후에도 일을 계속해 가기 위해서는 혼인 전의 성을 사용할 필요가 있는 경우도 많다. 그렇다고 해서 굳이 부부 다른 성을 도입하지 않아도 가정과 일을 양립시킬 방책은 그 외에도 있다. 이것은 부부의 문제만이 아닌, 자식도 포함된 가족의 문제라고 생각하여 토론하지 않고서는 안 된다.

**어휘총정**
希望(きぼう) 희망　旧姓(きゅうせい) 옛 성
名乗(なの)る 자기 이름으로 쓰다, 이름짓다
別姓(べっせい) 다른 성　改正(かいせい) 개정
望(のぞ)む 바라다, 희망하다　選択(せんたく) 선택
制度(せいど) 제도　賛成(さんせい) 찬성
割合(わりあい) 비율　〜派(は) 〜파
上回(うわまわ)る 상회하다　未婚者(みこんしゃ) 미혼자
既婚者(きこんしゃ) 기혼자　支持率(しじりつ) 지지율
選択肢(せんたくし) 선택지　目立(めだ)つ 눈에 띄다
混乱(こんらん) 혼란　もめる 옥신각신하다
きずな 유대, 연결 고리　薄(うす)まる 엷어지다
問(と)い 질문　同姓(どうせい) 같은 성
構(かま)う 상관하다　二分(にぶん) 반으로 나눔
議論(ぎろん) 토론　導入(どうにゅう) 도입
民法(みんぽう) 민법　その度(たび)に 그 때마다
一体感(いったいかん) 일체감　損(そこ)なう 손상되다
至(いた)る 이르다　支障(ししょう) 지장
きたす 초래하다　嫌(いや)がる 싫어하다
都合(つごう) 형편, 사정　強(つよ)める 강화하다
教育上(きょういくじょう) 교육상
好(この)ましい 바람직하다　婚姻(こんいん) 혼인
通(とお)す 계속하다　あえて 굳이　両立(りょうりつ) 양립
方策(ほうさく) 방책

---

연습문제 03　　　　　　　　　→ p.108

✓정답　63 ②　　64 ③　　65 ④

63 ～ 65
A

　담배세를 올려서 '담배 한 갑에 1000엔'으로 하자 라는 이야기가 여기저기서 들린다. 확실히 담배는 건강에 미치는 위험 등 다양한 논쟁이 있지만, 기호품이고 흡연하든 안 하든 성인 스스로의 책임이다.

　또, 담배세는 국가 및 지방자치단체에 있어서 이미 매년 2조 엔이나 초과하는 일반재원으로서 공헌하고 있다. 과거 10년 동안에 3번의 증세가 실시되었지만, 세수에 거의 변화는 없이 담배증세에 의한 재원 증가라는 이야기는 실로 그림의 떡이다.

　더욱이 출생률 감소에 의한 성인 인구의 감소와 고령화의 진전 등에 더해, 거듭되는 증세와 흡연 규제 강화의 영향에 의해 흡연율 및 총 수요는 감소하고 있다. 이러한 상황 속에서 재차 증세를 했을 경우, 회사뿐만 아니라 담배경작농가와 소매판매점을 포함한 업계 전체에 주는 영향은 막대하다는 것은 의심할 여지가 없다.

　증세의 전제가 아닌, 소비자, 재정, 담배산업계에 대한 영향도 근거한 균형 잡힌 합리적인 제도가 되도록 토론이 되어야 하는 것은 아닐까?

B

　일본의 담배는 비싸지는 않다. 담배 한 갑을 1000엔 이상으로 해야 한다. 이런 토론이 활발히 행해지고 있다. 담배에 의한 매년 7조 엔의 사회 부담과 많은 액수의 초과 의료비, 생활습관병 예방대책의 재원확보를 위해서이다.

　실제로 구미의 세율은 담배 본체 금액의 8할 정도이고, 일본은 6할이 된다. 일본의 담배 세율과 담배 가격이 구미와 비교해서 싼 것 등을 생각하면 증세도 어쩔 수 없을 것이다.

　또, 증세에 의한 담배 가격의 인상으로, 세수를 확보한 채로 흡연량과 흡연자 수를 줄일 수 있는 것은 세계 공통의 인식이다.

　만일, 1000엔이 되면 미성년자의 흡연도 줄 것이고, 용돈이 적어지고 있는 성인 흡연자도 가격상승을 계기로 금연하면 본인 가족의 건강증진으로 의료비 삭감도 된다.

　담배는 백해무익하다. 증세로 향하는 것도 당연한 것일지도 모른다.

**어휘총정**
〜税(ぜい) 〜세　増税(ぞうぜい) 증세
及(およ)ぼす 미치다　自(みずか)ら 스스로
責任(せきにん) 책임
地方自治体(ちほうじちたい) 지방자치단체
兆(ちょう) 조　財源(ざいげん) 재원　貢献(こうけん) 공헌
まさに 바로, 틀림없이

絵(え)に描(か)いた餅(もち) 그림의 떡

少子化(しょうしか) 출생률 저하　減少(げんしょう) 감소

高齢化(こうれいか) 고령화　進展(しんてん) 진전

加(くわ)える 더하다　度重(たびかさ)なる 거듭되다

規制(きせい) 규제　総需要(そうじゅよう) 총 수요

耕作(こうさく) 경작　農家(のうか) 농가

小売販売店(こうりはんばいてん) 소매판매점

業界(ぎょうかい) 업계　甚大(じんだい) 막대함

疑(うたが)い 의심　余地(よち) 여지

前提(ぜんてい) 전제　財政(ざいせい) 재정

産業界(さんぎょうかい) 산업계

踏(ふ)まえる 근거로 삼다　合理的(ごうりてき) 합리적

負担(ふたん) 부담　多額(たがく) 많은 액수

超過(ちょうか) 초과　衣療費(いりょうひ) 의료비

習慣病(しゅうかんびょう) 습관병　対策(たいさく) 대책

確保(かくほ) 확보　欧米(おうべい) 구미

税率(ぜいりつ) 세율　本体(ほんたい) 본체

引(ひ)き上(あ)げ 인상　減(へ)らす 줄이다

認識(にんしき) 인식　未成年(みせいねん) 미성년

小遣(こづか)い 용돈　値上(ねあ)げ 가격상승

～をきっかけに ～을(를) 계기로

増進(ぞうしん) 증진　削減(さくげん) 삭감

百害(ひゃくがい)あって一利(いちり)なし 백해무익

---

## 05 問題 12 주장 이해

### 연습문제 01

→ p.117

✓정답　66 ①　67 ②　68 ④　69 ④

66 ～ 69

중학생을 대상으로 한 어떤 모임 속에서 행해진 아름다운 일본어에 대한 이야기와 그것에 관한 세 가지의 질문을 하겠습니다.

오늘은 여러분께 아름다운 일본어에 대한 이야기를 하겠습니다. 여러분, 아름다운 일본어와 만나기 위해서는 어떻게 하면 좋겠다고 생각합니까?

우선 아름다운 일본어와 만나기 위한 방법을 두 가지 이야기하겠습니다. 처음은 많은 문학 작품과의 만남을 통해서 아름다운 일본어와 접해 가는 방법입니다.

메이지 이후의 근대 문학이라도 좋고, 헤이안 시대나 에도 시대 등의 고전 문학이라도 좋겠죠. 특히 고전 문학과의 만남은 평소에 아무 생각 없이 사용하고 있는 일본어의 옛 의미를 아는 것으로, 일본어의 아름다움을 접할 기회를 <u>단숨에 늘릴 수 있는</u> 연결고리입니다.

예를 들면 우리들은 '고맙다'라는 말을 사용할 때, 그다지 옛 의미까지는 생각하지 않고 사용합니다. 그러나 고전 문학을 접하면 '고맙다'라는 말이 'ありがたし'에서 유래한 것을 알 수 있습니다. 그리고 사전을 보면 'ありがたし'라는 말은 '좀처럼 없다'라는 의미라는 것. 그래서 '고맙다'라는 말에는 '좀처럼 없는 일을 해 주어서 감사하고 있다'라는 깊은 의미가 담겨 있다는 것을 알 수 있는 것입니다. 이처럼 깊은 의미를 이해하고 나서 사용하는 말이야말로 아름다운 일본어라고 할 수 있는 것이 아닐까요?

다음으로 아름다운 일본어와 만나는 두 번째 방법은 자연을 묘사하는 여러 가지 말과 만나는 것입니다. 특히 하이쿠에 사용되는 '휘호'를 모아 보면, 자연과 연관된 것이 많고, 4계절에 따라 풍부한 자연의 풍물에 접해 온 일본인이, 옛날부터 그 자연을 얼마만큼 소중히 해 왔던가를 잘 알 수 있습니다. 예를 들면 '산이 잠들다'라고 하는 '휘호'가 있습니다. 이 '산이 잠들다'에는 '나무들의 잎을 완전히 떨어뜨려, 죽은 듯이 조용해진 산의 이미지'가 있습니다.

한편, '산을 씻는다'라는 '휘호'에는 '나무 싹이 부풀고, 꽃이 피어 밝아진 산의 이미지'가 있고, '눈이 녹는다'와 '물이 따뜻해지다'는 같은 계절인 것을 알 수 있습니다. 이 두 개의 '휘호'는 어느 쪽도 자연을 멋지게 예를 든 '휘호'로 아름다운 일본어의 하나라고 할 수 있는 것은 아닐까요? 지금까지 아름다운 일본어와 만나는 두 가지 방법에 대해서 말해 보았습니다만, 아름다운 일본어와 만나는 방법은 이 외에 여러 가지 생각됩니다. 아무쪼록 여러분, 아름다운 일본어를 많이 배워서, 생활 속에서

자연스럽게 사용할 수 있게 되기 위해서 어떻게 하면 아름다운 일본어와 만날 수 있는지, 평소부터 그 방법을 생각하고, 그리고 그것을 실행에 옮겨 봐 주세요.


集(あつ)まり 모임　出会(であ)う 만나다
～を通(とお)して ～을(를) 통해서　触(ふ)れる 접하다
明治(めいじ) 일본의 한 시대　近代(きんだい) 근대
平安(へいあん) 일본의 한 시대
江戸(えど) 일본의 한 시대　古伝(こでん) 고전
とくに 특히　普段(ふだん) 평소
何気(なにげ)ない 아무렇지도 않다　機会(きかい) 기회
一気(いっき)に 단숨에　由来(ゆらい) 유래
辞書(じしょ)を引(ひ)く 사전을 보다　めったに 좀처럼
込(こ)める 담다　동사 과거형＋～上(うえ)で ～하고 나서
描写(びょうしゃ) 묘사
俳句(はいく) 일본의 단형으로 된 시
用(もち)いる 사용하다　揮毫(きごう) 휘호
関(かか)わり 관련　四季(しき) 사계
折々(おりおり) 그때그때　豊(ゆた)かだ 풍부하다
風物(ふうぶつ) 풍물　木々(きぎ) 나무들　葉(は) 잎
落(お)とす 떨어뜨리다　ひっそりと 조용히
静(しず)まる 고요해지다　芽(め) 눈, 싹
膨(ふく)らむ 부풀어오르다　開(ひら)く 열리다
溶(と)ける 녹다　温(ぬる)む 조금 따뜻해지다
巧(たく)みに 멋지게, 교묘하게　身(み)につける 익히다
日頃(ひごろ)から 평소부터　映(うつ)す 비추다, 반영하다
個性(こせい) 개성

## 연습문제 02

→ p.120

정답　66 ①　67 ②　68 ②　69 ③

66 ～ 69

　나의 일기를 읽은 사람으로부터 자주 '회화문이 많군요'라고 듣는다.

　'그런가?'하고 새롭게 일기를 읽어 보니, 정말 회화문이 많다.

　최근, 이 일기에서 에세이로 전재한 『샤민당일좌』 시리즈 등은 거의 회화문이다.

　그러고 보니, 나는 초등학생 때부터 작문에 자주 회화를 썼다는 느낌이 든다. 현재 남아 있는 것이 없기 때문에 『자주 썼었다』라는 ①단정은 할 수 없는 것이지만, 인상에 남아 있는 작문은 확실히 회화문장이 많았다.

　초등학교 5학년 때 '속담을 사용한 작문을 써 와'라는 숙제가 나온 적이 있다. 나는 원래 다른 사람과 같은 말을 사용하는 것

을 싫어하는 성격이기 때문에, 아무도 모르는 속담을 사용하려고 생각하여, ②일부러 서점에 가서, 속담 사전에서 그것을 찾았다. 그리고 '이것은!'이라는 속담을 만났다. 그것은 『성공했어도 매사에 조심해야 한다』였다. 그 속담을 발견했을 때, '이것을 알고 있는 녀석은 아마 없을 것이다'라고 생각했던 것이다. 물론, 나도 그 속담을 몰랐다. 그 속담을 나는 '진지 차지'라고 하는 술래잡기의 일종으로 연결하기로 했다.

　작문에는, 적진과의 (대화를) 주고받는 것을 중심으로 썼던 것인데, 그 문장의 대부분이 회화문이었다. 문장으로서는 전체적으로 어정쩡했다. 속담으로 말하자면, 마지막에 '이러한 것을 『성공했어도 매사에 조심해야 한다』라고 하는 것일 것이다'라고 억지로 갖다 붙여서 쓴 것뿐이고, 그때까지의 본문과는 전혀 관계가 없는 것이었다. 따라서, 점수도 그다지 좋지 않았다. 그러나, 회화문이 재미있었던 것인지, 우리 반 학생들의 웃음을 받을 수 있었다는 것에 나는 만족했다. 학생시절은 그 이후, 작문을 쓸 일이 없어졌다. 라고 하기보다, 초등학교 6학년 이후는 숙제를 해 간 적이 없는 것이다. 당연히, 작문도 쓰지 않았던 것이 된다.

　오랜만에 작문을 쓴 것은 사회에 나오고 나서부터이다. 앞에도 쓴 것이지만, 나는 약 1개월 동안 출판사에서 어설프게 작가 일을 한 적이 있다. 그때, 상사로부터 '커피숍을 테마로 해서 작문을 써 와'라고 명령받았다. 그래서 나는 당시 잘 갔던 커피숍에서의 (대화를) 주고받는 내용을 쓰기로 했다. 하지만, ③변함없었다. 그래서 그 작문을 전부 회화문으로 쓰기로 했다. 그러나 상사는 그것이 마음에 들지 않았다.

　그 작문을 보자마자, '이봐, 신타? 이게 뭐야? 이게 어디가 작문이야?'라고 큰소리로 호통쳤다. 피하면 되는데, 나는 응전했다.

　'어디라니요? 그 모든 것이 작문입니다'

　'어느 누구도 이런 말도 안 되는 것을 쓰진 않아!'

　'말도 안 된다니요? 분명히 커피숍에서의 일상 회화를 문장으로 만든 것 아닙니까?'

　'나는 인정할 수 없어!!'

　그때부터 상사와 나의 불화가 시작된 것이었다.

　이상 봐 온 것처럼, 내가 회화문을 다용하는 것은 어릴 때부터의 버릇이다. 그러나 버릇이라고는 해도 이렇게 해서 홈페이지를 채우고 있는 이상, 그런 대충 쓴 문장을 보여 줄 수는 없다.

　그래서, ④회화문의 행간에 의미를 담기로 했다. 결코 그것이 확립되었다고는 할 수 없지만, 내 나름대로 적극적인 노력만큼은 하고 있다. 단지 그것이 전해지고 있는지 어떤지는 다른 문제이다.


会話文(かいわぶん) 회화문　改(あらた)めて 새롭게
転載(てんさい) 전재, 옮겨 실음　現物(げんぶつ) 현물
断定(だんてい) 단정　印象(いんしょう) 인상
ことわざ 속담　元々(もともと) 원래　たち 천성

わざわざ 일부러　兜(かぶと) 투구　緒(お) 줄

締(し)める 매다

勝って兜の緒を締めよ。 이긴 뒤에도 방심하지 말라

見(み)つける 발견하다　陣地取(じんちど)り 진지 차지

絡(から)む 얽히다　敵陣(てきじん) 적진

いい加減(かげん) 엉터리, 어정쩡함

とってつけたよう 억지로 갖다 붙인 것 같음

出版者(しゅっぱんしゃ) 출판사　真似事(まねごと) 흉내

喫茶店(きっさてん) 커피숍

동사 과거형 + ～とたん ～하자마자

怒鳴(どな)る 호통치다　よす 피하다

応戦(おうせん) 응전　確執(かくしつ) 불화

多用(たよう) 다용　張(は)る 채우다

行間(ぎょうかん) 행간　確率(かくりつ) 확립

前向(まえむ)き 적극적　別問題(べつもんだい) 다른 문제

消極的(しょうきょくてき) 소극적　抗議(こうぎ) 항의

## 연습문제 03

→ p.123

✓정답　66 ③　67 ④　68 ②　69 ①

66 ～ 69

이집트의 기자에 있는 큰 피라미드는 약 4,500년 전에 쿠후 왕을 위해서 건설되었다. 적어도 200만 개의 돌이 그 건설에서 사용되어, 게다가 그 돌들의 몇 개는 80톤 이상의 무게가 있었다. 높이 146미터의 피라미드는, 거의 4,000년동안, 세계에서 가장 높은 건조물이었다. 현대의 전문가들은 이 거대한 건조물에 대해서 많은 것을 규명했지만, 누구나 떠올릴 것 같은 하나의 질문만큼은 여태껏 답이 찾아지지 않는다. 고대 이집트는 어떻게 해서 그렇게 무거운 돌을 공중 높게 들어올렸던 것인가?

일반적인 학설의 하나는, 그들이 목제 크레인을 사용했다는 것이다. 이 학설에 의하면, 피라미드를 건설할 때, 크레인은 다양한 높이에 설치되어 돌을 소정의 위치에 이동하는데 사용되어졌던 것이다. 고대 이집트의 그림에 크레인 같은 나무의 기계를 볼 수 있지만, 이 학설에 대해서는 문제점이 두 가지 있다. 첫 번째로, 이집트에는 충분한 삼림이 없었기 때문에 그만큼 많은 크레인을 만드는데 필요한 목재를 공급할 수 없고, 그리고 목재를 해외에서 수입한다고 해도 너무 비쌌을 것이다. 두 번째로, 피라미드의 정상 근처의 돌은 그 위에 크레인을 올리려면 너무 작았을 것이다.

현재, 프랑스의 건축가 장·피에르·후딩이 새로운 학설을 발표했다. 후딩과 그의 팀은 컴퓨터·소프트웨어를 사용하여, 5,000시간을 들여서, 피라미드의 3차원 모형을 제작했다. 최종적으로, 돌은 피라미드 자체의 내부에 있는 완만한 경사면의 위에 올려졌음에 틀림이 없다고 그는 결론을 내렸다. 이 경사면은 아직 존재하고 있지만, 이미 발견된 복도와 방에서는 완전히 격리되어 있기 때문에 지금까지 알아차리지 못했던 것이라고 그는 생각하고 있다.

후딩은 자신의 학설을 확신하고, 이집트의 당국에 피라미드의 조사를 행하기 위해 허가 신청을 했다. 그는 건조물을 상처 입히지 않고 조사할 수 있는 선진기술을 사용할 예정이다. 어떻게 해서 고대 이집트인이 이 거대한 역사적인 건조물을 건설했는가의 수수께끼가 마침내 해명될 것이다.

및 어휘총정리

およそ 대략　王(おう) 왕　建設(けんせつ) 건설

万個(まんこ) 만 개　重(おも)さ 무게　高(たか)さ 높이

ほぼ 거의　建造物(けんぞうぶつ) 건조물

専門家(せんもんか) 전문가　巨大(きょだい) 거대

突(つ)き止(と)める 규명하다　思(おも)いつく 떠올리다

いまだに 여태껏　答(こた)え　古代(こだい) 고대

空中(くうちゅう) 공중　持(も)ち上(あ)げる 들어올리다

一般的(いっぱんてき) 일반적　学説(がくせつ) 학설

木製(もくせい) 목제　際(さい) 때　設置(せっち) 설치

所定(しょてい) 소정　位置(いち) 위치

移動(いどう) 이동　機械(きかい) 기계

第一(だいいち)に 첫 번째로　十分(じゅうぶん) 충분

森林(しんりん) 삼림　造(つく)る 만들다

必要(ひつよう) 필요　木材(もくざい) 목재

供給(きょうきゅう) 공급　海外(かいがい) 해외

輸入(ゆにゅう) 수입　高価(こうか) 고가

頂上(ちょうじょう) 정상　乗(の)せる 올리다

現在(げんざい) 현재　建築家(けんちくか) 건축가

発表(はっぴょう) 발표　次元(じげん) 차원

模型(もけい) 모형　作製(さくせい) 제작

最終的(さいしゅうてき) 최종적　自体(じたい) 자체

内部(ないぶ) 내부　緩(ゆる)やかだ 완만하다

斜面(しゃめん) 경사면　引(ひ)き上(あ)げる 끌어올리다

～に違(ちが)いない ～임에 틀림 없다

結論付(けつろんづ)ける 결론 내리다

存在(そんざい) 존재　すでに 이미

発見(はっけん) 발견　廊下(ろうか) 복도

完全(かんぜん)に 완전히　隔離(かくり) 격리

気付(きづ)く 알아차리다　確信(かくしん) 확신

当局(とうきょく) 당국　調査(ちょうさ) 조사

行(おこな)う 행하다　許可(きょか) 허가

申請(しんせい) 신청　傷付(きずつ)ける 상처 입히다

調(しら)べる 조사하다　先進(せんしん) 선진

技術(ぎじゅつ) 기술　予定(よてい) 예정
歴史的(れきしてき) 역사적　謎(なぞ) 수수께끼
ついに 마침내　解明(かいめい) 해명
測定(そくてい) 측정　損害(そんがい) 손해

## 06 問題 13 정보 검색



→ p.129

✓ 정답　70 ①　　71 ④

70 ～ 71

| | 대학명/학부명 | 모집정원/재적중인 유학생 수 | 입학금/수업료 | 일본유학시험 | 영어시험 | 대학독자시험 |
|---|---|---|---|---|---|---|
| 1 | 아시아헤이와대학 문학부 동아시아과 | 약간 명/50명 | ￥300,000 ￥690,000 | ○ | ○ | 코스에 따라 소논문 있음 |
| 2 | 도쿄국제 외국어대학 문학부 영문학과 | 20명 정도 80명 | ￥300,000 ￥650,000 | × | ○ | 면접 |
| 3 | 간사이가미가타 문화대학 문학부 국문학과 | 약간 명/15명 | ￥280,000 ￥700,000 | × | 코스에 따라 다름 | 면접 |
| 4 | 헤세 정치경제대학 정치학과 | 5명/15명 | ￥280,000 ￥540,000 | ○ | 코스에 따라 필기시험 있음 | 서류심사 |
| 5 | 요코하마체육대학 체육학부 교육과정과 | 약간 명/20명 | ￥300,000 ￥700,000 | ○ | ○ | 실기시험 일본인과 동일기준 |
| 6 | 니혼모노즈쿠리 공업대학 기계공학부 I | 약간 명/40명 | ￥290,000 ￥610,000 | ○ | ○ | 수학 II |
| 7 | 니혼국제문화대학 문학부 | 10명 정도/35명 | ￥170,000 ￥550,000 | × | × | 서류심사 · 면접 |
| 8 | 신도쿄경제대학 경제학부 경영학과 | 5명/10명 | ￥230,000 ￥690,000 | ○ | × | 서류심사 |
| 9 | 아사히예술대학 미술학부 일본화과 | 약간 명/8명 | ￥282,000 ￥620,000 | ○ | × | 실기 · 필기시험 |
| 10 | 도쿄의료복지대학 사회복지학과 | 약간 명/12명 | ￥300,000 ￥660,000 | ○ | × | 소논문 · 면접 · 이력서 |
| 11 | 메이지문화대학 국제경제학부 아시아경제문화 코스 | 15명 정도/50명 | ￥230,000 ￥750,000 | ○ | | 코스에 따라 다름 |
| 12 | 쇼와공업대학 전자공학부 전자학과 | 7명/10명 | ￥270,000 ￥570,000 | ○ | 면접에서 영어능력을 확인 | 서류심사 · 면접 |

어휘충전 大学名(だいがくめい) 대학명　学部(がくぶ) 학부

募集(ぼしゅう) 모집　在籍中(ざいせきちゅう) 재적중

留学生数(りゅうがくせいすう) 유학생 수

授業料(じゅぎょうりょう) 수업료

若干名(じゃっかんめい) 약간 명

小論文(しょうろんぶん) 소논문　異(こと)なる 다르다

筆記(ひっき) 필기　書類(しょるい) 서류

審査(しんさ) 심사　実技(じつぎ) 실기

同一(どういつ) 동일　基準(きじゅん) 기준

数学(すうがく) 수학　芸術(げいじゅつ) 예술

美術(びじゅつ) 미술　福祉(ふくし) 복지

履歴書(りれきしょ) 이력서

➡ p.131

✔ 정답　70 ②　　71 ②

70 ～ 71

|  | 직 종 | 고용형태 | 언 어 | 근무기간/휴일 | 임 금 | 비 고 |
|---|---|---|---|---|---|---|
| 1 | 시스템 엔지니어 | 계약사원 | 일본어:비즈니스 수준 영어:원어민 수준 | 3개월~1년 주휴 2 일 | 시급 1200엔 +교통비 | 사원 등용의 가능성 있음 |
| 2 | 소프트웨어 개발 | 계약사원 | 일본어검정 1급 수준 | 9:00~18:00 ※잔업 있음 | 300~400만엔 연봉제 | 비자지원 있음 |
| 3 | 회전초밥 홀 직원 | 장기 시용기간 1개월 | 일상회화수준 | 교체근무제 | 시급 1,000엔 이상 | 미경험자 환영 |
| 4 | 사무 | 3개월 | 한국어:원어민 일본어:비즈니스 수준 이상 영어 Toeic 700점 전후 | 근무시간 : 9:00~18:00 휴일:토·일, 경축일, 연말연시 | 시급 1200엔 +교통비 |  |
| 5 | 해외영업 | 3개월 | 일본어:유창 중국어:원어민 | 9:00~18:00 혹은 10:00~19:00 휴일:토·일 경축일 | 시급 1300엔 +교통비 | 3개월 후 중국으로 파견 |
| 6 | 웹사이트운영 기업에서의 일본어, 중국어의 메일·전화지원 | 파견사원 1개월 단기 | 일본어:비즈니스 수준 중국어:비즈니스 수준 | 교체근무제 | 시급 1500엔 ~ |  |
| 7 | 번역/통역 | 등록제 | 영어:원어민 일본어:원어민 수준 |  | 시급 1000~1500엔 | 한국어·중국어 원어민도 가능 |
| 8 | 홀·조리보조 | 아르바이트 | 일상회화 정도 | 교체근무제 | 시급 930엔~1,350엔 |  |
| 9 | 웹 디자이너 | 아르바이트 시용기간 3개월 | 영어:비즈니스 수준 일본어 능통자 | 9:30~18:30 중 4시간 정도 | 시급 1500엔 |  |

**어휘총정** 職種(しょくしゅ) 직종　雇用(こよう) 고용

形態(けいたい) 형태　言語(げんご) 언어

勤務(きんむ) 근무　期間(きかん) 기간

賃金(ちんぎん) 임금　備考(びこう) 비고

契約(けいやく) 계약　～並(な)み ～수준

連休(れんきゅう) 연휴　登用(とうよう) 등용

契約(けいやく) 계약　残業(ざんぎょう) 잔업

年俸制(ねんぽうせい) 연봉제

回転寿司(かいてんずし) 회전초밥　長期(ちょうき) 장기

試用(しよう) 시범고용

日常会話(にちじょうかいわ) 일상회화

シフト制(せい) 교체근무제　時給(じきゅう) 시급

事務(じむ) 사무　前後(ぜんご) 전후

土日祝(どにちしゅく) 토·일·경축일

年末年始(ねんまつねんし) 연말연시

交通費(こうつうひ) 교통비　流暢(りゅうちょう) 유창

もしくは 혹은　派遣(はけん) 파견　運営(うんえい) 운영

短期(たんき) 단기　翻訳(ほんやく) 번역

通訳(つうやく) 통역　登録制(とうろくせい) 등록제

調理(ちょうり) 조리　補助(ほじょ) 보조

程度(ていど) 정도　堪能者(たんのうしゃ) 능통자

～のうち ～중



➡ p.133

✔ 정답　70 ①　　71 ③

70 ～ 71

|  | 투어 명 | 투어 스케줄 | 여행대금 | 비고 |
|---|---|---|---|---|
| 1 | 당일치기 일본문화 만재 투어 | 11:00　도쿄역 〈신칸센〉 ★ 메밀국수반죽체험(점심) ★ 기모노 체험 (사진촬영 있음) ★ 온천가 자유행동(3시간) ★ 역사박물관 ★ 초밥 뷔페(저녁) 21:00　도쿄역 | 16,000엔 | 영어 가능 가이드 포함 온천가 입욕권 배포 |
| 2 | 당일치기 맛집 만족 투어 | 9:30　도쿄역 〈고속버스〉 ★ 메밀국수반죽체험(점심) ★ 굴 따기 체험(선물 있음) ★ 자유 시장견학 ★ 초밥 뷔페(저녁) 22:00　도쿄역 | 10,500엔 | 영어 가능 가이드 포함 +1500엔으로 초밥 뷔페에서 초밥·게 뷔페로 변경 가능 |
| 3 | 당일치기 디럭스 온천투어 | 13:00　도쿄역 〈열차(지정석)〉 ★ 여관에서 온천 (20:00까지 석식 포함) 21:30　도쿄역 | 9,000엔 | 영어 가능 가이드 없음 저녁은 일식입니다. +2000엔으로 기모노 체험 추가 가능 |
| 4 | 당일치기 가격파괴 온천투어 | 10:30　도쿄역 〈고속버스〉 ★ 온천가 자유행동 (4시간·점심 별도) ★ 자유 시장견학 19:00　도쿄역 | 2,500엔 | 영어 가능 가이드 없음 온천가 입욕권 배포 +2000엔으로 기모노 체험 +2000엔으로 메밀국수 반죽 체험 추가 가능 |
| 5 | 당일치기 충실감이 있는 온천 투어 | 11:00　도쿄역 〈고속버스〉 ★ 초밥 뷔페(점심) ★ 굴 따기 체험 ★ 다카미성 견학 ★ 여관에서 온천 (20:00까지 석식 포함) 22:00　도쿄역 | 14,500엔 | 영어 가능 가이드 포함 +1500엔으로 초밥 뷔페에서 초밥·게 뷔페로 변경가능 저녁은 일식입니다. |
| 6 | 당일치기 일본역사 투어 | 10:00　도쿄역 〈고속버스〉 ★ 다카미 성 견학 ★ 메밀국수반죽체험(점심) ★ 에도 무사마을 자유행동 ★ 역사박물관 17:30　도쿄역 | 9,500엔 | 영어 가능 가이드 포함 +3000엔으로 무사 체험 (사진촬영 포함) |

 代金(だいきん) 대금　日帰(ひがえ)り 당일치기

そば打(う)ち 메밀국수 반죽

写真撮影(しゃしんさつえい) 사진촬영

温泉街(おんせんがい) 온천가

博物館(はくぶつかん) 박물관

食(た)べ放題(ほうだい) 시간제 뷔페

入浴券(にゅうよくけん) 입욕권　配布(はいふ) 배포

クルメ 식도락, 맛 기행, 맛집　みかん狩(が)り 귤 따기

カニ 게　指定席(していせき) 지정석

和食(わしょく) 일식　激安(げきやす) 가격 파괴

# Part 3 독해 실전 모의고사

## 제1회 실전 모의고사　　→ p.135

✓정답

| | | | | |
|---|---|---|---|---|
| 46 ② | 47 ③ | 48 ② | 49 ④ | 50 ④ |
| 51 ④ | 52 ① | 53 ④ | 54 ③ | 55 ① |
| 56 ④ | 57 ③ | 58 ① | 59 ① | 60 ③ |
| 61 ① | 62 ② | 63 ③ | 64 ① | 65 ② |
| 66 ② | 67 ④ | 68 ③ | 69 ① | 70 ③ |
| 71 ② | | | | |

**문제 8** 다음 문장을 읽고 뒤의 질문에 대한 대답으로 가장 알맞은 것을 1·2·3·4에서 하나 고르시오.

46

　　1991년 일본, 미국, 유럽 각국이 참가하여 인간게놈계획이 실시되게 되었다. 인간게놈이라는 것은 인간의 몸을 구성하는 약 8만 유전자, DNA의 정보라는 의미이다. 약 30억 문자의 정보가 있다고 여겨지고 있다. 몸의 각 기관의 형태나 기능은 유전자에 의해 정해진다고 하고, 그 유전자는 30억 문자의 다양한 배열에 의해 구성되어 있다. 그 배열 방법을 8만 개의 유전자 모든 것에 대해서 해독하려고 하는 것이 인간게놈계획이다.

 各国(かっこく) 각국　参加(さんか) 참가

実施(じっし) 실시　移(うつ)す 옮기다

遺伝子(いでんし) 유전자　情報(じょうほう) 정보

意味(いみ) 의미　億(おく) 억　文字(もじ) 글자

器官(きかん) 기관　配列(はいれつ) 배열

構成(こうせい) 구성　仕方(しかた) 방법

～個(こ) ～개　解読(かいどく) 해독

47

　　미취학 아동이 있는 어머니의 반수 이상이 육아의 자신감이 없어지는 경우가 있다고 대답하고 있다. 어머니의 취업 형태별로 보면, 맞벌이 주부와 비교해서 전업 주부 쪽이 자신감이 없어지는 경우가 있다고 대답한 사람의 비율은 높아서 전체의 7할에 달하고 있다. 보육소 등의 외부 서비스를 이용하는 기회가 한정되어 있는 전업 주부는 양육에 대한 불안을 느끼는 경우가 보다 많다고 볼 수 있다.

　　또, 자신이 하고 싶은 일을 할 수 없어서 초조하다, 괜히 안절부절 못 한다고 대답한 사람도 전체의 7할을 넘고 있어서 양육에 스트레스를 느끼고 있는 부모는 많다.

 未就学(みしゅうがく) 미취학　児童(じどう) 아동

母親(ははおや) 어머니　半数(はんすう) 반수

育児(いくじ) 육아　就業(しゅうぎょう) 취업

形態別(けいたいべつ) 형태별
共稼(ともかせ)ぎ 맞벌이　主婦(しゅふ) 주부
～に比(くら)べて ～와(과) 비교해서
専業(せんぎょう) 전업　～割(わり) ～할
～に達(たっ)する ～에 달하다
保育所(ほいくしょ) 보육소　～等(など) ～등
外部(がいぶ) 외부　限(かぎ)る 한정하다
子育(こそだ)て 양육　あせる 초조해 하다
イライラ 안절부절　越(こ)える 넘다

<u>48</u>

이것은 제 친구가 정말로 했었던 일입니다. 친구는 집합시간에 일어나 버려서, 절대 제시간에 못 갈 것이라는 것을 깨닫고, 도착한 순간 '13시를 3시라고 잘못 들었다'라고 하며 곤경에서 벗어났다고 합니다. 이 테크닉의 응용편으로는 11시를 1시, 12시를 2시, 14시를 4시, 15시를 5시, 16시를 6시라고 할 수 있습니다. 이렇게 함으로써 2시간의 여유가 생깁니다. 덧붙여서 저는 면접에서 '인생에서 지각한 적이 없고, 개근상을 받은 적도 있습니다'라고 어필을 했기 때문에 <u>이 테크닉은 사용하지 않았습니다</u>. 기본적으로 면접 시간 10분 전에는 도착하도록 합시다. 제 경우에는 30분 전에 도착하거나 해서 가끔 인사 담당자와 이야기하거나 했습니다.

**어휘총정리** 友人(ゆうじん) 친구　集合(しゅうごう) 집합
悟(さと)る 깨닫다　着(つ)く 도착하다
동사 과거형 ＋ ～とたん ～하자마자
聞(き)き間違(まちが)える 잘못 듣다
切(き)り抜(ぬ)ける 벗어나다
応用編(おうようへん) 응용편　生(う)まれる 생기다
ちなみに 덧붙여서　遅刻(ちこく) 지각
皆勤賞(かいきんしょう) 개근상　頂(いただ)く 받다
人事(じんじ) 인사

<u>49</u>

사업으로 성공한 실업가들은 도대체 어떤 생각을 가지고 있는 것일까?

돈 버는 일만 생각하고 있는 것일까? 어떤 사람이 말해 주었다.

'내 성공과 번영의 비결은 위대한 진실을 배우고, 그것을 매일 실천하고 있기 때문이다'. 그 비결이라는 것은 당신에게서 나오는 것은 결국 자신에게 돌아옵니다. 때문에 모든 사람을 향해서, 전 세계를 향해서 사랑과 평화와 선의와 축복을 보내세요. 그러면 무한한 축복이 당신에게 되돌아옵니다.

**어휘총정리** 事業(じぎょう) 사업　実業家(じつぎょうか) 실업가
お金儲(かねもう)け 돈벌이　語(かた)る 이야기하다
繁栄(はんえい) 번영　秘訣(ひけつ) 비결

偉大(いだい) 위대　真実(しんじつ) 진실
実践(じっせん) 실천　平和(へいわ) 평화
善意(ぜんい) 선의　祝福(しゅくふく) 축복
送(おく)る 보내다　限(かぎ)りない 무한하다
祝福(しゅくふく) 축복　相(あい)まって 서로 어울려서
寄付(きふ) 기부　동사 ます형＋～つくす 다 ～해 버리다

**문제 9** 다음 문장을 읽고 뒤의 질문에 대한 대답으로 가장 알맞은 것을 1・2・3・4에서 하나 고르시오.

<u>50</u>～<u>52</u>

고래는 포유류의 고래목에 속하는 것의 총칭으로, 90종 이상이 있고, 그 중 대형을 고래, 소형을 돌고래라고 한다. 아주 옛날 고래는 육상생활을 했지만, 육상에 음식이 적기 때문에 수중의 풍부한 음식을 찾아서 수중생활에 적응하게 되었던 것이다.

포경의 역사는 오래되어 일본에서도 외국에서도 지금부터 약천 년 정도 전부터 행해졌다고 생각되고 있다. 근대적인 포경업이 성립되고 나서는 현재까지 세 번의 황금시대가 있었다. 첫 번째는 17・18세기 영국, 네덜란드, 독일 등으로부터 많은 포경선이 출어하여, 국제포경전쟁이 전개되었다. 두 번째는 미국식 포경의 19세기 중기로, 어장은 전세계에 걸쳐 있었다. 세 번째는 20세기 초부터의 남극해 포경이다. 이러한 남획의 결과 고래는 격감해 버렸다.

①이 때문에 1946년에 국제포경단속조약이 체결되어, 국제포경위원회는 고래를 보호하기 위해 엄격한 제한을 마련했다. 더 나아가 자연보호단체와 동물애호그룹 등의 주장에 따라, 1986년 4월부터 원양 포경뿐만 아니라, 연안의 포경도 전면 금지되었다.

②포경의 목적의 하나는 고래의 기름을 얻는 것인데, 옛날부터 일본에서는 고래를 낭비 없이 이용해 왔다. 예를 들면, 고기나 내장의 일부는 식용으로, 간장이나 내분비기관은 비타민제나 호르몬제의 원료로, 결합조직은 젤라틴의 원료로, 뼈나 이빨은 세공물로 가공하였던 것이다. 전통적인 포경국인 일본에 있어서 포경금지는 큰 타격이 되어, 직접 포경에 종사해 온 사람들은 제쳐두더라도 가공업 관계도 영향을 받았다. 그 수는 5만 명에 이른다고 일컬어지고 있다.

**어휘총정리** 哺乳類(ほにゅうるい) 포유류　属(ぞく)する 속하다
総称(そうしょう) 총칭　大型(おおがた) 대형
小型(こがた) 소형　大昔(おおむかし) 오랜 옛날
陸上(りくじょう) 육상　水中(すいちゅう) 수중
豊富(ほうふ) 풍부　求(もと)める 구하다, 찾다
適応(てきおう) 적응　捕鯨(ほげい) 포경
近代的(きんだいてき) 근대적
捕鯨業(ほげいぎょう) 포경업　成立(せいりつ) 성립
黄金(おうごん) 황금　捕鯨船(ほげいせん) 포경선

出漁(しゅつりょう) 출어　合戦(かっせん) 접전, 전쟁
展開(てんかい) 전개　中期(ちゅうき) 중기
漁場(ぎょば) 어장　南氷洋(なんぴょうよう) 남극해
乱獲(らんかく) 남획　激減(げきげん) 격감
取締(とりしまり) 단속　条約(じょうやく) 조약
締結(ていけつ) 체결　委員会(いいんかい) 위원회
制限(せいげん) 제한　団体(だんたい) 단체
愛護(あいご) 애호　主張(しゅちょう) 주장
遠洋(えんよう) 원양　沿岸(えんがん) 연안
全面(ぜんめん) 전면　禁止(きんし) 금지
油(あぶら) 기름　無駄(むだ)なく 낭비 없이
内臓(ないぞう) 내장　食用(しょくよう) 식용
肝臓(かんぞう) 간장
内分泌器官(ないぶんぴきかん) 내분비기관
～剤(ざい) ～제　原料(げんりょう) 원료
結合(けつごう) 결합　組織(そしき) 조직　骨(ほね) 뼈
歯(は) 이, 이빨　細工物(さいくぶつ) 세공물
加工(かこう) 가공　伝統的(でんとうてき) 전통적
打撃(だげき) 타격　直接(ちょくせつ) 직접
携(たずさ)わる 종사하다　獲物(えもの) 사냥감
えさ 먹이　臓器(ぞうき) 장기
栄養剤(えいようざい) 영양제

53~55

　현대에서는 아이는 유치원에 다니기 시작했을 때부터 부모님이나 선생님으로부터 '모두와 같은 행동을 하도록' '남에게 폐를 끼치지 않도록'이라는 말을 들으면서 성장한다. 초등학교, 중학교로 진학하는 동안에 그런 생각이 점점 더 강해져, 수험공부를 할 때 절정에 달한다.

　그러한 환경에서는 남과 다른 행동을 한다, 남에게 폐를 끼치는 것은 인정할 수 없고, 그런 일을 해서는 안 되는 것이다. 그러나, 살아가다 보면 자신도 모르게 남을 상처 주는 일도 있다. 자신의 존재 자체가, 이미 누군가를 괴롭게 하는 경우도 있다. 인간이라는 것은 남에게 폐를 끼치고, 도움을 받고, 의지하면서 살아갈 수밖에 없는 생물이라고 생각한다. 그것을 어릴 때부터, 남에게 폐를 끼치지 않는 것이 존재의 필수조건이라는 환경 속에서 자라면, 폐를 끼쳐 버린 자신은 전부 부정되어 버려, 그런 자신을 스스로 지탱할 수 없게 된다. 특히 감수성이 예민한 사춘기에, 이 말로 스스로를 묶어 살아가기 힘들게 된 아이가 많다.

　부모로부터 아이에게 전해지는 이러한 말은, 진심으로 하는 말이라기보다는 오히려 그렇지 않은 경우가 많은 것은 아닐까?

어휘총정 幼稚園(ようちえん) 유치원　迷惑(めいわく) 민폐
育(そだ)つ 자라다　強化(きょうか) 강화
受験(じゅけん) 수험　認(みと)める 인정하다
生(い)きる 살다　傷(きず)つける 상처를 입히다

自体(じたい) 자체　苦(くる)しめる 괴롭히다
他人(たにん) 타인　必須(ひっす) 필수
全否定(ぜんひてい) 모든 것을 부정하는 것
支(ささ)える 지탱하다　感受性(かんじゅせい) 감수성
思春期(ししゅんき) 사춘기　しばる 묶다, 얽매다
発(はっ)する 알리다, 발하다　本気(ほんき) 진심
むしろ 오히려

56~58

　자전거는 자동차와 달리 가솔린이나 경유 등의 연료를 필요로 하지 않습니다. 배기가스도 나오지 않습니다. 펑크가 났을 때도 간단한 도구가 있으면 아마추어라도 손쉽게 수리할 수 있습니다. 부피가 크지 않기 때문에 펑크 수리 도구를 자전거에 싣고 자전거 여행을 하고 있는 사람도 많이 있습니다.

　이처럼 자전거는 간편하고, ①지구의 환경에도 좋아서 훌륭한 탈 것이라고 생각합니다. 모두 더욱 더 자전거를 활용하면 좋겠다고 생각합니다.

　그렇게 하기 위해서는 자전거 도로의 정비가 요망됩니다. 그리고, 무료나 싼 가격으로 이용할 수 있는 주륜장도 필요합니다. 차 한 대 주차할 수 있는 공간에 자전거라면 최저 5대는 세울 수 있습니다. 주민을 위해서 ②지방자치단체가 그 정도의 세금을 사용해도 좋다고 생각합니다. 독일의 뮌헨이나 베를린 같은 대도시에는 반드시 차도와 보도 사이를 달리는 전용 자전거 도로가 있어서, 어른도 아이도 그곳을 불안해하지 않고 달리고 있습니다. 그에 비해 일본의 시가지에서는 자전거가 상당히 방해물 취급되는 듯이 생각됩니다.

　'자전거는 보도를 달려도 좋다'라고 하는 애매한 규칙에 의해 가끔 보행자 · 자전거 이용자 양쪽이 부상을 당하는 사고도 일어나고 있습니다. 지출은 상당히 각오해야 합니다만, 머지않아, 다가올 에너지 부족이나 지구온난화의 문제 해결을 위해서도 ③장래를 내다본 자전거 전용도로의 건설 · 정비를 마음으로부터 바랍니다.

어휘총정 軽油(けいゆ) 경유　燃料(ねんりょう) 연료
排気(はいき) 배기　道具(どうぐ) 도구
たやすい 손쉽다　修理(しゅうり) 수리
かさばる 부피가 크다　積(つ)む 싣다
大勢(おおぜい) 많은 사람
素晴(すば)らしい 훌륭하다　望(のぞ)まれる 요망되다
止(と)める 세우다　住民(じゅうみん) 주민
税金(ぜいきん) 세금　大都市(だいとし) 대도시
車道(しゃどう) 차도　専用(せんよう) 전용
市街地(しがいち) 시가지　邪魔物(じゃまもの) 방해물
扱(あつか)い 취급　～てならない 매우 ～하다
あいまい 애매　規則(きそく) 규칙　しばしば 가끔
出費(しゅっぴ) 지출　覚悟(かくご) 각오

やがて 이윽고, 머지않아

見通(みとお)す 조망하다, 전망하다

建設(けんせつ) 건설　望(のぞ)む 바라다

汚染(おせん) 오염　整(ととの)える 정돈하다

迫(せま)る 다가오다　代替(だいたい) 대체

勧奨(かんしょう) 권장　注(そそ)ぐ 정신을 쏟다

**문제 10 다음 문장을 읽고 뒤의 질문에 대한 대답으로 가장 알맞은 것을 1 · 2 · 3 · 4에서 하나 고르시오.**

59 ~ 62

　찰스 무어의 취미는 바다에서의 요트 레이스에 나가는 것이다. 1997년에 그는 하와이에서의 레이스에 참가한 뒤, '아열대 무풍지대'라고 불리는 북태평양의 해역을 방문하기로 했다. 여기서는 거의 바람이 불지 않아, 돛배가 바람을 받아 나아가는 것이 곤란하기 때문에 요트를 타는 사람은 좀처럼 이 해역에는 가지 않는다. 무어는 거기에 도착했을 때 몇 마일이나 걸쳐서 해면이 작은 플라스틱 파편으로 덮여 있는 광경을 보고 충격을 받았다. 현재 사람들이 태평양 쓰레기 벨트라고 부르고 있는 것을 그는 발견했던 것이다.

　실은 과학자들은 이러한 쓰레기 투성이의 해역의 존재를 몇 년이나 전에 예측했었다. 북태평양의 물은 거대한 원을 그리며 흐르고 있지만, 그 원의 중심에는 물이 거의 움직이지 않는 해역이 있다. 해류는 그 중심의 주변을 돌기 때문에 북아메리카의 서해안이나 아시아의 동해안에서 쓰레기를 모아 천천히 그것을 그 중심으로 운반한다. 예를 들면, 샌프란시스코 근처의 바다에 던져진 물건은 약 5년이면 이 중심부에 도착하는 것이다.

　옛날에는 이 쓰레기의 대부분은 손쉽게 분해되어, 환경의 일부로 되돌아가는 천연소재로 만들어진 것이었다. 그러나 과거 70년 이상에 걸쳐, 점점 많은 플라스틱이 해양에 다다르게 되었다. 플라스틱은 매우 튼튼하기 때문에 도움이 되지만, 같은 이유로 바다에 몇 년간이나 머물게 된다. 예를 들면 최근에는 바닷새의 위에서 발견되어진 플라스틱 파편이 제2차 세계대전 중에 격추된 비행기의 파편이라는 것을 알 수 있었다. 무어가 발견한 플라스틱 쓰레기가 있는 광대한 해역은 실은 몇 십 년이나 걸쳐 성장해 왔던 것이다.

　뭔가 해결책은 있는 것일까? 각국 정부가 바다에서 플라스틱을 제거하도록 시도해야 한다고 말하는 사람도 있다. 그러나 이것은 상당히 어려울 것이라고 무어는 생각하고 있다. 지금 실행해야 하는 가장 중요한 것은 플라스틱이 이 이상 바다에 들어오지 않도록 하는 것이라고 그는 주장한다. 그 하나의 방법은 우리들이 사용하는 플라스틱을 더욱 더 재활용하는 것일 것이다. 해결할 수 없을 만큼 문제가 커지기 전에, 우리들은 행동을 해야 한다고 무어는 경고하고 있다.

**어휘총전** 亜熱帯(あねったい) 아열대

無風帯(むふうたい) 무풍지대

北太平洋(きたたいへいよう) 북태평양

海域(かいいき) 해역　訪(おとず)れる 방문하다

吹(ふ)く 불다　帆走(はんそう) 배가 돛을 달고 바람의 힘으로 항해하는 것

困難(こんなん) 곤란　めったに 좀처럼

海面(かいめん) 해면　〜片(へん) 〜파편

覆(おお)う 덮다　光景(こうけい) 광경

科学者(かがくしゃ) 과학자　予測(よそく) 예측

巨大(きょだい) 거대　円(えん) 원

描(えが)く 그리다　流(なが)れる 흐르다

動(うご)く 움직이다　海流(かいりゅう) 해류

西海岸(にしかいがん) 서해안

東海岸(ひがしかいがん) 동해안　集(あつ)める 모으다

運(はこ)び込(こ)む 운반하다

投(な)げ込(こ)む 던져 넣다, 아무렇게나 집어넣다

中心部(ちゅうしんぶ) 중심부

たどり着(つ)く 겨우 도착하다　分解(ぶんかい) 분해

天然(てんねん) 천연　素材(そざい) 소재

行(ゆ)き着(つ)く 다다르다, 도착하다　とどまる 머물다

海鳥(かいちょう・うみどり) 바닷새　胃(い) 위

第二次(だいにじ) 제2차

世界大戦(せかいたいせん) 세계대전

撃墜(げきつい) 격추　広大(こうだい) 광대

成長(せいちょう) 성장　解決策(かいけつさく) 해결책

取(と)り除(のぞ)く 제거하다

試(こころ)みる 시도하다, 시범하다

入(はい)り込(こ)む 깊숙이 들어가다

主張(しゅちょう) 주장　警告(けいこく) 경고

周囲(しゅうい) 주위　流入(りゅうにゅう) 유입

航行(こうこう) 항해　素材(そざい) 소재

行方不明(ゆくえふめい) 행방불명

63 ～ 65

**A**

유학 생활에서 얻는 것은 무엇인가? 나는 고등학생 때부터 부모의 사정으로 미국에 살았고 대학도 미국 대학을 나왔다. 어학유학과는 다소 다른 환경이었지만, 외국 생활을 경험한 입장에서 유학을 생각하고 있는 사람들에게 말하고 싶은 것이 있다. 그것은 유학을 하고 거기서 무엇을 하고 싶은 것인가가 아닌, 유학 후의 인생 계획을 생각하고 나서 유학하는 편이 좋다는 것이다. 특히 대학을 졸업한 후의 유학이라면 더더욱 그러하다. 막연히 영어를 공부하면 뭔가가 바뀐다거나, 외국생활을 즐기고 싶다는 것만으로는 그 후의 인생에도 별로 도움이 되지 않고, 단지 좋은 추억으로 끝나버릴 것이다. 인생에 있어서 자기 자신의 양식이 되는 듯한 그런 유학 생활을 해 주기를 바란다.

**B**

유학이라고 들으면 어학이나 그 나라의 문화를 공부하는 것이라고 생각되기 쉽지만, 실제는 그것보다도 많은 것을 배우고 익히고 있다. 나는 외국에 유학했을 때, 그 나라의 말이나 문화 외에, 얄궂게도 내가 일본인임에도 불구하고, 일본문화에 대해서 무지하다는 것을 알고, 일본문화를 더욱 공부하게 되었다. 외국인에게 자신들의 문화를 소개할 수 없을 때는 매우 부끄러웠기 때문이다.

나처럼 한 걸음 밖에서 일본을 봐 보면 거기에 있어서는 보이지 않는 것도 보이는 것이다. 젊은이들에게는 일본이라는 작은 섬나라에 가만히 틀어박혀 있지 말고, 계속해서 밖으로 나가서 여러 가지 것을 흡수하기를 바란다. 그것이 곧 자기 자신과 일본의 장래에 있어서 플러스가 되는 것이다.

**어휘충전** 留学(りゅうがく) 유학　得(え)る 얻다　親(おや) 부모
都合(つごう) 사정　異(こと)なる 다르다
なおさら 더한층　漠然(ばくぜん) 막연
～において ～에서　糧(かて) 식량
동사 ます형 + ～がち 자주 ～하다, ～하기 쉽다
皮肉(ひにく) 빈정거림, 얄궂음　無知(むち) 무지
紹介(しょうかい) 소개　恥(は)ずかしさ 부끄러움
～といったらない 매우 ～하다　一歩(いっぽ) 한 걸음
島国(しまぐに) 섬나라　じっと 가만히
こもる 틀어박히다　吸収(きゅうしゅう) 흡수
～にとって ～에 있어서



66 ～ 69

올해 새로 졸업하는 사람은 취직빙하기와 견줄 만한 혹독한 상황에 놓여 있다고 일컬어지고 있습니다. 젊은이가 사회에 나올 때, 불경기 때문에 안정된 직장에 들어갈 수 없는 사람이 대량으로 발생하는 것은 매우 큰 문제입니다. 본인으로서는 어떻게 할 수도 없는 경기라는 우연에 좌우되는 것은 그들에게는 납득하기 어려운 일이겠죠. 일본의 고용관행 하에서는 졸업 시의 취직 실패는 나중까지 큰 영향을 주는 것도 심각합니다.

취직을 못 한다는 것은 그들에게는 사회의 '①자리'가 갖추어지지 않은 것을 의미합니다. 사회가 그들에게 있을 장소를 준비하는 것은 더욱 우선되어도 좋은 과제가 아닐까요? 수백 명이 모인 파견촌 소동은 떠들썩하게 보도되어 사회 문제가 되었습니다만, 비정규 고용증가의 원인의 하나이기도 한 취직빙하기의 문제는 보다 크고, 게다가 심각하다고 생각됩니다.

당연한 일이지만 사회는 분업으로 이루어져 있습니다. 사회의 구성원이 제각각의 역할을 담당하는 것에 의해서 사회는 유지할 수 있는 것입니다. 취직할 곳이 없다는 것은 새롭게 사회에 참가해 오는 젊은이에게 대해서 '너에게 시킬 만한 역할은 없어'라고 말하는 것과 같습니다.

일을 할 수 없다는 것은 ②불로소득자가 되는 것입니다. 사회의 역할을 담당하는 것 없이 다른 사람이 만든 집에 살고, 다른 사람이 만든 옷을 입고, 다른 사람이 만든 것을 먹는다는 식으로 될 수 밖에 없습니다. 불로소득자가 많아지면 사회는 성립되지 않고, 사회에 나온 지 얼마 되지 않은 사람에게 무임승차를 강요하는 것은 교육상 바람직하지 않을 뿐만 아니라, 그들에게 사회에 대한 신뢰를 잃어버리게 만듭니다. 하물며 그들에게 사회를 구성하는 개체로서 자각을 기대하는 것은 곤란하겠죠. 그리고 사회가 불로소득자를 강요하는 이상 무임승차는 안 된다고는 ③말할 수 없게 됩니다.

새롭게 사회에 참가하는 젊은이에게 일을 배분하는 것은 더욱 우선되어야 할 과제라고 생각됩니다. 불경기이기 때문에 어쩔 수 없다 라는 식으로 끝낼 문제는 아닙니다. 고용조성이나 구인측과 구직자의 부조화 해소를 위한 교육훈련의 확충 등 여러 가지 제도가 갖추어져 있으면, 새롭게 졸업하는 학생이 불로소득자가 될 확률은 현저하게 줄지는 않을까 라고 생각합니다.

**어휘충전** 新卒者(しんそつしゃ) 신규 졸업자
就職(しゅうしょく) 구직　氷河期(ひょうがき) 빙하기
～並(な)み ～급, ～와 견줄 만한
不景気(ふけいき) 불경기　職(しょく)に就(つ)く 취직하다
偶然(ぐうぜん) 우연　左右(さゆう) 좌우
納得(なっとく) 납득
동사 ます형 + ～難(がた)い ～하기 어렵다

雇用(こよう) 고용　慣行(かんこう) 관행

後々(あとあと・のちのち) 오랜 뒤, 훨씬 뒤, 먼 뒷날

深刻(しんこく) 심각　居場所(いばしょ) 있을 곳

優先(ゆうせん) 우선　課題(かだい) 과제

派遣村(はけんむら) 해고를 비롯한 여러 가지 사정에 의해
생활이 곤란한 사람들을 도와주기 위한 것을 목적으로 일시적
으로 운영하는 구제소　騒動(そうどう) 소동

華々(はなばな)しい 화려하다, 떠들썩하다

報道(ほうどう) 보도　非正規(ひせいき) 비정규

かつ 게다가　あたりまえだ 당연하다

分業(ぶんぎょう) 분업　成(な)り立(た)つ 성립되다

成員(せいいん) 구성원　担(にな)う 짊어지다, 담당하다

維持(いじ) 유지　参入(さんにゅう) (고귀한 곳의) 방문

等(ひと)しい 똑같다　フリーライダー 불로소득자

タダ乗(の)り 무임승차

동사 부정형 + ～ざるを得(え)ない ～밖에 없다, ～해야만
한다　多数(たすう) 다수　強(し)いる 강요하다

教育上(きょういくじょう) 교육상

信頼(しんらい) 신뢰　失(うしな)う 잃어버리다

構成(こうせい) 구성　個体(こたい) 개체

自覚(じかく) 자각　配分(はいぶん) 배분

仕方(しかた)ない 어쩔 수 없다

済(す)まされる 해결되다, 끝나다　助成(じょせい) 조성

求人側(きゅうじんがわ) 구인측

求職者(きゅうしょくしゃ) 구직자　解消(かいしょう) 해소

訓練(くんれん) 훈련　拡充(かくじゅう) 확충

制度(せいど) 제도　そろう 갖춰지다

確率(かくりつ) 확률　著(いちじる)しい 현저하다

減(へ)る 줄다　手本(てほん) 모범

戸惑(とまど)う 망설이다, 갈피를 못 잡다

문제 13 다음은 아케보노시 관광협회에서 만든 관광지 리스트
이다. 뒤의 질문에 대한 대답으로 가장 알맞은 것을
1·2·3·4에서 하나 고르시오.

### 아케보노시에 어서 오세요

| | 영업 시간 | 요금 | 정기 휴일 | 장소 | 특징 · 기타 |
|---|---|---|---|---|---|
| 시립미술관 | 9:00~17:30 | 어른 1,000엔 고등학생 이하 500엔 단체요금 있음 | 제2 월요일 | B | [샤갈전]개최중 [아케보노시 초등학생 회화콘테스트 작품] 전시중 |
| 시립박물관 | 9:00~17:30 | 어른 1,000엔 고등학생 이하 500엔 단체요금 있음 | 부정기 | B | [아케보노시의자연전] 개최중 |
| 시모노 동물원 | 9:30~18:30 동계 9:30~17:30 | 어른 700엔 어린이(중학생 이하) 300엔 | 스케줄에 따름 추석, 연말 연시 포함 | C | [대집합 미국동물들] 개최중 |
| 미나미 수족관 | 9:00~19:30 | 어른 1,500엔 학생 800엔 | 연중 무휴 | E | 펭귄퍼레이드 1일 1회 돌고래쇼 1일 2회 |
| 역사기념관 | 9:30~17:30 | 어른 1,300엔 고등학생 이하 600엔 단체요금 있음 | 제3 월요일 | C | 아케보노시 역사자료관 아케보노성의 입장권 제시시 입관료 반액 |
| 아케보노성 (아케보노 공원 내) | 9:30~17:30 | 어른 1,300엔 고등학생 이하 750엔 (아케보노공원 150엔) | 연중 무휴 | C | 개수 공사 중이어서 현재 성에는 입장할 수 없습니다. (9월 상순까지) |
| 아케보노 야하타신사 | 8:30~18:00 | 관내참배료 300엔 | – | A | 아케보노 여름 축제 (매년 8월 중순) |
| 아케보노 상점가 | 각 점포에 따름 | – | 각 점포에 따름 | A | 음식 · 의료 · 잡화 등 약 70점포의 상점가 |
| 아케보노 메밀국수 기념관 | 각 점포에 따름 | 입관료 300엔 수타메밀국수 900엔 | 각 점포에 따름 | D | 시의 특산물 '메밀국수'를 사용한 메밀국수 맛집 지도 배포 중 관내 식당 있음 |

### 아케보노시의 교통 정보

· 시내 중심부 지역 A부터 B·C·D·E에는 차로 약 20분 정
도, 중심부가 아닌 옆 지역간의 이동에는 약 30분 정도 걸립
니다.(시내 교통상황에 따름)

· 시내 중심부에는 100엔 순환버스도 있습니다.

**어휘총정리** 観光協会(かんこうきょうかい) 관광협회

観光地(かんこうち) 관광지　リスト 리스트

親子(おやこ) 부모와 자식　モデルツアー 모델 여행

プラン 계획　見学(けんがく) 견학

八幡神社(やはたじんじゃ) 야하타 신사

記念館(きねんかん) 기념관

水族館(すいぞくかん) 수족관

商店街(しょうてんがい) 상점가　城(しろ) 성

伝統文化(でんとうぶんか) 전통문화

入場料(にゅうじょうりょう) 입장료

営業(えいぎょう) 영업　定休日(ていきゅうび) 정기휴일

美術館(びじゅつかん) 미술관　団体(だんたい) 단체

開催(かいさい) 개최　絵画(かいが) 회화

展示(てんじ) 전시　不定期(ふていき) 부정기

動物園(どうぶつえん) 동물원　冬季(とうき) 동계

年末年始(ねんまつねんし) 연말연시

年中無休(ねんじゅうむきゅう) 연중무휴

ペンギンパレード 펭귄 퍼레이드　イルカショー 돌고래 쇼

入場券(にゅうじょうけん) 입장권　提示(ていじ) 제시

入館料(にゅうかんりょう) 입관료　半額(はんがく) 반액

改修(かいしゅう) 개수, 수리　工事(こうじ) 공사

上旬(じょうじゅん) 상순　観内(かんない) 관내

参拝料(さんぱいりょう) 참배료

夏祭(なつまつ)り 여름 축제　中旬(ちゅうじゅん) 중순

店舗(てんぽ) 점포, 가게　飲食(いんしょく) 음식

衣料(いりょう) 의류　雑貨(ざっか) 잡화

手打(てう)ちそば 손으로 만든 메밀국수

そば屋(や) 메밀국수 가게　グルメマップ 맛집지도

配布(はいふ) 배포　中心部(ちゅうしんぶ) 중심부

エリア 영역, 지역　〜同士(どうし) 〜끼리

循環(じゅんかん) 순환



✓정답

| 46 ④ | 47 ① | 48 ② | 49 ③ | 50 ② |
| 51 ① | 52 ③ | 53 ③ | 54 ③ | 55 ① |
| 56 ④ | 57 ② | 58 ② | 59 ① | 60 ③ |
| 61 ② | 62 ④ | 63 ① | 64 ② | 65 ④ |
| 66 ② | 67 ④ | 68 ① | 69 ③ | 70 ④ |
| 71 ④ | | | | |

**문제 8** 다음 문장을 읽고 뒤의 질문에 대한 대답으로 가장 알맞은 것을 1·2·3·4에서 하나 고르시오.

46

　'유다치'는 날씨가 좋은 여름 오후부터 저녁에 걸쳐 적란운에 의해서 초래되는 갑작스럽게 일어나는 강한 비로, 천둥을 동반하는 경우가 많다. 여름의 계절감을 나타내는 말이다.

　여름의 강한 햇살로 지표 온도가 급상승하여, 그것이 만들어 내는 상승기류에 의해서 적란운이 급격하게 성장한다. 적란운이 구름 덩어리 위에 쌓아 올려지는 것처럼 성장하는 것에서, 저녁에 피어오르는 구름에 의해서 초래되는 비를 '유다치'라고 부른다.

　소나기는 갑자기 내리기 시작하는 비를 말하는 것으로, 계절이나 시간과는 관계가 없다. 원인도 적란운 외에 전선의 접근 등 다양한 것을 포함한다. 소나기 중, 비가 내리는 시간이 짧은 것은 지나가는 비라고 불려진다. '유다치'는 많은 경우 갑자기 내리기 시작하는 것이기 때문에 소나기이지만, 소나기 전부가 '유다치'라는 것은 아니다. '유다치'는 '강한 햇살', '오후부터 저녁', '적란운'이라는 조건을 충족하는 소나기를 가리킨다.

어휘충전　夕立(ゆうだち) 여름에 내리는 소나기

積乱雲(せきらんうん) 적란운　もたらす 초래하다

突然(とつぜん) 돌연　雷(かみなり) 천둥

伴(ともな)う 동반하다　季語(きご) '俳句(はいく: 일본의 전통 시)' 등에 계절감을 살리기 위해 꼭 들어가는 말

日差(ひざ)し 햇살　地表(ちひょう) 지표

温度(おんど) 온도　急上昇(きゅうじょうしょう) 급상승

生(う)み出(だ)す 만들어내다　気流(きりゅう) 기류

急激(きゅうげき) 급격　塊(かたまり) 덩어리

積(つ)みあげる 쌓아 올리다

立(た)ち上(あ)がる 피어오르다　にわか雨(あめ) 소나기

急(きゅう)に 갑자기　よる 의하다, 기대다

前線(ぜんせん) 전선　接近(せっきん) 접근

とおり雨(あめ) 지나가는 비　指(さ)す 가리키다

日中(にっちゅう) 대낮, 정오

흰머리는 뽑으면 늘어나기 때문에 가위로 자르는 편이 좋다고 하는데 진짜일까요?

옛날에 어느 프로그램에서 이 일을 실험했던 것을 기억하고 있습니다.

몇 명의 사람들에게서 우선 흰머리를 뽑고 수개월 후에 흰머리가 늘어났는가 어떤가를 실험했던 것입니다. 정확한 데이터를 얻기 위해, 그들은 가엾게도 이 동안에 머리카락에 손을 대는 것을 금지해 샴푸도 할 수 없었고, 힘든 경험을 했습니다.

그런데, 결론은 '뽑은 것에 의해서 흰머리의 증가는 인정할 수 없었다'입니다.

**어휘총전** 白髮(しらが) 백발　抜(ぬ)く 빼다　ハサミ 가위
番組(ばんぐみ) 프로그램　実験(じっけん) 실험
数ヵ月(すうかげつ) 수개월　正確(せいかく) 정확
髪(かみ)の毛(け) 머리카락　触(さわ)る 만지다
禁(きん)じる 금지하다　思(おも)い知(し)る 통감하다
増加(ぞうか) 증가　認(みと)める 인정하다



전철 안에서 술 취한 사람이 여성에게 시비를 걸고 있는데, 아무도 그 여성을 돕지 않았다. 밤에 이웃에서 비명이 들렸는데, 아무도 밖에 나가서 무슨 일이 있어났는지 확인하는 사람은 없었다, 라는 기사나 뉴스를 읽거나 듣거나 하면 지금 세상은 어떻게 된 거야 라고 분개하게 됩니다. 이대로는 일본 사회는 안 될 것이라고 한탄하고 싶어집니다. 주위를 둘러보면 자신만 괜찮으면 나머지는 어떻게 되도 좋다, 라고 하는 다른 사람에게는 관심이 없는 사람이 많아 졌기 때문입니다. 앞으로도 다른 사람의 일에는 무관심이라는 사람들이 점점 증가해 갈 지도 모릅니다. 옛날에는 이웃에 내가 별로 바라지 않는 일까지 해 주는 사람이 있어서 질리는 일도 있었습니다만, 지금은 그 간섭이 오히려 그리워질 정도입니다. 확실히 다른 사람에게 간섭받는 것은 싫은 일이지만, 다른 사람의 일에 너무 무관심하다는 것도 문제가 아닐까요?

**어휘총전** 酔(よ)っ払(ばら)い 술 취한 사람　からむ 시비를 걸다
助(たす)ける 돕다　悲鳴(ひめい) 비명
確(たし)かめる 확인하다　記事(きじ) 기사
憤慨(ふんがい) 분개　嘆(なげ)く 한탄하다
見渡(みわた)す 둘러보다　他人(たにん) 타인
関心(かんしん) 관심　ますます 점점 더
うんざりする 질리다　お節介(せっかい) 간섭
かえって 오히려　なつかしい 그립다
確(たし)かに 확실히　干渉(かんしょう) 간섭



## 49

대학생의 교육비(학생 생활비)에 대해서 보도록 하자.

'학생 생활조사'에 의하면, 연간에 드는 대학생의 학생 생활비는 국립에서 154만 엔, 사립에서 205만 엔으로 고액이다. 그래서, 대학생이 있는 세대의 소득을 세대주의 연령이 50세~54세의 일반 세대의 소득과 비교해 보면, 자식이 국립에 다니는 경우에는 약 1.3배, 사립에서는 약 1.4배가 되었다. 이 배율은 96년부터 98년에는 다소 저하하고 있지만, 이처럼 대학생 출신 세대의 평균 소득은 일반 세대의 평균보다도 높고, 부모의 경제력이 아이의 대학 진학에 영향을 주고 있을 가능성이 있다고 생각된다.

**어휘총전** 教育費(きょういくひ) 교육비　生活費(せいかつひ) 생활비
年間(ねんかん) 연간　国立(こくりつ) 국립
私立(しりつ) 사립　高額(こうがく) 고액
世帯(せたい) 세대　所得(しょとく) 소득
世帯主(せたいぬし) 세대주　年齢(ねんれい) 연령
比較(ひかく) 비교　倍率(ばいりつ) 배율　やや 다소
低下(ていか) 저하　出身(しゅっしん) 출신
平均(へいきん) 평균　経済力(けいざいりょく) 경제력
進学(しんがく) 진학

**문제 9** 다음 문장을 읽고 뒤의 질문에 대한 대답으로 가장 알맞은 것을 1·2·3·4에서 하나 고르시오.



어릴 적 마당 청소를 도왔다. 청소가 끝날 무렵에 '열심히 했으니 돈 줘'라고 엄마에게 말하니, '청소를 했더니 깨끗한 마당에서 놀 수 있게 되었지? 그게 돈이야'라고 말하셨다.

엄마는 자식에게 돈을 목표로 하지 않고 일하는 것을 가르치고 싶었던 것이라고 생각한다. 확실히 '돈을 줄 테니 마당을 쓸어'라고 해서 마당 청소를 하면, 청소가 끝나면 바로 '돈 줘'라고 돈을 받으러 방에 들어와, ①깨끗하게 된 정원을 뒤돌아보는 일도 없었을 것이다. '깨끗해진 마당은 기분이 좋아. 또 마당 청소를 돕자'라고 생각하는 것도 없었을 것이다. 집안 일을 돕는 것은 돈을 목적으로 하는 것은 아니다. 스스로 기꺼이 집안 일을 돕는 습관을 가져야 하는 것이다. 그리고 '고마워. 도움이 되었어.' 라고 하는 말이나 깨끗해진 마당을 보고, '도움이 되어서 다행이었다. 일하는 것은 기분이 좋구나. 다음에도 열심히 하자' 라고 생각할 수 있도록 되고 싶다.

돈을 받지 않으면 일할 수 없다는 생각으로 있으면, 보수를 받을 수 있는 일이라면 뭐든지 한다 라는 돈 때문에 움직이는 사람이 되어 버린다. 또, 돈을 목적으로 일하는 버릇이 붙으면, 그 금액에 따라서 일하는 양이나 열심히 하는 정도를 바꾸게 될 것이다. 게다가, '이렇게 일을 했는데, 이것밖에 급료를 주지 않는가?'라는 ②푸념만 늘어놓는 사람이 되어 버릴지도 모른다.

일하는 것의 상쾌함을 느끼기 위해서도, 무상으로 돕는 습관을
몸에 배이게 하고 싶다.

掃除(そうじ) 청소　おだちん 심부름이나 청소 등으로 주는
과자나 용돈　目当(めあ)て 목표　確(たし)かに 확실히
はく 쓸다　ちょうだい 주세요
振(ふ)り返(かえ)る 뒤돌아보다　進(すす)んで 기꺼이
習慣(しゅうかん)をつける 습관을 붙이다
助(たす)かる 도움이 되다　報酬(ほうしゅう) 보수
癖(くせ) 버릇　額(がく) 금액　量(りょう) 양
熱心(ねっしん) 열심　給料(きゅうりょう) 급료
愚痴(ぐち) 불평　無償(むしょう) 무상
補償(ほしょう) 보상　無理(むり)やりに 억지로
生(う)まれつき 천성

53 ～ 55

세상에는 업무상 수많은 사람의 이름과 얼굴을 기억하고 있
는 사람이 있다. 예를 들면, 어느 생명보험회사의 톱 클래스의
세일즈 여사원은 약 만 명의 이름을 기억하고 있다고 한다. 또
긴자의 어느 고급 클럽의 마담도 한 번 온 손님의 얼굴과 이름
은 절대 잊지 않는다고 호언장담한다. 그렇게 많은 사람의 얼굴
과 이름을 도대체 어떻게 해서 기억하는 것일까?

그 기억 방법이라는 것은 오감을 전부 사용하는 것이다. 우선
기억하고 싶은 사람의 이름을 손바닥에 한자로 쓴다. 다음으로,
대화 중에 그 이름을 몇 번이나 입에 담도록 명심한다. 'ㅇㅇ씨
는 골프는?', 'ㅁㅁ씨, 한 잔 더 어때요?'라고 하는 것처럼. 물론,
상대방의 목소리나 얼굴도 눈과 귀를 사용해서 기억한다. 특징
이 있는 향수나 수염이 기억에 남는 경우도 있다.

오감 이외에 상대방의 출신지, 직업 등을 물어 상대방에 관한
정보를 풍부하게 모으는 것도 중요하다. 또, 공통의 취미가 있
으면 잊을 일은 없을 것이다. 이렇게 하면 다음에 만났을 때 얼
굴을 보고 바로 이름이 떠오르지 않더라도, 그러한 것들의 정보
를 실마리로 기억을 되살릴 수 있을 것이다.

그리고, 무엇보다 가장 중요한 것은 '반드시 외우자'라고 하는
의욕이다. 와인의 이름이나 산지 등을 어떻게 해서 기억할 수
있는가 라는 불가사의한 느낌이 들지만, 흥미가 있는 사람에게
있어서는 손쉽게 외울 수 있는 것 같다. 일과 관련된 사람의 이
름이나, 흥미가 있는 일이 기억하기 쉬운 것은, 기억하려고 하
는 의욕이 강하기 때문이다.

仕事柄(しごとがら) 업무상　数多(かずおお)い 수많다
生命保険(せいめいほけん) 생명보험　銀座(ぎんざ) 지명
高級(こうきゅう) 고급　来店(らいてん) 내점
絶対(ぜったい) 절대　忘(わす)れる 잊다
豪語(ごうご) 호언장담　大勢(おおぜい) 많은 사람
五感(ごかん) 오감　手(て)の平(ひら) 손바닥
心(こころ)がける 명심하다　お代(か)わり 리필

香水(こうすい) 향수　ひげ 수염　残(のこ)る 남다
出身地(しゅっしんち) 출신지　職業(しょくぎょう) 직업
ふんだんに 풍부하게　共通(きょうつう) 공통
手(て)がかり 실마리　たぐり寄(よ)せる 되살려 모으다
意欲(いよく) 의욕　産地(さんち) 산지
不思議(ふしぎ)だ 불가사의하다
仕事(しごと)がらみ 일과 관련된　一目(いちもく) 슬쩍 봄
わく (흥미 등이) 생겨나다

56 ～ 58

우리 삼촌은 대학에서 교원으로 일하고 있다. 항상 감색 정장
에 흰색 와이셔츠를 마치 학생이 취업 활동하는 듯한 모습으로
교단에 서 있다. 어느 날 스웨터에 면바지의 평상복으로 강의에
임했더니, 학생에게 '선생님, 상당히 허물없는 차림이군요'라고
놀림 받았다고 한다. 자신의 복장에 자신이 없었던 삼촌은 그
이후, 반드시 수수한 정장으로 강의에 임하고 있다고 한다.

취업 활동을 할 때 모두가 비슷한 색이나 모양의 정장을 입는
것은 이상하다고 하는 사람이 있지만, ①나는 이상하다고는 생
각하지 않는다.

스웨터에 면바지로 강의에 임하는 삼촌을 놀린 학생은, 삼촌
의 복장이 강의를 하는 선생님의 모습으로서 어울리지 않는다
고 생각했던 것일 것이다. 삼촌의 경험에서도 알 수 있는 것처
럼, 어떠한 복장을 할까는 때와 경우를 생각하지 않으면 안 된
다. 취업 활동에는 취업 활동에 어울리는 복장이 있다. 취업 활
동이기에 모두 비슷한 판에 박은 정장을 입는 것이 아니고, 때
와 경우를 생각해서 복장을 선택하면, 그러한 모습이 되는 것이
다. 때문에 취직용 정장을 입는 것은 때와 경우를 터득하고 있
는 ②증거인 것이다. 결과적으로, 모두 비슷한 색이나 모양의
정장을 하게 되는 것뿐인 것이다.

教員(きょういん) 교원　紺色(こんいろ) 감색
教壇(きょうだん) 교단　綿(めん) 면
普段着(ふだんぎ) 평상복
講義(こうぎ) 강의　臨(のぞ)む 임하다
くだける 허물없다　からかう 놀리다
服装(ふくそう) 복장　地味(じみ)だ 수수하다
形(かたち) 형태　ふさわしい 어울리다
決(き)まり切(き)った 극히 당연한, 판에 박은
心得(こころえ)る 터득하다, 이해하다
結果的(けっかてき)に 결과적으로　従(したが)う 따르다
伯父(おじ) 삼촌

59~62

영국의 과학자 찰스 다윈은 그 진화의 이론으로 세계 모든 곳에 그 이름을 알리고 있다. 실제로, 많은 사람들이 이 이론을 지금까지 가장 중요한 과학적 발견이라고 간주하고 있다. 그러나, 이 이론을 생각해 낸 것은 그 혼자만이 아니라는 것을 많은 사람들은 모른다. 사실 ①알프레도·러셀·워레스라고 하는 다른 영국인 과학자가 다윈과는 관계없이 완전히 똑같은 아이디어를 키웠던 것이다. 다윈은 유복한 가정 출신으로, 캠브리지 대학에서 배웠다. 한편 워레스의 가정은 가난했다. 그 때문에 워레스는 17세로 ②학교를 그만두어야만 했었다.

교사로서 일을 하는 한편으로 그는 자연의 연구에 흥미를 가지게 되었다. 1848년 그는 남미로 건너가 그 지역의 동물과 식물을 연구했다. 그 후 그는 말레이시아와 인도네시아의 정글을 탐험했다. 그가 아이디어를 떠올린 것은 그 시기의 일이었다.

그 무렵 동물종은 시간을 들여서 변화해 왔다고 믿고 있었던 과학자는 그 외에도 있었다. 문제는 어떻게 해서 이러한 변화가 일어났던 것인가를 설명하는 것이었다. 세계의 각 지역은 그 거주환경에 적합한 다른 종을 키우고 있는 것에 워레스는 흥미를 품었다. 어느 날, 이것은 환경에 적합한 동물만이 살아남고, 다른 것은 멸종하기 때문이다 라는 것을 알아차렸다. 1858년 워레스는 그의 아이디어를 수년 전에 만났던 다윈 앞으로 보냈다. 다윈은 자신이 생각하고 있었던 것과 같은 이론을 워레스가 생각해 낸 것을 알고, 충격을 받았다.

다윈은 자신의 진화 이론을 20년 전에 처음으로 생각해 내었지만, 많은 사람들에게 그것은 받아들이기 어려울 것이라고 알고 있었기 때문에 그것을 공개하는 것을 늦추고 있었다. 그는 자신의 이론을 위해서 할 수 있는 한의 증거를 모으는 데 이 동안의 시간을 사용했다. 사실 그와 워레스의 아이디어가 함께 런던에서 학자 그룹을 대상으로 처음 발표되었을 때 그것에 관심을 가지는 사람은 거의 없었다. 다윈이 『종의 기원』을 1859년에 출판하여, 겨우 진화의 이론은 유명해졌던 것이다.

과학자들 중에는 워레스도 또 진화의 발견자로 간주되어야 한다고 생각하는 사람도 있다. 그러나 과학자들이 최종적으로 진화론은 옳다고 믿게 되었던 것은 다윈이 많은 증거를 제공했기 때문이야말로 가능했던 것이다 라고 말하는 과학자들도 있다.

**어휘충전** 進化(しんか) 진화   理論(りろん) 이론   名(な) 이름
知(し)られる 알려지다   實際(じっさい) 실제
もっとも 가장   科學的(かがくてき) 과학적
見(み)なす 간주하다   考(かんが)え出(だ)す 생각해내다
裕福(ゆうふく) 유복   ～出(で) ～출신
敎師(きょうし) 교사   かたわら 한편   興味(きょうみ) 흥미
南米(なんべい) 남미   渡(わた)る 건너다

動物(どうぶつ) 동물
植物(しょくぶつ) 식물   探検(たんけん) 탐험
思(おも)いつく 생각이 떠오르다
種(しゅ) 종   居住(きょじゅう) 거주
環境(かんきょう) 환경   適合(てきごう) 적합
はぐくむ 키우다   抱(だ)く 품다
生(い)き残(のこ)る 살아남다
死(し)に絶(た)える 멸종하다
数年前(すうねんまえ) 수년 전   元(もと) 앞, 아래
送(おく)る 보내다   受(う)ける 받다
동사 ます형 + ～がたい ～하기 어렵다
遅(おく)らせる 늦추다   ～限(かぎ)り ～하는 한
証拠(しょうこ) 증거   学者(がくしゃ) 학자
向(む)ける 향하다
関心(かんしん)を払(はら)う 관심을 기울이다
起源(きげん) 기원
最終的(さいしゅうてき) 최종적   提供(ていきょう) 제공
とどまる 머무르다   もはや 이제는, 이미
費(つい)やす 소비하다



63~65

A

부하에게 있어서 할 수 있는 상사라고 하는 것은 무엇일까요? 그것은 '칭찬할 수 있는 상사'입니다. 옛날이라면 부하를 칭찬하면, '칭찬하는 것보다 엄하게 하지 않으면 일은 하지 않는다구, 지금의 젊은이란'이라는 말이 들려올 것 같습니다. 하지만, 칭찬하면 부하의 의욕뿐만 아니라 그 사람이 가지고 있는 숨겨진 능력도 이끌어낼 수가 있습니다. 그것을 일에 도움이 되게 할 수 있기 때문에 이렇게 좋은 것은 없습니다.

그런데, 이것이 정말로 어렵다고 합니다. 왜냐하면, 상대방을 마음으로부터 칭찬하는 것이야말로 상대방에게 전해지는 것이기 때문입니다. 요령은 부하를 잘 관찰하고, 일에 대한 행동이나 결과를 칭찬하도록 하는 것. 그때는 '잘 했다' 뿐만 아니라 '데이터가 상세해서 이해하기 쉬웠다' 등 구체적인 메시지도 덧붙이면 효과적입니다.

B

어떤 조사에 의하면 상사가 젊은 사원에게 기대하고 있는 것의 1위는 '곤란을 이기는 힘을 갖는 것'이라고 합니다. 상사로부터 보면 부하의 일에 대한 자세에서는 아직도 안이함을 볼 수 있는 것일까요?

반대로 젊은 사원이 성장하고 싶다고 생각하고 있는 것은 '아이디어나 고안을 창출해 내는 힘'과 '업무에 관한 지식이나 기술'이라고 합니다. 할 수 있는 상사로서 부하로부터 신뢰받게 되기 위해서는 부하들의 정신면이 아니라, 일에 대한 능력을 보는 것이 필요한 것 같습니다.

그러나 조사의 결과를 보면 많은 상사들은 안타깝게도 부하의 정신면을 중요시하고 있는 것 같습니다. 할 수 있는 부하는 언젠가는 상사로서 부하의 위에 서는 존재입니다. 서로간에 더욱 커뮤니케이션을 할 필요가 있는 것은 아닐까요?

**어휘총전** ~にとって ~에 있어서　褒(ほ)める 칭찬하다
連中(れんちゅう) 무리　やる気(き) 의욕
隠(かく)れる 숨다　引(ひ)き出(だ)す 이끌어내다
役立(やくだ)てる 유용하게 쓰다　コツ 요령
観察(かんさつ) 관찰　具体的(ぐたいてき) 구체적
付(つ)け加(くわ)える 덧붙이다
効果的(こうかてき) 효과적
若手社員(わかてしゃいん) 젊은 사원
打(う)ち勝(か)つ 이기다　姿勢(しせい) 자세
甘(あま)さ 안이함　工夫(くふう) 고안
生(う)み出(だ)す 창출하다　業務(ぎょうむ) 업무
知識(ちしき) 지식　信頼(しんらい) 신뢰
精神面(せいしんめん) 정신면　いずれは 언젠가는

**문제 12** 다음의 문장을 읽고 뒤의 질문에 대한 대답으로 가장 알맞은 것을 1·2·3·4에서 하나 고르시오.

66 ~ 69

그저께 오랜만에 교토에서 전철을 탔습니다만, 마스크를 하고 있는 사람이 적은 것에 놀랐습니다. 탄 차량에 마스크를 한 모습은 옆 좌석의 한 명뿐이고, 잠시 지나자 심하게 기침을 하기 시작했습니다. 조금은 실례라고 생각하면서도 조금 떨어진 곳으로 자리를 이동했습니다.

최근 1주일의 추산 감염자수는 이미 15만 명이라고 보도되고 있는데 비해 놀랄 정도로 냉정한 반응입니다. 5월에 몇 명의 감염자가 나온 것만으로 삼엄한 검역 광경을 섞은 연일 큰 보도가 일어나, 거리가 마스크 투성이가 된 것과 비교해 ①<u>도저히 같은 나라의 일이라고는 생각되지 않습니다.</u>

5월의 소동에서는 당초 치사율이 과대하게 전해진 것을 고려할 필요가 있습니다만, 빠른 단계에서 수정된 후에도 매스컴의 큰 소동은 계속되었습니다. 이것은 세계에서도 진기한 현상으로 여겨져, 일본 매스컴의 '이상 성격'이 지적되었습니다.

5월의 보도가 허위 보도에 가까운 것이었다는 것이 판명된 결과, 현재의 본격적인 유행이 보도되어도 '또?'라고 생각되어 버린 것이겠죠. 모두 신종 인플루엔자에 질려 버렸을 지도 모릅니다. 매스컴은 바로 양치기 소년입니다. 감염의 위협은 이제부터입니다만.

일주일 간의 감염자가 15만 명으로 추정되어 감염의 기회는 현저하게 늘어났는데, 매스컴의 이 냉정함도 불가사의합니다. 매스컴도 또 질려서, 뉴스로서의 가치가 없다고 생각했던 것이겠죠. 그러나 그 결과 필요 없을 때 마스크를 착용하고, 필요할 때에 착용하지 않는 반대의 대응이 일어나 버렸습니다. ②<u>매우 불합리한 일입니다.</u>

보도기관의 역할은 독자·시청자에게 필요한 정보를 과하거나 부족함 없이 전하고, 적절한 대응을 촉진하는 것에 있습니다. 마스크의 착용이라고 하는 감염예방대책의 실시상황에서 본 바로는 매스컴이 한 역할은 오히려 마이너스 쪽이 컸었던 것은 아닌가 조차 생각됩니다.

③<u>식품의 소비기한문제, 다이옥신, 환경호르몬 등 예를 들면 끝이 없습니다만, 과대한 보도가 과잉 반응을 초래하는 것을 학습할 기회는 몇 개나 있었습니다.</u> 정서에 호소하는 흥미본위의 보도에 의해 독자·시청자에 영합하는 것이 우선된 결과이겠지만, 거기에는 상업주의의 '완성도'의 높이를 느낍니다.

당연한 일이지만, 보도기관의 역할은 적절한 반응을 이끌어 내는 듯한 정보제공이고, 반응의 적부를 검증하는 것까지가 일의 범위이어야 합니다. 무작정 보도하고, 나머지는 모르겠다는 무책임한 체제로서는 곤란합니다.

**어휘총전** 驚(おどろ)く 놀라다　車両(しゃりょう) 차량
盛(さか)んだ 활발하다　咳(せき)こむ 심하게 기침하다
離(はな)れる 떨어지다　推計(すいけい) 추산
感染者(かんせんしゃすう) 감염자 수
~わりには ~에 비해서는　冷静(れいせい) 냉정
ものものしい 삼엄하다, 장엄하다, 엄숙하다
検疫(けんえき) 검역　光景(こうけい) 광경
交(まじ)える 섞다　連日(れんじつ) 연일
大報道(だいほうどう) 큰 보도　騒(さわ)ぎ 소동
当初(とうしょ) 당초　致死率(ちしりつ) 치사율
過大(かだい) 과대　考慮(こうりょ) 고려
修正(しゅうせい) 수정　現象(げんしょう) 현상
異常(いじょう) 이상　指摘(してき) 지적
虚報(きょほう) 허위보도　判明(はんめい) 판명
流行(りゅうこう) 유행　報(ほう)じる 보도하다
新型(しんがた) 신형　飽(あ)きる 질리다
狼少年(おおかみしょうねん) 양치기 소년
脅威(きょうい) 위협　推定(すいてい) 추정
格段(かくだん)に 현저하게
ニュースバリュー 뉴스로서의 가치　着用(ちゃくよう) 착용
逆(さか)さま 거꾸로　不合理(ふごうり) 불합리
機関(きかん) 기관　読者(どくしゃ) 독자
視聴者(しちょうしゃ) 시청자　過不足(かぶそく) 과부족
適切(てきせつ) 적절　促(うなが)す 재촉하다, 촉진하다

予防(よぼう) 예방　対策(たいさく) 대책

果(は)たす 다하다　消費(しょうひ) 소비

期限(きげん) 기한　例(れい)を挙(あ)げる 예를 들다

きり 끝　誇大(こだい) 과대　過剰(かじょう) 과잉

招(まね)く 초래하다　情緒(じょうしょ・じょうちょ) 정서

訴(うった)える 호소하다

興味本位(きょうみほんい) 흥미본위

迎合(げいごう) 영합

商業主義(しょうぎょうしゅぎ) 상업주의

完成度(かんせいど) 완성도　引(ひ)き出(だ)す 끄집어내다

提供(ていきょう) 제공　適否(てきひ) 적부

検証(けんしょう) 검증　流(なが)す 흘리다

範囲(はんい) 범위

동사 ます형 + ～放題(ほうだい) 마음대로 ～함

無責任(むせきにん) 무책임　体制(たいせい) 체재

**문제 13** 다음은 외국인 유학생을 위한 취직설명회에 관한 것이다. 다음 질문에 대한 답으로 가장 알맞은 것을 1·2·3·4에서 하나 고르시오.

저팬 글로벌 아웃소싱 주최
외국인 유학생을 위한 취직설명회 & 응원페어

유학생 여러분, 일본에서 일해 보지 않겠습니까? 외국인 유학생들을 채용하고 싶어하는 일본계열 회사 약 20개사가 참가하는 취업설명회 & 응원페어가 올해도 찾아왔습니다.

유학생을 채용하고자 하는 기업과 '일본에서 일하고 싶은' 유학생 분들이 만날 수 있는 두 번 다시 없는 기회입니다. 또한 이 이벤트는 완전예약제이기 때문에 반드시 웹에서 '페어에 참가예약함'을 클릭하여 예약을 해 주세요.(www.jgo-jobfair.co.jp)

■개최일시 : 12월 19일(土) 11:00~18:00(접수개시/10:30)

■대상 : 일본에서 공부하는 외국인 유학생이 대상인 세미나입니다.
　　·대학·대학원·단기대학에 재적 중 또는 졸업한 외국인 유학생
　　·교환유학중인 외국인 유학생
　　·일본어, 영어, 중국어, 한국어, 그 외 2개 국어가 자유롭게 구사 가능한 분
　　·일본에서 취업할 곳을 찾고 계시는 분

■이벤트 : ① 기업소개　　　11:00 ~
　　　　　② 세미나　　　13:00 ~ 14:00
　　　　　　도쿄 ○□ 대학　사토 교수
　　　　　　'성공하는 유학생의 취직활동'

　　　　　③ 패널 토론회 : 14:00 ~ 16:00
　　　　　테마 : '외국인 유학생의 일본취업의 장래성'

※예약의 흐름

| ① 이벤트 스테이지<br>당일 각종 이벤트에도 꼭 참석하시길 바랍니다.<br><br>② 참가기업설명회 부스<br>개별로 회사설명회를 실시합니다. 사업내용이나 전형안내 등의 설명이 실시됩니다. 시간제로 실시하는 기업도 있기 때문에 그 경우에는 사전에 웹상에서 확인 바랍니다. | ③ 기업 프레젠테이션 세미나룸<br>한 기업당 40분 동안 프레젠테이션이 실시되어, 차분히 기업의 이야기를 들을 수 있습니다. 완전예약제로 실시되기 때문에 웹상에서 예약이 필요합니다. [기업프레젠테이션 세미나 예약]을 클릭하여 등록해 주세요.<br>※'참가기업설명회'에 참가하지 않은 기업도 있기 때문에 확인해 주세요 |
| --- | --- |

■예약접수기간 : 10월 1일(木)~12월 15일(火)
정원은 1,500명입니다만, 접수기간 전에 정원에 도달했을 경우, 예약접수를 종료할 예정입니다. 참가를 희망하시는 분은 빠른 예약 부탁드립니다. (예약표가 없는 경우에는 입장할 수 없습니다.)

당사 홈페이지에서 회원등록을 실시함 → 페어 예약 페이지에서 예약함 → 등록한 메일 주소에 예약 확인이 송신됨 → 당일 예약 확인표를 인쇄하여 지참함

**어휘총정** グローバル 글로벌　アウトソーシング 아웃소싱

主催(しゅさい) 주최　採用(さいよう) 채용

日系(にっけい)企業(きぎょう) 일본계 기업

就職(しゅうしょく)説明会(せつめいかい) 취업설명회

応援(おうえん) 응원　フェア 전시회, 박람회

参(まい)る 行(い)く·来(く)る의 겸양어

機会(きかい) 기회　なお 또한　ウェブ 웹　クリック 클릭

セミナー 세미나　在籍中(ざいせきちゅう) 재적중

バイリンガル 2개 국어를 자유자재로 구사함, 또는 그런 사람

パネルディスカッション 패널 토론회

越(こ)す (『お越(こ)し』의 꼴로) '가다·오다'의 높임말

選考(せんこう) 전형　登録(とうろく) 등록

プリントアウト 프린터로 인쇄함, 인쇄한 것

持参(じさん) 지참

# Part 1 분석및대책

## 3. 청해 워밍업

### ① 대화문 워밍업

**1番**  N1-P1-10

✓정답  1 ①   2 ②   3 ③

M : あのう、ちょっと風邪気味（かぜぎみ）なんです。

F : 熱（ねつ）はありますか。

M : はい。咳（せき）も出（で）るし、鼻水（はなみず）も…。

F : 鼻水はこの錠剤（じょうざい）を飲（の）むとすぐ治（なお）ります。それから、この粉薬（こなぐすり）は咳に、カプセルは熱によく効（き）きます。

M : あのう、薬（くすり）は毎食後（まいしょくご）飲（の）むんですか。

F : いいえ、鼻水の薬と解熱剤（げねつざい）は食後（しょくご）に、それから咳が出るたびに飲む薬は食前（しょくぜん）です。

M : どうもありがとうございました。

남 : 저 감기 기운이 좀 있습니다.

여 : 열은 있습니까?

남 : 예. 기침도 나오고 콧물도….

여 : 콧물은 이 알약을 먹으면 바로 낫습니다. 그리고, 이 가루약은 기침에 효능이 있고, 캡슐은 열이 나는데 잘 듣습니다.

남 : 저, 약은 매 식후 먹습니까?

여 : 아니오, 콧물약과 해열제는 식후에, 그리고 기침이 나올 때 먹는 약은 식전입니다.

남 : 고맙습니다.

1 콧물에 듣는 약은 무엇입니까?
　① 정제 ✓　② 가루약　③ 캡슐　④ 붙이는(바르는) 약

2 기침에 잘 듣는 약은 무엇입니까?
　① 정제　② 가루약 ✓　③ 캡슐　④ 붙이는(바르는) 약

3 열에 잘 듣는 약은 무엇입니까?
　① 정제　② 가루약　③ 캡슐 ✓　④ 붙이는(바르는) 약

**어휘총정리** 風邪気味（かぜぎみ） 감기 기운　咳（せき） 기침
鼻水（はなみず） 콧물　錠剤（じょうざい） 알약

治（なお）る 낫다　粉薬（こなぐすり） 가루약
効（き）く 효능이 있다　毎食後（まいしょくご） 매 식후
解熱剤（げねつざい） 해열제　食前（しょくぜん） 식전
つけ薬（ぐすり） 붙이는(바르는) 약

**2番** N1-P1-11

✓정답  1 ②   2 ③   3 ①

M : こんにちは。店（みせ）の内装工事（ないそうこうじ）のお見積（みつ）りをお持（も）ち致（いた）しました。

F : あ、わざわざすみません。

M : ご説明（せつめい）したいことがございますので、少（すこ）しお時間（じかん）さいていただけませんか。

F : はい。こちらでお願（ねが）いします。

M : ありがとうございます。壁紙（かべがみ）はご希望（きぼう）の金額（きんがく）でお引（ひ）き受（う）けできるんですが、廃材処理（はいざいしょり）の方（ほう）は20万円（まんえん）いただかないと、処理ができないんですよ。

F : えっ？前回（ぜんかい）は15万（まん）でしたよ。

M : はい。実（じつ）は廃棄物処理（はいきぶつしょり）に関（かん）する規制（きせい）が強化（きょうか）されまして、廃材処理代（はいざいしょりだい）が非常（ひじょう）に高（たか）くなっているんです。他社（たしゃ）も同様（どうよう）だと思（おも）いますが。

F : そうなんですか…。そうなると、予算（よさん）オーバーですね…。

M : そうしましたら、壁紙（かべがみ）を少（すこ）し値引（ねび）きさせていただきます。いかがでしょうか。

F : じゃあ、もう一度（いちど）見積書（みつもりしょ）をお願（ねが）いします。次（つぎ）はメールかファックスでかまいませんので。

M : かしこまりました。

남 : 안녕하세요. 가게의 내장공사의 견적을 갖고 왔습니다.

여 : 아, 일부러 죄송합니다.

남 : 설명하고 싶은 것이 있는데 조금 시간을 내 주시지 않겠습니까?

여 : 예. 이쪽에서 부탁합니다.

남 : 고맙습니다. 벽지는 희망하신 금액으로 받아들일 수 있습니다만, 폐자재 처리 쪽은 20만 엔을 받지 않으면 처리 불가능합니다.

여 : 네? 지난번에는 15만 엔이었는데요.

남 : 예. 실은 폐기물 처리에 관한 규제가 강화되어, 폐자재 처리 비용이 매우 높아졌습니다. 다른 회사도 같을 것이라고 생각합니다만.

여 : 그렇습니까…? 그렇게 되면 예산이 오버되네요….

남 : 그렇다면 벽지를 조금 할인해 드리겠습니다. 어떻습니까?

여 : 그럼 한 번 더 견적서를 부탁합니다. 다음에는 메일이나 팩스로 괜찮습니다.

남 : 알겠습니다.

1 이곳은 어디라고 생각합니까?
① 남자의 사무소
② 여자의 사무소 ✓
③ 폐자재 처리장
④ 벽지를 만드는 공장

2 폐자재 처리 비용이 비싸진 것은 왜입니까?
① 폐자재의 가격이 내렸기 때문에
② 인건비가 비싸졌기 때문에
③ 규제가 엄격해졌기 때문에 ✓
④ 타사에 위탁하기 때문에

3 이후에 남자는 무엇을 합니까?
① 새로운 견적서를 만든다. ✓
② 내장공사를 시작한다.
③ 여자와 함께 회사로 돌아간다.
④ 다른 업자에게 상담한다.

**어휘출전** 内装(ないそう) 내장　工事(こうじ) 공사
お見積(みつも)り 견적
お + 동사 ます형 + 致(いた)す 겸양 표현
わざわざ 일부러　時間(じかん)をさく 시간을 내다
壁紙(かべがみ) 벽지　希望(きぼう) 희망
金額(きんがく) 금액　引(ひ)き受(う)ける 받아들이다
廃材(はいざい) 폐자재　処理(しょり) 처리
前回(ぜんかい) 지난번　廃棄物(はいきぶつ) 폐기물
規制(きせい) 규제　強化(きょうか) 강화
他社(たしゃ) 타사　同様(どうよう) 같음
予算(よさん) 예산　値引(ねび)き 가격 할인
동사 사역형 + ていただく 겸양 표현(~하겠다)
見積書(みつもりしょ) 견적서　かしこまる「分かる」의 겸
양 표현　業者(ぎょうしゃ) 업자

---



✓**정답**　1 ③　　2 ②　　3 ①

F : 杉本先生は小学校で講演会を開かれることが多い
とうかがいましたが。

M : ええ、大学の講義がない時は主に保護者の方向け
に環境ホルモンについて話をしています。

F : 環境ホルモンですか。

M : ええ。生物のホルモンの働きに障害を引き起こす物
質の事を言います。本来生物のホルモンは性別や
年齢によってある時期に自然に分泌される物です
が、その影響によって自然な分泌に障害が生じる
んです。特に今、全国の小学校で学校給食用の食
器が問題になっています。

F : そう言えば、食器から有害な化学物質が検出された
というニュースがありましたね。

M : ええ、あの後化学物質でできた食器を廃止した小
学校が続出しました。それで木製の食器が多くな
りましたが、次は農薬が問題になりました。

F : へえ。それでどうなったんですか。

M : 次は陶器の食器が採用されました。ところが、割れ
た破片で怪我をした子供が何人も出て…。結局使
える食器がなくなってしまったんです。

F : うわー。

M : それで、私が講演会を開いて説明しているんです。
全ての化学物質が環境ホルモンという訳ではな
い、ってね。

F : なるほど！杉本先生、本日は取材にご協力くださ
り、ありがとうございました。

여 : 스기모토 선생님은 초등학교에서 강연회를 여시는 경우가 많다고 들었습니다만.

남 : 예, 대학의 강의가 없을 때는 주로 보호자 분에게 적합한 환경호르몬에 대해서 이야기를 하고 있습니다.

여 : 환경호르몬입니까?

남 : 예, 생물의 호르몬의 작용에 장해를 일으키는 물질을 말합니다. 본래 생물의 호르몬은 성별이나 연령에 따라 어떤 시기에 자연스럽게 분비되는 것입니다만, 그 영향에 따라 자연스러운 분비에 장해가 생기는 것입니다. 특히, 지금 전국의 초등학교에서 학교급식용의 식기가 문제가 되고 있습니다.

여 : 그리고 보니, 식기에서 유해한 화학물질이 검출되었다는 뉴스가 있었습니다.

남 : 예, 그 뒤 화학물질로 만들어진 식기를 폐지안 초등학교가 속출했습니다. 그래서 목제 식기가 많아졌습니다만, 다음은 농약이 문제가 되었습니다.

여 : 와, 그래서 어떻게 되었습니까?

남 : 다음은 도자기 식기가 채용되었습니다. 그러나, 깨진 파편으로 부상을 입은 아이가 몇 명이나 나와서…. 결국 사용할 수 있는 식기가 없어져 버렸습니다.

여 : 와ㅡ.

남 : 그래서 제가 강연회를 열어서 설명하고 있는 것입니다. 모든 화학물질이 환경호르몬이라는 것은 아니라고 말입니다.

여 : 과연! 스기모토 선생님, 오늘은 취재에 협력해 주셔서 감사합니다.

1 스기모토 선생님의 직업은 무엇입니까?
① 초등학교 선생님
② 급식센터 직원
③ 대학 교수 ✔
④ 아나운서

2 환경호르몬이란 어떤 의미입니까?
① 성별이나 연령에 따라 어떤 시기에 자연스럽게 분비되는 것
② 환경의 영향에 의해 호르몬의 자연스러운 분비를 방해하는 것 ✔
③ 생물의 몸이 자연환경에 순응하는 것
④ 생물의 성장에서 필요한 환경

3 스기모토 선생님이 말하고 싶은 것은 무엇입니까?
① 화학물질 = 환경호르몬의 원인은 아니다. ✔
② 목제 식기는 모두 안전하다.
③ 학교급식이란 제도에 문제가 있다.
④ 보호자는 식기에 관심을 가져야 한다.

 講演会(こうえんかい) 강연회
うかがう 「聞(き)く(듣다), 訪(たず)ねる(방문하다)」의 겸양 표현
講義(こうぎ) 강의　保護者(ほごしゃ) 보호자
〜向(む)け 〜용　環境(かんきょう) 환경
生物(せいぶつ) 생물　働(はたら)き 작용
障害(しょうがい) 장해　引(ひ)き起(お)こす 일으키다

性別(せいべつ) 성별　年齢(ねんれい) 연령
時期(じき) 시기　分泌(ぶんぴ) 분비
影響(えいきょう) 영향　生(しょう)じる 생기다
給食用(きゅうしょくよう) 급식용　有害(ゆうがい) 유해
化学物質(かがくぶっしつ) 화학물질
検出(けんしゅつ) 검출　廃止(はいし) 폐지
続出(ぞくしゅつ) 속출　木製(もくせい) 목제
農薬(のうやく) 농약　陶器(とうき) 도자기
採用(さいよう) 채용　割(わ)れる 깨지다
破片(はへん) 파편　怪我(けが) 부상
結局(けっきょく) 결국　訳(わけ) 셈, 이유
取材(しゅざい) 취재　協力(きょうりょく) 협력
妨(さまた)げる 방해하다　順応(じゅんのう) 순응

## 4番　N1-P1-13

✓정답　1 ②　　2 ③　　3 ④

M : 先生、日本の冠婚葬祭について伺ってもいいですか。

F : ええ、どうぞ。

M : 冠婚葬祭の婚は結婚式、葬はお葬式ですよね。冠と祭がよく分からないんですが…。

F : 冠は「かんむり」という漢字を書きます。「かんむり」をかぶる行為は成人として社会的な役割をいただく、という意味でした。

M : 今で言えば成人式のようなものですか。

F : そうですね。ただ、昔は15歳で成人とみなされたんですよ。

M : へえ〜。15歳だったんですか。

F : 次の祭ですが、「まつり」という漢字を書きます。意味は先祖の霊をまつることです。

M : 霊をまつる？

F : たとえば日本人はお盆に故郷へ帰る人が多いんですが、その時にお墓へ行って、お墓の前で両手を合わせることも霊をまつる行為の一つです。

M : なるほど！それなら私の国にも四つともあります。人生の行為が冠婚葬祭ですね。

F : まさにその通りです。

남 : 선생님, 일본의 관혼상제에 대해서 여쭈어도 됩니까?

여 : 예, 그렇게 하세요.

남 : 관혼상제의 혼은 결혼식, 상은 장례식이죠. 관과 제를 잘 모르겠습니다만….

여 : 관은 '간무리'라는 한자를 씁니다. '간무리'를 쓰는 행위는 성인으로서 사회적인 역할을 받는다는 의미입니다.

남 : 지금으로 말하자면 성인식 같은 것입니까?

여 : 그렇습니다. 단지 옛날에는 15살이 되면 성인으로 간주되어졌습니다.

남 : 우와~. 15세였습니까?

여 : 다음의 제입니다만, '마쓰리'라는 한자를 씁니다. 의미는 선조의 혼령에 제사 지내는 것입니다.

남 : 혼령에 제사 지낸다?

여 : 예를 들면 일본인은 오봉에 고향에 돌아가는 사람이 많습니다만, 그때에 무덤에 가서 무덤 앞에서 양손을 모으는 것도 (합장을 하는 것도) 영혼에 제사 지내는 행위의 하나입니다.

남 : 과연! 그거라면 우리나라에도 4개 다 있습니다. 인생의 행위가 관혼상제이군요.

여 : 바로 그것입니다.

---

1  '간무리'란 어떤 것입니까?
　① 몸을 둘러싼 것
　② 머리에 얹는 것 ✓
　③ 칼 같은 것
　④ 막대 같은 것

2  선조의 영을 받드는 것에 해당하는 행위는 어느 것입니까?
　① 사회적인 역할을 받드는 것
　② 성인식에 참가하는 것
　③ 무덤 앞에서 양손을 모으는 것 ✓
　④ 오봉 때 고향에 돌아가는 것

3  남자의 이야기와 맞는 것은 어느 것입니까?
　① 자신의 나라와 성인의 해에 차가 있다.
　② 관혼상제가 있어서 인생이 있다.
　③ 관혼상제는 그다지 필요없는 제도다.
　④ 자신의 나라에도 관혼상제가 있다. ✓

어휘총전
冠婚葬祭(かんこんそうさい) 관혼상제
葬式(そうしき) 장례식
かんむり 관, 한자 부수 중에서 위쪽을 구성하는 것
かぶる 쓰다　行為(こうい) 행위
成人式(せいじんしき) 성인식　みなす 간주하다
先祖(せんぞ) 선조　霊(れい)をまつる 영혼에 제사 지내다
お盆(ぼん) 일본의 추석　故郷(こきょう) 고향
お墓(はか) 무덤　合(あ)わせる 맞추다　まさに 바로

---

~通(とお)り　~대로　巻(ま)き付(つ)ける 휘감다
載(の)せる 얹다　刀(かたな) 칼　杖(つえ) 지팡이

## ② 설명문 워밍업

1番　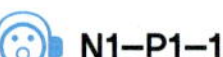　N1-P1-14

✓정답　[1] ②　　[2] ④　　[3] ②

F : ダイエットに失敗した人はよくそんなにたくさん食べていないのに太ってしまうと言います。そういう人は食べる時間に問題がある場合が多いようです。朝や昼の活動量の多い時間帯にしっかりした食事をとり、夕食は軽めにすることを心掛けてください。遅い時間にはフライなどの揚げ物やケーキなどの甘いものはなるべく食べないほうがいいでしょう。特に寝る前の3時間は食べたりしないことです。余分なカロリーは寝ている間に脂肪となってしまうからです。

여 : 다이어트에 실패한 사람은 그렇게 많이 먹지 않는데 살쪄 버린다고 잘 말합니다. 그런 사람은 먹는 시간에 문제가 있는 경우가 많습니다. 아침과 점심의 활동량이 많은 시간대에 확실히 식사를 하고, 저녁은 가볍게 하는 것에 주의하세요. 늦은 시간에 프라이 등의 튀김 요리나 케이크 등의 단 음식은 되도록 먹지 않는 편이 좋겠지요. 특히 잠자기 전의 3시간 정도는 먹거나 하지 않는 것입니다. 여분의 칼로리는 자는 동안에 지방으로 되어 버리기 때문입니다.

1  다이어트에 실패한 사람의 변명은 무엇입니까?
　① 자신의 의지가 부족하다.
　② 그다지 먹지 않는데 살찐다. ✓
　③ 먹는 시간에 문제가 있다.
　④ 음식의 종류에 문제가 있다.

2  다이어트를 위해 늦은 시간에 피해야 할 것은 무엇이라고 합니까?
　① 칼로리가 적은 것
　② 술
　③ 냄비 요리
　④ 튀김 ✓

3 다이어트에서 중요한 것은 무엇이라고 합니까?
　① 식사량을 줄이는 것
　② 식사시간을 조심할 것 ✓
　③ 충분히 운동할 것
　④ 튀김요리나 단 음식을 먹지 않는 것

**어휘충전** ダイエット(diet) 다이어트
活動量(かつどうりょう) 활동량　失敗(しっぱい) 실패
太(ふと)る 살찌다　軽(かる)めに 조금 가볍게
心掛(こころが)ける 마음을 쓰다, 주의하다
揚(あ)げ物(もの) 튀김　余分(よぶん) 여분
脂肪(しぼう) 지방　控(ひか)える 삼가다
鍋料理(なべりょうり) 냄비요리　運動(うんどう) 운동

## 2番　N1-P1-15

**정답** | 1 ② | 2 ① | 3 ③ |

M : インターネットを利用した通信教育システムが注目を集めている。Eラーニングと呼ばれるもので、インターネットを通して各自が自分の好きな時間に、自分の進度に合った教材で学べるようになっている。学校においても普及が進んでいるが、企業が社員研修に導入するケースの伸びが顕著である。これまでの社員研修は、社員を一度に集め、業務時間を押えて行うのが一般的であった。しかし、Eラーニングを導入すれば、インターネットに接続できるパソコンさえ与えれば、いつでもどこでもそれぞれの業務の都合に合わせて教育を受けることができる。これは業務時間を押えての集合研修は、業務の効率が悪くなるので実施したくはないが、さりとて、社員の職務能力は向上させたいという経営側の思惑にEラーニングが合致したものと考えられる。

남 : 인터넷을 이용한 통신교육시스템이 주목을 받고 있다. 이러닝이라고 불리는 것으로, 인터넷을 통하여 각자가 자기가 좋아하는 시간에 자신의 진도에 맞는 교재로 배우도록 되어 있다. 학교에도 보급되고 있지만, 기업이 종업원의 연수에 도입하는 케이스의 신장이 현저하다. 지금까지 종업원 연수는 종업원을 한번에 모아서 업무시간을 내어 행하는 것이 일반

적이었다. 그러나 이러닝을 도입하면, 인터넷에 접속할 수 있는 컴퓨터를 전해주는 정도로, 언제든지 어디서든지 각자의 업무 사정에 맞추어서 교육을 받을 수 있다. 이것은 업무시간을 낸 집합연수는 업무의 효율이 나빠지기 때문에 실시하고 싶지 않지만, 그러나 종업원의 업무 능력을 향상시키겠다는 경영자 측의 생각에 이러닝이 일치되었다고 생각할 수 있다.

1 이러닝의 장점은 무엇입니까?
　① 학습자의 적성에 맞출 수 있다.
　② 학습자가 시간의 편의를 꾀할 수 있다. ✓
　③ 기업의 생각대로 연수할 수 있다.
　④ 종업원의 수를 줄일 수 있다.

2 지금까지의 종업원 연수는 어땠습니까?
　① 시간이나 장소에 제약이 있었다. ✓
　② 종업원이 그다지 하고 싶어 하지 않았다.
　③ 혼자서 할 수 밖에 없었다.
　④ 종업원에게 강제적으로 시켰다.

3 기업에서 이러닝을 보급하고 있는 이유는 무엇이라고 합니까?
　① 개인 개인이 괜찮은 때에 학습할 수 있으므로
　② 연수에 교재를 사용할 수 있으므로
　③ 업무 효율이 좋아지므로 ✓
　④ 근무시간 내에 학습할 수 있으므로

**어휘충전** 注目(ちゅうもく) 주목
Eラーニング (E-learning) 인터넷을 통한 원격교육
～を通(とお)して ～을(를) 통해
各人(かくじん) 각각의 사람, 모든 사람
進度(しんど) 진도　～において ～에서
普及(ふきゅう) 보급　進(すす)む 나아가다
社員(しゃいん) 사원　研修(けんしゅう) 연수
導入(どうにゅう) 도입　伸(の)び 신장세
顕著(けんちょ) 현저　業務時間(ぎょうむじかん) 업무시간
押(おさ)える 누르다　接続(せつぞく) 접속
パソコン(personal computer) 개인용 컴퓨터
与(あた)える 주다
集合研修(しゅうごうけんしゅう) 사람들을 모아서 하는
연수, 집합교육　効率(こうりつ) 효율　実施(じっし) 실시
さりとて 그렇다고 해서, 그러나
職務能力(しょくむのうりょく) 직무능력, 업무능력
向上(こうじょう) 향상　経営側(けいえいがわ) 경영자 측
思惑(おもわく) 의도　合致(がっち) 합치, 일치
便宜(べんぎ) 편의　制約(せいやく) 제약
強制的(きょうせいてき) 강제적

✓**정답** [1] ③　　[2] ③　　[3] ④

M：私は、以前、コンピューター関連の仕事をしていました。コンピューターの仕事という職業柄、朝から晩までパソコンと向き合い、さまざまなストレスにより、眠りについてもすぐ起きてしまうという繰り返しの日々になってしまいました。

そのためいつのまにか、慢性的な睡眠不足になり、心と体に支障がでるようになりました。仕事もうまくいかなくなり、病院で薬を処方してもらったりしながら、なんとか頑張っていましたが、その日々も長く続かず、仕事をやめてしまいました。

そして、失業中にインターネットを通じてトムソンさんを知り、予約をしました。先生のトップフェラーを受けたとき、すごく体が軽くなり、魂が落ち着いていくのが分かり、今までに気付けなかったことに気付けた感じがしました。

トップフェラーを受けた後はよく眠ることができました。こんなに眠れたのは初めてでした。トムソンさんには本当に感謝しています。

남：나는 이전에 컴퓨터 관련 일을 하고 있었습니다. 컴퓨터 일이라는 직업상, 아침부터 밤까지 컴퓨터와 마주하여 여러 가지 스트레스에 의해 잠이 들어도 금방 깨어버리고 마는 반복의 날들이 되어 버렸습니다.

그 때문에 어느샌가 만성적인 수면부족이 되어 몸과 마음에 지장이 생기게 되었습니다. 일도 잘 되지 않게 되고, 병원에서 약을 처방 받으면서 어떻게든 열심을 다하고 있었습니다만, 그런 날도 길게 이어지지 못하고 일을 그만두어 버렸습니다.

그리고, 실업 중에 인터넷을 통해서 톰슨 씨를 알고 예약을 했습니다. 선생님의 톱페라를 받았을 때, 매우 몸이 가벼워지고 정신이 진정되는 것을 알 수 있었고, 지금까지 깨닫지 못했던 것을 깨달았다는 느낌이 들었습니다.

톱페라를 받은 후에는 잘 잘 수 있었습니다. 이렇게 잘 수 있었던 것은 처음입니다. 톰슨 씨에게 정말 감사하고 있습니다.

[1] 이 사람의 문제점은 무엇입니까?
① 일이 잘 되지 않는다.
② 컴퓨터를 쓸 수 없다.
③ 스트레스가 쌓여 있다. ✓
④ 병원을 믿을 수 없다.

[2] 이 사람이 말하는 톱페라는 무엇입니까?
① 컴퓨터 직업병
② 수면부족
③ 치료법 ✓
④ 병원 이름

[3] 이 사람은 지금 어떻습니까?
① 일을 잘할 수 있게 되었다.
② 회사에 돌아갈 수 있었다.
③ 의사와 친해졌다.
④ 수면부족이 없어졌다. ✓

**어휘총정리** 職業柄(しょくぎょうがら) 직업상
朝(あさ)から晩(ばん)まで 아침부터 밤까지
向(む)き会(あ)う 향하다　眠(ねむ)る 졸다, 자다
繰(く)り返(かえ)す 반복하다　いつのまにか 어느 샌가
慢性的(まんせいてき) 만성적　睡眠(すいみん) 수면
不足(ふそく) 부족　支障(ししょう) 지장
処方(しょほう) 처방　失業中(しつぎょうちゅう) 실업 중
～を通(つう)じて ～을 통해서　予約(よやく) 예약
軽(かる)い 가볍다　魂(たましい) 영혼, 혼
落(お)ち着(つ)く 안정되다　気(き)づける 신경 쓰다
治療法(ちりょうほう) 치료법
ストレスがたまる 스트레스가 쌓이다

# Part 3 청해실전 모의고사

→ p.318

✔정답

**問題 1** ① ③  ② ③  ③ ①  ④ ①  ⑤ ③
⑥ ③

**問題 2** ① ④  ② ④  ③ ④  ④ ③  ⑤ ②
⑥ ④  ⑦ ②

**問題 3** ① ③  ② ④  ③ ①  ④ ②  ⑤ ③
⑥ ②

**問題 4** ① ④  ② ④  ③ ④  ④ ②  ⑤ ③
⑥ ③  ⑦ ③  ⑧ ②  ⑨ ①  ⑩ ②
⑪ ②  ⑫ ③  ⑬ ③  ⑭ ②

**問題 5** ① 1③ 2④
② 1④ 2③

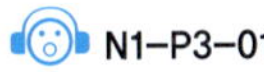 N1-P3-01

## 問題 1

問題1ではまず質問を聞いてください。それから話を聞いて、問題用紙の1から4の中から、最もよいものを一つ選んでください。

### 1番 母と娘が話しています。この後、母が送るものは何ですか。

F1：お母さん！春物の服、送ってくれた？

F2：明日送るけど、必要なもの他にないの？

F1：え？特にないよ。お金かかるでしょ？

F2：食べ物とか大丈夫なの？いつも外食ばっかりじゃないの？

F1：大丈夫。自分でも作ってるよ。もし、インスタントラーメンとかいらないのあったら送ってよ。

F2：この前うどんもらったからそれ送ったげるよ。帰ってきた時忘れていった服も一緒に送るから。カメラも置いてったでしょ？

F1：そうだっけ？じゃ、それもよろしく。そうい

えばそっちに大学の教科書なかった？

F2：どんなやつ？

F1：ぶ厚くて英語でタイトル書いてあるやつ。オレンジの表紙。

F2：あぁ、あれね、他の雑誌と一緒にしてたから捨てちゃうところだったわよ。

🔊 この後、母が送るものは何ですか。

엄마와 딸이 이야기하고 있습니다. 이후 엄마가 보내는 것은 무엇입니까?

여1 : 엄마! 봄옷 보냈어?

여2 : 내일 보낼 건데, 필요한 거 그 외에 없니?

여1 : 응? 딱히 없어. 돈 들잖아.

여2 : 음식 같은 건 괜찮니? 맨날 외식만 하는 거 아냐?

여1 : 괜찮아. 만들어 먹고 있어. 만약 인스턴트 라면 같은 것은 필요 없는 거 있으면 보내주고.

여2 : 요전에 우동 받았는데 그거 보내줄게. 돌아왔을 때 잊어버리고 갔던 옷도 함께 보낼게. 카메라도 두고 갔지?

여1 : 그랬나? 그럼 그것도 보내줘. 그러고 보니 거기에 대학교 교과서 없었어?

여2 : 어떤 거?

여1 : 두툼하고 영어로 제목 써 있는 것. 오렌지색 표지에.

여2 : 아, 그거 말이구나. 다른 잡지와 함께 있어서 버리려던 참이었어.

🔊 이후 엄마가 보내는 것은 무엇입니까?

✔ ③

〰 春物(はるもの)の服(ふく) 봄옷
　〜たげる＝〜てあげる 〜해 주다　ぶ厚(あつ)い 두껍다
　表紙(ひょうし) 표지　捨(す)てる 버리다
　〜ところだった 〜할 뻔 했다

〰 仕送(しおく)り 고향에서 보내는 학비　まかなう 조달하다
　下宿(げしゅく) 하숙　振(ふ)り込(こ)み 계좌이체
　送金(そうきん) 송금　小遣(こづか)い 용돈
　奨学金(しょうがくきん) 장학금　地元(じもと) 본고장

〰 어머니가 보내는 물건은 딸의 질문「春物の服、送ってくれた？」에서「明日送るけど」라고 했으므로, 옷을 보낸다. 그리고 딸이「インスタントラーメンとかいらないのあったら送ってよ」라고 하자, 어머니는「この前うどんも

らったからそれ送ったげるよ」라고 했으므로 우동을 보낸다. 세 번째는 「カメラも置いてったでしょ」라고 했으므로 카메라를 보내며, 마지막으로 딸의 「そっちに大学の教科書なかった」라는 질문에 대해서 어머니는 「他の雑誌と一緒にしてたから捨てちゃうところだったわよ」라고 했지만 결국은 버리지 않았으므로 대학교 교과서도 보낼 것이다.

**N1-P3-02**

## 2番 女の人がお客さんと話しています。この客が買ったチケットはどれですか。

M：すいません、バスで日光まで行きたいんですけど。

F：東京からでよろしいでしょうか。

M：はい。

F：ご出発はいつになさいますか？

M：4日なんですけど。

F：申し訳ございませんが、こちらは代理店でして、出発日から3日以内のご予約は受け付けていないんですよ。本日は3日ですので、7日からでしたら大丈夫なんですが。

M：そうなんですか。じゃ、8日の日光から東京の席はありますか。

F：はい、そちらでしたらご用意できます。

M：じゃ、1枚予約お願いします。

F：はい、1500円でございます。

### この客が買ったチケットはどれですか。

여자가 손님과 이야기하고 있습니다. 이 손님이 산 티켓은 어느 것입니까?

남 : 실례합니다, 버스로 닛코까지 가고 싶습니다만.

여 : 도쿄 출발로 괜찮겠습니까?

남 : 예.

여 : 출발은 언제 하십니까?

남 : 4일입니다만.

여 : 죄송합니다만, 이쪽은 대리점이어서, 출발 일자에서 3일 이내의 예약은 접수받고 있지 않습니다. 오늘은 3일이니, 7일부터라면 괜찮습니다만.

남 : 그렇습니까? 그럼 8일 닛코에서 도쿄로의 좌석은 있습니까?

여 : 예, 그 편이라면 준비할 수 있습니다.

남 : 그럼, 한 장 예약 부탁합니다.

여 : 네, 1500엔입니다.

이 손님이 산 티켓은 어느 것입니까?

✓ ③

日光(にっこう) 지명　なさる 「する」의 존경 표현　申(もう)し訳(わけ)ない 죄송하다　代理店(だいりてん) 대리점　予約(よやく) 예약　受(う)け付(つ)ける 접수하다　席(せき) 좌석　用意(ようい) 준비

관련어휘 前売(まえう)り券(けん) 예매권　当日販売(とうじつはんばい) 당일판매　自由席(じゆうせき) 자유석　指定席(していせき) 지정석　禁煙席(きんえんせき) 금연석　喫煙席(きつえんせき) 흡연석　通路側(つうろがわ) 통로 측　窓側(まどがわ) 창측　三人掛(さんにんが)け 3인용 의자

해설 남자는 우선 도쿄에서 닛코로 가려고 하는데, 그 날짜가 4일이다. 그리고 오늘이 3일인데 이 대리점은 「出発日から3日以内のご予約は受け付けていないんですよ」에서 알 수 있듯이 닛코로 가는 티켓은 여기서 살 수 없다. 그러나 남자는 미리 닛코에서 도쿄로 오는 편을 구입하기 위해서 「8日の日光から東京の席はありますか」라고 묻자, 여자가 「はい、そちらでしたらご用意できます」라고 했으므로 남자는 결국 8일의 닛코에서 도쿄로 오는 표를 1500엔으로 구입할 것이다.

**N1-P3-03**

## 3番 おばあさんとまごが電話で話しています。おばあさんはこれからどうしますか。

M：もしもし、鈴木です。

F：ああ、一浪？おばあちゃんだけど、お母さんいる？

M：ううん、隣の家に行ったよ。

F：じゃ、お母さんに伝えておいてほしいの。これからすぐ家を出るから、渋谷駅に着くのは2時頃になりますって。

M：2時頃だね。

F ：ええ、渋谷駅に着いたらまた電話するから駅ま
で迎えに来てくださいって。

M ：うん、分かった。

🔊 **おばあさんはこれからどうしますか。**

할머니와 손자가 전화하고 있습니다. 할머니는 지금부터
어떻게 합니까?

남 ：여보세요, 스즈키입니다.

여 ：아, 이치로? 할머니인데 엄마 있니?

남 ：아니요, 이웃집에 갔어요.

여 ：그럼, 엄마에게 전해주렴. 지금 바로 집을 나가니
까 시부야 역 도착은 2시 경이 된다고.

남 ：2시 경이요.

여 ：응, 시부야 역에 도착하면 다시 전화할 테니까 역
까지 마중 나와 달라고.

남 ：네, 알았어요.

🔊 할머니는 지금부터 어떻게 합니까?

① 집을 나와 2시경에 역에 도착하면 전화한다. ✓

② 집을 나와 2시경에 역에 도착하면 마중하러 간다.

③ 옆집에 가서 2시경에 역에 간다.

④ 곧 집을 나와 옆집에 간다.

〰 隣(となり) 이웃　伝(つた)える 전하다　迎(むかえ)る 맞이
하다

〰 特急(とっきゅう) 특급　急行(きゅうこう) 급행　乗(の)
り換(か)える 갈아타다　見送(みおく)る 배웅하다　改
札口(かいさつぐち) 개찰구　乗(の)り遅(おく)れる 타
는 것을 놓치다

〰 「って」라는 표현의 정확한 의미를 알고 있으면 어렵지 않게 풀
수 있을 것이다.

　1. ~라고 하더라(다른 사람에게 전해들은 말을 전할 때)

　2. ~라는 것은(「~っていうのは」라고도 한다)

　3. ~라고 전해(자신의 말을 다른 사람에게 그렇게 전해라)

🎧 N1-P3-04

**4번 女の人がスカートを買いに来て店員と話し
ています。女の人はどうしましたか。**

F ：すみません。この黒いスカートはいてみてもい
いですか。

M ：ええ、どうぞ。いかがでしょうか。

F ：サイズもいいし、デザインも気に入ってるんで
すけど。

M ：とてもお似合いですよ。

F ：そうですか。どうしようかなあ。このデザイン
で他の色はないんですか。

M ：茶色ならございますが。お持ちしましょうか。

F ：いいえ、茶色ならよく似たのを持ってるから、
じゃ、これでいいわ。

🔊 **女の人はどうしましたか。**

여자가 스커트를 사러 와서 점원과 이야기하고 있습니다.
여자는 어떻게 했습니까?

여 ：실례합니다. 이 검정 스커트 입어 봐도 됩니까?

남 ：예, 입어보세요. 어떻습니까?

여 ：사이즈도 좋고 디자인도 맘에 듭니다만….

남 ：매우 잘 어울리십니다.

여 ：그런가요? 어떻게 할까. 이 디자인으로 다른 색
은 없습니까?

남 ：갈색이라면 있습니다만. 가지고 올까요?

여 ：아니요, 갈색이라면 비슷한 것을 갖고 있으니까
이것으로 하겠어요.

🔊 여자는 어떻게 했습니까?

① 검은 스커트를 샀다. ✓

② 갈색 스커트를 샀다.

③ 갈색 스커트를 입어 보았다.

④ 오늘은 스커트를 사지 않았다.

〰 穿(は)く (하의를) 입다　気(き)に入(い)る 마음에 들다
似合(にあ)う 어울리다　茶色(ちゃいろ) 갈색

〰 また来(き)ます 다음에 오겠습니다(물건을 사지 않는다는
표현)　ちょっとまけてください 좀 깎아 주세요　持(も)
ち帰(かえ)り 들고 돌아감　在庫(ざいこ) 재고　窮屈
(きゅうくつ)だ 사이즈가 작다　だぶだぶ 헐렁하다　丈
(たけ) 기장　裾(すそ) 옷자락

〰 물건의 선택에 관한 문제로, 이러한 문제 유형의 특징은 디자인
이나 옷의 색깔 등을 지문의 바탕에 깔아놓고 수험자들을 헷갈
리게 하는 것이다. 이 문제는 쇼핑하러 온 사람이 어떤 물건을
선택할 것인가에 대한 것인데, 요 근래의 유형으로는 아무 것도
선택하지 않는, 즉 물건을 사지 않는 경우가 대부분이다. 지문
을 보면「茶色ならよく似たのを持ってる」라는 문장에서
갈색을 선택하지 않은 것을 알 수 있다.

**5番　女の人があるものの販促のために、男の人と話しています。男性は何をしましたか。**

F：もし、おさしつかえなければ、こちらにお所とお名前をいただけますか。

M：はい、ここですね。電話もですか。

F：いいえ、電話番号はけっこうです。ございましたら、Eメールアドレスをいただけますか。

M：はい、あ、プライベートなのは持ってないんで。

F：あ、それでしたらけっこうです。ありがとうございました。

**男性は何をしましたか。**

여자가 어떤 물건의 판촉을 위해서 남자와 이야기하고 있습니다. 남성은 무엇을 했습니까?

여 ：혹시 지장이 없으시면, 이쪽에 주소와 이름을 써 주시겠어요?

남 ：네. 여기 말이지요. 전화번호도 써야 합니까?

여 ：아니요, 전화번호는 괜찮습니다. 있으시면 E메일 주소를 써 주시겠어요?

남 ：네, 아, 사적인 것(메일)은 없는데.

여 ：아, 그렇다면 괜찮습니다. 감사합니다.

**남성은 무엇을 했습니까?**

① 전화번호와 이름을 적었다.

② 명함을 전달했다.

③ 주소와 이름을 적었다. ✓

④ 이름만 적었다.

差(さ)し支(つか)える 지장을 주다　アドレス(address) 주소　プライベート(private) 사적　渡(わた)す 건네다

お住(す)まい 거주, 주소　氏名(しめい) 성명　連絡先(れんらくさき) 연락처　お勤(つと)め先(さき) 근무처　学部(がくぶ) 학부　学生証(がくせいしょう) 학생증　ふりがなをつける 한자 독음을 적다

신청 용지에 뭔가를 기입하는 문제. 일반적으로 신청용지에는 주소, 이름, 연락처, 근무처, 메일 주소, 학부나 학년(학생일 경우) 등을 적는다. 기출 문제 중에는 「印鑑(いんかん) 인감도장」이 필요한 경우도 있었다.



**6番　女の人が親睦会に参加することについて男の人と話しています。吉田さんは親睦会への参加をどうすると言っていましたか。**

M：吉田さん、明日の親睦会に参加されますか。

F：ふ〜ん。子供の体の調子によるわね。

M：えっ? お子さん、どうされたんですか。

F：いや、ちょっと風邪気味で微熱があるの。症状が落ち着いたら参加できるんだけど。

M：じゃ、また明日お電話ください。

F：ごめんなさいね。

**吉田さんは親睦会への参加をどうすると言っていましたか。**

여자가 친목회에 참가하는 것에 대해서 남자와 이야기하고 있습니다. 요시다 씨는 친목회 참가를 어떻게 한다고 말했습니까?

남 ：요시다 씨, 내일 친목회에 참가하십니까?

여 ：아〜. 아이의 몸 상태에 따라서요.

남 ：에? 자제분께 무슨 일 있으세요?

여 ：아니요, 약간 감기기운이 있어서 미열이 있어요. 증상이 호전되면 참가할 수 있지만.

남 ：그럼, 내일 다시 전화 주세요.

여 ：미안합니다.

**요시다 씨는 친목회 참가를 어떻게 한다고 말했습니까?**

① 아이의 열이 내려가지 않으므로 참가하지 않는다.

② 아이의 열이 내려가니까 참가한다.

③ 아이의 열이 내려가면 참가한다. ✓

④ 아이의 열이 내려가도 참가하지 않는다.

親睦会(しんぼくかい) 친목회　調子(ちょうし) 상태　風邪気味(かぜぎみ) 감기기운　微熱(びねつ) 미열

都合(つごう)による 사정에 따르다　具合(ぐあい)が悪(わる)い 몸 상태가 안 좋다　できれば参加(さんか)する 가능한 한 참가하다　欠場(けつじょう) 결장　人員数(じんいんすう) 인원수　応募資格(おうぼしかく) 응모자격　忘年会(ぼうねんかい) 망년회　喜(よろこ)んで 기꺼이

어떤 모임의 참가여부를 이야기하고 있다. 이런 유형은 참석할 수 있는지에 대한 조건에 주목하고 조건에 해당하는 부분을 들으며 정

답을 찾아야 한다. 지문에서는 「症状が落ち着いたら参加できるんだけど」라고 했다.



## 問題2

問題2では、まず質問を聞いてください。そのあと、問題用紙の選択肢を読んでください。読む時間があります。それから話を聞いて、問題用紙の1から4の中から、最もよいものを一つ選んでください。

### 1番　女の人が寿司についてPRをしています。すしが身近な食べ物となったのはなぜですか。

F：寿司はすき焼きと並んで日本の代表的な食べ物です。以前は寿司といえば高級なイメージがありました。カウンターに座って職人が握ってくれる寿司屋には値段の表示がなく、お金持ちが特別な時だけに利用する特別な店でした。しかし、最近では回転寿司のおかげで、寿司は日常的な食物となり、値段も安くなっています。庶民が安心して食べられる身近な食べ物となりました。

🔊 すしが身近な食べ物となったのはなぜですか。

여자가 초밥에 대해서 광고를 하고 있습니다. 초밥이 친숙한 음식이 된 것은 왜입니까?

여 : 초밥은 스키야키와 함께 일본의 대표적인 음식입니다. 이전에는 초밥이라고 하면 고급 이미지가 있었습니다. 카운터에 앉아서 요리사가 만들어 주는 초밥집에는 가격 표시가 없고, 부자가 특별한 때에만 이용하는 특별한 가게였습니다. 그러나 최근에는 회전초밥의 덕택으로 초밥은 일상적인 음식이 되어 가격도 싸졌습니다. 서민이 안심하고 먹을 수 있는 친숙한 음식이 되었습니다.

🔊 초밥이 친숙한 음식이 된 것은 왜입니까?
① 일본의 대표적인 음식이기 때문에
② 요리사가 만들어 주기 때문에
③ 부자가 많아졌기 때문에
④ 회전초밥이 생겨서 ✓

〰 寿司(すし) 초밥　身近(みぢか)だ 가깝다　すき焼(や)き 일본 전골 요리　高級(こうきゅう) 고급　イメージ(image) 이미지　カウンター(counter) 카운터　職員(しょくいん) 직원　握(にぎ)る 움켜쥐다, 초밥을 만들다　値段(ねだん) 가격　表示(ひょうじ) 표시　回転寿司(かいてんずし) 회전초밥　〜のおかげで 〜덕분으로　日常的(にちじょうてき) 일상적　庶民(しょみん) 서민

〰 焼(や)き肉(にく) 불고기　屋台(やたい) 포장마차, 노점　居酒屋(いざかや) 주점　ビールを一気(いっき)に飲(の)む 맥주를 단숨에 마시다　手軽(てがる)に作(つく)られる 간편하게 만들 수 있다　手料理(てりょうり) 손수 만든 요리　手打(てう)ちラーメン 면을 손으로 만든 라면　手作(てづく)り 수공품

➡ 질문의 내용에 맞는 지문 내용은 「回転寿司のおかげで、寿司は日常的な食物となり」이다. 즉, 처음에는 부자라도 특별한 경우에만 이용하였지만 회전초밥이 생긴 덕분으로 누구나 이용할 수 있는 음식이 되었다고 설명하고 있다.



### 2番　女の人が男の人をコンサートに誘っています。男の人はなぜコンサートへ行きたくないのですか。

F：クラシックコンサートのチケットが2枚あるんだけど、行かない？

M：せっかくだけど、クラシック音楽はちょっとね。

F：どうして？嫌いなの？前は好きだったじゃない。

M：いや、嫌いなわけじゃないけど、最近静かな音楽を聞くと、すぐ寝ちゃうんだ。

F：好みが変わったんだ。そんなに簡単に変われるなんてね。

M：そんなことないよ。この頃アルバイトで夜遅いから。

F：そっか？あんまり無理しないほうがいいわよ。

🔊 男の人はなぜコンサートへ行きたくないのですか。

여자가 남자에게 콘서트에 가자고 권유하고 있습니다. 남자는 왜 콘서트에 가고 싶지 않은 것입니까?

여 : 클래식 콘서트 티켓이 2장 있는데 가지 않을래?

남 : 모처럼이지만, 클래식 음악은 좀.

여 : 어째서? 싫어해? 전에는 좋아했잖아.

남 : 아니, 싫어하는 건 아니지만, 최근에 조용한 음악을 들으면 금방 자버려.

여 : 취향이 바뀌었구나. 그렇게 쉽게 바뀌다니.

남 : 그렇지 않아. 요즘 아르바이트가 늦거든.

여 : 그래? 너무 무리하지 않는 편이 좋아.

🔊 남자는 왜 콘서트에 가고 싶지 않은 것입니까?

① 클래식을 싫어하니까

② 항상 조용한 음악을 들으면 자버리니까

③ 콘서트가 밤 늦으니까

④ 밤 늦게 아르바이트가 끝나니까 ✓

誘(さそ)う 권유하다　クラシック(classic) 클래식　コンサート(consert) 콘서트　嫌(きら)いだ 싫다　好(この)み 취향　～なんて ～하다니　夜遅(よるおそ)い 밤 늦다

승낙

① いいわよ 좋아(여성 용어)

② あ、ありがとう 아, 고마워

③ その日(ひ)は空(あ)いているよ 그 날은 비어 있어

④ いつでもいいよ 언제든지 괜찮아

⑤ 行(い)きたがったよ 가고 싶었어

거절

① ごめん、その日(ひ)はちょっと… 미안, 그 날은 좀…

② 気持(きも)ちだけいただきます 마음만 받겠습니다

③ また今度(こんど) 다음번에 가죠

④ 今度(こんど)はちょっと… 이번에는 좀…

⑤ 先約(せんやく)があって 선약이 있어서

어떤 제의에 대해서 그것을 수락하느냐 거절하느냐에 따른 문장은 어느 정도 정해져 있다. 지문에서는 「せっかくだけど」라는 문장이 나오는데, 이 문장은 무조건 거절을 나타내는 말이다. 그 외의 문장은 혼동을 주기 위한 문장이므로 관련 어휘를 보고 승낙과 거절을 나타내는 문장을 파악해 두면 그 이유를 찾는 것도 쉽다.

🔊 N1-P3-09

**3番　先生がテストの前に学生に話しています。**
**テストの時、見てもいいものは何ですか。**

F : これから来週のテストの説明をします。テストは記述式でテキストや参考書の持ち込みは認め
ませんが、ノートは自分のものにかぎり、見てもかまいません。他人のノートのコピーなどはいけませんよ。また、テスト中にカンニングなどの不正行為があった場合は、その場で退席させ、点数は零点とします。

🔊 **テストの時、見てもいいものは何ですか。**

선생님이 시험 전에 학생에게 이야기하고 있습니다. 시험 때 봐도 괜찮은 것은 무엇입니까?

여 : 지금부터 다음 주의 시험에 대해 설명하겠습니다. 시험은 기술 형식으로 교과서와 참고서 지참은 인정하지 않습니다만, 노트는 자신의 것에 한해 봐도 상관없습니다. 다른 사람의 노트의 복사본 등은 안 됩니다. 또 시험 중에 커닝 등의 부정 행위가 있는 경우는 그 자리에서 퇴석시키고 점수는 영점 처리하겠습니다.

🔊 시험 때 봐도 괜찮은 것은 무엇입니까?

① 자신의 노트와 친구의 노트

② 교과서와 자신의 노트

③ 노트의 복사본과 참고서

④ 자신의 노트만 ✓

記述式(きじゅつしき) 기술식　テキスト(text) 교과서　参考書(さんこうしょ) 참고서　持(も)ち込(こ)み 가지고 들어옴　認(みと)める 인정하다　～に限(かぎ)る ～로 제한하다　かまわない 상관없다　他人(たにん) 다른 사람　テスト中(ちゅう) 시험 중　カンニング 커닝　不正(ふせい) 부정　行為(こうい) 행위　退席(たいせき) 퇴석　点数(てんすう) 점수　零点(れいてん) 영점

試験(しけん)の範囲(はんい) 시험 범위　受験生(じゅけんせい) 수험생　受験戦争(じゅけんせんそう) 수험전쟁　論文(ろんぶん)を書(か)き上(あ)げる 논문을 다 쓰다　ノートをとる 필기하다　持参(じさん) 지참　所持(しょじ) 소지

시험 볼 때 봐도 괜찮은 것을 찾는 문제로, 선생님 말씀을 순차적으로 들으면 정답을 찾을 수 있다. 선생님은 「テキストや参考書の持ち込みは認めませんが、ノートは自分のものにかぎり、見てもかまいません」이라고 했다. 그리고 보아서는 안 되는 것은 「他人のノートのコピーなどはいけませんよ」라고 하고 있으므로 자신의 노트만 볼 수 있다는 것을 알 수 있다.

**4番　会社で上司と部下が話しています。女の人の考えと合っているのはどれですか。**

M：課長、ちょっとご相談があるんですが。

F：何ですか。

M：夜間の大学に通おうかと思っているんですが、再来年からなら差し支えないでしょうか。

F：専門は？

M：人事管理です。

F：そう。どうして再来年なの？

M：今のプロジェクトが来年の夏ごろまで続きますので、残業も多いかと思いまして。

F：そんなこと言ってたらいつまで経っても通えなくなるわよ。再来年また新しいプロジェクトが始まったらどうするの？

M：それは…。

F：思い立ったが吉日よ。人事管理なら今のプロジェクトにも役立つと思うわ。

🔊 **女の人の考えと合っているのはどれですか。**

회사에서 상사와 부하직원이 이야기하고 있습니다. 여자의 생각과 맞는 것은 어느 것입니까?

남　：과장님, 잠깐 상담할 것이 있습니다만.

여　：뭐지?

남　：야간 대학에 다니려고 합니다만, 내후년부터라면 지장 없을까요?

여　：전공은?

남　：인사관리입니다.

여　：그래. 왜 내후년이지?

남　：지금 프로젝트가 내년 여름쯤까지 계속될 거라서 잔업도 많을 거라 생각돼서.

여　：그런 말이라면 언제까지 지나도 학교에 다닐 수 없게 돼. 내후년에 또 새로운 프로젝트가 시작되면 어떻게 할 건데?

남　：그건……

여　：할 맘이 생기면 즉시 실행해. 인사관리라면 지금 프로젝트에도 도움이 될 거야.

---

🔊 여자의 생각과 맞는 것은 어느 것입니까?

① 가능하면 일을 우선해 주었으면 한다.

② 프로젝트에서 빠졌으면 좋겠다.

③ 하려고 하는 것은 바로 실행하는 편이 좋다. ✓

④ 모두 인사관리를 배워야 한다.

〰 部下(ぶか) 부하　夜間(やかん) 야간　通(かよ)う 다니다　差(さ)し支(つか)え 지장　専門(せんもん) 전공　人事管理(じんじかんり) 인사관리　経(た)つ 시간이 흐르다　思(おも)い立(た)ったが吉日(きちじつ) 마음먹은 날이 바로 좋은 날이다

〰 妨(さまた)げる 방해하다　前向(まえむ)きに 전향적으로　やる気(き)満々(まんまん) 의욕이 넘침　あきらめる 포기하다　最善(さいぜん)を尽(つ)くす 최선을 다하다　進(すす)む 진학하다　自己開発(じこかいはつ) 자기개발

〰 남자 부하직원이 대학에 다니고자 하는 자신의 생각을 여자 상사에게 상담하는 내용이다. 남자는 「再来年からなら差し支えないでしょうか」라며 회사에 지장이 있지 않을까 고민을 털어놓는다. 그러자 여자는 「そんなこと言ってたらいつまで経っても通えなくなるわ」라며 지나치게 걱정을 하면 아무 것도 할 수 없으니 바로 원하고자 하는 것을 시행하도록 둘러서 말하고 있다.

---



**5番　ジムで男の先生が話しています。この運動をはじめてするときは、何回足をあげると言っていますか。**

M：次は腹筋を鍛える運動です。まず、仰向けになって両足をまっすぐ伸ばしてください。そして、息をゆっくり吐きながら両足を少しずつ上に上げます。30度ぐらい上げたら10秒ぐらいそのまま止めて、ゆっくり足を下ろします。これを15回。この運動のポイントは、常にお腹に意識を集中するということです。慣れてきたら徐々に回数を増やしてください。20回が目標です。

🔊 **この運動をはじめてするときは、何回足をあげると言っていますか。**

체육관에서 남자 선생님이 이야기하고 있습니다. 이 운동을 처음으로 할 때에는 발을 몇 번 올린다고 합니까?

남　：다음은 복근을 강화하는 운동입니다. 먼저, 몸을

위로 향한 상태로 양다리를 똑바로 펴주세요. 그리고 숨을 천천히 내쉬면서 양다리를 조금씩 위로 올립니다. 30도정도 올리고 10초 정도 그대로 정지하고, 천천히 다리를 내립니다. 이것을 15회 (반복합니다). 이 운동의 포인트는 항상 배를 의식하고 집중하는 것입니다. 익숙해지면 조금씩 회수를 늘려 주세요. 20회가 목표입니다.

🔊 이 운동을 처음으로 할 때에는 발을 몇 번 올린다고 합니까?

① 10회　　　　② 15회 ✓
③ 20회　　　　④ 30회

〰 腹筋(ふっきん) 복근　鍛(きた)える 단련하다　仰向(あおむ)けになる 위를 올려다보다　両足(りょうあし) 양발　伸(の)ばす 뻗다　息(いき) 호흡, 숨　吐(は)く 내뱉다　下(お)ろす 내리다　常(つね)に 항상　意識(いしき) 의식　集中(しゅうちゅう) 집중　慣(な)れる 익숙하다　徐々(じょじょ)に 천천히　回数(かいすう) 횟수　増(ふ)やす 늘리다

〰 ~階建(かいだ)て ~층 짜리 건물　絵葉書一枚(えはがきいちまい) 그림엽서 한 장　数(かぞ)える 세다　奇数(きすう) 홀수　偶数(ぐうすう) 짝수　数字(すうじ) 숫자　点数(てんすう)を上(あ)げる 점수를 올리다　満点(まんてん) 만점

〰 숫자와 관련된 문제다. 숫자가 다양하게 나오지만, 질문에 맞는 내용을 듣는 것이 중요하다. 지문의 앞에 나오는 숫자는 단위가 「度」와 「秒」로서 횟수와는 관계없는 단위다. 따라서 질문의 「何回」에 해당되는 횟수는 「15回」와 「20回」뿐인데, 「20回」는 최종 목표이기 때문에 정답이 될 수 없다.

🔈 N1-P3-12

**6番　女の記者がインタビューをしています。男の人がプラス1センチの子供服を勧めているのはなぜですか。**

F：本日はお忙しい中、取材にご協力くださいましてありがとうございます。

M：いいえ。

F：早速ですが、ネットショップを立ち上げられて、半年で売上5億円。しかも社員はたった二人と聞きましたが、すごい勢いですね。

M：ええ、まあ、ネットショップは素人にもチャン

スがあって、人件費が抑えられるのが特徴ですからね。

F：なるほど。取り扱う商品に関して、成功のカギを教えていただけますか。

M：うちのターゲットは主婦層なんですが、たとえば子供服の場合、微妙なサイズを重要視しています。なので、細かくサイズ分けしているメーカーの物しか取り扱いません。

F：子供ってどんどん成長しますからね。

M：そうなんです。だからうちではプラス1センチをお勧めしています。

F：1センチですか。本当に微妙ですね。

M：ええ、そのおかげで全くクレームがありません。一般的に主婦の目は厳しいと言われますけどね。

F：そうなんですか。そこまでこだわっていらっしゃるんですね。

🔊 **プラス1センチの子供服を勧めているのはなぜですか。**

여자 기자가 인터뷰를 하고 있습니다. 남자가 플러스 1cm 아동복을 권유하고 있는 것은 어째서입니까?

여 ：오늘은 바쁘신 중에 취재에 협력해 주셔서 감사합니다.

남 ：천만에요.

여 ：바로 본론으로 들어가겠습니다만, 인터넷 쇼핑몰을 하신 지 반 년 만에 5억 엔. 게다가 사원은 불과 2명이라고 들었습니다만, 굉장한 기세이군요.

남 ：예, 뭐, 인터넷 쇼핑몰은 아마추어에게도 찬스가 있고, 인건비를 줄일 수 있는 것이 특징이니까요.

여 ：그렇군요. 취급하는 상품에 관해서 성공의 비밀을 가르쳐 주실 수 있습니까?

남 ：저희의 타깃은 주부층입니다만, 예를 들어 아동복의 경우, 미묘한 사이즈를 중요시하고 있습니다. 때문에 세세하게 사이즈를 분류하고 있는 회사 제품밖에 취급하지 않습니다.

여 ：아이는 계속 성장하니까요.

남 : 그렇습니다. 그래서 저희 회사에서는 플러스
1cm를 권유하고 있습니다.

여 : 1cm인가요? 정말 미묘하군요.

남 : 예, 그 덕분에 전혀 클레임이 없습니다. 일반적으
로 주부의 눈은 까다롭다고 하는데 말이죠.

여 : 그렇습니까? 거기까지 신경쓰고 계시는군요.

🔊 플러스 1cm 아동복을 권유하고 있는 것은 어째서입니까?

① 미묘한 사이즈가 없기 때문에

② 회사에 따라 사이즈가 다르기 때문에

③ 세탁을 하면 줄어들기 때문에

④ 아이는 계속 자라기 때문에 ✔

〰 子供服(こどもふく) 아동복　勧(すす)める 권유하다　取
材(しゅざい) 취재　協力(きょうりょく) 협력　早速(さっそ
く) 바로, 즉시　立(た)ち上(あ)げる 활동을 시작하다　売上
(うりあげ) 매상　たった 단, 단지　勢(いきお)い 기세　素
人(しろうと) 아마추어　人件費(じんけんひ) 인건비　抑(お
さ)える 억제하다　特徴(とくちょう) 특징　取(と)り扱(あ
つか)う 취급하다　カギ 열쇠, 비결　主婦層(しゅふそう)
주부층　微妙(びみょう) 미묘　重要視(じゅうようし) 중요
시　分(わ)け 나눔　成長(せいちょう) 성장　全(まった)く
전혀　クレーム 불평　厳(きび)しい 엄격하다　結構(けっ
こう) 상당히

🎧 N1-P3-13

7番　献血の必要性について女の人が話していま
す。この人は、なぜ献血に協力する必要が
あると言っていますか。

F : 献血をしたことがありますか。事故や病気で手
術をしなければならない人に、健康な人の血液
を分けることはとても意義があるボランティア
です。血液は手術の時に急にたくさん必要にな
るので、病院では普段から血液を準備しておか
なければなりません。そのために、みなさんの
協力が必要なのです。いつでもできますし、献
血をする時に血液の検査を受けることができま
すから、健康診断をかねてぜひ一度献血してく
ださい。

🔊 この人は、なぜ献血に協力する必要がある
と言っていますか。

헌혈의 필요성에 대해서 여자가 이야기하고 있습니다. 이
사람은 왜 헌혈에 협력할 필요가 있다고 합니까?

여 : 헌혈을 한 적이 있습니까? 사고나 병으로 수술을
하지 않으면 안 되는 사람에게 건강한 사람의 혈
액을 나누는 것은 굉장히 가치 있는 자원봉사입
니다. 혈액은 수술 할 때에 갑자기 많이 필요하게
되므로 병원에서는 평소부터 혈액을 준비해 두지
않으면 안 됩니다. 그 때문에 여러분의 협력이 필
요한 것입니다. 언제라도 가능하며, 헌혈을 할 때
혈액검사를 받을 수 있으니까 건강검진을 겸해서
한번 헌혈해 주세요.

🔊 이 사람은 왜 헌혈에 협력할 필요가 있다고 합니까?

① 건강검진이 가능하기 때문에

② 급하게 혈액이 필요하므로 ✔

③ 헌혈은 자원봉사이기 때문에

④ 언제라도 헌혈은 가능하기 때문에

〰 献血(けんけつ) 헌혈　手術(しゅじゅつ) 수술　血液
(けつえき) 혈액　意義(いぎ) 의미, 가치　ボランティア
(volunteer) 자원봉사　準備(じゅんび) 준비　検査(けん
さ) 검사　受(う)ける 받다　診断(しんだん) 진단　かねる
겸하다

📘〰 血液型(けつえきがた) 혈액형　大怪我(おおけが)をす
る 큰 부상을 입다　重傷(じゅうしょう) 중상　軽傷(け
いしょう) 경상　かすり傷(きず) 찰과상　無事(ぶじ)
무사　救急車(きゅうきゅうしゃ) 구급차　応急処理(お
うきゅうしょり) 응급처리　担架(たんか) 들 것(부상자
를 운반하는 기구)

📝〰 헌혈의 필요성을 묻는 문제로, 상식 선에서도 풀 수 있다. 지문
에서「血液は手術の時に急にたくさん必要になるの
で」라는 문장에서 갑자기 혈액이 필요한 경우를 대비해서 평소
부터의 헌혈이 필요하다고 했다. 다른 보기는 지문에는 나와 있
지만 정답은 아니다. 이처럼 그림 없는 문제는 반드시 질문의
내용을 빨리 파악하는 것이 중요하다.

## 問題3

問題3では、問題用紙に何も印刷されていません。この問題は、全体としてどんな内容か聞く問題です。話の前に、質問はありません。まず、話を聞いてください。それから、質問と選択肢を聞いて、1から4の中から、最もよいものを一つ選んでください。

### 1番　大学の先生が話しています。

F：私たちが日常消費する商品やサービスの多く　は需要と供給によって価格が変動します。たとえば、トマトが豊作で、大量に市場に入荷してくると、価格は下がり、逆に不作で入荷が少ないと価格は上昇します。ある商品の需要が増加し、供給が不足したりすると、消費者は競って、その商品を手に入れようとするため、価格が上昇します。価格が上昇すると、企業はこぞってその商品の供給量を増やし、利益をあげようとしますが、やがて、需要を上回る状態となると価格は下がります。こうした需要と供給の関係により、決められる価格を市場価格と呼んでいます。

🔊 何についての話ですか。

① 商品とサービス　　② 需要と供給
③ 価格の変動　　　④ トマトの市場

1번 대학 선생님이 이야기하고 있습니다.

여 : 우리가 일상생활에서 소비하고 있는 상품과 서비스의 대다수는 수요와 공급에 의해 가격이 변동합니다. 예를 들어, 토마토가 풍작이어서 대량으로 시장에 입하되면 가격은 내려가고, 거꾸로 흉작으로 입하가 적으면 가격은 상승합니다. 어떤 상품의 수요가 증가하고 공급이 부족하거나 하면, 소비자는 경쟁하여 그 상품을 손에 넣으려고 하기 때문에 가격이 상승합니다. 가격이 상승하면 기업은 모두 그 상품의 공급량을 늘려 이익을 올리고자 합니다만, 곧 수요를 웃도는 상태가 되면 가격은 내려갑니다. 이러한 수요와 공급의 관계에 의해 결정되는 가격을 시장가격이라고 부릅니다.

🔊 무엇에 대한 이야기입니까?

① 상품과 서비스　　② 수요와 공급
③ 가격의 변동 ✓　　④ 토마토 시장

〰 消費(しょうひ) 소비　需要(じゅよう) 수요　供給(きょうきゅう) 공급　価格(かかく) 가격　変動(へんどう) 변동　豊作(ほうさく) 풍작　大量(たいりょう) 대량　市場(しじょう) 시장　入荷(にゅうか) 입하, 물건을 들임　下(さ)がる 내리다　不作(ふさく) 흉작　上昇(じょうしょう) 상승　増加(ぞうか) 증가　競(あらそ)う 경쟁하다, 다투다　手(て)に入(い)れる 손에 넣다　こぞって 빠짐없이, 모두　供給量(きょうきゅうりょう) 공급량　利益(りえき) 이익　やがて 이윽고, 마침내　上回(うわまわ)る 상회하다, 웃돌다　状態(じょうたい) 상태

〰 急増(きゅうぞう) 급증　急減(きゅうげん) 급감　製品(せいひん) 제품　株式市場(かぶしきしじょう) 주식시장　相場(そうば) 시세　証券(しょうけん) 증권

🔑〰 문장에서 가장 많이 나오는 단어가 「需要」와 「供給」이다. 그래서 정답을 2번으로 착각할 가능성이 많은 문제. 그러나 이 두 단어는 가격의 변동의 원인에 대한 설명이므로 오답을 유도하는 함정이다. 제일 마지막의 결론 문장 「需要と供給の関係により、決められる価格を市場価格と読んでいます」를 이해하면 정답을 이끌어 낼 수 있다.



### 2番　男の人が鳥について話しています。

M：夜行性のフクロウは暗闇でも目が見えると思われているが、実際にはそれほどはっきり見えているわけではない。では、どのようにして暗闇で獲物をとっているのであろうか。フクロウは聴覚が発達していて暗闇でもえさとなる小動物の動きが分かり、方向を正確に知ることができる。しかし、えさまでの距離は聴覚だけでは正確に分からない。そのため、昼の間に巣の周辺を飛び回って景観情報を得て動くのだと言われている。つまり、フクロウは昼間に得た視覚情報と夜間の聴覚情報とによって景観地図を思い描き、獲物に接近しているのだ。

### 🔊 フクロウは、暗闇で、どうやってえさを見つけるのでしょうか。

① 暗闇でもよく見える目によって見つける。
② 昼間に獲物の居場所をつきとめておいて見つける。
③ 耳で、えさの動きを察知して見つける。
④ 視覚と聴覚を使って見つける。

2번 남자가 새에 대해서 이야기하고 있습니다.

남 : 야행성인 올빼미는 어둠 속에서도 잘 볼 수 있을 것이라고 생각하지만, 실제로는 그다지 확실히 보이는 것은 아니다. 그렇다면 어떻게 어둠 속에서 먹이를 얻고 있을까? 올빼미는 청각이 발달해서 어둠에서도 먹이가 되는 작은 동물의 움직임을 알고, 방향을 정확하게 알 수 있다. 그러나 먹이까지의 거리는 청각만으로는 정확하게 알 수 없다. 그 때문에 낮 동안에 둥지 주변을 날아서 경관정보를 얻어 움직인다고 한다. 결국, 올빼미는 낮 동안에 얻은 시각정보와 밤 동안의 청각정보에 의해서 경관지도를 그려 먹이에 접근하는 것이다.

### 🔊 올빼미는 어둠 속에서 어떻게 먹이를 찾을까요?

① 어둠에서도 잘 보이는 눈 때문에 찾는다.
② 낮 동안에 먹이가 있는 장소를 알아내어 찾는다.
③ 귀로 먹이의 움직임을 알아내어 찾는다.
④ 시각과 청각을 사용해서 찾는다. ✓

〰️ フクロウ 부엉이　暗闇(くらやみ) 어두운 곳　餌(えさ) 먹이　夜行性(やこうせい) 야행성　獲物(えもの) 먹이　聴覚(ちょうかく) 청각　小動物(しょうどうぶつ) 작은 동물　距離(きょり) 거리　巣(す) 둥지　飛(と)び回(まわ)る 날면서 돌아다니다　景観(けいかん) 경관　つまり 즉, 다시 말해서　視覚(しかく) 시각　夜間(やかん) 밤중　思(おも)い描(か)く 상상해서 그리다　接近(せっきん) 접근　昼間(ひるま) 낮 동안　居場所(いばしょ) 있는 곳　つきとめる 알아내다　察知(さっち) 미루어 짐작해서 앎

〰️ カラス 까마귀　雀(すずめ) 참새　はと 비둘기　近(ちか)づく 다가가다　味覚(みかく) 미각　雄(おす) 수놈　雌(めす) 암놈　雄鳥(おんどり) 수탉　雌鳥(めんどり) 암탉　ひよこ 병아리

---

장문 청취는 기본적으로 단문 청취가 되어야만 풀 수 있다. 지문에서 「聴覚が発達していて」라고 하고 있으므로 올빼미는 청각이 발달되었다는 것을 알 수 있다. 그리고 「視覚情報と夜間の聴覚情報とによって」에서 청각과 시각을 전부 이용해서 먹이를 찾는 것임을 알 수 있다.

🎧 N1-P3-16

### 3番　学会で女の人が演説をしています。

F : みなさんは失敗から何を学びますか。失敗から得た経験や教訓を生かし、事故などの防止に役立てようという考え方があります。それを、失敗学と名付け、その確立と普及のために、このたび、失敗学会を設立するということです。学会では、さまざまな失敗の経験をデータベース化して、失敗の原因解明を進めることを目的に、大学や企業の研究者から一般の人まで、その参加を呼びかけています。

### 🔊 何についての話ですか。

① 失敗学会の設立
② 失敗の教訓
③ 情報化社会の失敗
④ 失敗に関するデータベース

학회에서 여자가 연설을 하고 있습니다.

여 : 여러분은 실패로부터 무엇을 배웁니까? 실패로부터 얻은 경험과 교훈을 살려서 사고 등의 방지에 도움을 얻자고 하는 사고방식이 있습니다. 그것을 실패학이라고 이름 붙여 그 확립과 보급을 위해 요번에 실패학회를 설립한다는 것입니다. 학회에서는 여러 가지 실패 경험을 데이터베이스화해서 실패의 원인해명을 추진하는 것을 목적으로 대학과 기업의 연구자로부터 일반인까지 참가를 호소하고 있습니다.

### 🔊 무엇에 대한 이야기입니까?

① 실패학회의 설립 ✓
② 실패의 교훈
③ 정보화 사회의 실패
④ 실패에 관한 데이터베이스

〰️ 教訓(きょうくん) 교훈　生(い)かす 살리다　防止(ぼうし) 방지　失敗学(しっぱいがく) 실패학　名付(なづ)ける 이름

붙이다　確立(かくりつ) 확립　普及(ふきゅう) 보급　設立
(せつりつ) 설립　データベース化(databaseか) 데이터베이
스화　　解明(かいめい) 해명　研究者(けんきゅうしゃ) 연
구자　呼(よ)びかける 호소하다

관련어휘 ～> 募集(ぼしゅう) 모집　募金(ぼきん) 모금　応募(おう
ぼ) 응모　生(い)きがい 살아가는 보람　～に基(もと)
づいて ～을(를) 근거로 해서　団体(だんたい) 단체
機構(きこう) 기구　組織(そしき) 조직

꿀팁 ～> 「確立と普及のために、このたび、失敗学会を設立
する」라고 하므로 실패학회의 설립에 대한 이야기라는 것을
알 수 있다.

🎧 N1-P3-17

## 4番　男の人が話しています。

M：私は運転免許を持っていますが、車を運転し ま
せん。車があれば便利だなと思うこともありま
すが、なくても生活できないわけではありませ
ん。家から電車の駅まで歩いて5〜6分だし、市
役所も病院もスーパーも自転車で10分ぐらいで
行けるところにあるんです。都会では駐車場代
がとても高いし、ガソリンや保険のお金もかか
ることを考えれば運転よりは歩いたり自転車に
乗ったりするほうがいいと思うんです。

🔊 男の人が言っているのは何ですか。

① 車は便利で、生活に必要なものだ
② 車は便利だが、今の生活には必要ない
③ 車はお金がかかるので、ほしくても持てない
④ 車はお金がかかるが、そのうちほしい

남자가 이야기하고 있습니다.

남 ：나는 운전면허를 가지고 있습니다만, 차를 운전
하지 않습니다. 차가 있으면 편리하다고 생각할
때도 있습니다만, 없어도 생활을 할 수 없는 것은
아닙니다. 집에서부터 전철역까지 걸어서 5〜6분
이고, 시청이나 병원, 슈퍼 모두 자전거로 10분
정도면 갈 수 있는 곳에 있습니다. 도시에서는 주
차비도 매우 비싸고 기름과 보험금도 드는 것을
생각하면 운전보다는 걷거나 자전거를 타는 편이
좋다고 생각합니다.

🔊 남자가 말하고 있는 것은 무엇입니까?

① 차는 편리하고 생활에 필요한 것이다.
② 차는 편리하지만, 지금의 생활에는 필요 없다. ✔
③ 차는 돈이 들기 때문에 갖고 싶지만 가질 수 없다.
④ 차는 돈이 들지만, 조만간 갖고 싶다.

～> 免許(めんきょ) 면허　駐車場代(ちゅうしゃじょうだい) 주
차장 요금　保険(ほけん) 보험

관련어휘 ～> 紙免許(かみめんきょ) 면허증은 있지만 운전은 못함, 장
롱 면허　自家用車(じかようしゃ) 자가용차　新車(しん
しゃ) 새 차　中古(ちゅうこ) 중고　乗(の)り回(まわ)る
타고 돌아다니다　自転車(じてんしゃ)を引(ひ)く 자전
거를 끌다　生命保険(せいめいほけん) 생명보험

꿀팁 ～> 자동차에 대한 화자의 생각을 묻는 문제다. 본문에서 「車があ
れば便利だなと思うこともありますが」라는 문장에서
화자의 차에 대한 생각을 엿볼 수 있다. 어려운 단어들로 이루
어진 문장이 아니므로 차분히 들으면 정답을 찾을 수 있다.

🎧 N1-P3-18

## 5番　女の人が山歩きについて話しています。

F ：今日は、初めての人が山歩きを安全に楽し むた
めの注意点についてお話します。まず、服装で
すが、長そで、長ズボンで、スカートははきや
すいものを選んで下さい。実際歩くときに何よ
り大切なのは、すぐに歩き始めないことです。
電車やバスを降りて、景色に夢中になり、いき
なり歩きだすと、足をいためます。特に、普段
運動不足の方は、必ず軽い準備運動をしてから
歩いてください。楽しい山歩きでけがをしない
よう、体にも十分な準備が必要です。

🔊 山歩きを楽しむためにいちばん注意すべき
ことは何ですか。

① 普段からよく運動しておくこと
② 大きいくつを用意すること
③ 歩き始める前に少し運動すること
④ 歩く前にまわりの景色を楽しむこと

🔊 여자가 산행에 대해서 이야기하고 있습니다.

여 ：오늘은 산행을 처음 하는 사람이 안전하게 즐기
기 위해 주의할 점에 대해서 이야기하겠습니다.

우선 복장입니다만, 긴 팔에, 긴 바지를 입고, 스커트는 입기 편한 것을 골라 주세요. 실제로 걸을 때에 무엇보다 중요한 것은 바로 걷기 시작하지 않는 것입니다. 전철이나 버스에서 내려서 경치에 빠져 갑자기 걷기 시작하면 다리를 손상시킵니다. 특히, 평소 운동부족인 분은 반드시 가벼운 준비운동을 하고 나서 걸어 주세요. 즐거운 산행에서 부상을 입지 않도록 몸도 충분한 준비가 필요합니다.

◀)) 산행을 즐기기 위해 가장 주의해야 할 일은 무엇입니까?

① 평소부터 자주 운동해 두는 것

② 큰 신발을 준비하는 것

③ 걷기 시작하기 전에 조금 운동하는 것 ✓

④ 걷기 전에 주변의 경치를 즐기는 것

➘ 山歩(やまある)き 산행  楽(たの)しむ 즐기다  注意(ちゅうい) 주의  安全(あんぜん) 안전  服装(ふくそう) 복장  長(なが)そで 긴 팔  はく 입다  実際(じっさい) 실제  大切(たいせつ)だ 중요하다  夢中(むちゅう)になる 열중하다, 빠지다  いきなり 갑자기  いためる 손상시키다  特(とく)に 특히  普段(ふだん) 평소  運動不足(うんどうぶそく) 운동부족  軽(かる)い 가볍다  準備(じゅんび) 준비  けが 부상  十分(じゅうぶん) 충분  必要(ひつよう) 필요

관련어휘 ➘ 登山(とざん) 등산  山登(やまのぼ)り 등산  頂上(ちょうじょう) 정상  中腹(ちゅうふく) 중턱  怪我(けが)をする 부상을 입다  足(あし)をくじく 다리를 삐다  骨折(こっせつ) 골절  崖(がけ) 절벽  滝(たき) 폭포

꿀팁➘ 산행을 할 때의 복장에 대한 언급은 「長そで、長ズボンで、スカートははきやすいものを選んで下さい」에 있는데 신발과 관련된 표현은 나와 있지 않다. 그리고 주의해야 할 사항에 대해서는 「実際歩くときに何より大切なのは、すぐに歩き始めないことです」와 「必ず軽い準備運動をしてから歩いてください」에 나와 있다. 이처럼 장문청취(개요 이해)는 정답을 나타내는 표현을 최소한 두번 이상 들려준다는 것을 알아두도록 하자.

◀)) N1-P3-19

## 6番  市役所(しやくしょ)での案内放送(あんないほうそう)です。

M：6才未満(さいみまん)の子供(こども)を車(くるま)に乗(の)せる時(とき)はチャイルドシートが必要(ひつよう)です。市役所ではチャイルドシートを無料(むりょう)で貸(か)し出(だ)しています。運転免許(うんてんめんきょ)があり、普段日常的(ふだんにちじょうてき)に車(くるま)を運転(うんてん)する方(かた)で、6才未満のお

子(こ)さんがいらっしゃる方(かた)が対象(たいしょう)です。ただし、チャイルドシートのクリーニング代(だい)として千円(せんえん)が必要です。チャイルドシートを返(かえ)す時(とき)にお支(し)払(はら)いください。貸(か)し出(だ)し期間(きかん)は8月(がつ)から1年間(ねんかん)です。ご希望(きぼう)の方(かた)は申込書(もうしこみしょ)と運転免許証(うんてんめんきょしょう)、住民票(じゅうみんひょう)のコピーを市役所市民課(しみんか)までお送(おく)りください。ただし、以前(いぜん)に貸し出しを受けられた方はお申し込みいただけませんのでご注意(ちゅうい)ください。

◀)) チャイルドシートが借(か)りられるのは次(つぎ)のうちどの人(ひと)ですか。

① 運転免許はないが、5才(さい)の子供がいる人

② 3才の子供がいて、車を運転できる人

③ チャイルドシートを借りたことのある人

④ 運転免許があり、6才の子供がいる人

시청의 안내 방송입니다.

남 ： 6살 미만의 어린이를 차에 태울 때에는 어린이 시트가 필요합니다. 시청에서는 어린이시트를 무료로 대여하고 있습니다. 운전면허가 있고 보통 일상적으로 운전하는 분 중에 6살 미만의 자녀분이 있는 분이 대상입니다. 다만, 어린이 시트의 클리닝 비용으로서 천 엔이 필요합니다. 어린이 시트를 돌려줄 때에 지불해 주세요. 대출 기간은 8월부터 1년간입니다. 희망하시는 분은 신청서와 운전면허증, 주민표 사본을 시청 시민과로 보내주세요. 다만, 이전에 대출하신 분은 신청할 수 없으므로 주의해 주세요.

◀)) 어린이 시트를 빌릴 수 있는 사람은 다음의 어떤 사람입니까?

① 운전면허는 없지만, 5살의 어린이가 있는 사람

② 3살의 어린이가 있고 차를 운전 할수 있는 사람 ✓

③ 어린이 시트를 빌린 적이 있는 사람

④ 운전면허가 있고, 6살 어린이가 있는 사람

➘ チャイルドシート(child seat) 어린이용 좌석  借(か)りる 빌리다  未満(みまん) 미만  市役所(しやくしょ) 시청  無料(むりょう) 무료  貸(か)し出(だ)す 대여하다, 대출하다, 빌리다  運転免許(うんてんめんきょ) 운전면허  対象(たいしょう) 대상  クリーニング代(cleaningだい) 세탁비  返(かえ)す 반환하다, 돌려주다  支払(しはら)う 지불하다  申込書(もうしこみしょ) 신청서  運転免許証(うんてんめ

んきょしょう) 운전면허증　住民票(じゅみんひょう) 주민등
록증　コピー(copy) 복사　市役所市民課(しやくしょしみ
んか) 시청시민과

駐車場(ちゅうしゃじょう) 주차장　小型(こがた) 소형
中型(ちゅうがた) 중형　大型(おおがた) 대형　ひき逃
(に)げ 뺑소니　居眠(いねむ)り運転(うんてん) 졸음운전
飲酒(いんしゅ) 음주　車(くるま)にはねられる 차에 치
이다　追(お)い越(こ)し車線(しゃせん) 추월 차선

조금은 어려운 장문이다. 먼저 질문에 맞는 지문의 내용을 살펴
보자.

1. 「6才未満」에서 6살은 포함되지 않는다.

2. 「運転免許があり、普段日常的に車を運転する方」
에서 면허증이 있는 사람이다.

3. 「以前に貸し出しを受けられた方はお申し込みいた
だけません」에서 예전에 빌린 적이 있는 사람은 해당되지
않는다.

문제가 순차적이기는 하지만, 단어의 구성이 어려우므로 지문
의 단어를 암기해 두도록 하자.

🎧 N1-P3-20

## 問題4

問題4では、問題用紙に何も印刷されていません。
まず、文を聞いてください。それから、それに対す
る返事を聞いて、1から3の中から、最もよいもの
を一つ選んでください。

### 1番

F： 森さんが福岡支店に転勤になった後、誰が引き継
ぐのですか。

M： ① ええ、彼は福岡支店に転勤になるんです。
② まだ発表されていません。
③ 杉本準一さんが転勤になります。

여： 모리 씨가 후쿠오카 지점에 전근된 후, 누가 이어받습니
까?

남： ① 예, 그는 후쿠오카 지점에 전근갑니다.
② 아직 발표되지 않았습니다. ✓
③ 스기모토 준이치 씨가 전근갑니다.

➰ 転勤(てんきん) 전근　引(ひ)き継(つ)ぐ 계승하다, 이어받다

🎧 N1-P3-21

### 2番

M： もうちょっと締め切り延ばしてもらえたらありが
たいんだけど。

F： ① ちょっと厳しいですね。もうギリギリなんです
よ。
② いくら教えても伸びないからもうあきらめまし
た。
③ 明日は日曜日だからゆっくりしたいんです。

남： 좀 더 마감일을 연장해 주신다면 감사하겠습니다만.

여： ① 좀 힘듭니다. 이미 마감에 임박했습니다. ✓
② 아무리 가르쳐 주어도 늘지 않아서 포기했습니다.
③ 내일을 일요일이니까 푹 쉬고 싶습니다.

➰ 締(し)め切(き)り 마감(일)　延(の)ばす 연기하다　ギリギリ
아슬아슬　伸(の)びる 늘다

🎧 N1-P3-22

### 3番

F： このフタ開けてもらえない？ 手が濡れてて、滑
っちゃうんだ。

M： ① 豚肉はあんまり好きじゃないんですよ。
② 手で開けたらドアに挟まれますよ。
③ どれどれ、あれ、このフタ思ったよりかたい
な。

여： 이 뚜껑 열어 주지 않을래? 손이 젖어서 미끄러져.

남： ① 돼지고기는 별로 좋아하지 않습니다.
② 손으로 열면 문에 끼입니다.
③ 어디 보자, 어, 이 뚜껑 생각보다 빡빡하군. ✓

➰ フタ 뚜껑　濡(ぬ)れる 젖다　滑(すべ)る 미끄러지다　豚
肉(ぶたにく) 돼지고기　挟(はさ)む 끼우다　かたい 딱딱
하다, 빡빡하다

**4番**

M ： おーい田中、最近付き合い悪いな。今日あたり一杯
どうだい。

F ： ① 彼がなかなか忙しくて会うことが全然できない
わよ。
② 給料日前に誘うってことは、もちろんおごって
くれるんだよね？
③ 彼と付き合ってもう２年だから私の気持ちは分
かってくれるでしょ。

남 ： 이봐 다나카, 요즘 술자리가 뜸한데. 오늘쯤 한잔 어때?
여 ： ① 그 사람이 상당히 바빠서 만날 수가 없어.
② 월급날 전에 마시자고 권하는 건 물론 한턱내겠다는
거지? ✓
③ 그와 사귄지 벌써 2년이니까 내 마음은 알아주겠지?
～ 付(つ)き合(あ)い 교제, 술자리　～あたり ～쯤, ～정도　給
料日(きゅうりょうび) 급료일　おごる 한턱내다



**5番**

F ： 営業部の独身って、もう佐藤さんだけだっけ。
M ： ① 営業部の今月の売上は全部佐藤さんのおかげだ
よ。
② 佐藤さんは何もやってないから分からないよ。
③ そうだっけ？ もっといたような気がしたけど…。

여 ： 영업부의 독신은 이제 사토 씨 뿐인가?
남 ： ① 영업부의 이번 달 매상은 전부 사토 씨 덕분이야.
② 사토 씨는 아무 것도 하지 않아서 몰라.
③ 그래? 더 있었던 느낌이 들었는데…. ✓
～ 営業部(えいぎょうぶ) 영업부　独身(どくしん) 독신



**6番**

M ： ２時間も待ってるんだけど、まだなのかい。

F ： ① また来たのですか。何か忘れ物でもございますか。
② 時間が経つのは速いですね。もう40才ですよ。
③ もうすぐ来るって電話がありましたよ。

남 ： 2시간이나 기다리고 있는데 아직인가?
여 ： ① 또 왔습니까? 뭔가 분실물이라도 있습니까?
② 시간이 흐르는 것은 빠르군요. 벌써 40살입니다.
③ 이제 곧 온다고 전화가 왔어요. ✓
～ 忘(わす)れ物(もの) 분실물　ございます 「ある」의 정중 표
현　速(はや)い 빠르다　点検中(てんけんちゅう) 점검 중



**7番**

F ： そこまでしてくれなくてもよかったのに。
M ： ① そこには行きたくなかったからそう言ったわけ
だよ。
② はい、気持ちだけいただきます。
③ いつもお世話になってるんだから、これくらい
当たり前だよ。

여 ： 그렇게까지 해 주지 않아도 괜찮았을 텐데.
남 ： ① 거기에는 가고 싶지 않았기 때문에 그렇게 말한 거야.
② 예, 마음만 받겠습니다.
③ 항상 신세를 지고 있으니 이 정도는 당연한 거야. ✓



**8番**

M ： まだぁ、もういい加減にしてくれよ。ショッピン
グだけで日が暮れちゃうよ。
F ： ① 好きなものを買っているからあなたとは関係な
いでしょう。
② うるさいわね。週末ぐらいちゃんと家族サービ
スしなさいよ。
③ 毎日ショッピングばかりで大変だわ。

남 ： 아직이야? 이제 적당히 하지? 쇼핑만으로 날이 저물겠어.
여 ： ① 좋아하는 것을 사고 있으니 당신과는 관계 없잖아?

② 참 말 많네. 주말 정도는 확실하게 가족을 위해 서비스 좀 하시지. ✓

③ 매일 쇼핑만 하니 큰일이네.

↝ 日(ひ)が暮(く)れる 날이 저물다　ちゃんと 착실하게, 확실하게

🎧 N1-P3-28

## 9番

F : 駅<sub>えき</sub>まで徒歩<sub>とほ</sub>で何分<sub>なんぷん</sub>だっけ？

M : ① だいたい10分<sub>ぷん</sub>ぐらいじゃなかったっけ。

② 電車<sub>でんしゃ</sub>が故障<sub>こしょう</sub>で行<sub>い</sub>けそうもないよ。

③ 道<sub>みち</sub>が込<sub>こ</sub>むかもしれないから早<sub>はや</sub>く行<sub>い</sub>こう。

여 : 역까지 도보로 몇 분이지?

남 : ① 대체로 10분 정도 아니었어? ✓

② 전철이 고장나서 갈 수 있을 것 같지도 않아.

③ 길이 막힐지도 모르니 빨리 가자.

↝ 徒歩(とほ) 도보　故障(こしょう) 고장　동사 ます형 + ～そうもない ～할 것 같지도 않다　道(みち)が込(こ)む 길이 막히다

🎧 N1-P3-29

## 10番

M : この記念切手<sub>きねんきって</sub>、ゆずってもらえないかな？ 2枚<sub>まい</sub>もあるんだし。

F : ① 今日<sub>きょう</sub>だけは許<sub>ゆる</sub>してください。別<sub>べつ</sub>の約束<sub>やくそく</sub>があるから。

② え、それ苦労<sub>くろう</sub>して手<sub>て</sub>に入<sub>い</sub>れたんだ。そう簡単<sub>かんたん</sub>にはあげないわよ。

③ 切符<sub>きっぷ</sub>を買<sub>か</sub>うためには駅<sub>えき</sub>に行<sub>い</sub>かなくちゃいけないんですよ。

남 : 이 기념우표, 양보해 줄 수 없을까? 2장이나 있고.

여 : ① 오늘만큼은 봐 주세요. 다른 약속이 있으니까.

② 뭐? 고생해서 손에 넣은 거야. 그렇게 손쉽게는 안 줘. ✓

③ 표를 사기 위해서는 역에 가지 않고서는 안 됩니다.

↝ 記念(きねん) 기념　ゆずる 양보하다　許(ゆる)す 용서하다, 허락하다　苦労(くろう) 고생　手(て)に入(い)れる 손에 넣다　～なくちゃ＝～なければ ～하지 않으면

🎧 N1-P3-30

## 11番

F : コンピューターのアップグレードはしないんですか。

M : ① いいえ、彼<sub>かれ</sub>らはまだタイプライターを使<sub>つか</sub>っています。

② 今<sub>いま</sub>はそのためのお金<sub>かね</sub>がありません。

③ アップルをコンピューターにのせたんですか。

여 : 컴퓨터 업그레이드는 하지 않습니까?

남 : ① 아뇨, 그들은 아직 타이프라이터를 사용하고 있습니다.

② 지금은 그러기 위한 돈이 없습니다. ✓

③ 사과를 컴퓨터에 올렸던 것입니까?

↝ アップル 사과　のせる 올리다, 싣다

🎧 N1-P3-31

## 12番

F : そのポジションにはどんな業務経験<sub>ぎょうむけいけん</sub>が求<sub>もと</sub>められますか。

M : ① はい、私<sub>わたし</sub>は２年間<sub>ねんかん</sub>の経験があります。

② 旅行業界<sub>りょこうぎょうかい</sub>で少<sub>すく</sub>なくとも５年<sub>ねん</sub>。

③ 正社員<sub>せいしゃいん</sub>です。

여 : 그 부서는 어떤 업무경험이 요구됩니까?

남 : ① 예, 나는 2년간의 경험이 있습니다.

② 여행업계에서 적어도 5년. ✓

③ 정사원입니다.

↝ ポジション 직무상의 지위, 부서　業界(ぎょうかい) 업계　正社員(せいしゃいん) 정사원

### 13番

M : 格安のチケットを買えるように、一週間早く出発
してはどうですか。

F : ① はい、思っていたより早かったです。
② 今出発すると絶対間に合わないんです。
③ いい考えですね。明日価格を調べてみますよ。

남 : 가격파괴 티켓을 살 수 있도록 일주일 빨리 출발하는 것
은 어떻습니까?

여 : ① 예, 생각했던 것보다 빨랐습니다.
② 지금 출발하면 절대 시간에 맞지 않습니다.
③ 좋은 생각이군요. 내일 가격을 알아보겠습니다. ✓

〰 格安(かくやす) 가격파괴



### 14番

F : 金庫に入れる前に報告書を見せてもらえますか。

M : ① ご心配なく、誰も報告書は見ませんから。
② 部長は、まだ誰にも読ませたくないそうなんです。
③ どうぞ、金庫を点検していいですよ。

여 : 금고에 넣기 전에 보고서를 보여주시겠습니까?
남 : ① 걱정 마세요. 아무도 보고서는 안 보니까.
② 부장님은, 아직 아무에게도 읽게 하고 싶어하지 않습
니다. ✓
③ 자, 금고를 점검해도 좋습니다.

〰 金庫(きんこ) 금고　報告書(ほうこくしょ) 보고서



### 問題5

問題5では長めの話を聞きます。この問題には練習
はありません。

### 1番

まず、話を聞いてください。それから、二つの質問
を聞いて、それぞれ問題用紙の1から4の中から、
最もよいものを一つ選んでください。

### 1番　テレビでゴールデンウィークの話をしてい ます。

F1 : 今度のゴールデンウィークですが、連休は最大
で10日間。最近は、安い・近い・短いの3つをク
リアした所に人気が集中する傾向があります。
そのため、国内なら旅館かペンションに3泊
4日くらい、海外なら韓国・台湾などの近場に
2、3泊、もちろん日帰り旅行も安くて相変わ
らずの人気です。特に旅館は、きめ細やかなサ
ービスや安心感が最近人気を集めています。ペ
ンションは旅館より割安なので、若者達やカッ
プルに人気です。海外ですと、ゴールデンウィ
ークは大変込み合いますので早くからのご予約
が必要です。日帰り旅行は、連休の高速道路
状況を良く考えた上で臨機応変に対応したいと
ころです。

F2 : ゴールデンウィークって言ったら、海外ってイメ
ージあったけど、最近はそうでもないみたいね。

M : やっぱり不況の影響だよ。

F2 : でももうチケット予約してあるんでしょう。

M : まぁ、あそこは近いし日本人多いから日本みた
いなもんだよ。

F2 : 贅沢なこと言わないでよ。こっちはゴールデン

ウィークの連休なんて夢よ。

M ：旅館で働いているんだから、みんなが休みのとき忙しいわけだし。でも、1日も休めないわけじゃないだろうね？

F2：それはそうなんだけど、どこか行くほど余裕あるかな。

M ：そんなこと言わないで家族と近場にでもちょっと遊びに行ったほうがいいよ。

F2：そうよね。

🔊 **質問1 男の人のゴールデンウィークの予定は何ですか。**

🔊 **質問2 女の人のゴールデンウィークの予定は何ですか。**

🔊 TV에서 골든위크에 대해 이야기하고 있습니다.

여1 : 이번 골든위크입니다만, 연휴는 최대 10일간. 최근에는 '싸다·가깝다·짧다'이 세 가지가 충족되는 곳에 인기가 집중하는 경향이 있습니다. 그 때문에 국내라면 료칸이나 펜션에 3박 4일 정도, 해외라면 한국, 태국 등의 가까운 장소로 2, 3박, 물론 당일치기 여행도 싸서 변함 없이 인기입니다. 특히 료칸은 아주 세심한 서비스와 안심감이 최근 인기를 모으고 있습니다. 펜션은 료칸보다 비교적 싸기 때문에 젊은이들이나 커플에게 인기입니다. 해외라면 골든위크는 대단히 붐비기 때문에 빠른 예약이 필수입니다. 당일치기 여행은 연휴 고속도로 상황을 잘 고려한 후, 임기응변으로 대응해 주시기 바랍니다.

여2 : 골든위크라고 하면 해외라는 이미지가 있었는데, 최근에는 그렇지도 않은 것 같네.

남 : 역시 불황의 영향이야.

여2 : 하지만 벌써 티켓 예약해 뒀잖아.

남 : 뭐, 거기는 가까운 데다 일본인이 많으니까 일본이나 마찬가지야.

여2 : 배부른 소리 하지 마. 이쪽은 골든위크 연휴는 꿈이라고.

남 : 료칸에서 일하고 있으니까, 모두가 휴가일 때 바쁜 건 당연하지. 하지만 하루도 못 쉬는 건 아니지?

여2 : 그건 그런데, 어딘가 갈 정도로 여유 있을까.

남 : 그런 말 하지 말고 가족이랑 가까운 곳에라도 잠깐 놀러 가는 게 좋아.

여2 : 그게 좋겠지.

🔊 질문1 남자의 골든위크의 예정은 무엇입니까?

① 료칸에 머문다.　　② 펜션에 머문다.

③ 해외에 간다. ✓　　④ 당일치기 여행을 간다.

🔊 질문2 여자의 골든위크의 예정은 무엇입니까?

① 료칸에 머문다.　　② 펜션에 머문다.

③ 해외에 간다.　　④ 당일치기 여행을 간다. ✓

🔊 クリア 합격하다, 통과하다, 잘 넘기다　傾向(けいこう) 경향　旅館(りょかん) 여관　3泊4日(さんぱくよっか) 3박 4일　台湾(たいわん) 대만　近場(ちかば) 가까운 곳　割安(わりやす) 비교적 쌈　込(こ)み合(あ)う 북적거리다, 붐비다　高速道路(こうそくどうろ) 고속도로　状況(じょうきょう) 상황　동사 과거형＋～上(うえ)で ～하고 나서　臨機応変(りんきおうへん) 임기응변　対応(たいおう) 대응　不況(ふきょう) 불황　贅沢(ぜいたく) 사치　余裕(よゆう) 여유

🔊 振(ふ)り替(か)え休日(きゅうじつ) 대체휴일　定休日(ていきゅうび) 정기휴일　祝日(しゅくじつ) 경축일　休暇(きゅうか)を取(と)る 휴가를 잡다

🔊 남자가 「あそこは近いし日本人多いから日本みたいなもんだよ」라고 한 말에서 일본이 아닌 가까운 해외로 놀러간다는 것을 알 수 있다. 그리고 여자는 「こっちはゴールデンウィークの連休なんて夢よ」라고 했지만, 남자가 「一日も休めないわけじゃないだろうね」라고 묻자, 「それはそうなんだけど、どこか行くほど余裕あるかな？」라고 했으므로 하루 정도 어딘가에 간다는 것을 알 수 있다.

🔊 N1-P3-35

## 2番

まず、話を聞いてください。それから、二つの質問を聞いて、それぞれ問題用紙の1から4の中から、最もよいものを一つ選んでください。

### 2番　男の人がゼミ旅行について話しています。

M1：今回、ゼミの卒業旅行についてアンケートをとりたいと思います。場所は長野のスキー場です。泊まる旅館によって値段や施設が違っ

てくるのでよく聞いてください。まず、高い
順にいうと、1泊3万の「てくてく旅館」と1
泊1万5千円の「さくさく旅館」、1万円の「の
びのび旅館」と「すくすく旅館」があります。「て
くてく旅館」は高いですが、料理やサービスは
本当に満足できると思います。また、各部屋
に露天風呂があるそうです。「さくさく旅館」
は伝統的で歴史ある有名旅館です。「てくてく
旅館」より安いのですが、ちょっと古いそうで
す。「のびのび旅館」は、朝夕の食事はすべて食
堂でバイキングだそうです。もう一つの「すく
すく旅館」は、ビジネスホテル＋(プラス)温泉
のような感じのところで、ちょっと狭いそう
です。ここは朝食のみも大丈夫だそうです。
皆さん、どう思いますか。

F ：せっかくの卒業記念旅行なんだから派手に行き
　　ましょうよ。
M2：え、でも高すぎるんじゃない？ おいしいもの
　　は外にもあるんだし。
F ：でも、スキーして疲れた体で好きな時に誰にも
　　気を使わないで温泉に入りたいわよ。
M2：学生に3万は負担だよ。温泉はどの旅館にもある
　　し、それにスキーしに行くんだから。
F ：そんなに高い所が嫌なら、「さくさく旅館」にし
　　ましょうよ。半額よ。
M2：でも古いでしょ？
F ：じゃ、1万円の旅館のどこがいいって言うの
　　よ。
M2：そりゃ、安い代わりにおいしいもの食べたかっ
　　たら外に行ける所だよ。



남자가 세미나 여행에 대해서 말하고 있습니다.

남1: 이번 세미나 졸업여행에 대해서 앙케트 조사를
　　 하려고 합니다. 장소는 나가노 스키장입니다. 숙
　　 박할 료칸에 따라 가격이나 시설이 다르기 때문
　　 에 잘 들어 주세요. 우선 비싼 순서로 말씀드리자
　　 면 1박 3만 엔의 てくてく료칸과 1박 만 5천 엔
　　 의 さくさく료칸, 만 엔의 のびのび료칸과 すく
　　 すく료칸이 있습니다. てくてく료칸은 비싸지만
　　 요리나 서비스는 정말로 만족하실 수 있을 거라
　　 생각됩니다. 또한 각 방에 노천탕이 있다고 합니
　　 다. さくさく료칸은 전통적이고 역사 있는 유명
　　 한 료칸입니다. てくてく료칸보다 저렴합니다만
　　 조금 오래되었다고 합니다. のびのび료칸은 아
　　 침저녁 식사는 모두 식당에서 뷔페라고 합니다.
　　 다른 하나인 すくすく료칸은 비즈니스 호텔+온
　　 천 같은 느낌의 곳으로 조금 작다고 합니다. 여기
　　 는 조식만으로도 괜찮다고 합니다. 여러분은 어
　　 떻게 생각하십니까?

여 ： 모처럼의 졸업기념 여행이니까 비싼 데로 가자.
남2: 뭐? 하지만 너무 비싸지 않아? 맛있는 건 밖에도
　　 있고.
여 ： 하지만 스키 타고 피곤한 몸으로, 아무 때나 신경
　　 쓰지 않고 온천에 들어가고 싶다고.
남2: 학생에게 3만 엔은 부담이야. 온천은 어느 료칸
　　 에나 있고, 게다가 스키 타러 가는 거니까.
여 ： 그렇게 비싼 데가 싫으면, さくさく료칸으로 하
　　 자. 반값이야.
남2: 하지만 오래 된 곳이지?
여 ： 그럼, 만 엔 짜리 료칸의 어디가 좋다고 하는 거야?
남2: 그건 싼 대신에 맛있는 게 먹고 싶으면 밖에 나갈
　　 수 있다는 점이지.

🔊 **질문2 여자가 머물고 싶은 료칸은 어디입니까?**

① てくてく료칸　　② さくさく료칸

③ のびのび료칸 ✓　④ すくすく료칸

〰️ 泊(と)まる 머물다　施設(しせつ) 시설　順(じゅん) 순서
満足(まんぞく) 만족　各部屋(かくへや) 각 방　露天風呂
(ろてんぶろ) 노천온천　伝統的(でんとうてき) 전통적　朝
夕(あさゆう) 아침저녁　バイキング 뷔페　温泉(おんせん)
온천　朝食(ちょうしょく) 조식　派手(はで)だ 화려하다
気(き)を使(つか)う 신경 쓰다　負担(ふたん) 부담　半額
(はんがく) 반액　代(か)わりに 대신에

〰️ 食(た)べ放題(ほうだい) 시간을 정해놓고 마음대로 먹을
수 있는 시스템　飲(の)み放題(ほうだい) 시간을 정해놓
고 마음대로 마실 수 있는 시스템　個室(こしつ) 개인실
相部屋(あいべや) 다인실　満室(まんしつ) 만실　空室
(くうしつ) 공실

〰️ 여자가 가고 싶어 하는 료칸은 「でも、スキーして疲れた
体で好きな時に誰にも気を使わないで温泉に入り
たいわよ」라고 하며, 숙박과 온천을 겸할 수 있는 곳을 원하
고 있다. 거기에 반해 남자는 「そりゃ、安い代わりにお
いしいもの食べたかったら外に行ける所だよ」라고
하는데, 만 엔 짜리 료칸은 のびのび료칸과 すくすく료칸
두 군데이지만, 맛있는 것을 먹고 싶을 때는 밖에 나갈 수 있는
곳은 「すくすく료칸」이다.

# N1　読解 解答用紙

| 受　験　番　号<br>Examinee Registration Number | |
| --- | --- |

| 名　前<br>Name | |
| --- | --- |

<　ちゅうい　Notes　>

1. くろいえんぴつ（HB、No.2）で
   かいてください。
   Use a black medium soft
   (HB or No.2) pencil.

2. かきなおすときは、けしゴムで
   きれいにけしてください。
   Erase any unintended marks
   completely.

3. きたなくしたり、おったりしないで
   ください。
   Do not soil or bend this sheet.

4. マークれい　Marking examples

| よい<br>Correct | わるい<br>Incorrect |
| --- | --- |
| ● | ⊘ ◠ ◎ ◑ ⊖ ◫ ◯ |

### 問題 8

| 46 | ① | ② | ③ | ④ |
| --- | --- | --- | --- | --- |
| 47 | ① | ② | ③ | ④ |
| 48 | ① | ② | ③ | ④ |
| 49 | ① | ② | ③ | ④ |

### 問題 9

| 50 | ① | ② | ③ | ④ |
| --- | --- | --- | --- | --- |
| 51 | ① | ② | ③ | ④ |
| 52 | ① | ② | ③ | ④ |
| 53 | ① | ② | ③ | ④ |
| 54 | ① | ② | ③ | ④ |
| 55 | ① | ② | ③ | ④ |
| 56 | ① | ② | ③ | ④ |
| 57 | ① | ② | ③ | ④ |
| 58 | ① | ② | ③ | ④ |

### 問題 10

| 59 | ① | ② | ③ | ④ |
| --- | --- | --- | --- | --- |
| 60 | ① | ② | ③ | ④ |
| 61 | ① | ② | ③ | ④ |
| 62 | ① | ② | ③ | ④ |

### 問題 11

| 63 | ① | ② | ③ | ④ |
| --- | --- | --- | --- | --- |
| 64 | ① | ② | ③ | ④ |
| 65 | ① | ② | ③ | ④ |

### 問題 12

| 66 | ① | ② | ③ | ④ |
| --- | --- | --- | --- | --- |
| 67 | ① | ② | ③ | ④ |
| 68 | ① | ② | ③ | ④ |
| 69 | ① | ② | ③ | ④ |

### 問題 13

| 70 | ① | ② | ③ | ④ |
| --- | --- | --- | --- | --- |
| 71 | ① | ② | ③ | ④ |

# N1 聴解 解答用紙

<table>
<tr><td>受 験 番 号<br>Examinee Registration Number</td><td></td></tr>
</table>

<table>
<tr><td>名　前<br>Name</td><td></td></tr>
</table>

< 　ちゅうい　Notes　 >

1. くろいえんぴつ（HB、No.2）で
かいてください。
Use a black medium soft
(HB or No.2) pencil.

2. かきなおすときは、けしゴムで
きれいにけしてください。
Erase any unintended marks
completely.

3. きたなくしたり、おったりしないで
ください。
Do not soil or bend this sheet.

4. マークれい　Marking examples

| よい<br>Correct | わるい<br>Incorrect |
|---|---|
| ● | ⊘ ⊖ ◎ ⊕ ⊝ ⦸ ⊘ ⚫ |

## 問 題 1

| | | | | |
|---|---|---|---|---|
| 1 | ① | ② | ③ | ④ |
| 2 | ① | ② | ③ | ④ |
| 3 | ① | ② | ③ | ④ |
| 4 | ① | ② | ③ | ④ |
| 5 | ① | ② | ③ | ④ |
| 6 | ① | ② | ③ | ④ |

## 問 題 2

| | | | | |
|---|---|---|---|---|
| 1 | ① | ② | ③ | ④ |
| 2 | ① | ② | ③ | ④ |
| 3 | ① | ② | ③ | ④ |
| 4 | ① | ② | ③ | ④ |
| 5 | ① | ② | ③ | ④ |
| 6 | ① | ② | ③ | ④ |
| 7 | ① | ② | ③ | ④ |

## 問 題 3

| | | | | |
|---|---|---|---|---|
| 1 | ① | ② | ③ | ④ |
| 2 | ① | ② | ③ | ④ |
| 3 | ① | ② | ③ | ④ |
| 4 | ① | ② | ③ | ④ |
| 5 | ① | ② | ③ | ④ |
| 6 | ① | ② | ③ | ④ |

## 問 題 4

| | | | |
|---|---|---|---|
| 1 | ① | ② | ③ |
| 2 | ① | ② | ③ |
| 3 | ① | ② | ③ |
| 4 | ① | ② | ③ |
| 5 | ① | ② | ③ |
| 6 | ① | ② | ③ |
| 7 | ① | ② | ③ |
| 8 | ① | ② | ③ |
| 9 | ① | ② | ③ |
| 10 | ① | ② | ③ |
| 11 | ① | ② | ③ |
| 12 | ① | ② | ③ |
| 13 | ① | ② | ③ |
| 14 | ① | ② | ③ |

## 問 題 5

| | | | | | |
|---|---|---|---|---|---|
| 1 | (1) | ① | ② | ③ | ④ |
| | (2) | ① | ② | ③ | ④ |
| 2 | (1) | ① | ② | ③ | ④ |
| | (2) | ① | ② | ③ | ④ |

memo

**유토리 일본어능력시험 N1 독해 · 청해(길잡이 해설서)**

저자 이장우
초판 1쇄 인쇄 2010년 9월 17일
초판 1쇄 발행 2010년 9월 24일

발행인 **박효상**
편집책임 임수진
편집 **김진아**
디자인책임 손정수
디자인 **이명애**
마케팅책임 이종선
마케팅 **이태호, 이전희**

발행처 **사람**in
출판등록 제 10-1835호
주소 121-839 서울 마포구 서교동 378-16 4F
전화 02-338-3555
팩스 02-338-3545
이메일 saramin@netsgo.com
홈페이지 www.saramin.com

※잘못 만들어진 책은 구입하신 곳에서 바꾸어 드립니다.
Copyright ⓒ 2010 이장우

ISBN  978-89-6049-185-4  18730
　　　978-89-6049-178-6  (set)